科学出版社"十四五"普通高等教育本科规划教材
国家林业和草原局"十四五"规划教材
农林经济管理系列教材

数字农业运营管理

阮俊虎　刘天军　冯晓春　主编

科学出版社
北　京

内 容 简 介

本书遵循农业数字化转型思想和方法论，深刻剖析数字化技术对于传统农业的改造，并发掘改造过程中新兴的且难以解决的运营问题，涵盖数字农业运营管理的内涵特征、相关技术及应用等方面，内容丰富全面。本书介绍了农业领域正在发生的技术变革，并从数字农业的流程重组、产业融合、知识管理、运筹优化、网络经济以及农产品全生命周期质量管理角度出发，为问题的解决提供新的管理理论和管理方法。

本书适合农林经济管理、农业管理、农场管理、农产品贮藏与加工、农业工程等传统专业的本科生和硕士研究生，以及智慧农业、智慧水利工程、数字经济、乡村学等农林高等院校的新兴交叉学科学生使用。

图书在版编目（CIP）数据

数字农业运营管理/阮俊虎，刘天军，冯晓春主编. —北京：科学出版社，2023.6

科学出版社"十四五"普通高等教育本科规划教材　国家林业和草原局"十四五"规划教材　农林经济管理系列教材

ISBN 978-7-03-070529-7

Ⅰ.①数… Ⅱ.①阮… ②刘… ③冯… Ⅲ.①数字技术-应用-农业管理-运营管理-高等学校-教材　Ⅳ.①F306

中国版本图书馆 CIP 数据核字（2021）第 225244 号

责任编辑：方小丽 / 责任校对：贾娜娜
责任印制：赵　博 / 封面设计：蓝正设计

科学出版社 出版
北京东黄城根北街 16 号
邮政编码：100717
http://www.sciencep.com

北京中石油彩色印刷有限责任公司印刷
科学出版社发行　各地新华书店经销
*

2023 年 6 月第 一 版　开本：787×1092　1/16
2025 年 1 月第三次印刷　印张：19
字数：451 000
定价：58.00 元
（如有印装质量问题，我社负责调换）

编委会

主　编　阮俊虎　刘天军　冯晓春
副主编　孙自来　洪宪培　江亿平　林家宝

序　言

党的二十大明确指出，加快发展数字经济，促进数字经济和实体经济深度融合[①]。近年来，随着数字技术的创新发展及应用，数字农业已经成为农业发展的主流方向之一，为我国乡村振兴注入了新的动能。数字农业是在"互联网+"的基础上，应用物联网、大数据、区块链和人工智能等新兴技术，从农业全产业链角度提升运营效率并优化资源配置。数字农业运营管理是对数字农业全过程进行计划、组织、实施和控制的管理，从农业全产业链角度进行数字化变革，在耕、种、管、收、加工、物流、销售等环节提升产业运营效率，优化资源配置，解决传统农业痛点。

本书讲授内容包括数字农业相关技术及应用、数字农业流程重组、数字农业产业融合、数字农业知识管理、数字农业运筹优化、数字农业网络经济、数字农业质量管理等，目的是使学生从技术体系、产业体系、方法体系和商业体系等方面学习数字农业运营管理的理论知识与技术方法。

本书是以主编团队在《管理世界》上发表的文章《数字农业运营管理：关键问题、理论方法与示范工程》为框架体系进行编写的，同时基于主编团队近年来在数字农业方面做的教学实践、科学研究。主编团队致力于在数字农业运营管理领域出版一本富有价值的教材，弥补"新农科"建设背景下新兴交叉学科专业的空白。

从整体来看，本书以农林经济管理学科的人才培养体系构建为目标，深入研究"新农科"建设背景下的教学改革，以期形成新兴交叉学科下的配套教材。在教材内容上，本书追求编排合理，循序渐进，涵盖必要的基础知识和新知识。注重理论分析的同时也注重实践教学，以丰富的案例带动学生们理解理论内容，培养学生们的思考能力。

第 1 章概论主要介绍了数字农业运营管理的概念与特征、产生与发展、主要内容、关键问题和知识体系，让学生们从宏观的角度形成对数字农业运营管理的认识。第 2 章数字农业相关技术及应用首先介绍了传统农业信息获取技术，接着依次介绍了数字农业相关的区域环境感知技术、投入产出监测技术、生长状态监测技术、仓储运输技术以及物联网与区块链相关技术。第 3 章数字农业流程重组首先介绍流程重组概况，后面依次是传统农业产业链流程、数字农业产业链与流程重组、数字农业流程重组实现的保障以及无人机的案例分析。第 4 章数字农业产业融合分别介绍了产业融合的概述、传统农业

[①] 《习近平：高举中国特色社会主义伟大旗帜　为全面建设社会主义现代化国家而团结奋斗——在中国共产党第二十次全国代表大会上的报告》，https://www.gov.cn/xinwen/2022-10/25/content_5721685.htm，2022 年 10 月 25 日。

产业融合存在的问题、数字农业产业融合综述以及数字农业产业融合的前景，最后用阿里巴巴和京东的案例分析这两大互联网巨头在数字农业的背景下，作为数字农业产业融合的主体是如何布局和发展的。第 5 章数字农业知识管理依次讲述了农业知识、农业知识管理、数字农业知识系统、数字农业知识共享以及数字农业知识管理的典型应用。第 6 章数字农业运筹优化的内容包括运筹优化基础、传统农业运筹优化、数字农业相关运筹优化，并对数字农业运筹优化研究的现状、趋势与挑战以及案例进行了分析。第 7 章数字农业网络经济介绍了网络经济、农业经济、数字农业的网络经济以及案例分析。第 8 章数字农业质量管理主要介绍了传统农业和数字农业下的农产品全生命周期质量管理，还讲述了数字农业农产品全生命周期追溯体系与系统，最后用案例的形式分析了京东生鲜农产品全生命周期质量管理追溯的方案。

希望通过本书，向学生们传授数字农业及其运营管理相关的知识、技术与方法，让学生们认识到数字农业这一新兴的趋势，意识到其在当今社会发展中的重要地位和作用，学习到数字农业运营中需要的新兴技术和理论方法等。

全书的结构由阮俊虎确定，第 1~3 章由阮俊虎和洪宪培负责，第 4~6 章由刘天军和江亿平负责，第 7~8 章由冯晓春和林家宝负责，全书修订校对由孙自来负责。参与编写的人员还包括浙江大学周洁红教授和西北农林科技大学经济管理学院研究生袁嘉宏、邱星皓、梁旭、高梦阒、林柳、韩继良、何静、王展鹏、张文轩、张希远、苏丽等。全书由阮俊虎、孙自来统稿。

本书受到西北农林科技大学研究生教育教学改革研究项目"数字农业运营管理"、科学出版社"十四五"普通高等教育本科规划教材《数字农业运营管理》、国家林业和草原局"十四五"规划教材《数字农业运营管理》、国家自然科学基金面上项目"生鲜农产品物联网电商：种植户'认知-意愿'及需求驱动的运作模式研究"、陕西省杰出青年科学基金项目"数字农业管理理论与方法"、西北农林科技大学"仲英青年学者"项目等的支持。

阮俊虎

2023 年 5 月 6 日

目　　录

第1章　概论 ··· 1
　1.1　运营管理的产生与发展 ··· 1
　1.2　数字农业运营管理 ··· 4
　1.3　数字农业运营管理的主要内容 ··· 11
　1.4　数字农业运营管理的关键问题 ··· 13
　1.5　数字农业运营管理的知识体系 ··· 16

第2章　数字农业相关技术及应用 ··· 21
　2.1　传统农业信息获取技术 ··· 21
　2.2　数字农业区域环境感知技术 ··· 30
　2.3　数字农业投入产出监测技术 ··· 40
　2.4　数字农业生长状态监测技术 ··· 48
　2.5　数字农业仓储运输技术 ··· 55
　2.6　物联网与区块链相关技术 ·· 59

第3章　数字农业流程重组 ··· 66
　3.1　流程重组 ··· 66
　3.2　传统农业产业链流程 ·· 75
　3.3　数字农业产业链与流程重组 ··· 85
　3.4　数字农业流程重组实现的保障 ··· 97

第4章　数字农业产业融合 ··· 105
　4.1　产业融合概述 ·· 105
　4.2　传统农业产业融合存在的问题 ··· 116
　4.3　数字农业产业融合综述 ··· 119
　4.4　数字农业产业融合的前景——农业4.0模式 ·· 130

第5章　数字农业知识管理 ··· 143
　5.1　农业知识概述 ·· 143
　5.2　农业知识管理概述 ··· 149
　5.3　数字农业知识系统 ··· 161
　5.4　数字农业知识共享 ··· 168

第 6 章　数字农业运筹优化 ··· 184
6.1　运筹优化基础 ·· 184
6.2　传统农业运筹优化 ·· 206
6.3　数字农业相关运筹优化 ·· 210
6.4　数字农业运筹优化研究的现状、趋势与挑战 ········· 213

第 7 章　数字农业网络经济 ··· 219
7.1　网络经济 ·· 219
7.2　农业经济 ·· 224
7.3　互联网环境下的农业网络经济 ································ 229
7.4　物联网环境下的农业网络经济 ································ 239

第 8 章　数字农业质量管理 ··· 248
8.1　质量管理 ·· 248
8.2　全生命周期质量管理 ·· 255
8.3　传统农业农产品全生命周期质量管理 ···················· 263
8.4　数字农业农产品全生命周期质量管理 ···················· 268
8.5　数字农业农产品全生命周期追溯体系与系统 ········ 277

参考文献 ·· 292

第1章 概 论

1.1 运营管理的产生与发展

运营管理（operations management）是现代企业管理科学中最活跃的一个分支，也是新思想、新理论大量涌现的一个分支，它强调以经营为中心，体现了时代发展的要求。简单地说，运营管理是把投入的资源（生产要素）按照特定要求转换为产出（产品和服务）的过程，是一切组织的最基本的职能之一。农业运营管理是国家领导和管理农业发展的重要内容，其主要任务就是按客观经济规律和自然规律的要求，在农业生产部门中合理地组织生产力，正确地处理生产关系，适时地调整上层建筑，以便有效地使用人力、物力、财力和自然资源，合理地组织生产、供应和销售，妥善地处理国家、企业和劳动者之间的物质利益关系，调动广大农业劳动者的积极性，提高农业生产的经济效益，最大限度地满足社会对农产品的需要。

1.1.1 运营管理

运营管理是指对运营过程的计划、组织、实施和控制，是与产品生产和服务创造密切相关的各项管理工作的总称。从另一个角度来讲，运营管理也可以指对生产和提供主要产品与服务的系统进行设计、运行、评价和改进。运营管理的对象是运营过程和运营系统。运营过程是一个投入、转换、产出的过程，是一个劳动过程或价值增值的过程，它是运营的第一大对象，运营必须考虑如何对这样的生产运营过程进行计划、组织和控制。运营系统是上述变换过程得以实现的手段，它的构成与变换过程中的物质转换过程是和管理过程相对应的，包括一个物质系统和一个管理系统。

在人们开始生产产品和提供服务时，运营管理就随之产生了。虽然运营管理生产系统在古代就已经存在了，但现代意义上的用于产品生产销售和现代工厂的管理制度都出现于产业革命时期。

产业革命时期（18世纪60年代~19世纪初）：在这一时期，最具重大意义的是蒸汽机的发明、劳动分工概念和标准化生产方式的提出。①英国人詹姆斯·瓦特改良了蒸汽机，为制造业提供了机械动力，推动了制造业的发展；②亚当·斯密在《国富论》中提出劳动分工的概念；③伊莱·惠特尼提出标准化生产方式，使得后来福特汽车装配线的大量生产成为可能。这一系列事件表明产业革命带来的巨大变化使制造业得到飞速发展，进而促使当时人们迫切需要比较系统、切实可行的管理理论和方法作为指导。

科学管理（20世纪10年代）：①以泰勒为代表创立的科学管理原理，给工厂管理带来巨大的变化；②吉尔布雷斯夫妇的工业心理学，把心理学的成果运用于动作研究，提出了节约动作的10个原则；③亨利·甘特看到了非物质利益对激励工人的价值，提出了甘特图；④哈里斯发表关于经济订货批量（economic order quantity，EOQ）的模型，通过订货管理 EOQ 开创了现代库存理论的研究。

行为科学与管理科学（1920~1970年）：科学管理十分强调运营系统规划与设计以及运行与控制的技术因素，而人际关系学说则强调人这一因素的重要性。①质量管理模型：休哈特和洛米格提出了质量管理模型；②行为科学：美国国家科学院的全国科学委员会组织社会学、心理学、管理学等专家进行霍桑实验，确立了行为科学的基础；③亚伯拉罕·马斯洛提出了需要层次理论；④麻省理工学院的道格拉斯·麦格雷戈教授提出了人性假设的 X 理论与 Y 理论；⑤威廉·乌奇提出了 Z 理论；⑥弗雷德里克·赫茨伯格进一步发展了激励理论，提出了保健因素和激励因素的双因素理论。

运营管理作为一门学科出现（20世纪50年代末~60年代初）：1957年，爱德华·布曼和罗伯特·法特的著作《生产与运作管理分析》出版。1961年，埃尔伍德·斯潘塞·伯法的《现代生产管理》一书面世。这些专家注意到了生产系统所面临问题的普遍性以及把生产作为一个独立系统的重要性。此外，他们还强调了排队论、仿真和线性规划在运营管理中的具体应用。自此以后，运营管理作为一门独立的学科出现。

日本制造商对运营管理的贡献（1970年~21世纪初）：20世纪70年代，全球性石油危机加之原材料价格上涨、工资提高和需求多样化给丰田生产方式提供了向世人展示的机会。日本汽车公司之所以后来居上，并且至今仍在全球汽车市场上占据主导地位，其制胜法宝是精益生产方式。精益生产方式的内涵在于：①以顾客需求为出发点的模块化产品设计与开发；②准时化生产；③稳定快捷的供应链；④多功能团队活动与持续改进。

21世纪初的运营管理（21世纪初~2010年）：21世纪以来，产品寿命周期缩短、科学技术长足发展和社会需求快速多变都为企业带来了前所未有的压力。大量生产革了手工作业的命，实现了低成本生产；精益生产革了大量生产的命，实现了高质量生产；而大规模定制则是精益生产方式的升华，实现了定制化生产。这种生产方式综合了大量生产的低成本和精益生产的柔性化。大规模定制得以实现的核心技术是模块化与延迟策略。这两项核心技术使本来相互对立的大规模生产与满足顾客定制化需求统一在了一起，即大规模生产的是模块化设计的组件，通过延迟策略，最大限度地满足了顾客定制化的需求。而使大规模定制真正落到实处的是：①以顾客需求深度调查为基础的客户关系管理；②以最先进信息技术为支撑的电子商务；③以价值链为核心的供应链管理；④基于流程优化或流程再造的精益六西格玛管理。

1.1.2　农业运营管理

随着科学技术的迅猛发展，我国农业行业逐渐朝着现代化的方向不断迈进，而作为支撑现代农业发展的主要依托,农业机械化至关重要,相关农机器具在农业生产中的应用,推动了传统耕种模式向现代化机械耕种模式的转变,同时提升了农业生产的效率和质量,实现了农业经济效益的大幅度提升。在这种演变过程中,由技术、经济和社会结构日益复杂化导致的农业生产系统的日益复杂化,推动了科学管理方法和概念的适应性发展,以此作为维持有效、敏捷的运营和生产管理的措施。

农业的本质是人类利用生物机体的生命力,把外界环境中的物质和能量转化为生物产品,以满足社会需要的一种生产经营活动。农业运营与管理是农业经营主体对具体的农业生产经营活动进行计划、组织、控制、协调,并对成员进行激励,以实现其任务和目标的一系列工作总称,包括对内部生产技术活动进行有效组织与管理、对外部充分利用市场机会和协调环境关系等活动进行有效分析与决策两个方面。前者通常称为狭义的管理,后者则称为运营。"运营"加"管理"构成了管理农业产业活动的全部内涵。当前的农业运营管理理论专注于农业中机器和人为操作的设计、规划和运行,目的是确保在不同的农业生产系统和供应链中进行最佳的计划和执行操作。

农业运营管理的工作目标主要包括以下几点:①合理确定农业的经营形式和管理体制,设置管理机构,配备管理人员;②搞好市场调查,掌握经济信息,进行经营预测和经营决策;③编制经营计划,建立健全经济责任制和各种管理制度;④搞好劳动力资源的利用和管理;⑤加强土地与其他自然资源的开发、利用和管理;⑥做好资本管理、生产管理、技术管理和质量管理;⑦合理组织产品销售;⑧加强财务管理,处理好收益和利润的分配,全面分析评价农业活动的经济效益,开展经营诊断等。

参照美国农业生物工程师学会(American Society of Agricultural and Biological Engineers,ASABE)的标准,我们认为农业运营管理的工作内容主要分为以下四个阶段。

规划(planning):规划阶段的主要任务是定义系统的目标,选择系统组件,并预测系统性能。在农业运营管理中,常被提及的一类规划问题是生产能力规划。类似于工业系统,农业产能规划的主要任务,是在时间和组件的操作交互方面对系统的组件进行优化分配。不同的是,农业产能规划是由生物和天气条件的不确定参数决定的。

调度(scheduling):在一个农业系统中,每项作业必须在系统中执行的时间是通过考虑可用时间、劳动力的可用性、所涉及的各种任务的优先级以及作物需求来确定的,而作物需求是此类决策中最重要的因素。

运营(operation):在运营阶段,管理者主要关注的是操作的实际执行情况。参照工程管理,农业运营管理中的任务时间规划问题可以分为任务调度、车辆调度和区域布局规划这几种经典的运营管理问题。

控制(controlling):控制阶段主要关注操作执行过程中做出的决策。控制是为了判定农业生产是否正朝着既定的目标健康地向前发展,是对计划的监控、纠偏和补救,可以保证计划的有效实施。

在工程管理科学中,一个系统的运行管理通常可以被划分为五个不同的计划层次,这些不同的层次在农业系统中也同样适用。

战略层面(strategic):战略层面的决策与生产系统的设计有关。对于农业系统,这一层级至少包括1~5年或者相当于2个种植周期的时期。在这一时期，需要重点考虑的是与所选作物类型相关的劳动/机械系统。

战术层面（tactical）：对于战略规划层面上选定的种植计划，在农业系统中，管理者可以在该层级中调整资源的分配和使用情况，制订一个为期1~2年或1~2个种植周期的生产计划，以减少资源使用，即劳动力投入和机器投入。

操作层面（operational）：这一层级主要任务是制定当前种植周期中的决策，包括短期决策活动、时间安排以及所涉及的工作和任务的制定。

执行层面（execution）：此级别对应于控制阶段，主要是对已执行的作业和任务进行控制。

评估层面（evaluation）：这一层级主要涉及根据预定义的绩效衡量标准对计划和实际执行的工作情况进行比较。

1.2 数字农业运营管理

日益膨胀的人口规模与日渐短缺的资源之间的矛盾在全球各个产业中都呈现出持续加重的趋势，尤其是处在人口和资源中间、与两者相关性最高的农业领域。在新兴信息与通信技术快速发展的背景下，"数字农业"应运而生。数字农业是将数字化信息作为农业新的生产要素，用数字信息技术对农业对象、环境和全过程进行可视化表达、数字化设计、信息化管理的新型农业发展形态。数字农业使信息技术与农业各个环节实现有效融合，将会给我国现代农业甚至是整个社会商业生态带来巨大变革，同时也会孕育出新的农业经营管理理论。为了促进我国在农业物联网实践中引领地位的形成和数字农业运营管理这一新兴领域学术话语体系的构建，本书对物联网环境下的数字农业运营管理的基础性问题以及主要研究内容、研究方法等进行了规范界定。

1.2.1 数字农业运营管理的概念、特征与分类

1. 数字农业、数字地球、精细农业与信息农业

数字农业与数字地球、精细农业、信息农业互相依存、互为补充。数字地球与可持续发展战略密不可分，是世界各国的可持续发展战略的重要内容和保障。作为地球系统的一种全方位、多分辨率、多时态、真三维的数字描述，数字地球具有巨大的应用潜力，可以用于政治、经济、军事、文化和科技各个方面，对人类科研、生产、生活的各个方面将产生深刻的影响。对于农业而言，数字地球大力倡导的国家信息基础设施以及国家空间数据基础设施建设是数字农业赖以存在发展的基础，数字农业则是数字地球的重要组成部分。

精细农业主要是指以信息和先进技术为基础的现代农田精耕细作技术。虽然精细农业与数字农业二者之间有很多相似点，但精细农业不能代替数字农业。精细农业可以定义为以数字化为手段，低投入、高产出的农业。这一概念既突出了现代精细农业的实现手段，又使精细农业区别于传统精耕细作型农业。精细农业是农业发展的目标，

数字化是实现该目标的手段，二者并不矛盾，决不能因为已经在发展精细农业就忽略数字农业。相反，为了实现精细农业，在现阶段就应大力发展数字化农业。过分强调精细农业研究，忽略数字农业建设，片面认为强调精细农业就会促进数字农业发展的做法是不可取的，这不仅会使精细农业成为空中楼阁，而且会使得数字农业没有统一的规划而无序发展，造成资源的浪费。由于技术水平所限，早期的数字农业可能无法满足精细农业的要求，但精细农业是数字农业的最终目标，是数字农业发展到一定程度的必然产物。

信息农业是集知识、信息、智能、技术、加工和销售等生产经营诸要素于一体的开放式、高效化的农业，其特点是以农业信息科学为理论指导，农业信息技术为工具，用信息流调控农业活动的全过程。信息农业作为以信息和知识投入为主体的可持续发展的新型农业，是农业现代化的高级阶段。信息化农业的概念是信息技术或者说信息科学技术逐步渗入到农业的一个过程，这个过程的长短主要受两个方面因素的限制：一是实施信息化农业的外部环境，尤其是人们的观念，相应的国家政策，对农业的投入（资金、人才、科技等）以及机制和体制等；二是内部因素，即农业技术的创新，这又可以分为对原有农业技术的改造和更新，以及利用信息技术和理论对农业的改造。数字农业与信息农业的概念类似，但当代信息农业是以信息的数字化为基本特色，数据的标准化与共享是未来农业发展的基本特征，而信息农业的概念过于笼统，没有突出数字化特点。单纯的信息农业的提法，容易造成农业系统总体发展的无序化，也不利于农业部门相关标准的制定以及部门、行业间的资源共享。

2. 数字农业运营管理的概念

数字农业的概念是由美国国家科学院和美国国家工程院于1997年正式提出的，1998年美国副总统戈尔提出了"数字地球"的概念，再次将数字农业定义为数字地球与智能农机技术相结合产生的农业生产和管理技术。数字农业这一概念的提出，便于将农业现代化建设纳入数字地球建设的总体框架中，有利于利用已有的成熟技术和设施，也更有利于与其他行业部门的信息交流。随后，有学者对数字农业的定义做出了如下界定：数字农业是将遥感、地理信息系统、全球导航卫星系统、计算机技术、通信和网络技术、自动化技术等高新技术与地理学、农学、生态学、植物生理学、土壤学等基础学科有机地结合起来，实现在农业生产过程中对农作物、土壤从宏观到微观的实时监测，以实现对农作物生长、发育状况、病虫害、水肥状况以及相应的环境进行定期信息获取，生成动态空间信息系统；对农业生产中的现象、过程进行模拟，达到合理利用农业资源，降低生产成本，改善生态环境，提高农作物产量和质量的目的。简单地说，数字农业就是把数字地球技术与现代农业技术相结合的综合的农业生产管理技术系统。上述概念主要从技术角度出发，忽略了数字农业经济和管理方面的内涵特征。广义上来说，数字农业属于数字经济的一部分。2016年，二十国集团（Group of 20，G20）峰会上发布了《二十国集团数字经济发展与合作倡议》，把数字经济定义为：以使用数字化的知识和信息作为关键生产要素、以现代信息网络作为重要载体、以信息通信技术的有效使用作为效率提升和经济结构优化的重要推动力的一系列经济活动。该倡议提出要"促进农业生产、运营、管理的数字化",预示着数字农业将成为现代农业的主旋律。

通常,数字农业具有以下三个特点。

(1)数字农业数据库中存储的数字具有多源、多维、时态性和海量的特点。数据的多源是指数据来源多种多样,数据格式也不尽相同,可以是遥感、图形、声音、视频和文本数据等形式。数据高达五维,其中空间立体三维的时空数据必然导致数据库中的数据是大规模的、海量的。

(2)对于这种多维、海量数据的组织和管理,特别是对时态数据的组织与管理,目前现有的商业化数据库管理软件是无法完成的,需要研究新一代时态数据库管理系统,进而形成时态空间信息系统。这种时态空间信息系统不仅可以有效存储空间数据,同时能够形象地显示多维数据和时空分析后的结果。

(3)数字农业要在大量的时空数据基础上,对农业某一自然现象或生产、经济过程进行模拟仿真和实现虚拟现实。例如,土壤中残留农药的模拟和农作物生长的虚拟现实,农业自然灾害及农产品市场流通的虚拟现实。

运营管理的概念是从生产管理中延伸出来的,是指与产品生产和服务创造过程及系统密切相关的各项管理工作,涉及计划、组织、实施与控制等。农业生产管理是指对农业生产活动的一系列管理,而农业运营管理的对象除了农业生产活动,还包括与农产品有关的各项过程与系统。数字农业运营管理的对象与传统农业运营管理的对象有着本质区别,主要包括两个大的方面:一是与农业数字化相关的过程和系统,二是与农业数据使用相关的过程和系统。

结合数字农业以及运营管理的相关概念,本书给出的数字农业运营管理的定义如下:数字农业运营管理是指采用新型物联网系统为基础支撑体系,在对农业要素和生产进行数字化的过程以及分析使用由此形成的数字资源这两大过程中,产生的与农产品生产和服务创造密切相关的计划、组织、实施与控制等各项管理工作,其目标是实现农业投入产出控制的精准化、农业知识经验传承的显性化、农产品交易过程的透明化和农业对环境负面影响的最小化。可见,数字农业运营管理是以信息通信技术在农业中深入应用为前提,以农业要素与过程的数字化和数字资源的创新使用为主要管理对象,以实现农业可持续发展满足人类需求为最终目标。

1.2.2 数字农业运营管理的特征与分类

1. 数字农业运营管理的特征

物联网环境下的数字农业运营管理,实质就是要充分发挥物联网的集成作用,实现"农田生产→农产品加工→农产品销售"全过程的运营管理,推动实现生产的精细化管理、农产品全生命周期的质量跟踪管理以及农产品营销模式创新等,以适应当代社会对规模化、集约化、安全化、透明化、产业化等新型数字化农业生产的要求。因此,数字农业运营管理主要具有以下六个基本特征,如图1-1所示。

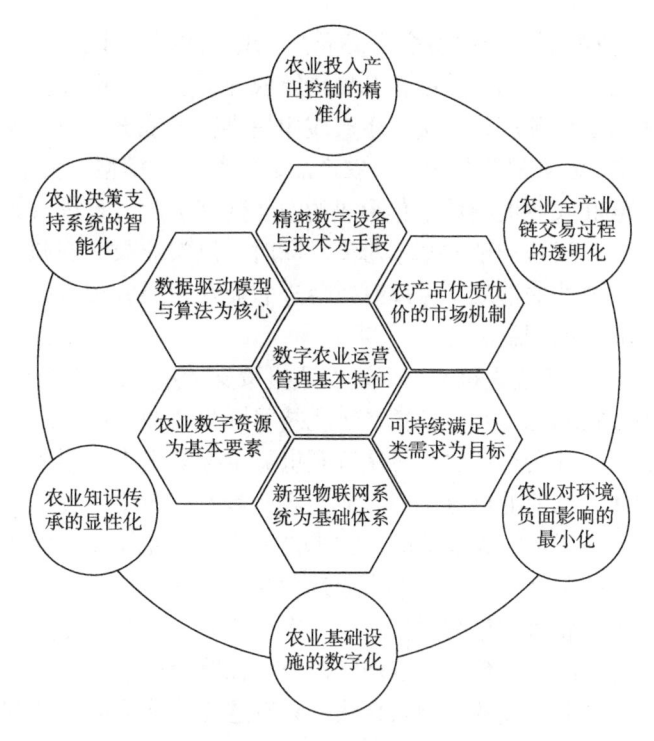

图 1-1 数字农业运营管理的基本特征

1）新型物联网系统为基础体系，促进农业基础设施的数字化

经历了机械化和自动化之后，我国的现代农业正在走向数字化和智能化，而影响这次农业革命进程的一个重要因素就是新兴信息与通信技术在农业中的应用程度。遥感（remote sensing，RS）技术、地理信息系统（geographic information system，GIS）技术和全球导航卫星系统（global navigation satellite system，GPS）技术等 3S 技术在农业中的应用已经比较成熟，但农业数字化和智能化的真正实现需要由新兴的传感技术（传感器、红外感应器和无人机等）、计算技术（云计算、边缘计算和区块链等）以及网络通信技术（5G 等）共同构成的新型农业物联网系统完成。如何采用运营管理的思想与方法建设新型农业物联网系统以完成农业基础设施的数字化革命，是数字农业运营管理的首要任务。只有完成了这一首要任务，才能出现数字农业运营管理的基本场景，进而经过科学研究和实践检验形成数字农业运营管理理论与方法体系，最终促进农业数字化、智能化和精准化的真正实现。

2）农业数字资源为基本要素，促进农业知识传承的显性化

农业数字化是指采用遥感、全球导航卫星系统、传感器、无人机、云计算和边缘计算等各种信息与通信技术采集农业要素和农业模型并转换为计算机可以处理的二进制数字的过程。其中，农业要素主要包括四个方面：生物要素（如茎流量、叶面温度和果径大小等）、环境要素（如空气温湿度、光照强度和风力风向等）、技术要素（如农药效果、飞防效率和收割效率）和社会经济要素（如农产品价格和农产品需求等）。农业模型是指农业过程间的内在规律与外在关系，如作物生长规律、施肥量与产量的关系、农产品产

量与价格的关系等。这些规律与关系往往属于农业现有知识和涉农专家技术人员的经验，可以不受农业本身时间、空间的限制，开展传统农业无法进行的试验，快速、高效探讨农业相关问题，做出定量预测，为实际生产应用提供科学依据。农业模型包括农业植物模型、农业动物模型、农业微生物模型、农产品贮藏与加工模型、农业经济管理模型等。可见，经过农业要素和农业模型数字化形成的农业数字资源，是进行农业精准自动控制的前提，也是数字农业运营管理的基本对象。同时，以农业数字资源为基本要素的数字农业运营管理理论与方法的形成，可以有效促进农业知识经验传承的显性化，进而加快农业技术发展和农业知识创新。

3）数据驱动模型与算法为核心，促进农业决策支持系统的智能化

数字农业发展的技术思想是要依托数字化技术，将农业系统中所涉及的生物要素、环境要素、技术要素、社会经济要素等从客观世界中抽象出来，用数字的形式来描述它们的状态和运动规律。当前的重点是对农业生产所涉及的对象和过程进行数字化表达、设计、控制和管理。由于数字农业的关键技术是数字化农业模型，因此模型的构建和运用是数字农业发展的基础性工作。数字农业运营管理模型与算法的功能主要体现在两个过程中。首先，在采用新兴信息与通信技术对农业要素进行数字化的过程中，要素数据采集环节与设备的优化配置、数据传输网络以及传输路径的优化设计、数据存储与计算资源的合理分配等都需要相应的模型与算法，只有这样才能形成合理有效的农业要素数字化方案，同时也需要把现有农业知识和农业专家技术人员经验转化成计算机可以处理的模型与算法。其次，在搭建新型农业物联网系统后，农业要素的状态被实时感知并传输到数据处理中心，作为农业决策支持系统的输入，需要经过模型与算法的识别、判断和优化，确定是否进行调控以及调控的精度，然后输出到农业物联网系统中实施。可见，数据驱动的模型与算法是进行数字农业运营管理的核心，也是实现农业决策支持系统智能化的关键所在。

4）精密数字设备与技术为手段，促进农业投入产出控制的精准化

经过模型与算法处理得到的新型农业物联网系统搭建方案和系统运行过程中的调控方案相当于运营管理的计划功能，而这一功能的最终实现需要精准的实施和控制，这就需要精密的数字设备与管控技术。首先是精密的数字控制设备，需要研发新一代传感器和制动器，对农业要素进行更加精准的感知与控制，例如运用材料科学和纳米技术等创造的新型纳米生物传感器和制动器，实现对农业循环系统中的微生物、病原体和水分子等的管控。其次，需要在新型物联网环境下对农业全产业链管控技术进行创新，一方面要采用新兴信息与通信技术重塑农业全产业链，实现全链条的精准优化，淘汰多余的运行环节、管理层级和工作岗位；另一方面要采用可现场部署的移动传感器网络技术，实现对农业要素的更加精准动态管控。只有实现精准化的农业投入产出控制，才能真正实现精准农业以持续提高农产品质量与产量。

5）农产品优质优价的市场机制，促进农业全产业链交易过程的透明化

农业物联网系统的布置往往能够提高产量和品质，但如果缺少农产品优质优价的市场机制，可能给农场带来的是损失而不是收益的增加。而农场对新兴信息与通信技术的采纳行为往往受其感知的有用性程度的影响，因此，优质优价的市场机制是驱动农场主

动加入新型农业物联网系统的一个必要条件。加入农业物联网系统的农场数量增加到一定程度，会形成巨大的农业要素数据网和农业模型算法库，农业物联网的巨大网络价值会凸显，而在这一网络中信息获取和各种交易机会成本会接近于零，使得农业全产业链交易过程实现透明化，进而保障农产品优质优价市场机制的持续运行。同时，新型农业物联网环境下，由于信息的透明化和交易机会成本的消失，在农业产业链条之间会形成开放式、分布式、协同式的横向规模经济体系，进一步降低农业生产和农产品流通成本。可见，农产品优质优价市场机制是进行数字农业运营管理的重要场景和导向目标。

6）可持续满足人类需求为目标，促进农业对环境负面影响的最小化

农业是满足人类物质需求和支持国家发展的基础产业，因此数字农业运营管理的最终目标是在新兴信息与通信技术的支持下提高农产品的产量与品质，持续地满足人类生活基本的物质需要。数字农业运营管理可以从以下两个大的方面实现可持续农业的目标。一方面，利用农业物联网系统精准监测农业活动对环境的影响，设计最小化环境负面影响的农业活动计划、组织、实施与控制方案。例如，利用农业物联网系统监测农业面源污染和农药化肥过量使用情况，提出相应的绿色农业生产管控措施。另一方面，利用运营管理理论与方法优化农业物联网系统建设与数据采集传输方案，以最小化物联网系统本身对环境的负面影响。固定传感节点布置优化、移动传感节点路径优化以及传感节点数据上传间隔时间的优化设置等都可以应用运作优化模型与算法找出最优方案以最小化物联网系统对环境的负面影响。

2. 数字农业运营管理的分类

按照不同分类标准可以把数字农业运营管理这一新兴交叉领域分成不同分支，这里主要按照生产结构、投入要素和产业链条对数字农业运营管理进行了细分，具体分类如下。

1）按照生产结构分类

广义上的农业按照生产结构可以分为种植业、林业、畜牧业、副业和渔业，每类农业在技术层面都可以应用信息与通信技术实现生产的精准监测与控制，只是现有研究和应用中针对不同的农业生产类型有不同的应用侧重点。例如，遥感技术目前在种植业和林业的面积测量与病虫害监测方面应用得比较成熟，传感控制系统目前主要应用在种植业和养殖业等。因此，按照农业生产结构可以把数字农业运营管理这一领域分为：数字种植业运营管理、数字林业运营管理、数字畜牧业运营管理、数字副业运营管理和数字渔业运营管理（图1-2）。

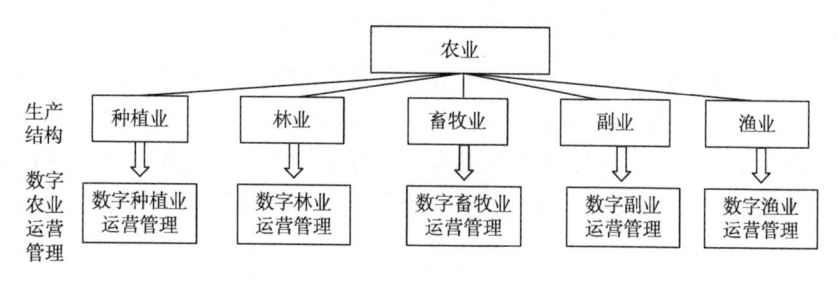

图1-2 按生产结构数字农业运营管理的分类

2）按照投入要素分类

依据柯布-道格拉斯生产函数，资本、劳力和技术是工业生产主要投入要素。在农业领域，如果把种苗、化肥、机械和其他除劳力之外的农业生产资料统称为资本要素，现代农业生产投入要素也可划分为劳力、资本和技术，以及阳光、雨水和温度等的环境要素。同时，在数字经济时代，数据已被认为是一个新的重要投入要素。因此，按照物联网环境下的农业投入要素类型可以把数字农业运营管理分为：数字农业劳力运营管理、数字农业资本运营管理、数字农业技术运营管理、数字农业环境运营管理和数字农业数据运营管理。

3）按照产业链条分类

物联网等新兴信息与通信技术在农业产业链不同环节的应用价值、过程和方式不尽相同。在农业育种环节，物联网系统的价值往往比在其他环节要大，要求的精密度也较高；在农业生产环节尤其是大面积农业区域，要考虑如何降低物联网系统的单位运行成本；在农产品加工、流通和消费环节，往往要考虑更多的经济社会属性来设计农业物联网系统。因此，按照农业产业链环节可以把数字农业运营管理分为：农业产前数字运营管理、农业生产数字运营管理、农产品加工数字运营管理、农产品流通数字运营管理和农产品消费数字运营管理（图1-3）。

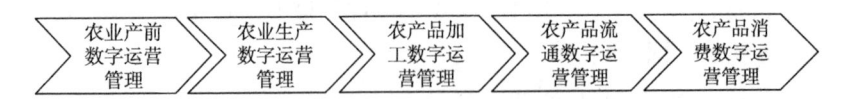

图1-3　按产业链条数字农业运营管理的分类

1.2.3　数字农业运营管理的意义

1. 数字农业运营管理是农业现代化发展的需要

我国人口众多，人均资源有限。党的二十大指出，全面建设社会主义现代化国家，最艰巨最繁重的任务仍然在农村[①]。为了实现农业的可持续发展目标，必须加快农业现代化建设步伐，提高资源利用率和劳动生产率。数字农业是以节地、节水、节肥、节粮为目标的精细农业的基础，因而是农业现代化发展的必然阶段。建立完善的数字农业运营管理的方法体系和标准制度，有助于推动实现农业生产的精细化、虚拟化和自动化。因此，在现阶段，中国应重视数字农业的研究与试验，大力发展数字农业。

2. 数字农业运营管理是数字地球建设的需要

"数字地球"的概念一经提出，就在世界上掀起数字地球研究的热潮，各国纷纷制定自己的数字地球发展战略。对于中国这样的发展中国家而言，数字地球既是挑战，又是机遇。数字地球战略的实施，可以促进信息科学以及与数字地球基础研究相关的学科如地球系统科学等的大力发展，从而带动一批科学技术创新领域如信息、资源、环境的

[①]《习近平：高举中国特色社会主义伟大旗帜　为全面建设社会主义现代化国家而团结奋斗——在中国共产党第二十次全国代表大会上的报告》，https://www.gov.cn/xinwen/2022-10/25/content_5721685.htm，2022年10月25日。

发展，使中国在现代科学技术的国际竞争中处于有利地位。农业作为数字地球的重要组成部分和服务对象，数字农业运营管理体系的建设可以使农业尽早与数字地球建设接轨，在数字地球的统一思想指导下实现与其他行业的信息和资源共享，逐步完善数字地球建设并充分利用已有的建设成果。

3. 数字农业运营管理是资源、信息共享的需要

发展数字农业运营管理是资源和信息共享的需要。中华人民共和国成立以来，各地区、各部门已经在农业资源合理开发利用、农业现代化研究等方面投入了大量人力、物力和财力，取得了大量的科研成果，积累了丰富的资料。但是由于条块分割，缺乏统一的标准和共享机制，存在重复开发和资源浪费现象。中国是发展中国家，农业科研投入有限，充分合理利用有限科研经费，避免重复建设，具有重要意义。发展数字农业运营管理为合理规划中国农业发展的总体目标和框架提供了理论支撑，可以实现统筹规划中国农田基本建设、农业信息系统建设、农业机械开发的发展方向，充分利用各部门现有的工作基础，调动各方面积极性，避免资源浪费。

1.3 数字农业运营管理的主要内容

数字农业运营管理是农业电气化工程、农业机械化工程、管理科学与工程、农林经济管理和农业系统工程等传统学科交叉形成的新兴学科，这些交叉学科的发展实现了现代农业的机械化和电气化进程。在深入分析物联网、区块链等新兴信息通信技术为农业生产管理带来影响的基础上，我们把现代农业运营管理的主要内容分为流程重组、产业融合、知识管理、运筹优化、网络经济和质量管理等部分，为数字农业运营管理关键问题的解决提供研究方向，促进现代农业数字化、智能化的实现和数字农业运营管理理论与方法的形成。

1.3.1 数字农业流程重组

业务流程重组是由迈克尔·哈默（Michael Hammer）和詹姆斯·钱皮（James Champy）提出，强调利用先进的思想和技术对现有业务流程进行根本的再思考和彻底的再设计。近些年，信息技术尤其是互联网技术已经对诸多领域进行了较大或者彻底改变，如零售业、金融业和运输业等，这些领域在互联网环境下的运作流程已经远远不同于传统流程。新型物联网技术的应用会给这些流程带来更大的变革，在农业领域主要体现在以下三个方面：农业生产资料的库存会实现自动化、无人化管理，具有实时监测、自动订货和自动入库等功能；农业生产过程会应用更多的监测与控制系统，包括无人机遥感与飞防一体化系统、农业信息全景感知的移动传感系统和农业生产要素在线优化调度系统等；在农产品流通与消费环节，会实现基于物联网和区块链的农产品溯源功能及农产品消费精准追踪与召回功能等。可见，物联网环境下的数字农业运作流程与传统农业生产管理过程会有巨大不同，进而会导致其运营管理的计划、组织、实施与控制功能的实现方式也有很大变化，需要采用业务流程重组的思想对其进行优化设计。

1.3.2 数字农业产业融合

产业融合是指不同产业的技术知识、产品业务、消费市场和价值链交叉整合，使得这些产业间的边界变得模糊的过程。技术创新是产业融合的内在驱动力，随着信息与通信技术对农业产业链、信息链和价值链的重构，势必加剧传统工业、服务业以及新兴的信息业、知识业和文化业与农业的融合。物联网环境下的数字农业是多产业融合的农业，需要应用产业融合的相关理论与方法来指导数字农业运营管理这一领域的发展。放松管制是产业融合的另外一个重要推动力，因此，为了促进我国数字农业实践的发展及其管理理论方法的形成，需要国家柔性设计信息产业与农业的相关管理体制以促进物联网环境下我国现代农业的持续发展。范围经济是指企业产品类型增加导致平均成本降低的经济现象，是产业融合的一个基础理论，也是数字农业运营管理的一个支撑理论。数字农业产业链的设计与控制需要考虑链条上的业务活动是否满足范围经济，如果满足，就可以考虑通过技术和市场的融合，实行多元化经营战略。

1.3.3 数字农业知识管理

知识是人类进步的根本性动力，网络经济的到来促成了现代知识管理理论体系的形成。知识分为显性知识和隐性知识，前者能够格式化表达，后者难于格式化表达。日本学者野中郁次郎揭示了显性知识与隐性知识的四种转换关系：群化（隐性→隐性）、外化（隐性→显性）、融合（显性→显性）和内化（显性→隐性）。传统农业生产过程由于缺少对农业元素数据的系统收集与长期积累，主要通过局部的经验交流来促进农业的发展，农业知识的形成与传承进程比较缓慢，而新型物联网环境下的数字农业会破除传统农业发展的数据制约因素。因此，数字农业运营管理的一个重要内容是如何利用新兴信息与通信技术构建出物联网环境下的农业知识管理系统，转换现有农业显性知识为模型算法，形成智能化的农业决策知识系统，进一步促进农业领域的知识融合和加快农业经营主体知识内化过程；通过农业知识的应用和技术经验的实践积累，产生群化隐性知识并以数字化的形式输入农业决策知识系统，进而促进新增农业知识的外化与积累。通过以上功能的循环实现，农业知识可以在物联网环境下得到持续传承与快速发展，为智慧农业和精准农业的最终实现提供有力支持。

1.3.4 数字农业运筹优化

运筹学起源于第二次世界大战期间，是一门应用性学科，主要思想是运用数学模型和逻辑模型对现实问题进行刻画，通过最优化方法和计算机技术求解建立的运筹模型以找到解决现实问题的最优方案。在数字农业生产实践中，基于信息与通信技术的农业产业链重组融合过程、农业技术知识显性化过程，以及新型物联网系统的运行，都需要进行操作层面的运筹优化（如农业传感网络的优化设计、智能农机的自动驾驶路线优化、数据上传间隔时间的优化设置等），实现数字农业的智能化和精准化，从而最小化运营成本和最大化农业收益。因此，运筹优化理论与方法是数字农业运营管理支撑理论体系的另一个重要方面。然而，面向农业物联网的多维异构性、动态实时性和高度不确定性等特点，需要对传统的运筹优化理论进行改进或者重建，只有这样才能为数字农业运营管理提供有效支持。

1.3.5 数字农业网络经济

网络经济（也称数字经济）是指建立在互联网上的生产、分配、交换和消费的经济关系，具有高渗透性、边际效益递增性、自我膨胀性和外部经济性等特征。物联网是新一代互联网，把传统以计算机和手机为连接主体的互联网扩展到以万物为连接主体，因此，物联网环境下的网络经济会给这个世界带来更大的变革。随着传感器价格的降低和新型传感系统的应用，农业物联网势必形成，进而引爆农业领域的网络经济，因此，网络经济及相关理论（如平台经济和共享经济）是数字农业运营管理的重要支撑理论。随着农业物联网基础设施的形成和农业经营主体参与意愿的提升，农业物联网电商平台出现并蓬勃发展，进而会给现有农业经济体系带来颠覆性变化，新型的农业投融资关系、新型的农业生产服务关系、新型的农产品交易关系等都会随之而来，经过数字农业发展实践的检验与论证，最终形成数字农业网络经济相关理论与方法。

1.3.6 数字农业质量管理

物联网和区块链等技术在农业中的应用，为农业质量管理提供了变革性解决方案。传统农业生产管理过程中，各环节信息的缺乏导致难以有效管控农产品质量。而在新型物联网环境下，可以构建基于"信息链—证据链—信任链"的低冗余存储且安全性能高的农产品供应链置信溯源系统，对农产品实现全面质量管理。具体如下：首先通过覆盖农产品生命周期的物联网信息采集系统，形成从生产到销售全过程的基于区块链机制的分布记账式信息链；每一次针对特定农产品质量追溯是基于区块链内存储数据及链外关联数据的置信求证和规则推理，找出与农产品质量安全风险相关的证据链；进而结合网络节点本身属性（如在线平台信誉、个体农户声誉等）映射到信任网络中，构建一条贯穿上下游成员间的信任链，并动态调整、更新信任网络。这种以"信息链—证据链—信任链"为主线的农产品质量置信溯源方法，可以快速实现农产品溯源查询、证据推理、置信求证、信任融合等置信分析过程，为解决农产品质量难题提供新技术。

1.4 数字农业运营管理的关键问题

为了促进农业物联网实践的发展与数字农业运营管理理论的形成，需要解决面临的关键问题。从不同阶段和视角出发，当前数字农业运营管理主要面临六个关键的问题，如图1-4所示。在数字农业基础建设阶段，需要聚焦农业数字化标准体系构建和农业物联网基础设施建设这两个关键问题，应用升级阶段的两个关键问题是数据驱动模型与算法设计和数字农业经营主体的培育，在此基础上会爆发各种数字农业商业运作模式，最终实现数字农业经济的巨大变革，而以上各个阶段都需要政府对数字农业的发展进行科学治理。

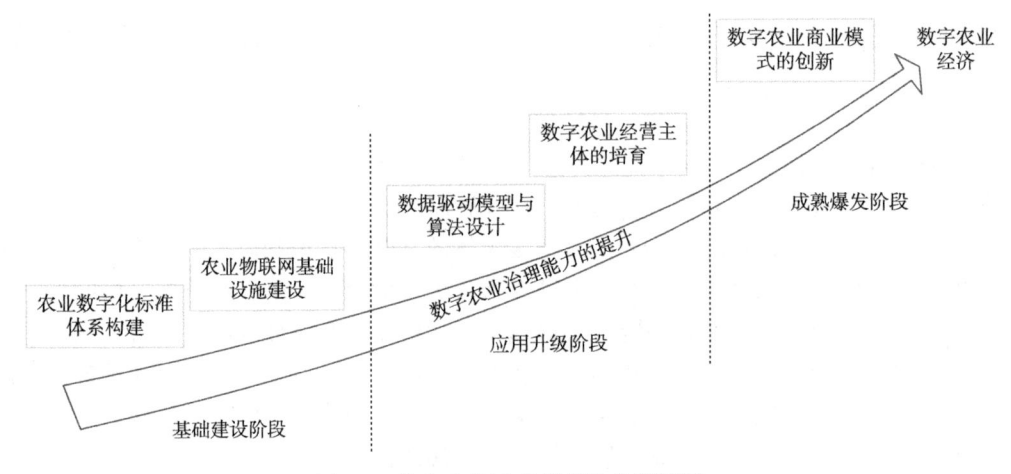

图 1-4 数字农业运营管理的关键问题

1.4.1 农业数字化标准体系构建

与计算机网络和移动网络的建设过程类似，物联网的网络建设也必须标准先行，然而物联网建设面临的主要挑战是万物的异质性，难以形成像面向计算机和手机那样的通用标准体系，加上农业种类与要素的多样性以及不同国家、不同地区农业发展模式和阶段的异质性，使得农业物联网尤其是末端传感器网络的建设面临很大的差异性。同时，农业技术知识是实现农业智能化的核心要素，需要规范化的方法与技术把现有的农业技术知识和实践中形成的生产经验转化为可以输入农业物联网系统中的数据。因此，如何采用新兴信息与通信技术构建出农业数字化标准体系以规范农业物联网的建设和农业技术知识的数字化过程，是首先要解决的关键科学问题。这一问题的解决需要结合现有农业生产标准，在利用信息与通信技术对农业产业链进行流程重组和产业融合的基础上，按照农业类型分别建立不同情景下的标准体系。同时要充分考虑标准体系的层次性和衔接性，形成国家标准为基础、行业标准为主导和企业标准为补充的农业数字化标准体系。

1.4.2 农业物联网基础设施建设

网络经济的一个重要特征是边际效益递增性，主要是因为随着网络规模的扩大，加入网络的边际成本呈现递减而信息累积的增值报酬呈现递增。物联网环境下的网络经济这一特征更加突出，这就意味着物联网基础设施建设阶段的效益较低。因此，如何有效开展农业物联网基础设施的建设工作以使得网络尽快增值到一定程度以提高企业和个体主动加入农业物联网的积极性，是数字农业基础建设阶段的另一个关键性问题。考虑到农业类型的多样性和异质性，以附加值较高的主要农产品为对象构建特定农产品全产业链的物联网系统是政府和企业应该采取的策略。物联网发展到一定程度势必促进新一代平台企业的产生，进而带来全新的商业模式。因此，以拥有巨大顾客群体的现有互联网平台企业为龙头，充分利用现有互联网累积的报酬递增效应，构建农业物联网电商平台应该是互联网平台企业亟须部署的战略。同时，政府要积极长远保护农业物联网建设主体的数据收益权利，以提高企业投资物联网基础设施建设的积极性。

1.4.3　数据驱动模型与算法设计

运作优化是农业物联网构建与运营过程中的核心，只有实现了农业运作的最优化才能促进精准农业的实现。然而，物联网环境下的农业运作优化面临诸多新的挑战：首先是如何处理多维异构大数据的输入，也就是如何把农业生产过程中产生的视频、音频和图片等非结构化数据转换成满足运筹优化模型建模要求的结构化数据，或者说，如何改进或者重构运筹模型以有效处理物联网环境下产生的异构大数据；其次是如何基于流数据设计出快速求解算法，尤其是要解决最优化理论面临的数据"维度灾难"难题，以实时生成数字农业在操作层面的运作方案；最后面对农业全产业链中的各种干扰事件，如何在既有计划的基础上形成新的调整方案，以最小化干扰事件对原计划的负面扰动。同时，如何把非结构化的农业技术知识融入结构化的运作优化模型与算法中也是亟须解决的另一个关键难题。

1.4.4　数字农业经营主体的培育

党的二十大指出，发展新型农业经营主体和社会化服务，发展农业适度规模经营[①]。在数字农业的应用升级阶段，新型农业经营主体的培育是另外一个亟须解决的关键问题。物联网环境下的数字农业可以实现多个环节的重组融合，对传统农业经营主体所要求的能力和素质会有很大变化，同时也会产生全新的数字农业经营主体。在实施数字农业过程中，首先碰到的问题是从事农业的相关经营主体对农业物联网的认知与意愿问题。由于物联网系统实施成本较高、相关技能培训机构缺失、数据质量控制较难等各方面因素的影响，多数传统农业经营主体会对物联网系统的采用持消极或观望态度。农产品优质优价市场机制的形成和农业物联网增值报酬的显著提高，可以提高采用农业物联网系统带来的边际收益，进而有效提升现有农业经营主体的正向认知和参与意愿，同时需要形成农业物联网技术培训体系，以满足数字农业经营主体的技术学习需求。另外，也要促进数字农业全新农业经营主体的培育，例如无人机飞防业务经营主体和农业技术知识模型库运营商等。

1.4.5　数字农业商业模式的创新

在互联网时代，数据已经成为网络经济最重要的生产力，催生了各种各样的互联网商业模式，大大改变了传统商业生态系统，成为国家和企业发展的新动能。数字农业时代真正到来的主要标志是围绕数字农业爆发了物联网环境下的各种农业创新商业模式，使得农业物联网系统中大数据要素的巨大价值得到充分表现。由于农业的基础性和物联网的无界性，数字农业商业模式的创新不仅仅是基于农业单一产业的创新，而且是基于产业融合的创新，这些商业模式具有极高的渗透力和变革力，改变的不仅仅是农业产业而是整个社会领域的商业生态。值得强调的是，数字农业商业模式爆发的基础是农业物联网系统中积累的大数据，而这一积累过程是源于数字农业的基础建设阶段和应用升级

---

① 《习近平：高举中国特色社会主义伟大旗帜　为全面建设社会主义现代化国家而团结奋斗——在中国共产党第二十次全国代表大会上的报告》，https://www.gov.cn/xinwen/2022-10/25/content_5721685.htm，2022 年 10 月 25 日。

阶段。可见，如何创新和布局物联网环境下数字农业商业模式，是一个值得学术界进行研究的科学问题和企业界进行关注的战略问题。

1.4.6 数字农业治理能力的提升

作为基础产业的农业，直接影响到国家的粮食安全和社会稳定，其发展必然需要国家政府的有效管制。物联网环境下的数字农业发展能够为政府提供更全面、更精准和更及时的农业要素数据，为国家农业农村治理体系的构建和治理能力的提升带来巨大机遇，然而也面临诸多新的挑战。数字农业治理体系的构建与治理能力的提升是一个全过程的系统工程，在数字农业发展的不同阶段有着不同的治理重点。基础建设阶段的治理重点主要有以下两个方面：一是如何制定系统合理的农业数字化国家标准体系，以规范而又不限制行业与企业标准体系的形成和发展；二是如何确定一个长效机制以促进国家和企业积极协同建设农业物联网基础设施。应用升级阶段的治理重点包括：如何促进国家级农业知识模型库与智能计算服务平台的构建和数字农业经营主体培训服务体系的形成。成熟爆发阶段的数字农业已经融入社会各商业生态系统，因此其治理范围是全方位的，终极目标是促进数字农业经济的发展与繁荣。

1.5 数字农业运营管理的知识体系

数字农业运营管理是一个适应现代化农业发展的需要而产生的多学科交叉领域，其发展不能只依赖于某一个学科，而是很多学科之间进行融合（图1-5）。因此，关于数字农业运营管理学科的形成与发展，首先是一个多学科交叉的发展趋势。多个学科相辅相成，不只是进行相互融合，而是在发展中实现学科融合的共同进步，从而帮助数字农业快速、科学地发展。此外，学科交叉发展趋势，还需要农学、经济学与管理学等基础学科实现一种多元化的发展，通过学科之间的理论优势互补，让数字农业运营管理这一学科的知识体系更加完善，从而促进农业现代化发展和社会进步。接下来，我们从学科基础和技术体系两方面来对数字农业运营管理的知识体系进行介绍。

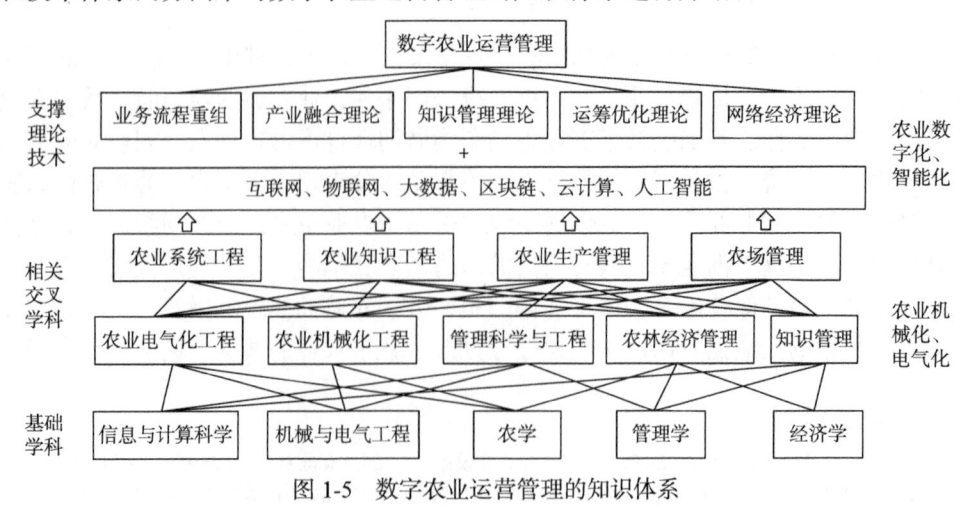

图1-5 数字农业运营管理的知识体系

1.5.1 数字农业运营管理的学科基础

数字农业运营管理的基础学科包括信息与计算科学、机械与电气工程、农学、管理学和经济学这五大学科，在此基础上，这些学科之间互相融合发展，进一步衍生出一些重要的相关交叉学科基础。例如，农业电气化工程、农业机械化工程、农林经济管理学科的交叉融合推动了农业系统工程学科的产生与发展；农业数字化与智能化发展的需求又推动了农业系统工程、农业知识工程、农业生产管理与农场管理及其对应的基础学科的交叉发展。总体而言，信息与计算科学、机械与电气工程为农业数字化发展提供了技术支撑，管理学与经济学为农业运营管理提供了理论方法，农学是技术手段与理论方法结合的必要途径。

1. 数字农业运营管理的基础学科

（1）信息与计算科学：信息与计算科学专业（information and computing science）原名"计算数学"，1987年更名为"计算数学及其应用软件"，1998年教育部将其更名为"信息与计算科学"，其是以信息领域为背景，数学与信息、计算机管理相结合的数学类专业。该专业的课程体系和知识结构体现在扎实的数学基础之上，合理架构信息科学与计算机科学的专业基础理论。通过信息论、科学计算、运筹学等方面的基础知识教育和数学模型、数学实践课、专业实习各环节的训练，信息与计算科学专业的学生可以提高其解决科学计算、软件开发和设计、信息处理与编码等实际问题的能力。

（2）机械与电气工程：机械工程是一门利用物理定律为机械系统做分析、设计、生产及维修的工程学科。该专业要求对应用力学、热学、物质与能量守恒等基础科学原理有深刻的理解，并利用这些知识去分析静态和动态物质系统，创造、设计实用的装置、设备、器材、器件、工具等。传统的电气工程定义为用于创造产生电气与电子系统的有关学科的总和。随着科学技术的飞速发展，21世纪的电气工程概念已经远远超出上述定义的范畴，斯坦福大学教授指出：21世纪的电气工程几乎涵盖了所有与电子、光子有关的工程行为。

（3）农学：农学专业是研究农业发展的自然规律和经济规律的科学学科，因涉及农业环境、作物和畜牧生产、农业工程和农业经济等多种科学而具有综合性，其中林业科学和水产科学有时也包括在广义的农业科学范畴之内。农学专业培养具备作物生产、作物遗传育种以及种子生产与经营管理等方面的基本理论、基本知识和基本技能，能在农业及其他相关部门或单位从事与农学有关的技术与设计、推广与开发、经营与管理、教学与科研等工作的高级科学技术人才。

（4）管理学：管理学是一门综合性的交叉学科，是系统研究管理活动的基本规律和一般方法的科学。管理学是适应现代社会化大生产的需要产生的，其目的是：研究在现有的条件下，如何通过合理地组织和配置人、财、物等因素，提高生产力的水平。管理学下设的二级学科有企业管理、工商管理、会计学、运筹与管理、旅游与酒店管理、公共事业管理、人力资源管理、市场营销等。

（5）经济学：经济学专业，是现代设立的关于经济发展规律的一门独立学科。经济学专业培养具备比较扎实的马克思主义经济学理论基础，熟悉现代西方经济学理论，比较熟练地掌握现代经济分析方法，知识面较宽，具有向经济学相关领域扩展渗透的能力，能在综合经济管理部门、政策研究部门、金融机构和企业从事经济分析、预测、规划和经济管理工作的高级专门人才。

2. 数字农业运营管理的交叉学科

（1）农业电气化工程：农业电气化工程主要研究农村电力系统、农用电气工程和自动化技术等方面的基本知识和技能，对农村进行供电及电器普及，实现农村和农业的电气化，缩小城乡差距。例如：空调、冰箱等家用电器在农村推广，将计算机等电子设备用于农业生产，在农村建立照明、加热等电器装置，在农村建立电站网等。

（2）农业机械化工程：农业机械化工程是综合应用机械、生物、信息、电子和管理等科学技术，为农业、农村发展与资源合理利用服务的工程技术学科。农业机械化工程以生物体、有机物及其环境为主要工作对象，研究机械化、自动化生产技术和管理技术。农业机械化工程的工作要素及其相互间的作用关系复杂多变，是一门独具特色，有待向深度和广度发展的学科。

（3）管理科学与工程：管理科学与工程是管理学门类下的一级学科，是综合运用系统科学、管理科学、数学、经济和行为科学及工程方法，结合数据科学与信息技术研究解决社会、经济等方面的管理问题的一门学科。该学科从定性分析趋向定量研究，从宏观研究逐步深入到微观研究，侧重于研究同现代生产经营、科技、经济和社会等发展相适应的管理理论、方法与工具，应用现代科学方法与科技成就来阐明和揭示管理活动的规律，以提高管理的效率。

（4）农林经济管理：农林经济管理专业作为一门交叉学科，其学科内容非常广泛。该专业依托国家重点学科优势，以践行社会主义核心价值观为宗旨，培养适应经济社会发展和农业现代化建设需要，拥有广博的人文社会科学素养，掌握扎实的农林经济管理基本理论、专业技能和方法，熟悉国内外农林经济管理实践前沿与最新发展，具备良好的实践应用、沟通协调和创新创业思维能力，能够胜任政府部门、国内外教学科研机构、各类企业工作需要的国际化、复合型、研究型专门人才。

（5）知识管理：知识管理是知识经济时代涌现出来的一种最新管理思想与方法，它融合了现代信息技术、知识经济理论、企业管理思想和现代管理理念。知识管理的定义为，在组织中构建一个量化与质化的知识系统，让组织中的资讯与知识，通过获得、创造、分享、整合、记录、存取、更新、创新等过程，不断地回馈到知识系统内，个人与组织的知识得到永不间断的积累，这将在企业组织中成为管理与应用的智慧资本，有助于企业做出正确的决策，以适应市场的变迁。

（6）农业系统工程：农业系统工程是应用系统工程的理论和技术，对农业系统的规划、设计、试验、研究、调控及其应用过程进行科学管理的一门综合性的管理工程技术，除以运筹学作为理论基础外，还涉及应用数学（如最优化方法、概率论、网络理论等）、基础理论（如信息论、控制论、可靠性理论等）、系统技术（如系统模拟、通信系统等），以及农业经济学、经营管理学、社会学、心理学等多种学科。

（7）农业知识工程：农业知识工程是建立在科学的、技术的和方法论的基础上，以专家知识为基础,以计算机应用为手段,从软科学和硬技术两方面,从事农业生产过程知识体系建设的一门综合性工程学科。农业知识工程学科的发展为农业知识向农业生产过程的传递提供了新的方法和手段,有助于提高农民自身的知识素养,为解决农业生产和农村经济发展过程中的难题开辟了新道路。

(8)农业生产管理:农业生产管理是指对一系列的农业生产活动进行管理,如对农田基本建设、农作物栽培和动物饲养、病虫害防治等各个方面进行管理。农业生产管理的目标是满足客户需求、提高投入资源的附加值、改善生产系统的工作效率和减少浪费及资源损耗。

(9)农场管理:现代农场,是一种以现代农业产业化、发展规模农业为目的,吸引城市闲散资金,管理人才下乡,通过土地流转、集中管理,让农民手中的土地收益最大化,解决农民就业问题,推动农业发展的新型农业模式。农机管理、农场财务管理和农场人力资源管理是现代农场管理中的关键问题。

1.5.2 数字农业运营管理的技术体系

数字农业运营管理的技术体系的内涵是将互联网、物联网、大数据、区块链、云计算、人工智能等高新技术与地理学、农学、生态学、植物生理学、土壤学等基础学科理论有机结合起来,为数字农业实现流程重组、产业融合、知识管理、运筹优化、质量管理、价值共创和网络经济等提供技术支撑,以达到合理利用农业资源,降低生产成本,改善生态环境,提高产品产量、质量和生产效率,促进现代农业数字化、智能化的目的。按照农业产业链条,数字农业运营管理的技术体系主要包括以下五个方面。

1. 农业生产原材料供应的相关技术

物联网技术在农业原料供应中的应用可以提高原料管理的效率和有效性。通过物联网技术,农户可以制定科学的库存控制策略,实时监控各种原料的水平和状态,并自动进行精确订购。例如,当种子、肥料等原料到达时,通过读取射频识别(radio frequency identification,RFID)智能标签,很容易检测其数量和质量。同时,物联网系统还有助于原料供应商培育种子和生产肥料。

2. 农业生长环境信息监测与调控的相关技术

物联网技术在农业生产方面的应用解决了农业生产环境信息监测与调控的问题,尤其是在温室大棚种植、畜禽水产养殖、农机物联网方面得到了广泛应用。首先,物联网技术可以通过监控农业环境变化实现智能化管理,通过无线或有线传感节点、太阳能供电系统、信息采集设备、传输系统等获取的植物生长环境信息来监控环境动态变化。其次,农业园区视频监控的应用,直观地反映了农作物生产、畜禽水产养殖的实时状态,这给农户及时调整种养方案、科学决策提供了理论依据。最后,利用卫星遥感和互联网技术对监测区域的农作物长势、面积、品质以及土壤、植保信息的数据进行监测与收集,对收集到的数据信息进行处理,既能够得出适合检测区域生长的相应农作物,又能达到规划、监测某一特定区域农业生产的目的。物联网技术的大力发展,与地理信息系统和全球导航卫星系统的发展分不开,两者协调运作,收集整理信息,利用WiFi无线技术进行信息处理与传输，实现了农业的统筹规划，为农业部门生产决策提供了科学依据。

3. 农产品加工的相关技术

农产品分级营销是提高农民收益的有效策略。传统分拣活动是手动的，效率低下。因此，对农副产品加工过程中的品质进行控制是数字农业工程技术的关键环节，其中在线成分分析系统是加工过程数字化的核心装置。应用近红外技术对农产品进行快速品质检测具有重要的意义。近红外光谱分析和气味传感器等无损检测技术已应用于自动分类，尤其是在新鲜水果上。此外，对易腐农产品的加工环境进行监测和控制是十分必要的。一个具体应用是对需要不同加工环境的多种新鲜农产品进行工艺调度优化。在这个环节中，另一个与物联网相关的工作技术是利用来自原料供应和生长环节中的数据定制智能标签，并将标签贴在包装好的生鲜产品上。

4. 农产品流通的相关技术

在农产品运输和存储过程中，储存环境是直接影响农产品质量变化的关键因素。在实践中，越来越多的基于物联网的仓库被建造，用来减少新鲜农产品的损失。通过车载传感器网络和全球导航卫星系统，管理人员可以监视运输中农产品的状态以及冷藏卡车的位置。当冷藏卡车的环境不利于农产品的存储时，警告消息将被发送。同时，下游零售商或消费者可以实时跟踪农产品，这有助于他们制订收货计划。自动分拣是物联网系统的另一个重要功能，特别是用于履行在线农产品订单。

5. 农产品质量安全溯源的相关技术

农产品的溯源管理通常比普通产品更为重要，因为它涉及消费者的安全和健康问题。物联网溯源技术已经从条形码发展到二维码，甚至到基于 RFID 的溯源技术。这些技术在农产品中的应用有助于消费者识别农产品生长和加工阶段的细节，并购买到预期质量的商品，从而促使农民将注意力集中在农产品质量上。零售货架上带有 RFID 标签或二维码的农产品也使得消费者易于识别其品种和产地，从而避免消费者购买到假冒伪劣商品。此外，消费者可以访问追踪系统来获取整个生命周期中的详细信息，如施肥和农药记录。超市中的物联网设备还有助于消费者快速检测添加剂和农药残留。如果发现某些农产品存在安全问题，也可以借助生命周期物联网系统实现精确回溯。

第 2 章 数字农业相关技术及应用

随着现代工业和科学技术的不断创新和发展，传统农业发生了翻天覆地的变化。得益于各种现代技术的发展，农业产业正朝着数字化、专业化、规模化、机械化和智能化的方向发展。本章分为六个小节，将从不同的视角介绍过去、现在和未来农业领域的相关技术，以及它们在数字农业领域的典型应用场景。

2.1 传统农业信息获取技术

本节所描述的传统农业信息获取技术是指能获取大范围、宏观指导性农业信息的技术，应用较早并且技术成熟。选取卫星导航（satellite navigation）技术、遥感技术、GIS 技术和气象观测技术，本节将围绕这些技术介绍传统农业信息获取技术。

2.1.1 卫星导航技术

卫星导航技术指采用导航卫星对地面、海洋、空中和空间用户进行导航定位的技术。常见的 GPS（global positioning system，全球定位系统）导航和北斗导航皆属于卫星导航。拥有卫星导航信号接收设备的终端可以通过分布在地球上空的轨道卫星网络获得实时高精度的三维坐标和速度信息，随着新一代全球导航系统的建成，卫星导航技术将会极大推动农业物联网的建设，其在农业机械自动驾驶、辅助转向、线路优化等方面拥有广阔的应用前景。本节将介绍卫星导航技术的工作原理、特点以及在农业信息获取中的具体应用。

1. 卫星导航技术概述

1) 卫星导航技术的工作原理

卫星导航系统主要由控制部分、空间部分和用户部分组成。如图 2-1 所示，农户利用手持式或固定式信号接收器发送定位请求，空间部分的系统收到请求后会调用距农户上空最近的四颗卫星，分别获取经纬度、海拔高度及时间信息，空间系统将信息发送至距农户最近的地面站，但因为地面站与手持信号接收器有一定的距离，所以地面主控站会利用差分法计算农户的具体经纬度、海拔信息并发送至农户信号接收器，农户即可获得相关的经纬度、海拔及时间信息。图 2-2 为商用的手持式卫星导航信号接收器。

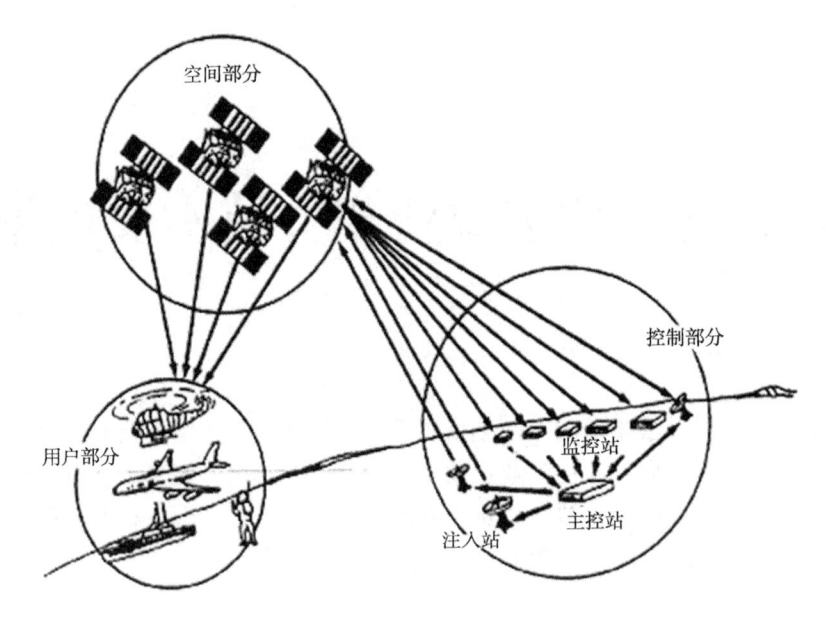

图 2-1　卫星导航系统的组成

资料来源：http://pnr.sz.gov.cn/xxgk/ztzl/rdzt/lxyxdw/gps.html[2021-09-22]

图 2-2　手持式卫星导航信号接收器

资料来源：https://www.thetrentonline.com/5-things-to-know-about-gps-fleet-tracking-for-businesses[2020-10-01]

2）卫星导航技术的特点

（1）准确性和自动性。如图 2-1 所示，位于地面的注入站、监控站和主控站的运行与控制均建立在计算机和高精度原子钟的基础上，能够实现运行的自动化。注入站负责注入卫星详细资料；监控站负责监测卫星的实时信息，同时负责编制星历；主控站则及时修正各项参数，能够保证运行的精准化。

（2）实时性。空间星座中的各个卫星在 6 个轨道均匀分布运作，24 颗卫星可以实现对地球表面任意地面站的信号传输，保证了农户在农田任意位置定位或导航时都有 4 颗卫星提供相关的经纬度、海拔及时间信息，并且卫星轨道运行时间在 11 h 58 min 左右，与自然天时间十分相近，可以实现位置信号的全天候传输。

（3）易用性。信息技术的发展尤其是微型芯片加工技术的高速发展显著降低了在农业中应用卫星导航的成本，手持式卫星导航接收器的发展摆脱了大型设备价格昂贵、使用复杂等缺点，农户可以随时随地获取经纬度、海拔及时间信息。

2. 卫星导航技术在农业中的具体应用

卫星导航技术应用于农业可以追溯到20世纪90年代，美国明尼苏达州的两个农场进行了卫星导航技术指导化肥用量的试验，结果表明，利用卫星导航技术指导施肥不仅使小麦产量比传统均匀施肥提高了30%，还减少了化肥的使用量，这显著提升了农户的效益。除了美国军方研发的GPS，20世纪后期，我国开始探索适合国情的卫星导航系统发展道路，逐步建立了北斗卫星导航系统，北斗卫星导航系统提供服务以来，已在交通运输、农林渔业、水文监测、气象测报等领域得到广泛应用。随着卫星导航、卫星网络的完善和技术的进步，卫星导航技术在农业上的应用主要有以下几方面。

1）农业机械作业的动态定位

农业机械作业的动态定位即根据卫星导航系统实时定位，精准协助农业机械实施田间播种、施肥、灌溉、排水、洒药和收获等田间作业。卫星导航技术应用于农业机械作业会极大提高农业生产的效率，并且在使用卫星导航技术导航时，农民不受时间和气候的限制，这对全天候农业作业有重要意义。一方面，卫星导航技术为农用机械提供实时二维位置信息，提高了行走精度及行驶速度。图2-3为卫星导航指导农业机械进行田间作业，安装了导航系统的拖拉机可以自动为驾驶者提供作业路线，相比驾驶者凭借积累的经验进行作业，卫星导航技术可以避免重复作业，从而减少因重复作业产生的燃料与施用物质花费。另一方面，卫星导航接收器与农用传感器结合，可以实现对农田数据的自动分析，例如安装了卫星导航接收器和地理信息系统的联合收割机，在进行作物收获作业时，产量传感器配合卫星导航技术可以获取农田内部各区域产量的分布数据，并将这些数据录入地理信息系统制成产量分布图，然后将影响作物产量的各因素输入系统进行对比，分析产量出现差异的具体原因，从而采取相应措施予以解决，以达到提高田间作物产量的目的。

图2-3 卫星导航指导农业机械作业

资料来源：https://www.163.com/dy/article/F7QDESNU0514CG2T.html[2020-10-11]

2）农田电子地图的绘制

卫星导航技术具有精准性、实时性、自动性和易用性的特点，农户手持卫星导航信号接收设备绕农田行走，即可获得农田地块面积、地形等信息，同时用手持式卫星导航设备标记农田中分布的道路、水库、房屋、沟渠等重要设施，在记录好各项数据之后，农户可以在系统中下载这些数据并且利用相关软件绘制农田电子地图。

3）农田土壤养分的精准调查

土壤采样是农业研究中重要的研究方法之一，它可以获取土壤养分的分布情况，对土壤采样结果进行分析可以为科学施肥提供依据，实现肥料利用效率的最大化。土壤采样工作能够利用卫星导航技术配合相关绘图软件开展，根据不同的采样要求，农田土壤样品点的分布可利用差分卫星导航技术进行计算，再根据样品中养分的含量和调查地区的地形图，结合 GIS 技术将该地区的土壤养分含量分布图绘制出来，为农民科学施肥、合理布局作物种植提供可靠依据。

2.1.2 遥感技术

遥感技术是指从高空或外层空间接收来自地球表层各类地理主体的电磁波信息，并对这些信息进行扫描、摄影、传输和处理，从而完成对地表各类地物和现象进行远距离探测和识别的技术，其在植被资源调查、作物产量估测、病虫害预测等领域都有所应用。本节将从遥感技术的理论基础、技术特点和技术应用等方面对遥感技术展开介绍。

1. 遥感技术概述

1）农业遥感的理论基础

在电磁波作用下，物体会在某些特定波段形成反应物质成分和结构信息的光谱吸收与反射特征，这种对不同波段光谱的响应特性通常称为光谱特性。地球表面各类地物如土壤、植被、水体、岩石、积雪等的光谱特性差异是卫星遥感解译和监测的理论基础。

农业遥感监测的主要对象是作物和土壤，其典型反射光谱曲线如图 2-4 所示。作物在可见—近红外光谱波段中，反射率主要受到作物色素、细胞结构和含水率的影响，特别是在可见光红光波段下有很强的吸收波段，在近红外波段下有很强的反射特性，可以利用该特性进行作物长势、作物品质、作物病虫害等方面的监测。土壤的可见—近红外光谱总体反射率相对较低，可见光谱波段主要受到土壤有机质、氧化铁等赋色成分的影响。因此，土壤、作物固有的反射光谱特性是农业遥感监测的理论基础。

2）农业遥感技术的特点

（1）可获取大范围的数据资料。农业遥感飞机的飞行高度约距地面 10km，遥感卫星的卫星轨道高度约距地面 910km，空天技术和遥感技术相结合能够及时获取大范围的信息。

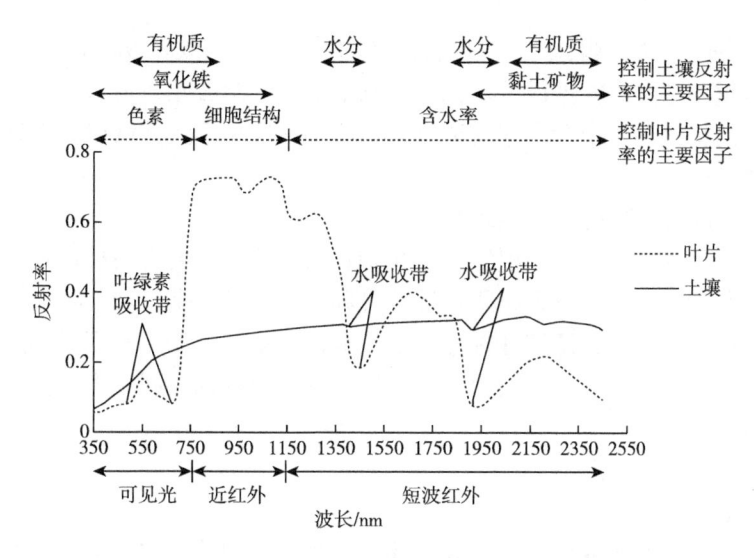

图 2-4 土壤和作物可见—近红外反射光谱特征

资料来源：史舟，梁宗正，杨媛媛，等.2015.农业遥感研究现状与展望.农业机械学报，46（2）：247-260

（2）获取农业信息速度快、周期短。卫星绕地球周期运转，不断获取所经地区各种自然现象的最新信息，能够更新原有气象资料或根据新旧资料的变化进行动态监测，这是人工实地测量和航空摄影测量无法比拟的。

（3）获取信息的限制条件少。采用不受地面条件限制的遥感技术，特别是航天遥感可方便及时地获取各种宝贵的农业信息。

（4）获取信息的手段多、信息量大。针对不同的农业任务，遥感技术可选用不同波段和遥感仪器获取信息。例如，采用可见光探测物体，也可采用紫外线、红外线和微波探测物体。利用不同波段对物体不同的穿透性特征，还可获取地物内部信息。

2. 遥感技术在农业中的具体应用

1）耕地资源遥感调查

耕地是农业生产的基本载体，耕地面积和质量的变化都影响着粮食安全和生态环境。遥感监测具有的覆盖面积广、重访周期短等优势，使其成为耕地资源监测的重要手段。国际上，美国和欧盟通过相关计划利用遥感技术进行耕地面积调查任务，俄罗斯农业部依据中分辨率成像光谱仪（moderate-resolution imaging spectroradiometer，MODIS）获取耕地面积、耕地利用、作物生长状况等信息，对作物与耕地面积进行估算分析。由于我国耕地地块面积相对小且分散，因此国内较多采用专题测图仪（thematic mapper，TM）和法国 SPOT（systeme probatoire d'observation de la terre，地球观测系统）两种地球观测卫星系统的高空间分辨率影像数据进行耕地监测和管理，我国自然资源部每年会利用 SPOT 卫星影像数据进行全国耕地面积违法占用情况调查。

2）土壤调查

A.调查土壤关键属性

早期的土壤遥感调查集中于土壤类型遥感制图，即利用遥感图像对土壤类型、组合进行人工目视解译和勾绘。现阶段土壤遥感调查集中于土壤关键理化特性的调查与制图，特别是土壤水分的遥感监测,针对土壤含水率的遥感调查对农作物产量预测、合理灌溉、防洪抗旱有着重要意义。被动微波遥感通过测量地表的微波辐射来监测土壤水分,是大尺度下具有较高精度的土壤含水率监测方法,能够被应用于大区域以及全球尺度的土壤水分动态监测。

B.土壤侵蚀退化与障碍性土壤调查

遥感技术很早就应用于土壤侵蚀、退化调查与监测,主要有两种途径:一种是利用图像的颜色、色调、形状、纹理、阴影等信息和背景辅助数据,加上野外实地调查,直接建立土壤侵蚀与退化的遥感解译标志,制作解译结果图。另一种则是利用遥感技术提取降雨侵蚀、植被覆盖管理和土壤保持工程措施等参数数据,利用土壤侵蚀退化的评价模型,计算土壤侵蚀量。

3)农业灾害遥感监测

A.旱涝灾害监测

旱灾和洪涝灾害对农业生产有巨大破坏性。目前最为常用的干旱监测方法为作物缺水指数法、热惯量法、植被指数法等。缺水指数法基于环境减灾卫星的多光谱、热红外数据及 MODIS 数据构建旱情遥感综合指数,实现旱情遥感监测、地表可用水资源监测和旱情对农作物的影响分析。热惯量法是基于土壤水分对于土壤温度变化的阻抗,通过遥感图像反演研究区昼夜温差来反映农业旱情,一般用于裸地或者作物比较稀疏的地区。用于洪涝灾害的遥感监测技术已经逐渐成熟,微波遥感不受时间和天气的影响,可以全天时、全天候地监测洪涝信息,是洪涝灾害发生期间最常用的监测手段,而光学遥感数据如 TM 和 SPOT 等,一般被用于灾后农田面积统计。

B.冷冻灾害监测

作物冷冻灾害遥感监测所用的技术方法一般可分为两种,即地面温度监测和植被指数差异分析。地面温度监测是利用遥感技术监测地面温度,尤其是最低气温,通常要求监测温度的误差小于 1℃。植被指数差异分析主要是通过受灾前后植被指数的差值来判断受灾情况,其生物学意义较为明显。但是在实际应用中,NDVI(normalized differential vegetation index,归一化植被指数)并不能及时反映农作物冷冻灾害,往往在发生后才能有所察觉,具有一定的延迟性。因此,期望取得理想的监测效果,就需要将 NDVI 监测与农作物地表温度反演有机结合。

C.病虫害监测

病虫害是影响农作物生长的重要灾害,每年都给农业生产造成巨大的损失。遥感监测技术可以做到农业病虫害尽早发现、尽早防治、及时响应和及时处理。遥感技术不仅能对农业病虫害的发生、发展进行实时监测,而且能对病虫害对农作物生长的影响做出有效的分析和评估。病虫害会导致作物叶片细胞结构色素、水分氮素含量及外部形状等发生变化,遥感监测病虫害的原理是监测病虫害引起作物反射光谱的变化。对作物冠层来说,病虫害会引起作物叶面积指数生物量覆盖度等的变化,患有病虫害的作物的反射光谱与正常作物可见光到热红外波段的反射光谱有明显差异。

2.1.3 GIS 技术

GIS 技术即地理信息系统技术，是在计算机硬、软件系统支持下，对整个或部分地球表层空间中的有关地理分布数据进行采集、储存、管理、运算、分析、显示和描述的系统技术。GIS 技术可以应用于多种场景尤其是农业生产这种大范围的生产活动，农业生产中的所有活动都基于位置信息，而以位置信息为代表的地理数据更是区别于其他类型的数据，一方面表现为信息量特别大，种类特别多；另一方面地理信息是多维度的信息，所以要求数据的使用者有较高的数据收集、处理与分析能力，但我国的农户往往难以分析大量的数据以及依靠这些数据做出决策。GIS 技术对卫星导航技术和遥感技术获取的数据流进行处理与分析，形成易于理解的可视化地理图像，辅助农户做出生产决策，进而提升农业生产的效率。本节将对 GIS 技术的原理和在农业中的具体应用展开介绍。

1. GIS 技术概述

GIS 技术主要包括硬件系统、软件系统、数据及应用人员。一个典型的地理信息系统包括三个基本部分：计算机系统、地理数据库系统和组织管理人员。

1）计算机系统

计算机系统包括硬件系统和软件系统，其中硬件系统主要用于存储、处理、输入、输出数字地图及数据，软件系统主要负责提供系统的各项操作与分析功能。

2）地理数据库系统

地理数据库系统主要用于数据维护、操作和查询检索，是 GIS 技术应用的重要资源和基础。

3）组织管理人员

组织管理人员包括系统的建设管理人员和地理信息系统的用户，他们决定着系统的工作方式和信息的表达方式，是 GIS 技术中最活跃、最重要的部分。

2. GIS 技术在农业中的具体应用

1）农业灾害预测与控制

水灾、旱灾、风沙、冰冻都是危害农业的重大灾害，在人类与自然灾害的斗争中，GIS 技术在防治灾害上做出了重大贡献。在监测自然灾害中 GIS 技术与卫星导航技术、遥感技术相互结合，使减灾、防灾、治灾有了科学依据和宏观视野。对于受灾区域，可根据 GIS 技术提供的数据计算出灾害面积，以及治灾需要的人力、物力、财力等，同时根据 GIS 技术的空间特性，对某地的历史数据进行分析，推演其受灾的时空规律，对灾害进行预测并提供宏观、微观的数据以分析对策。

2）农地水土保持

A.土壤侵蚀分析

GIS 技术在土壤侵蚀分析中，主要是 GIS 技术与遥感技术有机结合，即利用遥感技术提供空天遥感图片，通过 GIS 技术对图形和属性进行输入、输出、修改和查询操作，从而建立土壤侵蚀信息系统，为后期水土保持工作的开展提供科学依据。

B.水土保持监测

水土保持监测主要用于土壤侵蚀监测、治理效益监测等方面。GIS 技术的应用使监测工作动态化和科学化，特别是以小流域为单元的监测管理，在水土保持工作中把土壤侵蚀和治理效益等情况及时而准确地落实在小流域上，因此 GIS 技术在水土保持监测工作中发挥着极其重要的作用。

3）农业土地适宜性评价

农业土地适宜性评价是通过对农用土地自然属性的综合鉴定，将农用土地按质量差异分级，以说明农用土地在各种利用方式中的优劣及种植各种农作物的相对适宜程度，是农业土地利用决策的一项重要工作。利用 GIS 技术进行土壤适宜性评价就是将土壤类型、质地、有机质含量等土地属性数据和空间数据进行整合，依据各因素对作物生长的重要性按权重进行运算和评价，最终实现土地适宜性分级。

4）农业生态环境研究

农业生态环境是农业发展中的一个重要课题，农业生态环境直接影响农业生产和农村人居环境。在实现优良的农业生态环境上，GIS 技术可以发挥重要的作用。依据 GIS 技术的模型功能，结合环境监测日常工作需求，建立农业生态环境模型，模拟区域内农业生态环境的动态变化和发展趋势，为科学决策提供依据。同时，由于污染源的区域性、污染物的流动性，用 GIS 技术作为支持系统可以更加科学、直观地对环境质量进行评估。

随着 GIS 技术功能不断开拓，农业集约化、现代化、信息化的发展，GIS 技术会在数字农业中更多的具体领域发挥重要作用。

2.1.4 气象观测技术

气象观测是研究测量和观察地球大气的物理和化学特性以及大气现象的一门学科，主要研究对象有大气气体成分浓度、温度、湿度、压力、风、蒸发、云、降水、辐射、大气能见度等。气象观测工作在农业生产中有非常重要的作用，气象为农业服务工作成为各级气象部门的基本业务工作，常规的气象要素观测正从人工观测向自动观测发展。本节将对气象观测技术的工作原理、特点及在农业中的具体应用展开介绍。

1. 气象观测技术概述

1）气象观测技术的工作原理

常规的气象观测，一般分为地面气象观测和高空气象观测两种。

（1）地面气象观测采用相关仪器和设备，对云、能见度、天气现象、湿度等项目进行系统、连续的观测和测定。图 2-5 是一个常见的地面气象观测站。气象观测站的工作可以分为三部分：监测、传输和显示。首先，气象观测站通过传感器实现对数据的监测，如风速、雨量、光照、温度、辐射等信息都由相应的传感器收集，传感器主要的作用就是监测环境要素变化。其次是气象信息采集与传输，传感器监测的气象要素信息采集后通过传输模块将要素信息传送至后台，后台接收到传感器采集的数据后，用数字和图表的方式展现，方便使用者进行查看，历史气象数据直接保存至系统中，可以随时调用。

图 2-5　地面气象观测站集合了多种气象观测功能

资料来源：http://www.saturdaysoft.com/news/58221.html[2020-10-01]

（2）高空气象观测主要监测高空风向、风速、气压、温度和湿度等项目，一般用探空气球携带无线电探空仪，对不同高度的气象情况进行测定。随着无线电电子学、遥感技术、空间技术的高速发展，气象观测工具也随之升级，采用雷达、激光、火箭和卫星等设备进行更专业的高空气象观测正在兴起。气象观测为天气预报、气候分析、科学研究以及国民经济各部门直接提供资料情报，并且天气学、气候学和大气科学的现代化也迫切地要求改进、更新观测方法与技术，推动了气象信息的精准、动态化发展。如图 2-6 所示，气象工作人员正在放置高空探测气球，为测量高空气象指标做准备。

图 2-6　工作人员准备放飞高空气象探测气球

资料来源：http://www.gov.cn/xinwen/2014-11/15/content_2779306.htm[2021-09-22]

2）气象观测技术的特点

A.多平台

多平台包括了地面气象观测（自动气象站等）、雷达气象观测（天气雷达等）、农田边界层观测（风廓线雷达等）、环境气象观测（大气成分站等）、移动气象观测（应急监测车等）等多个观测平台。

B.多重连接

上述地面气象观测、雷达气象观测等观测平台通过在线观测和采样等手段获得观测资料，并且在各观测平台之间相互连接，最终形成综合观测网络，使得气象信息覆盖更加全面，为农业生产管理运营提供良好保障。

C.多功能

除在精细化预报中发挥重要作用外，同时也满足开展灾害天气及农业相关科学研究的需求，既为农业生产服务，保障农产品的种植、管理和收获活动，又可满足显性化传授农业知识经验的需求。

2. 气象观测技术在农业中的具体应用

1）提供精准天气预报服务

地面气象观测工作主要是通过持续监测大气与环境状况变化，并进一步处理和储存数据，通过整理数据预报短期的天气信息，为现代农业生产提供服务，不断提高天气预报的准确性。另外，气象观测工作还能实时对各地区的天气进行预测，以期能为人们正常开展农事活动提供一定的参考。

2）提供准确的气象灾害预报

气候异常变化和各种各样气象灾害频繁发生，导致各地农业生产损失惨重。地面观测工作的顺利开展可以实时掌握当地的气候变化状况，通过手机短信、微博、微信等途径及时发布气象灾害预警信息，使农业从业者能充分做好气象灾害的防御准备工作，最大限度地减少气象灾害对农业生产造成的影响与损失。

3）促进农业生产可行性论证的开展

近年来，随着农业生产的快速发展，众多新作物与新品种不断被引入现代化农业生产。因此，必须对农业生产地区的气候与地形等条件进行综合考虑，只有这样才能知晓该地区是否适宜种植新的农作物品种。为防止盲目引种，气象部门往往会针对地区气候开展可行性论证，积极探索适宜种植的新作物和新品种，并且在引进新品种后还要依据气象信息对其进行种植规划。

4）监测农田小气候

近年来，现代农业的发展与气象观测之间的关系日益密切，特别是对专业种植基地而言，做好气象观测工作尤为重要。进行地面气象观测往往会在基地农田安装小气候监测仪，全天候自动监测基地的温度、湿度、风向、风速和太阳辐射等气象要素。气象观测工作人员还会对获取的气象数据进行科学分析，合理指导农作物的培育，并为农业生产提供有针对性的气象服务措施，以期能够促进农作物增产增收。

2.2 数字农业区域环境感知技术

在数字农业的产前和产中环节，农业人员需要对作物的生长环境进行监测和控制，利用各种环境感知技术,确保作物处于适宜的生长环境,保障农产品的丰收和增产。本节将从无人机遥感技术、局部气象信息传感器、空气环境传感器和土壤环境传感器四个方面介绍数字农业区域环境感知技术。

2.2.1 无人机遥感技术

低空无人机可以弥补传统监测设备作业范围小、实时监测难等缺点,同时又可以弥补卫星遥感的成本高、受天气状况影响大等缺点。将无人机技术与遥感技术相结合并应用于农业,是数字农业生产领域的一大飞跃。无人机遥感可以获取土壤养分、作物长势、病虫害监测等农业生产信息,通过数据解析,可以进行变量施肥、科学施药、预测病虫害、预测作物产量等农业活动。本节将从无人机遥感技术的概述和技术应用两个方面对无人机遥感技术在数字农业领域的应用展开介绍。

1. 无人机遥感技术概述

1)技术发展

卫星遥感技术发展已久,但卫星易受天气环境影响,且轨道周期较长。相较而言,无人机灵活性更强、易部署。农用无人机在美国、日本等发达国家应用较早。20世纪90年代,由于无人机尺寸小,作业灵活,喷洒效果好,极其适应日本农业种植面积小、地块分散的特点,日本开始将遥控直升机用于果树、大田作物和蔬菜的农药喷施作业中。21世纪初期,法国学者使用无人飞行器遥感监测农田土壤表面特征对环境侵蚀的影响,为土壤模式和栽培山坡水土流失分析的描述提供了新的方案。2013年,有学者使用携带近红外多光谱相机的无人机对玉米田杂草覆盖率进行分析,实验生成了农田杂草的网络结构,对杂草覆盖的图像分析取得了很好的结果。因此,该学者认为使用无人机采集到的远程光谱图像已是常规机载图像及卫星图像无法比拟的。随着无人机平台、传感器和软件技术的进一步提升,未来无人机作为卫星等其他遥感平台的补充手段,可以辅助其他技术在农业领域构建起更加完整的环境监测网。

2)无人机遥感的优势

(1)突破作业条件,可以低空、连续、低成本、低风险采集数据。相比于传统航测和卫星遥感,无人机可以进行云下低空飞行,提高了遥感结果分辨率。通过地面遥控减少操作人员的训练投入和安全风险。监测区域设定更加灵活,可以连续或者周期性监测,实时传回分析数据。在成本方面,无人机运行成本明显低于卫星和载人飞机,无人作业方式能大幅降低人力和安全成本。相对于卫星遥感和大型航空遥感,无人机可以获得更为精细的数据,对地形地貌的时空变化监测精度可以达到厘米级别。

(2)时效性高,可快速响应应急作业。无人机体积小,便于操作、转场,对于起降场地要求也相对较低,可以依据需求短时间准备后迅速起降,实现遥感数据的快速实时获取。

(3)使用维护便捷。相对于大型飞机和卫星的使用,无人机调试及维护更加便捷,可以根据需求及时调整,使用灵活精确,出勤率高,设备维修相对容易。此外,无人机局地尺度下可连续起降,多时空、多信息维度重复信息采集的特点,使其在农用领域有着极大的发展空间和潜在经济效益。

2. 无人机遥感技术在农业中的具体应用

1）监测病虫害

现代数字农业领域，使用无人机遥感监测农田病虫害已十分常见。种植户利用无人机监测麦田的锈病情况，不同状态的作物有着不同的反射光谱，所以在遥感照片中所显示的颜色也不同，从中可以清晰分辨麦田锈病，锈病重点区域显而易见。无人机遥感也可用于查看苜蓿地里的菟丝子（一种恶性寄生性杂草，主要寄生于苜蓿等豆科作物，苜蓿生长易受到恶性杂草菟丝子的严重危害，常造成苜蓿植株成片死亡），从而能在灾害大规模暴发前提早预防。

2）统计分析植株数量和成苗率

无人机遥感测绘的另一个用途是统计植株数量。相比于耗时且只能抽样调查的手动计数，无人机统计更加全面并且准确性更高。据报道，在2016年的植物生长季，美国加利福尼亚州北部的一家私人农场需要请第三方公司为农场74英亩①的耕地移植数万番茄植株。为了避免该公司未严格按照移植数量收费，私人农场工作人员利用A公司的无人机应用软件快速实现了数量统计，无人机获取信息后能够对苗木数量进行实时反馈，进而计算相应的植株种植成本。除此之外，用户也可以借助无人机遥感测绘的硬件和软件技术，分析新栽培植株的成苗率，重新确定栽种方案。

3）分析土壤属性

当今，世界农业现代化大国都在提倡精准农业，要求根据土壤性状，在作物生长过程中调节对作物的要素投入，以最低的投入达到最高的产出，并高效利用各类农业资源，改善环境，以取得较好的经济效益和环境效益。作为空中监测技术，无人机遥感是推动农业走向精准化的有效手段。无人机土壤遥感监测主要以作物和土壤为对象，利用无人机遥感技术和土壤取样技术，分析土壤属性。目前H公司专门从事分析土壤样本的精准农业服务，将无人机遥感的归一化植被指数图与土壤取样分析相结合，从而生成土壤营养元素图。这种将二者结合的方法相较于原来的每两英亩取一个样本更加详细和精准。

4）自然灾害发生后作物受损评估

农作物的整个生长发育过程与气象息息相关，气候变化和灾害性天气直接影响粮食生产和农民增收，影响农业的平稳快速发展。自然灾害发生后，遥感技术可以用于评估农作物受损情况。

研究表明水浸的植被可见光波段反射增强，近红外波段减弱，且近红外波段和热波段的组合可以识别水浸和健康的谷类作物。在一场强风和强降雨天气中，某大规模农场的谷物发生不同程度损害。无人机服务O公司利用无人机遥感技术生成灾后评估报告，详细标出了轻微受损区、中度受损区和重度受损区，并且计算出了各区面积和所占比例，使农户可以对灾后损失情况有直观的了解。

2.2.2 局部气象信息传感器

农业气象信息传感器是专门对农业生产中有关气象和种植环境信息进行采集、传输

---

① 1英亩=0.404 856公顷。

和监测的传感器,也是一种具有专门应用属性的传感器。根据采集信息的对象不同,农业气象信息传感器主要分为光照强度传感器、风速风向传感器、降雨量传感器等。农业气象信息传感器的应用,有利于精准预测与农业生产有关的气象环境,为实现农业精细化种植与生产奠定基础。本节将对光照强度传感器、风速风向传感器、降雨量传感器三种传感器对气象传感器在数字农业领域的应用展开介绍。

1. 光照强度传感器

光照对植物生长发育的影响主要表现在光照强度、光照时间和光的组成三个方面。光照强度会对植物产生很大影响,一切绿色植物必须在光下才能进行光合作用。植物体内的各种器官和组织能保持发育上的正常比例,也与一定的光照强度直接相联系。植物体质量的增加与光照强度密切相关,光照对植物的结果也有一定影响,要想结果多,首先要开花多,而要植物开花多,需要花芽多,而花芽的多少又与光照强度直接相关。在生长过程中,阳光可以促进生长环境中的水分循环,让土壤中的养分被农作物充分吸收,而在农作物结花期(开花的时间),充足的日照可以有效地促进农作物的开花率。所以,种种因素表明,在农作物的生长过程中合理控制光照强度往往可以提高农作物的产量。

光照强度是农作物生长不可或缺的外部条件,不同的农作物在种植生长过程中对光照强度的需求也存在显著差异,因此采用光照强度传感器构建农作物种植生长光照采集监测系统,对促进其科学生长有极为重要的意义。具体来说,光照度传感器是一种光敏类电子传感器件,它能够通过光敏材料采集太阳光的照射量,并将其转换为数字信号传送给电路中的显示装置,实现对光照强度的监测和传导,图2-7是一种市场上典型的光照度传感器。光照度传感器在农业生产中的应用非常广泛,借助光照度传感器构建的农业生产光照监测系统能够高效地采集农作物生长过程中的光照量,为及时调整农作物生长计划提供精准决策支持。目前市面上已有专为蔬菜大棚、水果大棚等农业温室大棚研制的无线光照强度智能监测和控制系统,其能够自动监测温室内的光照强度,同时可以根据要求自动控制温室内外遮阳、顶窗侧窗、加温补光等设备。实现温室大棚信息化、智能化和精细化远程管理,保证温室大棚内环境最适宜作物生长,为作物的高产、优质、高效、生态、安全创造条件,帮助农户增加收益。

图 2-7 光照度传感器

资料来源:http://diysen.cn.makepolo.com/product/100264958189.html[2023-06-17]

2. 风速风向传感器

空气的水平运动称为风，风是一种自然力量，在农业生产过程中风是一种极为重要的气象因素。适宜的风速、风向可以改善农田环境，如农田蒸散、近地层热量交换以及空气中的二氧化碳、氧气等输送过程都会因风速的增大而加快加强。风还可以帮助传播植物的花粉、种子，自然界中许多植物是借助风的力量进行异花授粉和传播的，风速的大小会影响授粉效率和种子的传播距离，从而对植物的繁衍和分布起到较大的影响。

除了对改善农田环境起到积极的影响外，风还会产生负面影响，例如传播病原体，造成植物大面积病害，帮助害虫迁飞等。综合来看，风的变化对农业生产是各有利弊的。为了能够及时应对由风的变化造成的影响，农业负责人员应当采用风速风向传感器进行监测，并根据监测结果及时做出调整。

在现代农业生产种植中，风速风向传感器受到广泛应用，图 2-8 是市面上比较常见的风速风向传感器，具体来说，风速风向传感器是能够对风传导速度和方向进行采集，并能够将采集的信号转化为电信号的专用流量类电子传感器。目前，国内市场上应用的农业生产风速风向传感器分为电热式、流体式、硅集成式等几大类，其都能够对风速风向进行有效的传感采集。风速风向传感器一般都搭配农业气象站一起使用，在农业监测风速风向过程中，将风速风向传感器安装在农业气象站上，对风速风向进行监测，将数据上传到气象站，气象站整合所有的气象信息之后，通过 GPRS（general packet radio service，通用分组无线服务）/4G（fourth generation，第四代移动通信技术）的方式将数据上传至环境监控云平台，供农业负责人根据数据做出合理决策。

图 2-8　风速风向传感器

资料来源：http://www.bncorp.com.cn/product/showproduct.php?id=358[2020-10-01]

3. 降雨量传感器

农作物的生长对雨水的需求存在差异，如水稻生长对雨水的需求量较大，而小麦等农作物生长对雨水的需求量则相对较小，如何针对不同的农作物精准地采集其生长过程中的雨水滋润量，也是数字农业生产中需要重点解决的技术性问题。目前，我国市场上应用于农业生产的降雨量传感器主要分为称重式、翻斗式（图 2-9）、人工雨量筒和光学计量式四类，其中，人工雨量筒和翻斗式降雨量传感器的结构比较简单，成本相对较低，但存在测量误差大、准确度低等弊端。称重式和光学计量式降雨量传感器的测量灵敏度较高，测量速率也较快，但生产成本高，需要定期维护。

图 2-9　简易翻斗式雨量传感器
资料来源：https://www.four-faith.com.cn/fdsylcgq/[2020-10-01]

翻斗式雨量传感器主要由承水口收集雨水，雨水经过上筒（漏斗）注入计量翻斗。翻斗由工程塑料注射成型，中间隔板将其分成两个等容积的三角斗室，它是一个机械双稳态结构，当一个斗室接水时，另一个斗室处于等待状态。当所接雨水容积达到预定值时，重力作用使自己翻倒，处于等待状态，另一个斗室处于接水工作状态。当其接水量达到预定值时，又自己翻倒，处于等待状态。在翻斗侧壁上装有磁钢，它随翻斗翻动时从干式舌簧管旁扫描，使干式舌簧管通断，即翻斗每翻倒一次，干式舌簧管便接通一次，送出一个脉冲信号。

2.2.3　空气环境传感器

空气环境对大棚生产和室内养殖非常重要，不同的气体浓度和空气温湿度直接决定了大棚作物和室内牲畜的产量和质量。以大棚种植为例，棚内植物发生病害多是由温度、湿度以及气体浓度失控引起的，为了棚内各种蔬菜的健康生长，需要空气控制器的帮助。当温室空气环境出现设定的偏差时，通过空气环境传感器发出信号，之后通过设备调节，有效控制棚内空气环境的安全系数，使作物正常生长发育。在数字农业领域应用的空气环境传感器主要有气体浓度传感器和空气温湿度传感器，而对气体浓度测度最多的是二氧化碳。本节将对二氧化碳传感器、空气温湿度传感器和空气环境集成传感器对空气环境传感器在数字农业领域的应用展开介绍。

1. 二氧化碳传感器

二氧化碳最重要的生理作用在于为光合作用提供碳，因此空气中二氧化碳的含量对农作物的生长影响很大。研究表明低浓度的二氧化碳没有毒性，高浓度的二氧化碳则会使动物中毒。二氧化碳传感器是测量空气中二氧化碳气体浓度的传感器，图 2-10 是比较常见的二氧化碳传感器。

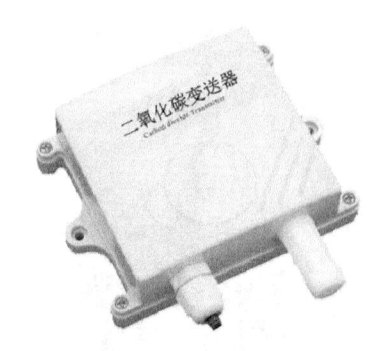

图 2-10　二氧化碳传感器

资料来源：https://www.sohu.com/a/442127727_120911612[2021-05-01]

目前应用较为广泛的是红外二氧化碳传感器。红外二氧化碳传感器用一个广谱光源作为红外传感器的光源，光线穿过光路中的被测气体，透过窄带滤波片，到达红外探测器。其工作原理是基于不同气体分子的近红外光谱选择吸收特性，利用气体浓度与吸收强度关系鉴别气体组分并确定其浓度的气体传感装置，主要由红外光源、光路、红外探测器、电路和软件算法组成，用于 CO_2、N_2O、CO、SO_2 等气体的测定。

二氧化碳传感器的应用场景主要有以下两种。①温室作物监测。蔬菜生长所需的最佳二氧化碳浓度一般为 0.1%～0.15%。二氧化碳含量不足，可能导致蔬菜叶色暗无光泽、长势差，进而导致上市晚、产量低和优质蔬菜少。而二氧化碳浓度过高常引起蔬菜作物叶片卷曲，进而会影响作物对二氧化碳的吸收，不能进行正常的光合作用。在白天，大棚中植物的光合作用很强，二氧化碳浓度急剧下降。夜间光合作用停止，作物呼吸释放二氧化碳，室内二氧化碳浓度逐渐增加。温室种植使作物长时间处于相对封闭的地方，棚内的二氧化碳浓度在一天内变化很大。二氧化碳传感器能够很好地检测到棚内二氧化碳浓度变化情况，因此在温室大棚中安装二氧化碳传感器可确保在二氧化碳浓度不足的情况下及时补充二氧化碳，保证作物优质高产。在塑料大棚中安装二氧化碳传感器可以及时报警，从而使用气肥，保证蔬菜、食用菌、鲜花、中药等高经济价值作物的高质高产。②动物养殖监测。一些大型养殖场通常开设在封闭或半封闭的环境里。数量众多的牲畜会呼出大量的二氧化碳，如果不及时采取通风措施，高浓度的二氧化碳会导致动物出现缺氧、抑郁、疲劳、厌食、生长缓慢等问题。同时，空气流动的缺乏很容易导致家畜免疫力下降和疾病暴发。在温室养殖场中安装二氧化碳传感器，对二氧化碳浓度进行监测，当养殖场二氧化碳浓度达到一定量时，自动启动排气系统，可以为牲畜生长提供良好的环境。

2. 空气温湿度传感器

大棚的温湿度直接决定了大棚作物的产量和质量，温湿度是衡量温室大棚环境的重要指标，它直接影响栽培作物的生长和产量。为了给作物提供合适的生长环境，需要加强温室内的温湿度调节。以往都是人工用温度计测量室内温度，不仅工作量大而且数据不够精准。

温湿度传感器是测量和传递棚内空气温度和湿度的电子工具，图 2-11 是在温室中设置的空气温湿度传感器。当温湿度出现设定的偏差时，通过温湿度传感器发出信号，驱动升温和排湿的设备，可有效地控制棚内湿度、温度的安全系数，使作物正常生长发育。这种全程自动化采集数据、智能预警以及自动调控的科学模式，不仅大大减少了工作量，更重要的是可以增强生长的可控性，提高对抗自然灾害的能力，提升农业产值及利润。

图 2-11　空气温湿度传感器
资料来源：https://www.sohu.com/a/644721968_121124373[2023-06-17]

3. 空气环境集成传感器

目前在数字农业领域应用的空气环境传感器经过升级换代，逐渐发展出了二氧化碳温湿度三合一，甚至是更多种功能合一的空气环境集成传感器。如图 2-12 所示，该二氧化碳与温湿度一体传感器是专为农业温室、食用菌工厂设计的高性能智能监控仪器，该传感器融合了微电脑技术、传感器技术和主动操控技术，并带有数码显示和键盘操作，能够主动监测并显示温室内的二氧化碳、温度、湿度数据，具有二氧化碳传感器施加操控功能、二氧化碳排放操控功能以及升温、降温、加湿、除湿操控功能。通过操控键盘能够设置二氧化碳、温湿度的上下限以及操控回差，还带有通信接口，能够和计算机联网构成温室环境智能监控体系，一台计算机能够对多台操控器进行统一监测控制。

图 2-12　二氧化碳温湿度三合一传感器
资料来源：https://www.18show.cn/zt340796/18show_article_11082680.html[2021-05-01]

2.2.4 土壤环境传感器

1. 智能土壤水分传感器

土壤水分是土壤肥力的重要组成部分，是植物生长发育的重要影响因素，土壤水分也是研究农作物干旱的重要参数，是节水农业中的重要指标。土壤水分是农田灌溉管理、区域水文条件研究和流域水分平衡计算的重要参考。如图2-13所示，智能土壤水分传感器由不锈钢探针和防水探头构成，可长期埋设于土壤内使用，对表层和深层土壤进行墒情的定点监测和在线测量。水分传感器与数据采集器配合使用，可用于土壤墒情监测、农业灌溉和林业防护等领域。

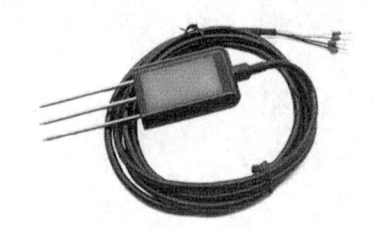

图 2-13 土壤水分传感器

资料来源：https://supply.ybzhan.cn/sale/detail-5757975.html[2021-05-01]

土壤水分传感器的应用场景主要有以下三种。

1）农业灌溉

2022年，农业用水已占到全球淡水资源消耗的72%。因盲目灌溉、非按需灌溉、水肥一体化不到位等，大量的水未能被作物有效利用，在农业灌溉方面使用智能土壤水分传感器能在一定程度上节约农业用水，保护水资源。

在农业灌溉方面使用智能土壤水分传感器能动态跟踪掌握农作物根系在土层中的具体深度位置、作物根系动态吸收消耗水分的情况。使用智能土壤水分传感器所记录生成的土壤水分曲线图，能够以直观、量化的方式展现出土壤中不同土层的水分含量随时间的变化情况，进而做出农田灌溉中的灌溉深度、灌溉量、灌溉开始时间、灌溉持续时间等关键决策。

2）水分监测控制

智能土壤水分传感器帮助农业生产者调节农产品的质量。比如，合适的土壤湿度会使葡萄的产量提高，同时葡萄甜度可能降低。在法国、西班牙等优质的葡萄酒产区，在葡萄生长的后期，人们使用智能土壤水分传感器的目的是监测土壤水分含量，使土壤水分含量保持相对偏低的状态，进而保证葡萄的甜度，提高其质量。

3）农业灾害预警

智能土壤水分传感器广泛应用于农业气象监测、灾害预警系统。由土壤水分传感器监测到的土壤水分、土壤温度数据，为农业生产、农业气象监测提供重要依据。在国家抗旱防汛体系中，有大量安装在全国各地的旱情、墒情监测站和水文站的土壤水分传感器。土壤水分传感器还为山体滑坡等自然灾害提供预警。山体滑坡是由降雨等因素使山体含水量增加、山坡重量增大，山坡重力超过下层土壤摩擦力而导致的，因而土壤水分

2. 智能土壤温度传感器

土壤温度主要指与植物生长发育直接有关的地面下浅层内的温度。土壤温度的高低，与作物的生长发育、肥料的分解和有机物的积聚等有着密切的关系，是农业生产中重要的环境因子。土壤温度的高低直接影响植物的生长，所以农业种植经常测量土壤温度。土壤温度也是小气候形成中一个极为重要的因子，故土壤温度的测量和研究是小气候观测和农业气象观测中的一项重要内容。

土壤温度传感器可以监测土壤和土壤水的温度，可用于农业生产和科研。图2-14就是一个常见的土壤温度传感器，它的基本工作原理与普通的温度传感器的原理相似，都是依据热敏电阻原理设计的，但是与常规温度传感器相比，土壤温度传感器拥有耐用性更好的密封外壳结构，能够确保传感器在深埋地下的时候保持工作状态。

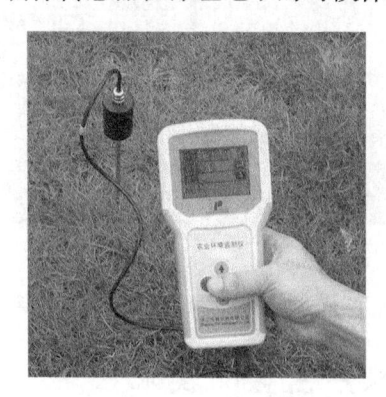

图2-14 土壤温度传感器

资料来源：http://www.jxxjcg.com/a/hbjc/hjjcyq/trjcsb/2015/1222/571.html[2020-10-01]

土壤温度传感器通常埋于土壤表层，也可分层测量。可以采用土钻在地面选好的测试点挖掘一个理想深度的洞，将传感器埋进去。目前先进的智能土壤温度监测记录仪采用防雨设计，具有快速反应和可以长期在潮湿环境下工作的特点，可实时监测农业生产的土壤、大气、水等要素的温度，测量精度高，并具有存储容量大、体积小巧、便于携带，可连续监测土壤温度，以及性能稳定、可靠性高、免维护等特点。

3. 智能土壤盐分传感器

无机盐含量低的土壤往往无法支撑农作物的生长，难以成为高产田。同样地，如果土壤里的无机盐含量过高，也会影响作物生长。对于盐碱地，其土壤低产的原因主要是土壤中水溶性盐类含量过多，土壤的吸收性复合体中吸收性钠过多，造成土壤性质差，也不适合农作物的生长。例如，在蔬菜大棚蔬菜种植过程中，农民使用较多的化肥，使得土壤氮肥元素超标，土壤盐分一般是室外土壤的3~5倍，加剧了作物对钾元素、钙元素、镁元素等络离子的吸收，造成营养物质消化吸收不平衡，进而容易发生一些病虫害。

土壤盐分传感器就是用于测定土壤盐分的仪器，测定土壤盐分的目的是估计土壤溶液中的盐分含量水平，从而判断在此浓度下是否对植物生长发育产生影响，同时可以为土壤分类提供依据。所以，选用一种测量精准的土壤盐分传感器对农田中的土壤盐分进行测定，是提高农业生产效益的一大措施。

土壤盐分传感器（电压型）的主要部件是石墨电极和热敏电阻，由四芯导线与电极插头相连接。如图 2-15 所示，将这种盐分传感器埋入土壤后，可直接测定土壤溶液中的可溶盐离子的电导率。土壤盐分传感器具有电极性能稳定、灵敏度高和适用测量范围广的特点，因此非常适于土壤盐分的测定。

图 2-15　土壤盐分传感器
资料来源：http://www.tpwlw.com/product/cp_42.html[2021-05-01]

2.3　数字农业投入产出监测技术

只有实现精准化的农业投入产出控制，对农业要素精准动态地管控，才能真正实现精准农业。数字农业以精密数字设备与技术为手段，促进农业投入产出控制的精准化。本节将介绍水肥一体化技术、植保无人机技术和数字农业机械设备三种数字农业投入产出监测技术。

2.3.1　水肥一体化技术

水肥一体化技术是指对植物体进行一体化供肥与灌溉的技术。水肥一体化主要借助压力系统，将各类可溶性肥料配兑成肥液与灌溉水一起通过管道系统的管道和滴头进行滴灌，从而在作物生长过程中均匀、定时、定量浸润作物根系发育生长区域，在保证作物正常生长的前提下节约水和肥料的技术。本节将对水肥一体化技术的发展、工作原理、特点及在农业中的具体应用展开介绍。

1．水肥一体化技术概述

1）水肥一体化技术的发展

水分和养分是作物生长的基础，是人为调控最频繁、影响最大的生长环境因子，也是制约我国农业可持续发展的主要因素。我国是农业大国，2018 年我国农业用水比例高达 61.4%，但农业灌溉水的利用系数仅为 0.55，发达国家的利用系数保持在 0.70~0.80，我国较发达国家有很大差距。我国利用肥料来维持地力和提高土壤肥力，但盲目施肥问题严重破坏了土壤肥力结构，造成土壤酸化、板结等问题。国外在水肥一体化技术方面的研究、推广及应用较为突出：以色列在经历了大水漫灌、沟灌、喷灌和滴灌几次革命后，早在 20 世纪 60 年代末就开展了水肥一体化技术的研究，图 2-16 是一个典型的水肥一体系统，2014 年，以色列 90%以上的农田配备了水肥一体化技术设备，且为欧洲提供了占市场总量 40%的水果和蔬菜，被称为"欧洲果篮"；美国农业约有 25%的玉米、60%的马铃薯和 32.8%的果树采用水肥一体化技术。近年来，全球气候变暖和季节性干旱等环境问题日益严重，日本、意大利等发达国家和印度、墨西哥等发展中国家也开始重视节水灌溉。反观我国水肥一体化技术，虽然推广速度快，但 2014 年应用面积仅 267 万 m^2，占总灌溉面积的比例仍不足 10%，与其他国家相比仍有较大差距。未来在物联网框架下的数字农业成熟爆发是不可阻挡的趋势，投入与产出控制的精细化是数字农业的目标之一，因此，研究作物的需水需肥规律，实施高效合理的灌溉施肥技术，精确控制农业生产要素的投入，对数字农业的发展具有巨大推动力。

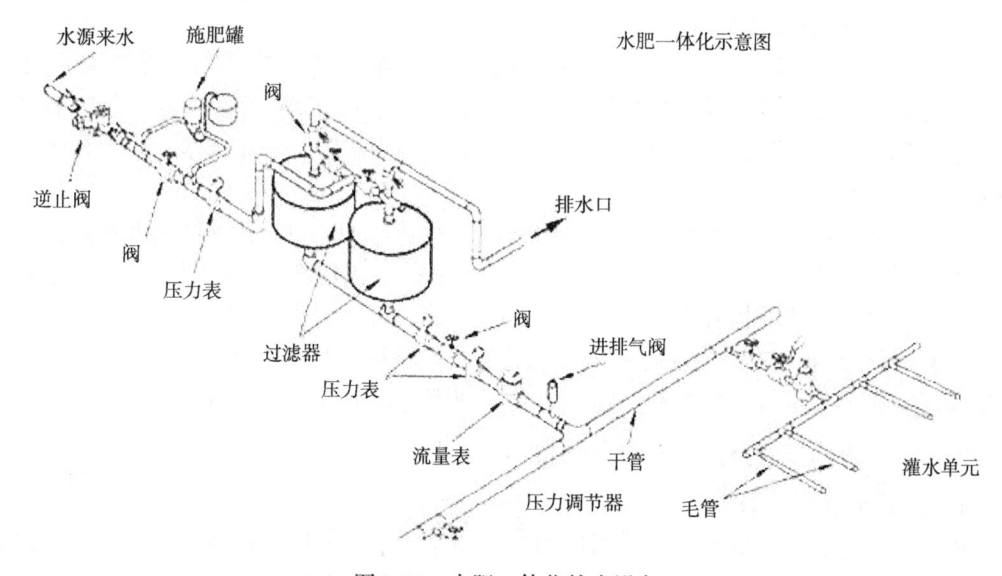

图 2-16 水肥一体化技术设备

资料来源：https://www.sohu.com/a/150966218_793144[2023-06-17]

2）水肥一体化技术的工作原理

水肥一体化技术首先将土壤成分和种植作物生长所需元素进行对比，按照所需元素将固体或者液体肥料配兑成肥液，再将肥液和灌溉水在水箱中混合为肥水，最后通过管道和滴头将肥水以小流量水滴，均匀准确地补充给作物根系的土壤，使土壤保持适量的水分和养分，从而使作物最大化吸收营养物质和水分。如图 2-17 所示，水肥一体化技术可以实现大田作物的快速追肥，为作物创造稳定的根层环境，实现水肥互作效应。同时，它还能有效地控制灌溉水的数量和频率，并根据作物不同生长阶段的需肥规律调控施肥模式，使其根系土壤始终保持最佳供肥状态，提高水肥利用效率。

图 2-17　水肥一体化技术喷灌设备

资料来源：http://www.cyguangai.com/news/442.html[2020-10-01]

3）水肥一体化技术的特点

（1）高效性。以往果农利用传统的施肥方法，在施肥过程中，化肥在根部土壤中存留的时间较长，加上径流及土壤的固定，肥料中的养分利用率极低。资料显示，氮肥的利用率不到27%、钾肥的利用率不超过45%。但是应用水肥一体化技术后，肥料的利用率可以达到60%以上。

（2）精准性。不同的作物对肥料养分的需求也各不相同，水肥一体化技术能够将不同作物所需要的养分定时定量地分配给相应的作物，根据作物的生长规律以及适应条件进行施肥和灌溉，从而提升农作物的生长效率。

（3）可控性。农户安装水肥一体装置后，在水肥系统上操作便能够实现对肥料、灌溉量、时间等要素进行有效控制，避免了传统施肥过程中人力撒肥和追肥。

2. 水肥一体化技术在农业中的具体应用

1）提高水分利用率

水肥一体化技术根据作物生长周期的需水规律、土壤墒情、根系分布状况等制定灌溉制度，按需供水，使土壤中的水分含量处于作物生长的最佳状态，提高了水分利用率。水肥一体化灌溉过程中只湿润作物根系活动区，减少了水分下渗损失和地面蒸发，大大降低了水资源的浪费。

2）提高肥料利用率

水肥一体化技术按照农作物目标产量、不同生育期的需肥规律和土壤养分含量等确定施肥次数、施肥时间和每次施肥量，实现按需、适量、精准施肥，提高了肥料利用率，同时，由于施肥均匀，养分直接施到作物根系附近，可以最大限度地避免肥料被淋洗到根系以下，减少了肥料的浪费及环境污染。

3）提升作物生长、品质和产量

利用水肥一体化技术栽培马铃薯，水分和肥料供应平衡、供给适量，能使马铃薯生育期提前、出苗率提高并且长势好，单株结薯数和单株薯重高，增产增效明显，并且由于缺素症得到控制，马铃薯大小均匀、商品属性好，品质显著提高。

4）降低病害传播

例如采用水肥一体化技术栽培马铃薯，解决了马铃薯需肥高峰期追肥不便的问题，不需人工下田施肥，减少了植株的人为碰伤，植株伤口减少即降低了病原菌的入侵概率，使得马铃薯病虫害明显减少。

2.3.2 植保无人机技术

植保无人机是用于农林植物保护作业的无人驾驶飞机，是通过地面遥控或导航来实现喷洒作业，可以喷洒药剂、种子、粉剂等农业生产要素的飞行器。植保无人机由于作业效率高、节水省药、航迹规划和寻迹飞行及全地形作业能力强等独特优势，特别适合于在农机具难以进入的丘陵、山地等作业区域进行农药喷雾作业。植保无人机在我国的发展十分迅速，并且在万物互联的大背景下，为农药等农业生产要素投入可视化与量化分析打下了坚实的基础，推动农业生产精细化发展。本节将从植保无人机的发展、特点、工作原理和在农业上的应用来介绍植保无人机技术。

1. 植保无人机技术概述

1）植保无人机技术的发展

（1）植保无人机在我国的发展。早在20世纪50年代后期，我国就开展了无人机的研究，自60年代中后期起，逐渐展开了无人机的研制工作。国家在无人机研究前期多聚焦于军事领域并取得了一定技术成果，在此基础上，商业无人机研究进展加快并涉足农业领域。虽然我国的农用无人机技术起步较晚，但随着科技的不断升级，如今我国农用植保无人机的研究也步入了新的发展阶段，机型越来越多，应用范围越来越广，技术研究越来越深入，推广速度也越来越快。

（2）植保无人机在国外的发展。从世界范围来看，美国、日本的植保无人机技术较发达，处于世界领先水平，像澳大利亚、加拿大、韩国等国家的植保无人机技术的发展也较为成熟。日本是无人机飞防最成熟的国家，自20世纪90年代起，日本在大田作物、果树和蔬菜的病虫害防治上就开始应用无人直升机，目前日本小型地面喷雾机具和单旋翼植保无人机的使用度较高。据统计，2016年日本应用无人直升机进行病虫害防治的水稻种植面积占总面积的45%，无人机的应用度达到了一个较高的水平。美国是世界上农业航空技术最先进、应用最广泛的国家，其航空植保经历了从有人驾驶直升机向无人机发展的过程，美国在农业航空技术方面的研究热点主要是图像实时处理系统、变量喷洒系统及多传感器数据融合技术。图像实时处理的最终目标是通过建立图像处理软件系统，快速分析在空中采集的图像数据并立即进行变量喷洒。变量喷洒系统使得农药的利用更加合理有效，能达到节能环保的目的。

2）植保无人机技术的工作原理

如图 2-18 所示，目前植保无人机主要由飞行平台（多轴飞行器）、地面遥控、喷洒部件这三部分构成，在工作时植保无人机地面驾驶员利用地面遥控器传达指令，飞行器会完成起飞和降落、转向、上升和下降及喷洒农药等动作，飞行器由旋翼提供动力，在接到遥控器的指令后，旋翼开始高速运转，飞行器垂直起飞，各个旋翼改变速度实现飞行器转向、上升和下降。位于飞行器上的喷洒部件大多是雾化喷头，雾化喷头分为离心式和液压式两类，基本原理都是通过高离心力使药液震荡并破碎成小分子液滴，随即形成雾状药液。

图 2-18　植保无人机在飞防过程中

资料来源：http://www.nongcun5.com/news/20210729/81237.html[2021-09-22]

3）植保无人机技术的特点

（1）喷洒效果好。植保无人机施药方式为低空或超低空作业，飞行器利用精确的导航系统调节与农作物的距离，通过雾化器改善雾滴的雾化均匀性，使喷出的药液均匀地附着在作物的表面，有效减少重喷和漏喷的现象。

（2）喷雾效率高。以我国天鹰-3小型农用无人直升机为例，其每小时可作业 7~10hm^2，是普通喷洒机械作业效率的 3~4 倍，是传统人工喷药效率的 60 倍以上。无人机施药能够在大规模病虫害突发情况下迅速有效开展针对性防治工作，提升作业效率，最大限度降低病虫害造成的损失。

（3）适用性好。植保无人机可垂直起降，不受地形的限制，对于山地、水田、沼泽等都可进行病虫害防治，可解决地面机具难以进入山地、水田、沼泽等地作业的难题，具有良好的适应性。

（4）安全性高。如图 2-19，操控飞机的人员通过无线远距离控制系统实时发出指令对无人机的飞行动作进行控制，避免了人员与农药的直接接触，有效减少了农药化学成分带给施药人员的伤害。

（5）作物损伤小。植保无人机不会像大型地面施药器械碾压作物致其损伤，不破坏土壤物理结构，不影响作物后期生长。

图 2-19　农民操控多旋翼植保无人机进行农田植保

资料来源：https://www.bilibili.com/read/cv6132267[2020-10-01]

2. 提升植保无人机在农业中的具体应用

1）提高续航时间、载重量，降低故障率

整合植保无人机生产企业，加大无人机关键技术研发投入，如无人机悬停技术及飞行控制系统精确度研究等，避免重复投入导致的资源浪费。目前，植保无人机载重量普遍在 5～20kg，载重量过少，使操作和路径规划更为复杂。另外，无人机的续航也是一个关键性问题，续航时间的长短取决于所用电池系统的功能，推动电池系统的研究尤为重要。

2）制定行业标准、监管法律法规、农机补贴政策及售后服务政策

随着植保无人机行业的不断发展，相关配套服务维修、保险等也会更加完善和成熟。加强民航主管部门间的协作，从生产、销售和使用环节对无人机进行全面管理，制定统一的行业标准，提升无人机的可靠性。明确飞行任务申请及空域申报程序，细化管制规则，推动植保无人机有序飞防。尽快推动低空空域准入改革，进一步减少行政审批，并且加强对民用无人机驾驶员的操作技能、专业知识和技能的培训，培养合格驾驶员，确立驾驶员培训机构和认证标准，规范飞行活动。

2.3.3　数字农业机械设备

数字农业机械是指装备 CPU（central processing unit，中央处理器）和各类传感器或无线通信系统的现代化农业机械。在动态环境下，先进农业技术借助微电子及信息技术，通过逻辑运算、传导、传递等程序，指挥科研仪器或农业机械完成相应活动，从而实现数字农业投入产出可视化及农业决策支持系统的智能化。本节将从数字农业机械发展、工作原理、特点和在农业中的应用来介绍数字农业机械设备。

1. 数字农业机械设备概述

1）数字农业机械设备的发展

20世纪90年代中期，美国农业机械公司将卫星导航系统安装在农业机械上，从而开启了农业机械高科技、高性能、智能化的新阶段。美国Y公司制造的农机在作业时，农机上配备的相关农业传感器会对农机的作业状况进行实时监测，然后通过配备的信号发射器将信息发送到卫星上，卫星集中传输到配备GIS技术的数据中心，再利用相关电脑绘图软件作图并传回农民，农民可以直观地看到土地产量、施肥情况，从而对收获情况进行精确估计。如今日本农业作业在耕、种、管、收等方面已经全部应用了植保数字农机装备，特别是区别于大田种植的日光温室，也已经广泛应用了中小型数字农机装备，蔬菜、鲜花、菌类等农产品均采用数字农机装备培育。近年来我国的部分农业企业也开始意识到数字化农机研发的重要性，并且随着政策的助推，国内数字化农机有了较大发展，在我国黑龙江、吉林、辽宁及新疆，部分大型农场已经用上了数字农业机械装备，利用智能耕、种、管、收农业机械，但总体上还处于初级阶段，数字农机种类很少、数字化程度较低，与国外发达国家差距还很大。

2）数字农业机械设备技术的应用

（1）数字农业动力机械。数字动力机械配备了卫星导航系统自动导航、计算机总线通信技术等技术来提高机器操控性、机动性和人机交互智能性。在数字动力机械驾驶室中，都有一台或数台计算机，用于使用不同类型的配套作业机具。不同于传统农机驾驶室中显示作业参数的仪表盘，数字农业动力机械拥有人机交互界面，操作者可以选择显示机组中不同部分的终端信息，如图2-20所示，在使用数字农业动力机械搭配深松旋耕机进行土壤深松作业时，人机交互系统可以调用数据库的信息获得最佳深松深度辅助农户决策，系统通过深松旋耕机上的传感器对松土深度进行实时监测，并显示数据图形等多媒体信息，提升了农机深松作业信息化管理水平。

图2-20 智能动力机械进行深松作业

资料来源：http://www.znhzzxw.com/news_show.php?lc_id=4087&c_id=89[2020-10-01]

（2）数字施肥播种一体机。传统情况下我国用于小麦播种的播种器多是外槽轮式排种器，通过人工手动改变外槽轮的工作长度实现播量的调节，播种作业时需要先计算出单位面积播量，人工转动限深轮计圈，转动到一定圈数后开始计算漏下的种子或者是肥料的质量，然后将该计算结果推广至整个工作长度上，最终得到所需的种子量或肥料量，凭借人力计算十分费力并且极可能出现差错，这会影响播种效果并会最终影响农作物的产量，无法精准监测农业的投入产出。数字施肥播种一体机能根据播种期田块土壤墒情、农地信息、生产能力等条件变化，进行智能的种植规划，高效利用土地，特别是在水稻、玉米、小麦、大豆、棉花等大宗农产品的播种中可以为种植品种精确调控播种量、开沟深度、施肥量等作业参数，为作物之后的生长过程创造最优环境。

（3）数字自走收获机械。如图 2-21 所示，数字联合收割机配备了各种传感器和卫星导航系统，在收获玉米、小麦、水稻等粮食作物，甘蔗、甜菜等糖料作物和饲料作物时，可以实时测得各类作物含水量、各种植区域的产量等技术参数，通过数字仪表盘显示，并通过 GIS 绘制作物产量图，农户可以随时获取产出信息，为下一周期种植决策提供参考，为农业决策支持系统提供技术支撑。卫星导航定位和差分分析可以应用于数字自走收获机械的智能路线规划和自动驾驶，目前作物收获过程中容易出现重复收割等问题，利用卫星导航差分分析可以智能规划路线，最大限度减少收割时的重复面积，节约燃料和人力，从而提升农户的收益。

图 2-21 驾驶室农机管理平台

资料来源：http://news.youth.cn/gn/201911/t20191101_12108529.htm[2020-10-01]

3）数字农业机械设备技术的特点

（1）农业生产的精细化程度高。数字农机通过计算机系统控制农业机械进行作业，其在实际作业中有效避免了传统人工驾驶和操作产生的失误与误差，使翻耕、播种、施肥、植保、收获等各个生产过程都精确实施，有效保证了不同工序机具之间的配合度。

（2）农业生产劳动强度低。自动控制系统引入后，农机作业过程基本不需要人工进行干预，农民的工作多集中于农机管理，显著改善了传统的农业劳作模式，并且提高了农业生产效率，智能农机化技术将减少农业生产所需劳动力的75%~90%。

（3）农业生产的安全性高。多种传感器技术和监测技术的应用能够实时感知农机具关键部件的运行状态，方便将获取的数据进行传递并由处理器适时调整，对于故障问题能实现及时警报、自主停机，有效减少农机故障率和零部件损坏，并延长农机具的使用寿命。

2. 数字农业机械设备技术的应用前景

1）农机与农艺融合发展

选优配强现代农业产业技术体系和有关科技创新联盟、创新中心及科技创新项目农机专家力量，加强农业机械化学科群和全程机械化科研基地、试验站、实验室建设，为农机与农艺融合研究提供有效支撑。在现代农业示范区建设中，落实农机与农艺融合的基本要求，围绕品种栽培养殖和机械装备集成配套，推动种植、养殖和产品初加工方式的改进，制定相互适应的农艺标准、养殖工艺和机械作业规范，构建区域化、标准化的种植养殖机械化生产模式并加快推广。

2）机械化与信息化融合发展

在装备发展上，引导农机企业研发制造新一代农产品品质监测、畜牧产品自动饲喂、水产品育养采收等农业装备，引导大中型农业机械配备导航定位、实时作业监测、卫星导航差分技术下的自动驾驶等终端，不断提高农机装备信息化、智能化水平。在作业服务上，积极发展"互联网+农机作业"，构建农用智能机械社会化服务平台，优化农机供需对接算法、完善远程农业机械管理体系，促进农机共享共用。

3）主要农作物生产全程机械化

重点推动双季稻区机械化栽植、黄淮海地区大豆机收发展，加快玉米籽粒直收机械化步伐。着力推进长江流域油菜种收机械化以及棉花、马铃薯、花生、甘蔗收获等薄弱环节机械化。分作物、分区域实现高效植保、产地烘干、秸秆处理等环节与耕、种、收环节机械化集成配套，构建高效机械化生产体系。支持新型经营主体开展深松深耕、机播机收和生产性托管服务。

4）农业生产机械化全面发展

推动果菜茶、牧草、热带作物、中草药设施农业和农产品初加工等产业的农机装备和技术创新发展。注重发展适应小农生产、丘陵山区作业以及适应特色作物生产、特产养殖需要的高效专用农机。重点支持保护性耕作、精量播种、精准施药、高效施肥、水肥一体化等绿色高效机械装备以及智能农机及信息化装备等推广应用。积极推进农机报废更新，加快淘汰高能耗、高污染、安全性能差的老旧农业机械，促进农机装备更新换代。

2.4 数字农业生长状态监测技术

农业生产中，农作物的生长状况直接受气象条件、土壤肥力和栽培管理等因素的影响。掌握农作物长势和农业资源的动态变化是农产品丰收的重要保障。用传统的方法进行作物长势和牲畜生长调查不仅需要投入大量的人力和物力，还很难获得精准可靠的信息。在数字农业生产中，农业人员利用作物和动物的生长状态监测技术，可以及时、精准地获取生物的生长状态信息。

2.4.1 作物生长状态传感器

作物生长信息是农户对作物生产进行精确管理调控的依据，直接反映作物的生长发育情况，进而能反映产品品质和产量，但是我国农户长期以来主要凭借直观感受来获取农作物的生长信息，部分地区通过田间采样、室内测试来获得，虽然结果较为可靠，但时效性很差，往往无法满足农作物生长中对即时信息的需求，也难以提供作物生长信息对农业智能决策精准的支持。近年来，计算机软件和硬件技术、遥感技术的快速发展和光谱分析技术在农业上的应用，促进了传感器等设备的研发，使得作物生长监测技术有了较大的进步。

1. 作物叶面温湿度传感器

如图 2-22 所示，叶面温湿度传感器采用仿叶片设计，它的外形就像一片叶子，因此能够真实模拟叶面特性，反映叶面的温度变化、水分集散过程。从功能上来看，对叶面湿度进行精准测量，能够监测到叶面的微量水分或冰晶残留，对于了解作物的生长发育情况，研究作物生长，预防病虫害发生等有重要意义。对叶面温度进行监测，可以研究作物叶面温度变化对叶片生长的影响，进而研究作物生长的规律，对作物的生长环境进行科学、智能化的监测能够提高作物产量。

图 2-22 叶面温湿度传感器

资料来源：https://b2b.baidu.com/land?id=42b230ff760abaf436d2d5b9f0e042d510[2023-06-17]

例如，在种植棉花时，需要对棉花叶面温度进行实时采集，并将温度和采集时间进行存储，研究叶面温度对棉花生长及其产量的影响规律，进而采取有效的控制措施提升棉花的质量和产量。设置作物叶面温湿度传感器之后，农户利用已有的知识或研究成果，根据环境情况及时调整农作物的生长条件，这样既可以提升农业种植过程中的管理水平，又可以使农业知识方便易得，无须多年积累种植经验，减少种植过程的错误，实现农业知识传承的显性化。

2. 作物茎流量传感器

茎流量传感器就是测度流经作物茎秆的水分即作物蒸腾作用的传感器，主要利用热消散的温度差来计算作物茎流量。蒸腾作用使植株内的水分从根部向叶部运动，水分通过叶片散发在大气中，通过测量茎流量可以确定蒸腾量，蒸腾量代表了农作物水分消耗情况，因此对其进行测量研究有很重要的意义。测量植物茎流有利于研究作物和大气之间的水分交换规律，长期监测作物的水分消耗情况，对感知植物的生长状况有很大的作用，能够辅助农户进行作物管理决策。

目前，植物茎流量传感器测量主要采用热技术方法，现有热技术方法主要包括热脉冲法和热平衡法，植物内部的蒸腾作用会制造温度差，利用特定的算法就能够计算作物茎流量。热脉冲法测量植物茎流的传感器如图 2-23 所示，利用探针插入植物枝干进行测量，在植物枝干不同位置布置温度探针，通过不同位置测得的温度来计算茎流，这种方式会对植物造成一定伤害，但基本不影响木本植物的自然生长，热脉冲法适用于测量木本植物的茎流。热平衡法所使用的传感器如图 2-24 所示，利用热量平衡原理，环形包裹式加热器对植物局部进行加热，记录一段距离的热量差，据此来计算液流。热平衡法可实现对茎秆的无损测量，传感器采用环形包裹式探头对液流加热，适用于草本植物的茎流测量。热脉冲法与热平衡法相比可以实现连续测量液流速度数据，测量结果方便易得，但环境的变化对测量结果产生的影响较大，测量不同植物时需用公式对结果进行修正，并且探针插入植物体的深度对其测量精度影响较大，因此采用探针测量时，一般需要用不同长度的探针多测几次不同深度的液速度。

图 2-23　热脉冲法探针茎流传感器

资料来源：https://www.antpedia.com/instrument/48223/[2021-05-01]

图 2-24　热平衡法环绕茎流传感器

资料来源：https://www.chem17.com/offer_sale/detail/11954822.html[2020-10-01]

3. 作物成熟度传感器

作物成熟度传感器是利用视觉识别或接触测量技术对作物成熟度进行智能化识别的传感器，这类传感器主要应用于价值较大并且价格随果实大小变化敏感的农产品，作物成熟度传感器主要分为接触式和非接触式两种。

接触式成熟度传感器主要用于各类瓜果，主要监测果径的变化，即监测选取的果实最大直径。果径的接触测量主要有径向测量传感器和角度测量传感器两种。如图 2-25 所示，径向测量传感器选取果实初始最大直径位置，由固定探头和测量探头夹持最大直径进行测量。径向测量传感器和角度测量传感器均采用一端固定探头，都会对果实产生一定的压力，由于果实的生长具有不定向性，从而会对其正常生长造成一定影响，影响果实的商品化率。

图 2-25　果实成熟度传感器

资料来源：https://www.sohu.com/a/194927789_99934520[2020-10-01]

非接触式成熟度传感器可以用于各类易损或者果实成熟后有颜色变化的农产品，传感器主要运用计算机视觉技术，通过摄像机提取果实的图像，再利用特定算法进行计算处理，使得计算机能够自主学习，以对产品成熟度进行判断和依据果径对产品等级进行区分。国外对新鲜葡萄的非接触式监测研究主要基于颜色、形状和颗粒大小，其中针对颜色特征的分级准确率较高。非接触式成熟度传感器不会对产品产生压力，所以不会影响产品的正常生长，但是由于需要布置摄像机及优化算法尤其是形状、大小部分的识别，所以在成本方面和技术成熟度方面都存在劣势。

4. 智能虫情监测器

智能虫情监测器是新一代的害虫自动测报系统，主要利用现代光、电、数控技术、无线传输技术、互联网技术，构建出一套害虫生态监测及预警系统。

随着土地经营权流转的实施，种植大户及专业合作社成为我国新型农业经营主体，其具有集约化、规模化的特点，病虫害防治已从一家一户小规模防治向大规模防治转变。目前，我国农作物重大害虫监测预警信息的采集依靠人工观测、调查、统计以及大田普查、性诱剂诱捕等方式。其中，人工调查需要基层农技人员深入田间实地，调查时间长且劳动强度大，记录的调查结果还需录入计算机以实现数据的电子化，工作量大且效率低。性诱剂诱捕利用昆虫性信息素，对特定的田间昆虫进行诱集，方法简单、应用广泛，但需要测报人员定期取样，并带回室内进行人工分析统计，测报结果具有一定的延时性，并且无法对无趋光性和无性外激素的害虫进行诱集防治。智能虫情传感器如图2-26所示，其光源为黑光灯，引入双机双摄图像采集系统，将设定的时间段内诱集的昆虫进行远近景拍摄，并将图片传送至主系统，用户在信息服务平台就可以直观地看到果园内的昆虫，实现害虫实时监测。同时，当昆虫进入监测器时就会被强红外线灭杀，强红外线可以实现瞬间杀灭害虫，并且不会对虫体造成损伤，使得虫体易于保存、鉴定和数据校正。收集到的虫源可以委托昆虫智能虫情测报灯附近的农户收集、储存和邮寄，无须专业人士现场采集，减少了对专业人员的依赖，针对害虫能及时应对，降低农户的损失。

图 2-26　智能虫情传感器

资料来源：http://it.sohu.com/a/668590497_120911612[2020-10-01]

2.4.2 动物生理数据传感器

近年来，现代畜禽养殖业日益规模化和集约化，但群体性畜禽疫病暴发、环境恶化和异常行为等动物健康福利问题逐渐受到人们关注。研究发现改善动物福利对降低应激反应、增强动物机体免疫力、满足动物行为需求、提高生产繁殖性能和提高动物产品品质等方面有着重要的作用。因此，监测动物健康状况、行为、生理和心理状态等信息，加强动物养殖环节的科学管理对改善动物福利状况显得尤为重要。动物生理数据传感器融合了多媒体、传感器和无线通信等技术，可以监测养殖动物的日常行为、发情行为和位置信息。

1. 穿戴式动物生理数据传感器

可穿戴设备利用无线数据传输技术，将实时生理监测信息发送到云端服务器，云端服务器对数据进行智能处理分析，判别发情期、预测疾病早期信号等，实时地发送到管理人员手机或电脑上。信息采集单元采集养殖环境信息（光照强度、温湿度、气体浓度等）、动物的生理信息（体温、血压、心率、呼吸等）和行为信息（静止、跳跃、跑动、打斗、声音等），信息处理单元对信息采集单元采集的各种信息进行降噪、滤波等预处理，然后对信息进行分析处理、传输和存储，信息处理单元处理过的信息通过无线传输单元传输到智能终端，对农场动物的健康状况等信息进行实时动态监测和管理。为适应监测对象、穿戴部位和监测参数等要求，穿戴形式分为束缚式和贴覆式。考虑到体积、成本和能耗等因素，束缚式穿戴设备常被应用在牛、羊、猪等大中型家畜身上，贴覆式穿戴设备常被应用在鸡、鸭、鹅等小型家禽身上。对于散养或放牧养殖方式，主要实现定位和追踪功能，对于圈养养殖方式，主要监测其生理信息与生活环境信息。如图2-27所示，F公司研发出奶牛穿戴设备，通过"牛类发情期探测系统"（estrus detection system for cattle，EDSC）的计数，帮助奶农探测奶牛发情期，探索奶牛配种最佳时期，以及防止发情奶牛对牧场设施造成破坏。

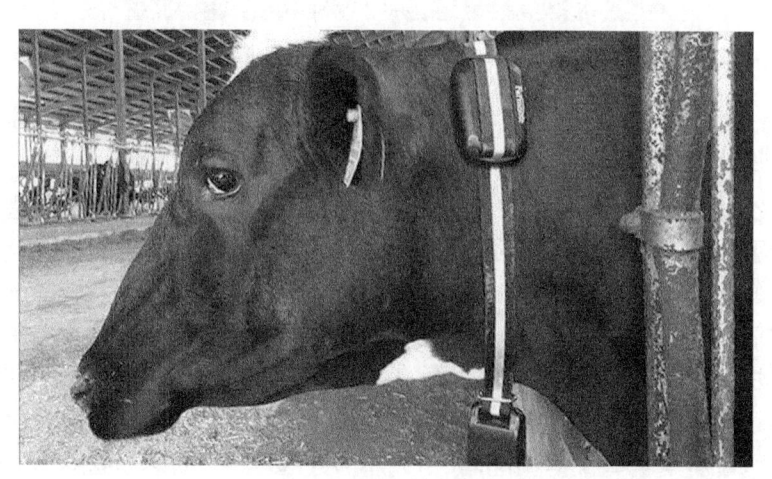

图 2-27 穿戴式动物生理数据传感器

资料来源：https://www.sohu.com/a/149344882_631915[2020 10-01]

2. 嵌入式动物生理数据传感器

不同于穿戴式动物生理数据传感器，嵌入式动物生理数据传感器利用微创或无创手术将带有无线传输模块的小型精密传感器嵌入养殖动物体内，这样可以实时监测动物的心跳、脉搏、血氧含量、血糖含量、体脂率等与畜禽动物产品质量相关的数据，并通过无线传输模块将这些信息传输到监测中心，养殖户可以在系统中查看相关信息，进而辅助其决策。如图 2-28 所示，嵌入式传感器只需要微创或无创手术，对于畜禽动物的刺激更小，并且传感器在动物体内不容易掉落，后期维护的成本小，但现有嵌入式传感器使用寿命短、稳定性差并且成本高昂，难以大规模开展应用。提高元件的使用寿命，选择灵活性强、精准度高的传感元件是重要的研究方向。近年来，随着生物科学、信息科学和材料科学的发展推动，生物传感器技术也取得了飞速发展。可以预见，未来的生物传感器将具有功能多样化、微型化、智能化与集成化、低成本等特点。

图 2-28　嵌入式动物生理数据传感器

资料来源：https://www.sohu.com/a/456482652_120274267[2021-03-21]

3. 智能图像监测技术

传统养殖业图像监测指的是采用视频及录像技术采集动物图像，人工进行分析，这种方法减少了人为干扰，从而降低了动物应激反应，但增加了工作量，并且在养殖户没有掌握专业的动物行为知识时往往难以判断。当前部分养殖户应用了智能图像监测技术来获取畜禽信息，基于视频自动分析动物行为及动物生存舒适度，实现养殖管理、疫病预警、实时生长数据获取和决策支持。除了对动物行为进行监测，应用物联网技术的智能图像监测技术可以为养殖场建立全景视频监控系统，通过三维图像融合技术，将不同位置和角度的监控画面进行无缝对接，对养殖的环境要素进行实时连续的监测。智能图像监测技术一般是在畜禽舍多个位置安装摄像机进行图像采集，采用机器视觉模拟人的视觉功能，从图像中提取畜禽和环境的相关特征信息，处理分析后用于饲养管理。目前智能图像监测技术主要有以下功能。

1）估算动物重量

畜禽动物的重量测量是养殖过程中十分重要的一环，养殖户可以根据畜禽动物重量变化情况调整饲料，便于畜禽动物的后续发育生长达到理想的畜禽产品质量，但几乎所有的养殖场都缺乏方便快捷的称重装置，使得畜禽在生长过程中很少测重量或测量十分困难。例如，猪场一般采用重量箱称重，不仅费时费力还易造成猪的应激反应，造成动物生产性能下降、机体免疫力下降等不利影响。在智能图像监测技术多方位拍摄的基础上，通过特定的算法来还原畜禽模型并测算体重，系统将每只猪的详细重量反馈至养殖户，养殖户根据这些信息对饲料等生产资料做出相应的决策，实现养殖决策支持的智能化。

2）动物行为监测

智能图像监测技术能监测畜禽动物排泄、饮食、呼吸、分娩等大部分行为，对这些日常行为进行分析并发现规律，当某些畜禽动物出现异常行为时，系统就可以发现并进行早期预警。智能图像监测技术较为直观，大部分情况下工作人员可以通过图像直接识别行为异常的动物，及时寻找其发病原因。在科技的不断进步下，计算机系统可以在大量图像数据库的支撑下，自动学习判断规则以实现高精准度的识别，判断出行为异常的动物并及时反馈给养殖户。将机器视觉技术应用于动物行为监测，实时监控动物行为，对采样图像提取相应的特征值，求取似然值，可以自动监测识别猪的轮廓体态姿势包括趴卧、行走、低头站立、抬头站立等姿态行为。人工智能识别算法根据不同的监测识别数据，均可运用于识别和判断复杂的动物行为模式。

3）动物体温监测

畜禽体温监测和分析有利于发现一些疾病的早期症状，识别患有疾病或异常行为的动物。我国大部分养殖场采用兽用水银体温计测量畜禽动物的温度，不仅耗费大量的人力与时间，动物还易产生应激反应，会降低其机体免疫力并影响后期的疾病症状观测，尤其在动物发病时期进入养殖场内部，存在人畜交叉感染风险。红外热成像技术具有非接触、无损、便捷、快速等优势，近年来已被用于动物医学和动物科学领域，主要用于动物体表或核心温度的波动监测、早期疾病的预测监测、动物应激水平的监测、与恐惧和疼痛相关的生理反应的评估，这些研究对于提高动物福利有着重要的作用。

2.5 数字农业仓储运输技术

农产品竞争越发激烈，农产品行业面临的经营危机越来越大，就农产品销售而言，产品的质量状况会直接影响产品价格，尤其是生鲜这类易腐产品，其新鲜程度是影响消费者满意程度的关键因素，进而影响产品的销售情况。农产品仓储和运输作为整个供应链的重要组成部分，影响着整个供应链的效率和效益，也间接决定农业生产者的效益状况，因此农产品行业对于仓储系统的要求越来越高。现代物流技术的飞速发展，对相应的仓储部分的要求越来越高，自动化智能仓储已被广泛应用在农产品的仓储物流上。

2.5.1 智能仓储系统

仓储系统是物流系统的子系统，是供应和消费的中间环节，仓储系统的作业一般包括收货、存货、取货和发货等环节，它能起到缓冲和平衡供需矛盾的作用。农产品往往得不到良好的保存，使得农产品运输仓储过程中的损失率十分高，像蔬菜的非生产性损失率，发达国家控制在5%以内，我国却在20%以上。

智能仓储主要有两方面的特点。一是智能化，智能仓储以计算机技术为核心，通过物联网的感知技术实时获取信息传送回主计算机，利用计算机判断货物所处的位置和状态，从而做出下一步指令，尤其是RFID和无线传感器技术的发展为仓库管理带来了一场巨大的变革，简化繁杂的工作流程，有效改善供应链的效率和透明度，可以对仓库环境监控、入库、出库、调拨、移库移位、库存盘点等各个作业环节的数据进行自动化的采集，确保管理人员及时准确地掌握库存的真实数据，合理保持和控制仓库库存，提高仓库管理的工作效率。二是自动化，在计算机的控制下，将调度与数据处理连接在一起，计算机对获取的信息进行整合处理，自动化设备按照计算机指令进行操作，无须人工干预。智能仓储可以用在大宗或生鲜农产品仓储上，改变传统的农产品仓储形式，提升储藏效率，节约时间、降低成本，对农产品销售有推动作用。

与传统仓储相比较，智能仓储有很多的突出优势：①智能仓储在计算机的控制下形成一个完整系统，各个部分数据信息共享形成数据交互的信息中心，在集成界面可以准确查看，同时加强了系统的安全性。②智能仓储系统智能化程度高，对于不同货物、不同仓储的要求只需在系统做出不同设置，各类农产品的储存要求不一，系统将自动按照程序执行，工作效率高，可靠性高。③智能仓储系统的自动化程度高，对于工人的依赖小，能够最大限度降低仓储部分的劳动力成本。

2.5.2 智能分级分拣设备

农产品智能分级分拣设备是利用现代化的计算机与信息化装备，根据农产品的质量要求和特性，将农产品进行分等和定级的设备。我国农产品的生产量大并且种类繁多，例如生鲜农产品这种在品质和种类上有着很大差异程度的产品，需要在采摘之后进行分拣。农产品的分级分拣特别是采摘后的分拣多采用人工进行，机械化、智能化水平低且没有统一的标准，不同区域甚至不同企业、合作社的分级标准不一，使得消费者在购买时无法获得清晰的感知。基于计算机视觉学习的品质检测方法是一种速度快、鉴别力强、重复性高、可大批量检测、低成本无疲劳的无损检测新方法，它通过摄像头将图形转换为计算机可识别的数据并进行判断，在学习了大量的实际照片后，计算机可以对农产品进行分级，再通过指令操纵机械系统完成分拣步骤。基于计算机视觉的分拣设备的参考标准主要有外形尺寸、缺陷、成熟度、综合品质等。

水果表面缺陷是影响其品质的关键因素，也是农产品检测的重点和难点。多台摄像机多角度拍摄农产品，将不同角度的二维图像分割提取特征并拼合，实现立体信息平面化，获得农产品平面图，便可以清晰地检测出缺陷的程度与位置，完成分级及分拣。由于水果表面缺陷和梗萼凹陷区颜色相近，二者难以区分，这成为影响缺陷检测的一个主要难题。商业贸易中农产品检测不能局限于单一品质，而要着眼于影响销售的综合品质。农产品综合品质检测系统对农产品一系列品质进行实时、快速、综合检测，是农产品物流中的重要突破。综合品质检测多用于谷物类型的产品的检测，但如图 2-29 所示，现阶段有智能选果线应用于各类水果的分拣中，对水果的外观、糖度、品质进行综合评判。

图 2-29　苹果分级分拣车间

资料来源：http://www.newslqy.com/article/des?infoid=31132&modelid=2[2020-10-01]

2.5.3　无人搬运小车

如图 2-30 所示，自动导引车（automated guided vehicle，AGV）是一种无人驾驶的物资输送设备，装备有电磁或光学自动导引装置。在计算机的监控下，它能按照规定的路径和作业要求，进行搬运作业，精确地行走并停靠在指定的地点。自动导引搬运车较之于其他搬运输送设备，具有自动化和柔性的特点，不受特定空间、场地和道路的限制，同时还拥有行动快捷、可控性强以及工作效率高等优点，被广泛运用于各行业之中，其中在仓库、配送中心的运用最为普遍。AGV 的构成如图 2-30 所示。

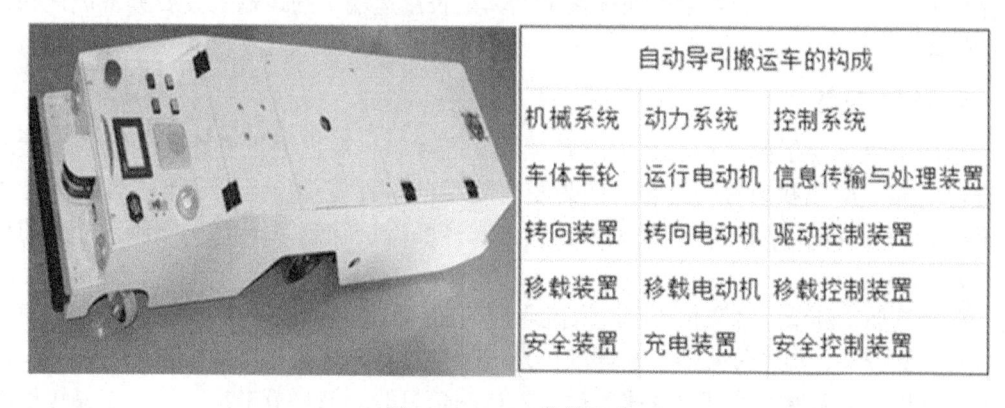

自动导引搬运车的构成		
机械系统	动力系统	控制系统
车体车轮	运行电动机	信息传输与处理装置
转向装置	转向电动机	驱动控制装置
移载装置	移载电动机	移载控制装置
安全装置	充电装置	安全控制装置

图 2-30　AGV 及其构成

资料来源：https://www.mianfeiwendang.com/doc/23b60ef277127465f3023381836682eda49a0d2d[2020-10-01]

良种育苗是农业可持续发展的根基,随着现代种业和农业自动化的不断发展,在生长环境可控的温室条件下,培育优质品种是农作物育种和改良的热门研究领域。在作业通道窄小、湿度大且温度高的温室环境下,大量育种盆输送和搬运作业会很频繁。针对农业温室大棚研发设计的智能 AGV 能够取代人工,实现农业育种大棚自动化、电子化、信息化,从而降低劳动强度和生产成本,提高育种质量和效益。

2.5.4 农产品冷链物流技术

生鲜农产品冷链物流是指使肉、禽、水产、蔬菜、水果、蛋等生鲜农产品从产地采收(或屠宰、捕捞)后,在产品加工、储藏、运输、分销、零售等环节始终处于适宜的低温控制环境下,最大限度地保证产品品质和质量安全、减少损耗、防止污染的特殊供应链系统。农产品冷链物流体系中所包含的主要环节有冷链加工、冷链储藏、冷链运输和冷链销售等环节。

1. 冷链加工

冷链加工主要指肉、禽、鱼、蛋类产品经冷却与冷冻后,在特定低温环境下进行加工的过程,由于某些农产品的特殊属性,其对保存温度的要求特别严格,全加工过程都必须在非常低的温度下进行。冷冻加工也涉及蔬果类产品的预冷及速冻类食品和奶制品在低温状态下的加工过程。冷冻加工环节所需的设备主要包括各种冷却、冻结及速冻装置。

2. 冷链储藏

冷链储藏主要指食品的冷却储藏和冻结储藏过程。某些农产品的特殊属性,导致其对保存温度的要求特别严格,全储藏过程都必须在非常低的温度下进行。此环节的关键在于确保冷链食品的储存与加工过程中必需的低温环境控制。

3. 冷链运输

某些农产品的特殊属性,导致其对保存温度的要求特别严格,全运输过程都必须在非常低的温度下进行。在运用各类低温运输工具进行运送的过程中,低温控制是确保食品品质的关键所在,因此要求冷藏运输(尤其是长途运输)的运输工具要具备优良和稳定的性能。

4. 冷链销售

冷链销售主要指冷链食品经生产者、批发商和零售商之手,最终到达批发零售环节进行冷冻、冷藏和销售的过程。作为零售终端的一种需要,连锁超市中普遍配备了用于冷藏和冷冻的陈列柜或储藏库,这成为农产品冷链物流系统中一个必不可少的组成部分。

在冷链加工环节,生鲜农产品进入流通加工前,信息首先会被自动采集,随后 RFID 读写器、摄像头、温度传感器等会详细记录加工全过程,采集每道加工工序的信息,包括加工过程中的温度、湿度以及相应操作人员的信息等。该环节采集的信息主要包括农产品名称、农产品数量、农产品重量、原料构成等。在加工出库装车完成后,将车上所载产品的单品或者整体包装的电子标签整合至叉车的车载 RFID 电子标签,完成信息的整合并形成新的接入口以便于信息的传输以及与下一环节的对接。

冷链仓储是农产品冷链物流的一个核心环节,无论是农产品批发市场,还是农产品物流中心,甚至大型生鲜农产品加工中心都需要进行冷链仓储。基于物联网的生鲜农产品冷链物流技术,首先利用 RFID 技术和传感器对入库农产品的电子标签进行身份验证,自动采集农产品上一个流通环节的配送商名称、运输方式、运输工具、所运输农产品收货时间等信息,然后利用数据传送器将信息汇总至仓储管理系统,从而合理分配农产品的仓储空间,并通过与运输调度系统的信息对接实现对农产品的跟踪定位以及叉车的操作控制,仓库内安装多个温湿度采集装置,可以同时多点采集温湿度状况,而且在仓库内设有报警装置,当其温湿度数据超出预设数值上限或下限时,将自动报警。

冷链运输在冷链物流全程的多个阶段都会发生。在运输过程中,冷链运输车的车载电子标签、司机 ID 卡以及卫星导航定位技术和监控中心的第三方可视化监控平台密切结合,可以对车辆编号、货物清单、车辆司机、联系方式、收货地址、行驶路线、在线地标等进行实时监控。更为重要的是,利用传感器实时获取冷藏运输车厢的温湿度信息,通过 RFID 标签存储并传送至可视化监控平台,可以实时监控冷藏运输车的工作状态。一旦温湿度超出系统根据车载产品类别及品质等级设定的合理区间,系统便会自动预警,同时向冷藏运输车发出调控指令。

在冷链销售阶段,零售商将利用 RFID 技术同上一流通环节冷链运输车辆的车载电子标签进行对接,利用企业内部追溯系统验证运送过来的生鲜农产品信息,对于验证合格,零售商接收农产品并进行销售,如果信息不吻合,则拒绝这些农产品进入消费点。在此阶段,利用零售卖场的 RFID 读写器、摄像机、传感器以及卫星导航定位系统,还可以实现卖场内农产品在货架上的科学合理陈列,同时对售卖和零售库存的农产品实时监控以便及时补货等。

2.6 物联网与区块链相关技术

综合应用物联网技术以及将区块链技术与农业结合是未来数字农业发展的方向。接下来本节将从 RFID 技术、物联网技术和区块链技术三个方面对贯穿数字农业全产业链条的应用技术进行介绍。

2.6.1 RFID 技术

RFID 技术又称无线射频识别技术,是一种非接触式的目标自动识别技术和数据采集技术,位于物联网的感知层,使用 RFID 技术能利用无线电波对人、动物和货物等被识别对象进行高效率的自动识别。RFID 的原理是利用阅读器与电子标签之间的电磁耦合来实现数据通信,从而实现对电子标签及其所代表的对象进行识别的目的,具有读取速度快、存储空间大、穿透性强、使用寿命长和安全性高等众多优点。本节将从 RFID 技术的概述和技术应用两个方面对 RFID 技术在数字农业领域的应用展开介绍。

1. RFID 技术概述

1) RFID 技术工作原理

RFID 利用电磁感应、无线电波进行非接触式的双向通信，自动识别目标物体，获取相关物体信息数据，RFID 工作过程可以自动完成，不需要任何人工干预，也不受外界恶劣环境限制。最基本的 RFID 系统由电子标签、读写器和天线三个部分组成。RFID 的工作原理如图 2-31 所示：读写器在识别区域内定期发送射频信号，电子标签一旦进入识别区域，对于无源标签而言，因受射频信息激活而获取能量，并将自身标签携带的信息通过天线发送给读写器。对于有源标签而言，它进入读写器识别区域内则会主动发送信息。读写器接收电子标签发射的信息，对信息进行读、写、停止等相应命令后，送至中央计算机数据库处理系统，再由数据库系统进行后续处理。

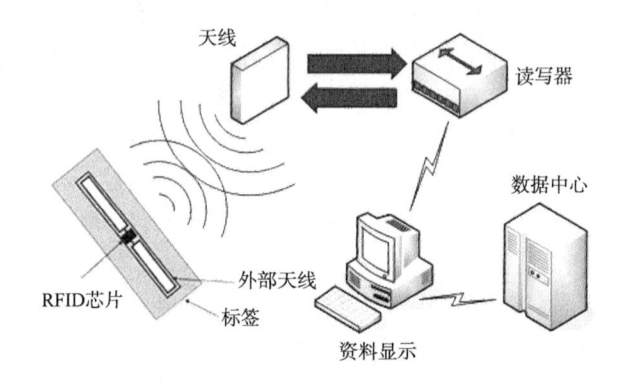

图 2-31 RFID 的工作原理

资料来源：https://www.hopelandiot.com/article/detail/364.html[2020-10-01]

2) RFID 技术应用优势

（1）编码唯一性。RFID 的每个电子标签都有全球唯一的 ID 编号相对应，这个编号是在 RFID 电子标签的制造过程中写入存储器中的，而且不易复制，可以真正地实现一物一码。

（2）可实现无屏障阅读。RFID 电子标签和读写器之间是通过无线方式进行双向通信的，可同时识别高速移动的目标物体，穿透障碍物实现无屏障阅读和批量读取目标物体。

（3）安全性高。RFID 的智能电子标签可以粘贴在物体表面，也可以嵌入物体内部，芯片中携带大量的数据信息，也可以读出和写入产品信息，进行加密设置，因为 RFID 电子标签的芯片是采用大规模集成电路技术设计的，可以进行加密设置，技术要求高、难度大，为造假者创造了难以逾越的障碍，从而保证数据信息不被改写或伪造，保密性高。

2. RFID 技术在农业中的应用

1) 农产品追溯及食品安全

农产品可追溯性是指从供应链的终端到始端识别产品或产品成分来源的能力，即通过记录或标识来追溯农产品的历史、位置等的能力。在国内，RFID 技术逐渐应用于果蔬、农畜产品等方面，部分企业也建立了应用安全追溯信息体系，开始实施农产品可追溯系统的试点工程。

2）农业数字化养殖

数字化养殖是数字农业的重要组成部分。数字化养殖是提高农业效益和集约化程度的重要手段，在畜牧和水产养殖业中运用 RFID 技术进行数字化养殖受到广泛应用。在畜禽场的畜禽身上或耳朵上装上 RFID 电子标签，这些标签都记录着相应的动物个体信息，一旦目标畜禽到达 RFID 读写器的识别区域，电子标签被激活，读写器立刻读取目标动物的相关数据信息，并进行目标识别，把识别出的信息传送到 RFID 的中央计算机数据库系统，从而完成对目标畜禽的识别和跟踪。RFID 可把畜禽出生产地信息、品种类别等信息存储在电子标签中，电子标签中也可以登记上养殖场信息、出栏日期等。

3）在蜜蜂研究中的应用

近年来，RFID 技术逐渐被运用到蜜蜂的科学研究领域中去。德国的 M 公司应用 RFID 技术生产了蜜蜂研究专用的 RFID 设备，主要由电子标签、电子标签写入笔、天线和阅读器组成。通过将标签贴在蜜蜂胸部背板上，可以确定带有电子标签的蜜蜂出入的时间。目前可以在蜂群处于自然状态下通过 RFID 技术对蜜蜂个体进行细致准确的观测，记录蜜蜂个体进出巢房的时间和次数。相比人眼观察数据，借由 RFID 技术进行蜜蜂的研究更为准确和科学，并在蜜蜂生物学、饲养学及育种学等领域都有广泛的应用前景。

2.6.2 物联网技术

物联网（internet of things，IoT）技术起源于传媒领域，被世界公认为是继计算机、互联网与移动通信网之后的世界信息产业第三次浪潮。它是以感知为前提，实现人与人、人与物、物与物全面互联的网络。物联网通过信息传感设备，按约定的协议，将任何物体与网络相连接，物体通过信息传播媒介进行信息交换和通信，以实现智能化识别、定位、跟踪、监管等功能。本节将从物联网技术的概述、关键技术和物联网的应用三方面对物联网技术在数字农业领域的应用展开介绍。

1. 农业物联网技术概述

农业物联网是指通过农业信息感知设备，按照约定协议，把农业系统中动植物生命体、环境要素、生产工具等物理部件和各种虚拟"物件"与互联网连接起来，进行信息交换和通信，以实现对农业对象和过程智能化识别、定位、跟踪、监控和管理的一种网络。农业物联网"人机物"一体化互联，可帮助人类以更加精细和动态的方式认知、管理和控制农业中各要素、各过程和各系统，极大提升人类对农业动植物生命本质的认知能力、农业复杂系统的调控能力和农业突发事件的处理能力。

2. 农业物联网关键技术

1）信息感知与识别技术

农业信息感知与识别技术是实现对物理世界全面感知与识别的基础，主要涉及农业传感器技术、RFID 技术、遥感技术、卫星导航技术等。感知技术主要指传感器应用技术，识别技术涵盖物体识别、地理识别和位置识别等。农业传感器主要用于采集和获取各种农业要素信息，如种植业中的光照、温湿度等参数，畜禽养殖业中的氨气、二氧化碳、二氧化硫等有害气体浓度，水产养殖业中的酸碱度、溶解氧、氨、氮、浊度和电导率等参数。遥感技术在农业上主要用于对作物在不同生长期的水分、养分的监测和农机精准作业等方面。卫星导航技术在农业上主要应用于农业机械田间作业和管理中，可以实时地对农田水分、肥力、杂草和病虫害、作物苗情、产量等进行描述和跟踪及指导精准施肥喷药等。GIS 技术在农业上主要应用在农业土地适宜性评价、农业资源与生态环境调查管理、农业气候与生产区划、农作物估产、农业施肥与病虫害管理等方面。

2）信息传输技术

农业信息传输技术是指借助各种通信网络将农业信息感知设备接入传输网络中，并随时随地进行高可靠度的信息交互和共享。农业信息传输技术可分为移动通信技术和无线传感器网络技术。随着电信网、广播电视网和互联网的三网融合，移动通信技术将逐渐成为农业信息远距离传输的重要技术。基于移动通信协议的移动通信网被广泛应用到现代农业种植业、畜禽水产养殖业等的数据采集、远距离数据传输和控制中，成为农业物联网数据传输廉价、稳定、高速、有效的主要通道。

3）信息处理技术

信息处理技术既是实现农业物联网的必要手段，也是农业物联网智能控制的基础，主要涉及云计算（cloud computing, CC）、GIS、专家系统（expert system, ES）、决策支持系统（decision support system, DSS）和智能控制技术（intelligent control technology, ICT）等技术。物联网与云计算相互促进、协调发展，为我国的物联网等战略性新兴产业的推进与示范应用提供了创新发展的动力。GIS 在农业上主要用于土地及水资源管理、土壤数据、自然环境与生产条件、病虫草害监测、作物测产等方面空间属性信息的统计分析处理与多元化的结果可视化输出。专家系统是一种利用相关领域的专业知识与技术并通过逻辑推理分析和智能决策来解决各种具体实际问题的具有类似专家水平的计算机智能系统。农业专家系统依据农业专家多年积累的知识、经验和成果，克服时空限制、运用计算机及网络技术对需要解决的农业问题进行解释、解答或判断，并提出决策建议。决策支持系统是辅助决策者通过知识、数据、模型等，以人机交互的方式进行非结构化或半结构化决策的计算机应用系统。农业决策支持系统广泛应用于作物栽培、节水灌溉优化、农业灾害预测预警、养殖场智能管理、饲料配方优化设计、土壤信息与资源环境系统管理以及农机信息化管理等方面。智能控制技术主要用来解决传统方法难以解决的、复杂系统的控制问题。

3. 物联网技术在农业中的应用

1）农业生产环境监控

农业生产环境监控物联网主要指利用传感器技术采集和获取农业生产环境各要素信息，如种植业中的光照、温湿度、二氧化碳浓度、土壤肥力和土壤含水量等参数，水产养殖业中的酸碱度、溶解氧、氨、氮、浊度和电导率，畜禽养殖业中的氨气、二氧化硫、粉尘等有害物质浓度参数，通过对采集信息的分析决策来指导农业生产环境的调控，实现种植养殖业的高产高效。农业生产环境复杂，需要在高温、高湿、低温、雨水等恶劣多变的环境下连续不间断运行,且传感器节点布置稀疏不规则,布线不方便,而无线传感器网络组网简单、无须布线,具有低成本、灵活的优势,成为当前农业生产环境监控系统主要的应用方式。

2)动植物生命信息监控

物联网对植物信息采集的研究主要包括表观信息的获取和内在信息的获取,表观信息如作物苗情长势、病虫害、果实膨大状况、生物量、茎干直径、叶面积等信息,内在信息包括叶绿素含量、作物氮素、光合速率、种子活力、叶片温湿度等,主要监测手段为光谱技术及图像分析等。对动物生命信息的监测主要包括动物的体温、体重、行为、运动量、取食量、疾病信息等,通过相关监测,了解动物自身的生理状况和营养状况以及对外界环境条件的适应能力,确保动物个体健康生长,主要监测手段包括动物本体监测传感器、视频分析等。

3)农产品质量安全追溯

物联网农产品信息感知的内容主要包括农产品颜色、大小、形状及缺陷损伤等外观信息和农产品成熟度、糖度、酸度、硬度、农药残留等内在品质信息。在农产品质量安全与追溯方面,农业物联网的应用主要集中在农产品仓储及农产品物流配送等环节,通过电子数据交换技术、条形码技术和 RFID 电子标签等技术实现物品自动识别和出入库,利用无线传感器网络对仓储车间及物流配送车辆进行实时监控,从而实现主要农产品来源可追溯、去向可追踪的目标。

2.6.3 区块链技术

2008 年,一位自称中本聪的人发表了《比特币:一种点对点的电子现金系统》一文,阐述了基于 P2P(peer-to-peer,点对点)网络技术、加密技术、时间戳技术、区块链技术等的电子现金系统的构架理念,这标志着比特币的诞生。中本聪在设计比特币时遵循去中心化的思想,为了解决无中心节点的记账问题,通过分布式技术,全网共同维护唯一一条交易链,链的每个节点即为一个区块,每个区块记录当前和上一交易的信息和地址,每发生一笔交易就在交易链上延伸一个区块,全网更新该交易链,这条交易链也叫作区块链,以此延伸的技术就是区块链技术。本节将从区块链技术的概述和技术应用两个方面对区块链技术在数字农业领域的应用展开介绍。

1. 区块链技术概述

1)区块链技术特点

区块链是一种数据库,由不同的区块组成,区块是存储交易数据的载体。区块链上的节点彼此连接,彼此背书,共享同一本分类账,共同维护数据,并通过密码学原理来确保数据不被篡改。一旦有新的信息添加进来,账本就会马上更新,并被其他节点接收。智能合约的出现实现了链上自动编程与自动操作,为区块链在各行各业的应用创造了新的商业价值。区块链在技术上的优势特征比较明显,主要体现在信息共享、信息安全、信息可追溯、智能合约等几个方面。

(1)信息共享。区块链的核心在于共识机制。区块链作为一种去中心化的数据存储技术，其上各个节点（参与者）彼此交互，以获得并同意共享状态，即区块链网络中所有的节点都可以共享账本，链上的信息是透明的、可靠的。

（2）数据真实安全。区块链基于密码学原理进行数据保护，只有配合使用私钥和公钥，并有超过51%的节点达成共识，才能确认数据的真实性。分布式账本消除了故障点，即使其中某个节点不可用或者被破坏，网络仍然能够正常工作而不会受到干扰。可见，区块链技术能够保障数据的安全。

（3）信息与凭证可追溯。每个区块都由区块头和区块体组成，并被标记上时间戳。区块头记录着上一个区块的哈希值，区块的哈希值由交易信息和时间戳利用哈希算法生成。如果上一个区块的信息发生了变化，那么它的哈希值就会发生变化，与下一个区块头记录的哈希值就会不一致，这个产生变化的信息就不能得到下一个区块的认可。

2）区块链的类型

根据数据的共享程度，区块链可以分为公有链、联盟链、私有链三种。公有链面向所有人开放，不需要特别的入网批准，任何个人都可以在公有链上发送数据或者读取数据，并且能够获得有效确认。联盟链由若干彼此相关的组织共同参与和管理，每个组织控制其中一个或者几个节点，这些组织通过数据上链来实现信息共享和操作交易，并非对所有人开放。私有链则是完全属于个人或者某个组织私有的区块链，数据写入权限完全掌控在个人或者该组织手中。三类区块链的特征具体参见表 2-1。目前正在广泛使用的主流区块链的实现方式有以太坊和超级账本。其中，以太坊属于公有链，数据保密性不强，超级账本属于联盟链，数据安全性高。联盟链不涉及数字货币的发行和炒作行为，可控性更强，数据和交易处理能力更强，更适合在实体产业中应用。

表 2-1 三种类型区块链的特征

类型	入网批准	节点数量	典型项目
公有链	不需要	不限	以太坊
联盟链	需要	多个	R3 联盟
私有链	需要	封闭式	企业内部私有链

2. 区块链技术在农业中的应用

1）物联网+区块链

目前制约农业物联网大面积推广的主要因素就是应用成本和维护成本高、性能差。而且物联网是中心化管理，随着物联网设备的暴增，数据中心的基础设施投入与维护成本难以估量。物联网和区块链的结合将使这些设备实现自我管理和维护，这就省去了以云端控制为中心的高昂的维护费用，降低互联网设备的后期维护成本，有助于提升农业物联网的智能化和规模化水平。

2）大数据+区块链

传统数据库的三大成就有关系模型、事务处理和查询优化。数据库技术在不断发展，未来随着农业大数据采集体系的建立，如何以规模化的方式来解决数据的真实性和有效性，将是全社会面临的难题。以区块链为代表的技术，对数据真实有效不可伪造、无法篡改的这些要求，相对于现在的数据库来讲，是一个新的起点。

3）质量安全追溯+区块链

农业产业化过程中,生产地和消费地距离相对较远,消费者对生产者使用的农药、化肥以及运输、加工过程中使用的添加剂等信息缺乏了解,容易降低对生产的信任度。基于区块链技术的农产品追溯系统,所有的数据一旦记录到区块链账本上将不能被改动,依靠不对称加密和数学算法的先进科技从根本上消除了人为因素,使得信息更加透明。

4）农业供应链+区块链

区块链技术有助于提升供应链管理效率。由于数据在交易各方之间公开透明,从而在整个供应链条上形成一个完整且流畅的信息流,这可确保参与各方及时发现供应链系统运行过程中存在的问题,并针对性地找到解决问题的方法,进而提升供应链管理的整体效率。区块链技术可以避免供应链纠纷。所具有的数据不可篡改和时间戳的存在性证明的特质能很好地运用于解决供应链体系内各参与主体之间的纠纷,实现轻松举证与追责。区块链技术可以用于产品防伪。数据不可篡改与交易可追溯两大特性相结合,可根除供应链内产品流转过程中的假冒伪劣问题。在产业演进和产业发展史中,产业融合现象随处可见。近年来,在信息技术迅速发展和经济全球化的推动下,跨地区、跨行业的企业兼并浪潮迭起,产业间的界限渐趋模糊,出现了不同产业相互渗透、交叉融合发展的新趋势:其特征在于融合发展的结果出现了新的产业或新的增长点。产业融合的新趋势对我国新一轮经济发展具有重要意义,因此,促进数字农业产业融合可以提升传统农业产业水平,并实现农业产业创新和培育新的增长点。

第3章 数字农业流程重组

近些年,信息技术尤其是互联网技术已经对诸多领域进行了较大或者彻底改变,例如零售业、金融业和运输业等,这些领域在互联网环境下的运作流程已经远远不同于传统流程。新型物联网技术的应用会给这些流程带来更大的变革,在农业领域主要体现在以下三个方面:农业生产资料的库存会实现自动化、无人化管理,具有实时监测、自动订货和自动入库等功能;农业生产过程会应用更多的监测与控制系统,包括无人机遥感与飞防一体化系统、农业信息全景感知的移动传感系统和农业生产要素在线优化调度系统等;在农产品流通与消费环节,会实现基于物联网和区块链的农产品溯源功能和农产品消费精准追踪与召回功能等。可见物联网环境下的数字农业运作流程与传统农业生产管理过程会有巨大不同,进而会导致其运营管理的计划、组织、实施与控制功能的实现方式也有很大变化,需要采用业务流程重组的思想对其进行优化设计。

3.1 流程重组

3.1.1 流程重组概念

1. 什么是流程?

流程,就是指一系列的、连续的、有规律的活动,而这些活动以特定的方式进行,并导致特定结果的产生。在对流程定义的理解过程中,需注意以下几方面内容。

流程是"一系列的、连续的、有规律的活动"。这些"活动"是有先后顺序或并列关系的,同时这种先后顺序或并列关系是连续和有规律的。

流程是"以特定的方式进行"。在流程运作的过程中,不同公司、不同发展阶段,其"活动"之间的运作方式是不同的。

流程将"导致特定结果的产生"。流程的最终目的在于创造价值,也就是增值,这种增值可以是效率提升、成本降低、销售增加、利润增长、质量提高,也可以是客户满意、员工满意,这与每个流程的目的(绩效目标)有关。

流程分为业务流程、管理流程和辅助流程(图3-1)。

```
              流程
           /   |   \
      业务流程 管理流程 辅助流程
```

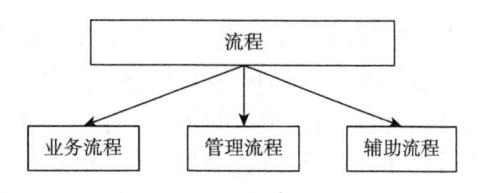

图 3-1 流程的分类

（1）业务流程。业务流程（又称订单实现流程）主要是直接参与企业经营运作的相关流程，涉及企业"产—供—销"三个基本环节。通过业务流程，企业就可以为客户直接创造价值，最终也保证了企业自身经营目标的实现。常见的业务流程主要有：产品规划流程、新产品研发流程、销售订单管理流程、原材料采购流程、原材料储运管理流程、生产制造管理流程、产成品发货运输流程、货款回笼管理流程等。

（2）管理流程。管理流程主要是企业实施开展各种管理活动的相关流程，它并不直接为企业经营目标负责，而是通过管理活动对企业业务的开展进行监督、控制、协调、服务，间接为企业创造价值。常见的管理流程主要有：战略管理流程、人力资源管理流程、财务分析管理流程、财务核算流程、财务预算编制及调整流程、供应商评价流程、合格供应商管理流程、项目管理流程、客户满意度管理流程、客诉受理流程、销售信用管理流程等。

（3）辅助流程。辅助流程主要是为企业的管理活动和业务活动提供各种后勤保障服务的流程。这些流程与管理流程一样，并不直接为企业创造价值，而是通过为企业提供良好的服务平台和保障服务，间接地实现价值增值。常见的辅助流程主要有：车辆服务流程、办公用品管理流程、设备保修流程、客户服务流程、土建工程施工管理流程、行政后勤服务流程等。

2. 什么是流程重组？

流程重组（business process re-engineering/business process redesign，BPR）也译为流程再造，该理论是当今企业和管理学界研究的热点，最早由美国的 Michael Hammer 和 James Champy 提出，在 20 世纪 90 年代达到了全盛时期。通常定义为通过对企业战略、增值运营流程以及支撑它们的系统、政策、组织和结构的重组与优化，达到工作流程和生产力最优化的目的。BPR 强调以业务流程为改造对象和中心、以关心客户的需求和满意度为目标、对现有的业务流程进行根本的再思考和彻底的再设计，利用先进的制造技术、信息技术以及现代的管理手段，最大限度地实现技术上的功能集成和管理上的职能集成，以打破传统的职能型组织结构，建立全新的过程型组织结构，从而实现企业经营在成本、质量、服务和速度等方面的突破性的改善。其中，"根本性""彻底性""戏剧性""以流程为核心"是定义所关注的四个核心领域。

（1）根本性。根本性表明流程重组所关注的是企业核心问题，如"我们为什么要做现在的工作""我们为什么要用现在的方式做这份工作""为什么必须是由我们而不是别人来做这份工作"等。通过对这些根本性的问题的仔细思考，企业可能发现自己赖以存在或运转的商业假设是过时的甚至是错误的。

（2）彻底性。彻底性意味着对事物追根溯源，对既定的现存事物不是进行肤浅改变或调整修补,而是抛弃所有的陈规陋习及忽视一切现有的结构与过程,创造发明全新的工作方法。它是对企业进行重新构造,而不是对企业进行改良、完善或调整。

(3)戏剧性。戏剧性意味着流程重组追求的不是一般意义上的绩效提升或略有改善,而是使企业绩效有显著的增长和极大的飞跃,绩效的显著增长是标志与特点。

(4)以流程为核心。流程重组关注的是企业的流程,一切重组工作全部是围绕流程展开的。迈克尔·波特将企业的业务过程描绘成一个价值链,竞争不是发生在企业与企业之间,而是发生在企业各自的价值链之间。只有对价值链的各个环节流程实行有效管理的企业,才有可能真正获得市场上的竞争优势。

3. 流程重组的基本内涵

流程重组是一项战略性地进行企业重组的系统工程,这体现在如下两方面。

(1)企业实施的根本动力是企业长期可持续发展的战略需要,流程重组须由公司战略驱动,应得到最高管理层的鼎力支持,并且最终将战略的执行融入日常运营中去。

(2)流程重组是根据企业未来发展的战略规划对企业各项运作活动及其细节进行重建、设定与阐述的系统工程。实际上是系统思想在重组企业流程中的具体实施,它强调整体全局最优,而不是单个环节或作业任务的最优。

流程重组的核心是面向客户满意度,一切为了客户就是面向客户满意度的流程改造的出发点和归宿。企业只有从根本上以市场和客户的需求来规划自己的工作,构建把客户需要放在中心地位的流程体系,才会在市场上有立足之地。要求企业重新检查每一项业务活动,识别企业的核心流程和不具有价值增值的业务活动,简化或合并非增值的部分,剔除或减少重复出现和不需要的流程所造成的浪费,并将所有具有价值增值的业务活动重新组合,优化企业的整体流程,提高企业运营效率。

流程重组的核心任务是将技术和人这两个关键要素有效运作在流程的再设计与改造活动之中,从而推进企业组织的技术性(如技术、标准、程序、结构、控制等)和社会性(如组织、文化、行为规范、政策、作业风格、激励方式等)以适应企业整体绩效的改进和企业远景的实现。

4. 流程重组的分类

流程重组可分为流程优化和流程再造。

1)流程优化

流程优化是指辨析理解现有流程,并通过对现有流程进行优化改良产出新流程。常见的优化技巧主要有以下几种:剔除非增值环节、优化流程顺序、压缩影响流程实现的关键环节、资源重新配置、组织模式优化与调整、信息化与自动化。流程优化是对现有工作流程的梳理、完善和改进的过程。

流程优化是一项策略,通过不断发展、完善、优化业务流程保持企业的竞争优势,在流程的设计和实施过程中,要对流程进行不断的改进,以期取得最佳的效果。为了解决企业面对新的环境产生的问题以及在传统以职能为中心的管理模式下产生的问题,必须对业务流程进行重整,从本质上反思业务流程,进而重新设计,以便在当今衡量绩效的关键节点(如质量、成本、速度、服务)上取得突破性的改变。

2）流程再造

流程再造是指根据公司战略调整及商业模式变化，从根本上重新考虑产品或服务的提供方式，再造新流程。流程再造的核心步骤包括：战略愿景，标杆确定，流程诊断，新流程设计，新流程实施，流程评估，持续改善。

流程再造是一种企业活动，内容为从根本上重新而彻底地去分析与设计企业程序，管理相关的企业变革，以追求绩效，并使企业实现戏剧性的成长。流程再造的重点在于选定对企业经营极为重要的几项企业程序加以重新规划，以求其提高营运效果，目的是在成本、品质、对外服务和时效上实现重大改进。

3.1.2 流程重组实施的步骤

流程重组实施的步骤如下（图 3-2）。

对原有流程进行全面的功能和效率分析，发现其存在的问题 → 设计新的流程改进方案，并进行评估 → 进行流程配套设计 → 组织实施与持续改善

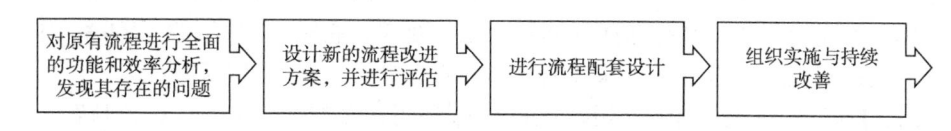

图 3-2 流程重组实施步骤图

1. 对原有流程进行全面的功能和效率分析，发现其存在的问题

当市场需求、技术条件发生的变化使现有作业程序难以适应时，作业效率或组织结构的效能就会降低。因此，必须从以下方面分析现行作业流程的问题。

（1）功能障碍：随着技术的发展，在技术上具有不可分性的团队工作中，个人可完成的工作额度就会发生变化，这就会使原来的作业流程支离破碎并增加管理成本或者核算单位太大造成权责利脱节，进而造成组织机构设计得不合理，形成企业发展的瓶颈。

（2）重要性：不同的作业流程环节对企业的影响是不同的，随着市场的发展，顾客对产品、服务的需求在发生变化，作业流程中的关键环节以及各环节的重要性也在变化。

（3）可行性：根据市场、技术变化的特点及企业的现实情况，分清问题的轻重缓急，找出流程再造的切入点。

为了对上述问题的认识更具有针对性，还必须深入现场，具体观测、分析现存作业流程的功能、制约因素以及表现的关键问题。

2. 设计新的流程改进方案，并进行评估

流程重组作为一种重新设计工作方式、工作流程的思想，是具有普遍意义的，但在具体做法上，必须根据企业的实际情况来进行。可以根据不同的工作设置出对这一业务的若干处理方式，这样就可以大大提高效率，也使工作变得简捷。在传统的组织中，工作完全按部门划分，为了使各部门工作不发生摩擦，但增加了许多协调工作，而流程重组可以使严格划分的组织界线模糊甚至超越组织界线，以提高企业效率。同时对于提出的多个流程改进方案，还要从成本、效益、技术条件和风险程度等方面进行评估，选取可行性强的方案。

在流程设计完成后，我们还应分析相关流程客户的需求，并建立明确的绩效指标，

以此作为衡量流程运作好坏的标准。在流程绩效设计过程中，我们应明确相关问题，包括：由谁来负责流程运作？承担流程运作中的哪些职能？用什么指标进行衡量？具体的需求标准是怎样的？怎么去评价它？由谁来进行评价？

最后，对流程指标进行定义。流程指标定义包括指标名称、指标编号、指标来源、相关部门、指标目的、计算公式、特殊说明、计量单位、统计周期、指标极性、数据输出部门、数据输出时间、指标考核周期、指标考核方法、指标性质等。

3. 进行流程配套设计

流程配套是保证流程落地实施的关键，企业在进行流程配套设计的过程中一定要紧紧围绕流程的顺利实施和流程目标的最大化实现的宗旨，同时，要尽可能减少非流程性文件的数量，为公司文件体系"瘦身"。

在流程设计的过程中，根据需要进行组织结构、岗位职能、运作方式、信息采集、经营目标等方面的调整。这些方面的调整变化，要求企业建立相应的配套体系，以协助和配合流程的实施。流程在这些综合配套体系的支撑下，就可以顺利运作。

同时，我们在进行配套体系的设计过程中，还可以根据配套体系的设计与实施难度，评估企业流程的落实执行情况，并以此为基础，重新对设计的流程进行审视和调整。由此可见，流程与流程配套体系之间是相互协作、相互支持的关系。通过两者的协同配合，共同实现企业整体经营运作效率的提高。

企业业务流程的实施，是以相应的组织结构、人力资源配置方式、业务规范、沟通渠道甚至企业文化作为保证的，所以，只有以流程改进为核心形成系统的企业流程重组方案，才能达到预期的目的。

4. 组织实施与持续改善

实施企业流程重组方案，必然会触及原有的利益格局。因此，必须精心组织，谨慎推进。既要态度坚定，克服阻力，又要积极宣传，形成共识，以保证企业流程重组的顺利进行。企业流程重组方案的实施并不意味着企业流程重组的终结。在社会发展日益加快的时代，企业总是面临新的挑战，这就需要对企业流程重组方案不断地进行改进，以适应新形势的需要。

3.1.3 流程重组的方法

根据上述内容介绍，流程重组可分为流程优化和流程再造，下面我们分别对其方法进行讨论。

1. 流程优化方法

进行流程优化的方法有以下几方面。

1）模板化及标准化

模板化及标准化是企业进行流程优化的一种常见的方法。就是我们把所有的标准工作做成标准的模板，并按模板来做。而这个模板是前人摸索多年才形成的，各流程管理部门要善于引导各类已经优化的、已被证实行之有效的工作模板的应用，既要抓住主要的模板建设，又要使相关模板的流程连接起来，这样才会使信息化管理成为现实。

2）压缩无效消耗

压缩无效消耗的重点是流程运作中所有没有必要的非增值作业活动。在一些刚刚引入流程管理概念的企业里会发生许多非增值活动，而这些非增值活动往往是由企业长期的管理方式、工作习惯演变而来的。在职能分割的情况下，每人只会对自己的个人和组织绩效负责，无人看到大量浪费的存在，需要通过对业务活动细节的重新设计来提高生产运营系统的效率。

3）剔除非增值环节

剔除非增值环节就是减少相关活动的数量，提高活动的质量。在将多余的活动进行清除后，对于剩下的活动应进行简化。

4）端到端打通

端到端打通就是要企业通过从顾客到供应商的整合，使其流程更加顺畅、连贯，以满足客户的需要，端到端打通由内而外包括：整合工作、整合团队、整合顾客、整合供应商、调整流程顺序。

5）信息化与自动化

信息化与自动化是进行流程优化的重要手段。随着社会总体劳动力资源的趋于枯竭以及信息化管理手段在企业内部扮演作用的加重，信息化与自动化已经成为很多企业进行流程优化的首选。

6）授权

管理的最终目标在于提高企业运营效率和经营绩效，而授权可以在一定程度上帮助企业实现这一目标。首先，企业通过合理的授权，可调动员工的积极性，因为在很多公司，每个岗位的责、权、利其实是不对等的，这就造成很多员工承担了责任，但没有权力保证，也没有利益保障，最终导致工作无法开展；其次，企业通过授权体系可促使员工能力提升，缺乏授权体系的企业，员工工作基本上是"等、靠、要"，有了授权保障，员工可以变被动为主动；最后，企业可以通过授权体系，压缩审批环节，提升流程效率。

7）业务流程外包

业务流程外包（business process outsourcing，BPO）指企业将业务流程以及相应的职能外包给供应商，并由供应商对这些流程进行重组。随着企业竞争的加剧和社会分工的明细化，越来越多的企业开始思考将辅助流程、管理流程甚至非核心业务流程进行外包，由专业的公司来协助企业实现流程重组。

这个道理很简单，对于任何一家企业而言，只需要做好自己的核心业务流程就可以使企业的经营价值最大化，而其他的辅助流程、管理流程以及非核心业务流程所产生的价值贡献会远远低于核心业务流程的价值。而企业外包出来的这些流程，又是很多专业的流程外包公司最擅长的，同时也是这些外包公司的核心业务流程，这样一来，每家公司都做自己最擅长的事情，各自都能保证自身利益的最大化。

8）资源重新配置

对于任何一家公司而言，企业所拥有和可支配的资源一定是有限的，如何集中优势资源去做对企业而言最有价值的流程环节，是每家企业都必须思考和解决的问题。因此企业在进行流程优化的时候就必须要考虑到这一点，需要思考每个流程实施的资源评估，对于有些资源不足的流程，可采取两种模式来解决：一是调配其他资源，二是思考进行流程外包。

9）流程中心型组织变革

企业在进行流程优化的时候要求同步进行流程中新型组织的设计和变革，流程中心型组织变革有三个层面。

（1）员工流程管理思想和意识的培养：员工能否接受并践行流程管理的思想和方法是企业进行流程优化成败的关键所在，企业通过流程优化要让员工充分理解流程管理的好处，让员工从被动接受到主动要求流程管理变革。

（2）传统职能式组织体系的调整：流程管理对于传统的职能式管理的挑战在于要打破部门界限，去除部门之间、岗位之间的壁垒。

（3）流程价值的体现：要让员工能够体会到流程管理带来的好处，首要就是让企业的流程价值最大化得以发挥。

2. 流程再造方法

进行流程再造的方法有以下几方面。

1）价值链重组

在进行价值链重组时，首先应该明确企业的发展战略，然后选择关键环节进行重组。常见的企业价值链重组有以下两种方法。

（1）价值链的整合。不论是位于价值链上游的制造厂家，还是居于价值链下游的销售商，存在于市场上的竞争能力都取决于三种能力，即创造市场的能力、发现市场的能力和控制成本的能力。控制成本的能力在一种竞争互动的市场背景下，不仅表现为整合企业内部资源的能力，更表现为整合市场资源的能力。

多数时候，生产成本只是总成本的一部分。重点是，在重视降低生产成本的同时，还需要跳出本企业的范畴，认真审视整个价值链，通常在上游价值链即原料供应环节和下游价值链即销售环节寻求成本降低的重要途径。同样的道理，创造市场的能力和发现市场的能力在很多时候也要求企业跳出自身的圈子，向前或向后去拓展。所以说价值链重组的办法就是企业尽可能在自己现有价值链的基础上向前、向后重新进行价值链的整合。

（2）价值链的分解。资源优势明显、市场控制力强的企业通过向上下游延伸价值链，可使竞争力更强，这是做加法，但有些资源条件受限的企业更适于做减法，这就是价值链的分解。

专业化分工与价值链分解相辅相成。由于资金和能力的限制，在很多行业一种产品从开发、采购、生产到营销所形成的价值链过程已很少能由一家企业来完成，于是价值链开始分解，一些新的企业加入了价值链，并在某个环节上建立起新的竞争优势。这种竞争优势表现为在该环节上具有成熟、精湛的技术和较低的成本。它们的进入使一些大而全、小而全的企业在竞争中处于劣势，迫使它们不得不放弃某些增值环节，而选择若干具有比较优势的环节集中培育，重新建立起自己的优势竞争地位。这在产品结构复杂的行业中较为普遍。这时候的企业不是进行价值链的增加,而是减少价值链的个别环节,以便自己能够集中优势资源在某个或某几个点上突出自己的核心竞争力。

2）组织再造

组织再造也是目前企业在竞争中常用的一种竞争手段,同时也是企业管理的一种趋势,因为传统的强调以职能管理为核心的企业管理模式面临前所未有的调整。

企业组织管理经历了以下三个阶段。

第一阶段：强调以职能管理为核心。

第二阶段：流程管理得以承认,但职能管理仍处于主导地位。

第三阶段：关键流程驱动企业运营。

因为流程管理强调通过跨部门的协作实现企业经营管理活动的简单化和高效化。它以结果为导向,倒推相关运作过程,关注的是结果的产生和产生结果的过程,并将企业的经营管理重点突出表现为关注客户服务、关注企业产出效果、关注不同组织之间的协同服务,而不是自上而下的职能划分。

流程管理要求企业建立相应的扁平化组织结构,将所有业务、管理活动都视为一个流程,注重其连续性,以全流程运作的观点取代个别部门或人员的看法；注重系统效率的提高和整体绩效表现,而不是单个环节所产生的亮点。在组织运作上要求打破部门的本位主义,鼓励不同职能部门之间相互合作,共同追求企业的整体流程绩效；将企业的不同部门之间相互关联的行为视为一个总流程的流程集合,对这个集合进行管理和控制,强调全过程的协调和目标化。这与传统的组织管理模式有很大的不同。

3）战略转型

企业流程再造一定是源于企业战略调整和商业模式改变。通常来讲,企业的战略在一段时期内还是保持相对固定的,但很多企业在实施多元化经营甚至一体化经营的时候往往就会对自身的流程体系造成严重的影响。

因此,企业选择的战略不同,其流程再造的核心也是大相径庭的,所以企业在进行流程再造的时候,必须先要搞清楚自己的战略选择是什么。

3.1.4 流程重组的推进因素

1. 与工业工程技术相结合

在流程重组中,对于流程本身的研究和流程优化方法的研究都属于工业工程的基本内容,因此,流程重组可以看作从工业工程角度进行的业务流程重组。同时,流程重组是一项复杂的系统工程,它的实施要依靠工业工程技术的运用,并且涉及企业的人、经营流程、技术、组织结构和企业文化等各个方面,所以在重组过程中要充分应用工业工程的技术与方法,使整体系统达到全局最优而不是仅仅获得单个环节或作业任务的最优。

2. 高级管理层必须直接领导重组

高级管理层必须直接领导重组而不是仅仅参与或管理重组,这是重组取得成功的最根本、最关键的因素。企业主要业务流程的重组势必将引起工作领域内相关流程、技术、工作角色和文化等的变革,高级管理层对重组坚定不移的信心是这些变革能够持续获得必要的资金、人力等资源的基本保障，高级管理层强有力的、持续的支持也是重组能够克服各种阻碍获得成功的必要条件。

3. 企业的组织管理必须进行变革

实施重组不可避免地会要求企业对组织管理进行变革，其中主要是针对组织机构和企业文化。组织机构变革的重点是组织功能单元执行任务的方法，包括政策和程序、规章和规则、管理和人员配备、设备和装备、人力资源的实践等。企业文化的变革则侧重于员工之间以及上下级之间的交互手段，由于它涉及人际关系的处理，因此操作起来更为棘手。

4. 采取适当策略引导重组

重组项目的实施必须和整个企业的目标与整体策略自上而下地保持一致，否则重组只能产生相反的效果。企业必须克服在意识、意愿、知识和竞争等方面的障碍，建立适当的企业整体重组目标和策略。重组的策略必须合理并且应当被很好地表述，以便为定义核心流程和确定绩效标准提供有利的环境。企业的重组策略应当跨越规划、设计、实施和评效等各个阶段，从企业整体和系统观上进行把握。

5. 员工积极支持和参与重组

在实施重组的过程中，必须强调员工的积极支持和参与。尽管流程重组采用严格规范的方法进行系统的分析和设计，然而这种方法常常会忽视人为的抵制因素。被重组部门的员工常常会设法变革或尽力将原有设计改变为他们所能够接受的方案，从而导致重组失败。为了获得员工对重组的支持就必须对症下药，了解员工反对重组的原因并找到相关的解决方法，使员工对重组能积极地参与和支持。

6. 灵活组成团队人员

灵活选择重组团队对重组的成功极为重要。从广义的角度而言，重组团队应该由一个决策层、一个核心团队和若干个辅助团队组成。决策层为重组提供指导方向，消除重组的障碍，并提供资金等方面的支持；核心团队直接对重组方案的设计和实施负责；由企业各部门其他员工组成的辅助团队是在项目需要时才协助实施重组方案，因此通常所说的重组团队主要是指核心团队。

7. 专业咨询公司参与重组

专业咨询公司因为具备各类综合人才和丰富的重组实践经验，能够协助缺乏重组经验的企业在设计、测试、执行等各个阶段内实施重组战略。专业咨询人员不受企业内部人际关系和政策的制约，因此方便与企业领导、员工、客户之间沟通，同时他们熟悉业务流程，更可带来其他公司最好的重组实践和信息。所以聘请专业流程重组咨询人员帮助企业获得竞争优势的策略越来越广泛地被高级管理层所接受。

8. 建立完善的远景规划

这里所指的远景规划是针对重组过程中，如系统、流程、结构、技术、价值、工作角色和环境等未来状态的完整规划，远景规划是重组实施过程中的指导纲领，完善的远景规划是成功的必要条件，远景规划的设计是重组中最富有挑战性的任务之一。

9. 制定稳定的绩效度量标准

度量标准（metrics）是用于评估某个特定领域性能的标准。它是面向客户流程管理系统和任何旨在获得持续性改善系统的核心。在这些系统中，用评估满足客户需求和实现业务目标的能力来衡量系统的性能。

稳定的度量标准是衡量具有高度影响效果的关键。一个完备的绩效度量标准至少应从客户（企业满足客户需求的能力、客户的满意度等）、供应商（供应商满足企业需求的能力等）、员工（同事的满意度等）、财务（盈利能力、市场占有率等）和内部业务流程性能（循环周期、产品或服务质量、成本状况等）等五个方面反映企业的运作情况，但是并非绩效度量标准包含的内容越多、越详细就越好，复杂的绩效度量标准难以理解和沟通，难以收集到准确而完整的数据，并使标准执行的成本过高。因此，一个好的度量标准首先应简单易用，而且应只专注于指定领域的重要指标，所需的信息也应能易于及时、准确、完整的获得。

10. 翔实的系统评效

根据美国生产力与质量中心的定义，评效是指通过鉴定、理解和改编全球任何组织的优秀实践和流程，以帮助其改善性能的过程。从定义可以看到评效包含评估和效仿两方面的内容：一是对优秀实践的评估，二是效仿最好的实践以期获得最优的效果。为了获得真实可靠的评效数据，国际评效数据交换中心总结了合法、交互、保密、用途、预约、合作、完整和理解八条基本原则，这些原则的核心是对待合作伙伴和他们的信息要像自己希望他们对你和你的信息一样负责。根据想要收集的信息的类型，评效可以分为三种类型：策略评效、数据评效和流程评效。

11. 信息技术的应用

信息技术的应用是业务流程获得根本改变的一个关键手段，大多数传统方法在提高速度和增加准确性的过程中无法同时降低成本，然而信息技术却能够大大减少整个功能的环节，在重组信息丰富的地方采用信息技术可以使企业比竞争者具备更大的优势。信息技术在重组中的应用主要分为流程重组软件开发工具和流程重组实现手段两大类。流程重组软件开发工具按功能划分主要包括流程重组规划、组织机构实体分析、建模分析、基于活动的成本核算、图形模型仿真、业务绩效度量和评效分析等模块。

3.2 传统农业产业链流程

3.2.1 传统农业产业链

关于"农业产业链"的概念，虽然学者阐述的角度不同，但对于农业产业链涉及农产品生产、加工、运输、销售等诸多环节，包括农业产前、产中、产后的各部门、组织，是一个有机整体的看法大体是一致的。在农业领域，农业产业链是指农产品从原料、加工、生产到销售、消费的各个环节之间的经济关联所形成的产业链，具体来说，农业产业链应当包括农产品种植、加工、流通和消费四个基本环节。

在传统农业中，农业产业链可以被描述为农产品沿着农户、加工企业、配送中心、批发商、零售商以及消费者运动的一个网状链条。养殖农业产业链是农业产业链中较复杂的部分，厘清养殖农业产业链的模式及其结构对整体掌握农业产业链有重要的帮助。猪肉是我们日常生活中消费最多的一种肉食，本节以猪肉为例说明传统的养殖产业链的模式及其结构。猪肉产业链是一条具体的农产品链，典型的猪肉产业链由猪饲料的生产与销售、育种、养殖、屠宰、加工、流通销售、消费等环节构成（图3-3）。我国养殖和屠宰环节之间存在大量的生猪经纪人，他们从大量分散的养殖户手中收购生猪，再提供给屠宰企业的收购商，生猪经纪人有机地连接了养殖和屠宰环节。此外，猪肉产业链还涉及政府、行业协会、研究机构等辅助性主体，他们以不同的方式对猪肉产业的发展产生影响。

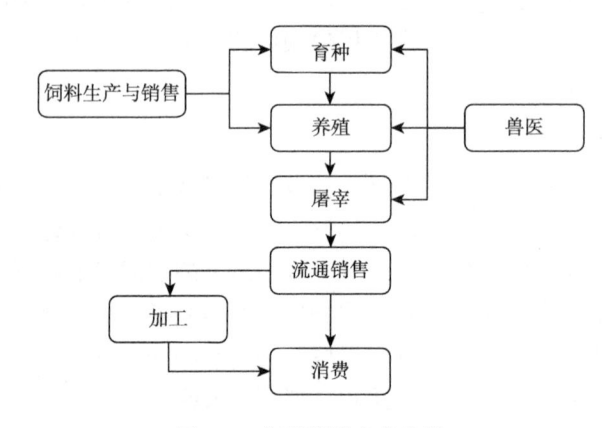

图3-3 典型的猪肉产业链

资料来源：李建军.2015.基于农业产业链的农产品品牌建设模式研究.上海对外经贸大学学报，22（5）：14-23

在对猪肉产业链研究的基础上，经过调研分析，结合养殖农业产业和种植产业链的属性特征及其实际情况，归纳出农业产业链的典型模式（图3-4）。

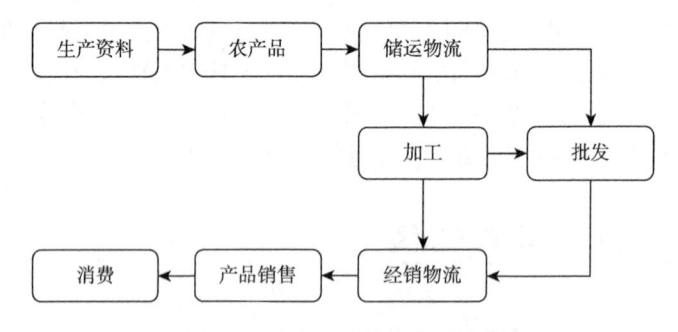

图3-4 农业产业链的典型模式

资料来源：李建军.2015.基于农业产业链的农产品品牌建设模式研究.上海对外经贸大学学报，22（5）：14-23

农业产业链的每个环节都会衍生出一个甚至多个分支产业链，与主产业链一起构成一个农业产业链网群。例如，由生鲜品种引进、研发、品种培育、品种销售、品种信息等构成育种、选种支产业链；由饲料生产销售、兽药生产销售、养殖技术指导培训等构成养殖支产业链；由生鲜产品的运输物流、仓储保鲜与快捷分销等构成生鲜农产品物流仓储支产业链等。这些分支产业对农业产业链的发展起着重要的配合支持作用。农业产业链的各个支产业链也是相互紧密联系的，共同构成了一个巨大的农产品产业链网。有的大型龙头农业企业把农药、化肥、大型农机等生产资料，育种种植，产品批发、加工，储存保险物流，包装入库和农产品分销物流都集合在一起，组建成大型综合性的农业产业集团公司，对农产品产业链进行有效的整合运行，提高其整体运行效率。

综上总结归纳，在传统农业中，从生产资料到农产品的整个农业产业链示意图如图 3-5 所示。

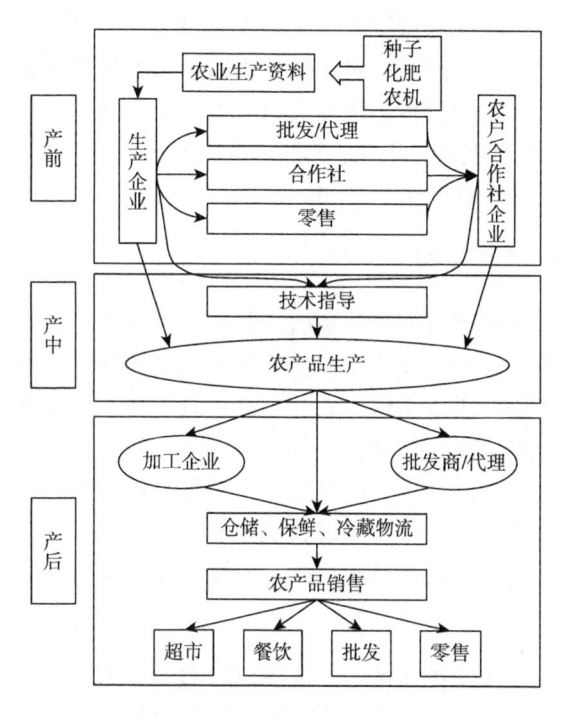

图 3-5 传统农业产业链示意图

传统的农业生产中，农产品流通从生产到消费一般要经过收购、产地批发、中间转运、销地批发直至终端零售等过程，包含了多级批发和零售，流通环节过多从而导致农业产业链条过长。农产品的生产种植模式仍然是小规模、分散化的，小农户和小商贩在很多情况下仍是农产品流通的主要承担者，农产品流通仍然依附于传统的收购经纪商、贩销大户、批发商或加工企业等，同时还存在着许多无组织的自产自销、分散流通以及非契约流通等情况。农产品的经营主体发育不足，所以很难通过核心组织的整合力量来协同整个农业产业链的运行，从而使农产品流通处于无序和低效状态。

由此可见，传统农业的产业链条太长且环节过多，衔接不紧密，产业链上的每个环节都要发生成本，然后层层加价，最终大大提升了终端价格，形成"贱卖与贵买"并存的局面，同时也造成了产销脱节、供需衔接不畅，农民对快速变化的市场缺乏快速反应能力，各经营主体间信息不对称，外界监管能力弱，产业链上利益分配不均等各类问题。

这些问题产生的根本原因是在我国现有农业制度下，各主体相对独立，缺乏统一组织。农业产销流程中生产流通主体分工明确，规模小、数量多，流通环节多，且生产和流通各环节没有固定的组织形式，大多是临时的口头契约关系，是一种松散的多对多关系。整个系统的信息分散化、无序化，信息熵较大，造成流程各个环节之间存在较大的交易成本，主要包括信息搜寻成本、物流成本、流通过程的资金成本、违约成本等。这些生产成本的叠加降低了我国农产品的竞争力，不符合供给侧结构性改革"提品质、降成本"的要求。从流通角度分析，当市场的各种不确定性发生时，如某一环节的信息搜寻成本或物流成本增大到收购者或批发商觉得无利可图时，断点情况就会发生，造成整个产销链条的崩塌，使单次产销流程组织活动失败，多次失败活动的叠加表现为农产品局部的严重滞销。从生产角度分析，消费者有效需求的信息很难传达给生产者，造成盲目种养现象的存在，导致"卖难"现象；同时，造成放心、安全的高端农产品稀缺，"贵"现象出现，从而不利于提升农业生产品质。

3.2.2　传统农业经营主体

农业经营主体是指直接或者间接从事农产品生产、加工、销售和服务的任何个人和组织。从剖析农业产业链结构出发，按照在传统农业产业链中经营的内容，农业经营主体可以细分为农业生产资料供应主体、农业生产经营主体、技术服务经营主体、农产品加工经营主体、运输仓储经营主体和销售服务经营主体等。有的经营主体所涉及的领域涵盖了农业产业循环过程中两个以上的环节，可以称为产业经营主体，组织化程度较高的可以叫作农工商一体化经营主体。随着我国经济体制改革的深化和农业产业化经营的推进，农业经营主体的具体形式将呈现多样化、综合化、高级化的发展趋势。

1. 传统小农

传统小农指的是在自然经济条件下，农民以家庭为基本单位，根据自身需求进行农业生产的小规模自给自足的经营模式。分田到户以来，我国传统小农形成了"人均一亩[①]三分地，户均不过十亩"的家庭经营格局，但随着市场经济的发展，传统小农的经营主体与经营规模发生了变化。在经营主体方面，大量农民进城务工，将老人与妇女留守在村庄，形成了"以代际分工为基础的半工半耕"的家庭生计模式。在经营规模方面，因土地流转与抛荒现象增加，传统小农的经营规模有所扩张，但在土地细碎化程度较高以及老人和妇女的精力有限的情况下，其经营规模一般不会超过20亩。当前阶段，传统小农仅仅承担着维持家庭生计的基本功能，并不过度地追求剩余价值。因此，传统小农既不会雇用额外劳动力，也没有扩大经营规模的需求。在种子、农药、化肥、农业机械等现代生产资料不断普及的情况下，尽管传统小农给老人和妇女带来的压力正逐渐减小，但传统小农因为数量众多且较为分散，仍然存在着难以对接社会化生产和难以适应市场

---

① 1亩 ≈ 666.67 m²。

风险的问题。简言之,传统小农是一种机械化程度较低的、不会额外雇工的、精耕细作式的、无法对接市场的自给自足的农业经营模式。

2. 专业大户

专业大户指的是围绕某一种农产品从事专业化生产,其种植或养殖规模明显高于传统小农却又小于家庭农场的经营主体。各行各业对于专业大户的界定标准存在着差异,其经营规模一般在 20~50 亩。专业大户出于照顾老人、小孩或是其他因素的考量没有进城务工,而是留村务农,他们自家的承包地仅能满足家庭基本生活,没办法获得剩余价值。因此,专业大户往往通过熟人社会私下流转土地,这种非正规流转方式虽然租金相对较低,但承包关系却不稳定,可能会由于流转方的突然返乡而终止,且所流转的土地往往较为细碎,难以集中连片,专业大户因而并不愿意对土地进行长期投入或是购买农业机械。与传统小农相似,专业大户基本上不会雇用额外劳动力,但为了增加产出,专业大户一般都会种植经济作物或用套种的方式提高复种指数。同时,专业大户因保留了家庭的完整性,对村庄治理产生了正面影响,部分学者也将其称为"中坚农民"。换言之,专业大户是一种机械化程度一般、不会额外雇工、管理较为粗放、难以对接市场的适度规模经营模式。

3. 家庭农场

家庭农场指的是以家庭成员为主要劳动力,从事农业商品化、规模化、集约化的生产经营活动,并以农业收入为家庭主要收入来源的新型农业经营主体。尽管政学两界没有明确界定家庭农场的经营规模,但从实践来看,家庭农场的土地流转面积一般在 50~500 亩。除自身承包地以外,家庭农场还流转了大量土地,并要求土地集中连片以方便田间管理与农业机械的使用。不同于专业大户在熟人社会的私下流转,家庭农场主要是与村委会和农户签订正式的流转协议,流转周期一般为 5~10 年,并在协议到期后享有优先流转权。如此一来,以青年夫妇为经营主体的家庭农场才能放心地在前期投入大量成本用以改善农地条件、购买农用机械等。据调查,正规方式的土地流转租金为 700~1000 元/亩,但一般家庭农场只能承担 50~200 亩的投入成本,并有着较为强烈的借贷需求。由此可见,家庭农场是一种机械化程度较高、雇工较少、管理较为规范、更容易对接市场的家庭适度规模经营模式。

4. 农民专业合作社

农民专业合作社是同类农产品的生产经营者或同类农业生产经营服务的提供者、利用者,是自愿联合、民主管理的互助性经济组织。农民专业合作社以其社员为主要服务对象,提供农业生产资料的购买,农产品的销售、加工、运输、储藏,以及与农业生产经营有关的技术、信息等服务。在全国各地的实践中,存在着农业生产资料供应合作社、农牧业生产合作社、农业金融信贷保险合作社以及农产品加工销售合作社等多种类型的农民专业合作社。在自愿联合与民主管理的基础上,农民专业合作社能够充分发挥其带动散户、组织大户、对接企业、连接市场的优势,解决传统小农在家庭经营模式下的问题,并通过资金、技术等方面的投入,提高农民的组织化程度与集约化水平。总体来看,农民专业合作社具有以下几个特征：一是以家庭承包制为基础；二是以服务社员为目的；三是以效率优先、兼顾公平为原则；四是具有强烈的互助性质。

5. 农业企业

农业企业指的是通过合同或订单的方式与农户建立起利益关联纽带，包括对农产品进行加工、处理、运输、销售等过程，实现分散农户的产供销和贸农工一体化的新型农业经营主体。农业企业主要从事种植业、畜牧业、水产养殖业等一体化经营，或是一体化经营中的某些中间环节，并通过科学的经营管理方式、先进的生产技术以及雄厚的经济实力，为分散农户提供产前、产中、产后的各类生产性服务。农业企业在流转土地时往往要求土地集中连片，这样不仅可以提高农业机械的使用效率，更能减少相应的管理成本。然而，由于高昂的土地流转成本、农地改造成本以及劳动力雇佣成本，农业企业一般都有着强烈的借贷诉求。同时，由于经营规模较大、生产周期和投资链条较长，农业企业只能采用粗放式管理，并且极容易受自然风险与市场风险的影响，因而具有一定的风险性和不稳定性。总的来说，农业企业是一种机械化程度较高、雇工较多、管理较为规范、容易对接市场、以营利为目的，具有明晰的资本收益率的新型农业经营主体。

3.2.3 传统农业产业链基本流程

传统农业产业链包括了农资供应、农业生产（种植、林业、畜牧业）、农产品加工、农产品销售等诸多环节，它强调的是农业生产资料供应，农产品生产、加工、储运、销售，以及最终消费者之间的物流、信息流与资金流的串联与整合（图3-6），以实现农业产业链体系的增值。一般地，产业关联性越强，链条越紧密，资源的配置效率也就越高。对于链条上的物质、资金、信息进行相互融合、共享，促进各个节点的企业共生、共赢、互利。

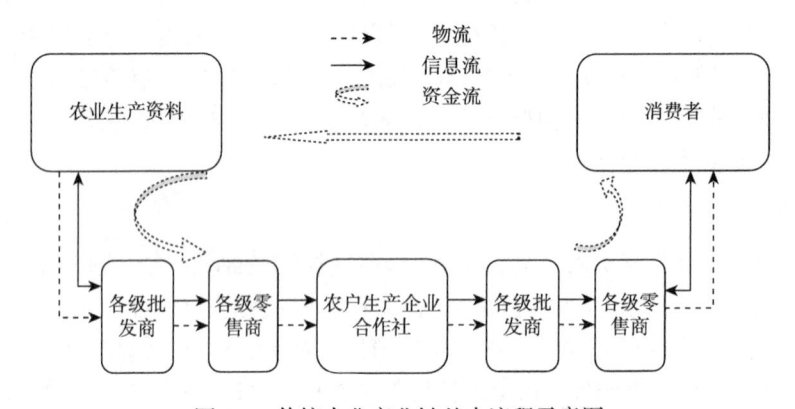

图 3-6　传统农业产业链基本流程示意图

资料来源：Ruan J H, Hu X P, Huo X X, et al. 2020. An IoT-based E-business model of intelligent vegetable greenhouses and its key operations management issues. Neural Computing & Applications, 32: 15341-15356

1. 传统农业物流

1)什么是农业物流?

农业物流(agriculture logistics)是指以农业生产为核心而发生的一系列物品从供应地向接收地的实体流动和与之有关的技术、组织、管理活动。农业物流能使运输、储藏、加工、装卸、包装、流通和信息处理等基本功能实现有机结合。在传统农业产业链的各环节和节点中,农业物流发挥着重要的衔接作用,它深刻地影响着农业生产和流通的状况和水平。

农业物流是以满足顾客需求为目标,对农业生产资料与产出物及其相关服务和信息,从起源地到消费地有效率、有效益的流动和储存进行计划、执行与控制的全过程。它包含两个物流流体对象——农业生产资料和农产品,是由农业生产资料和农产品的采购、生产、流通加工、包装、运输、储存、装卸、配送、分销、信息沟通等一系列运作环节组成,并在整个过程中实现了农业生产资料和农产品保值、增值和组织目标。

传统农产品的流通模式一般由经销商到农户家或合作社批量采购农货,由经销商分拣后销售到各大农贸批发市场,再由商贩销售到销地批发市场,继而流入各大商场超市、菜市场,最后到达消费者手中。这种方式使得市场上生产和经营存在盲目性和滞后性,流通环节冗长且低效,各级批发商层层加价,消费者终端价格高昂。传统的农贸市场批发供销模式如图3-7所示。

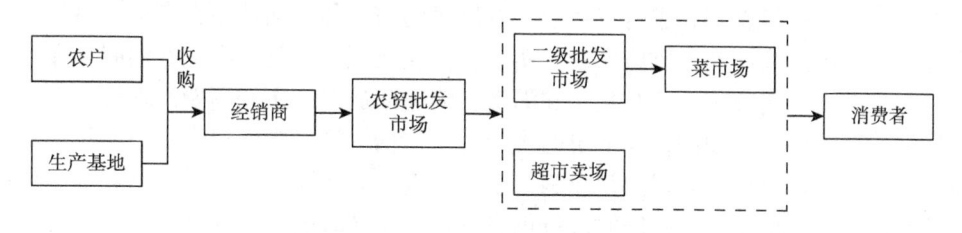

图3-7 传统的农贸市场批发供销模式

资料来源:吴嘉明.2020.供给侧改革背景下农产品电商供应链发展模式研究.物流科技,43(4):141-144

2)传统农业物流的基本特征

(1)农业物流涉及面广、量大。农业物流的流体包括农业生产资料和农产品,基本涵盖了种苗、饲料、肥料、地膜等农用物资和农机,以及种植业、养殖业、畜牧业和林业等,物流节点多,结构复杂。目前中国用于生活消费的农产品以鲜食鲜销形式为主,在分散的产销地之间要满足消费者在不同时空上需求,使得中国农业物流面临数量和质量上的巨大挑战。

(2)农业物流具有独立性和专属性。流体——农业生产资料和农产品的生化特性使得它有别于一般物流的流体,所以农业物流系统及储运条件、技术手段、流通加工和包装方式都具有独立性,而农业物流的设施、设备和运输工具也具有专属性。因此处于起步阶段的中国农业物流所需投入大,发展慢。

(3)保值是中国农业物流发展的核心。中国农业物流的发展水平较低,每年农产品在物流和流通环节的损耗较大,因此农业物流的流体与载体等其他要素如何匹配?如何运用物流技术使农产品在物流过程中有效保值?这是当前比农业物流增值更为重要的核心问题,减少农产品物流和流通损失应该放在与农业生产同等重要的地位。

2. 传统农业信息流

信息流有广义和狭义两种。广义指在空间和时间上向同一方向运动过程中的一组信息，它们有共同的信息源和信息的接收者，即由一个信息源向另一个单位传递的全部信息的集合。狭义指信息的传递运动，这种传递运动是在现代信息技术研究、发展、应用的条件下，信息按照一定要求通过一定渠道进行的。随着社会的信息化和信息大量涌现，以及人们对信息要求的激增，信息流形成了错综复杂、瞬息万变的形态。这种流动可以在人和人之间、人和机构之间、机构内部以及机构与机构之间发生，包括有形流动和无形流动，前者如报表、图纸、书刊等，后者如电信号、声信号、光信号等。在社会经济生活中，随着商品流、物流与资金流的分离，信息流的作用越来越重要，其功能主要体现在沟通连接、引导调控、辅助决策以及经济增值等方面。

我国传统农业信息流的传播方式可以概括为以下几部分：传统传播、大众传播、组织传播。传统传播主要表现为内向传播、人际传播。人际传播主要指的就是通过个体的表情以及形态、声音等，即以人的身体为主要的媒介进行传播。大众传播一般是指专业化的媒体组织通过一定的传播媒介，在接受国家管理下，对受众进行大规模的信息传播活动，合理地借助一些社会团体组织，通过使用一些高科技的技术手段，向不特定人群进行信息的传送。组织传播主要指的就是在某一个特定的组织当中，凭借着自身的力量，并且在相关领导的带领下，进行有目的、有秩序的信息传播活动。在产销分离的传统农业产业链中，流通商和农资供应商最具实力，企业化程度高且拥有良好的服务和营销网络，是信息链的关键环节，联结生产和消费。流通商通过对市场消费需求长期动态平衡和短期消费特征的分析预测，向上游的生产者（包括农户、专业户、专业合作社等）提出生产订单；生产者根据获得的订单制订生产计划，并按照消费者对产品数量、品种、品质的要求实施标准化生产；同时农资供应商根据生产者的生产计划及时供给安全、价优的农资（通过规模化配送降低物流成本和提高销售总利润）；流通商依托高效的物流体系将生鲜农产品直接配送到消费终端，并对产品质量安全提供保障。在这种模式下，生产者、流通商、农资商、消费者不是单一的交易关系，而是通过信息的有效对接形成利益挂钩、业务协同、互为保障的共同体。为了实现农业产业各个环节都形成一个整体，提高产业链条控制和协调的效率，必须打通信息流，以信息的获取、管理、分析为基础来进行科学决策和作业。图 3-8 为农业生产资料信息传导图。

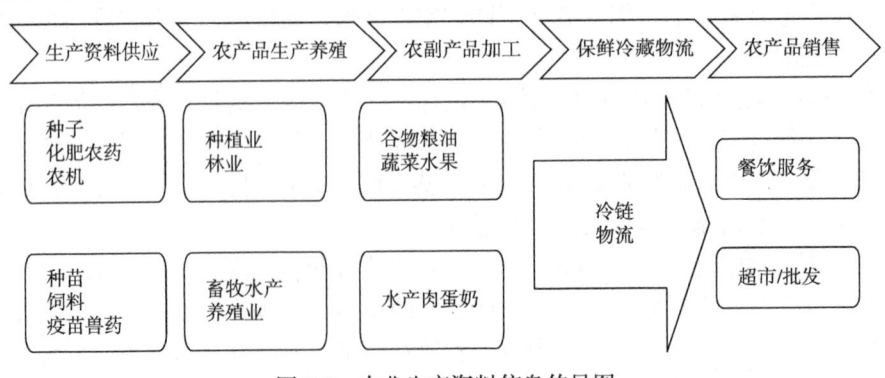

图 3-8　农业生产资料信息传导图

总体而言，传统农业农产品市场信息化程度较低，市场信息难以有效、快速、准确地流通，经常导致农产品产销失衡。虽然我国政府和企业对农产品信息网络的建设非常积极，但仍缺少统一的农产品网络交易平台，而现有的农村信息网络未能把农户、市场、中介组织、消费者以及政府有效整合起来，使流通中的上下游之间不能顺畅传递供求信息和价格信息，再加上农民获取市场信息的成本较高、信息分析能力有限，造成农产品生产与流通的盲目性。农民面对市场的波动往往比较被动，信息不对称使农民话语权缺失，有时不得不承受"增产不增收"和"滞销"的风险。

3. 传统农业资金流

资金流指的是在产业链主体成员间随着业务活动而发生的资金往来。

广义的农业资金实际上就是用于农业生产经营的各种财物和资源的总和，并且总是以一定的货币、财产或其他权利的形式存在。在既定的农业资金条件下，农业生产经营者可以根据技术条件和各种资金要素的相对价格，以成本最小或利润最大化为目标，选择最优的生产要素和产品组合进行生产。在所有的资金形式中，最重要的是货币资金。在市场经济中，货币资金高流动性的特点可以使其很容易地转化为任何其他形式的资金，因此，货币资金成为农业资金研究的重点。传统农业资金流模式如图 3-9 所示。

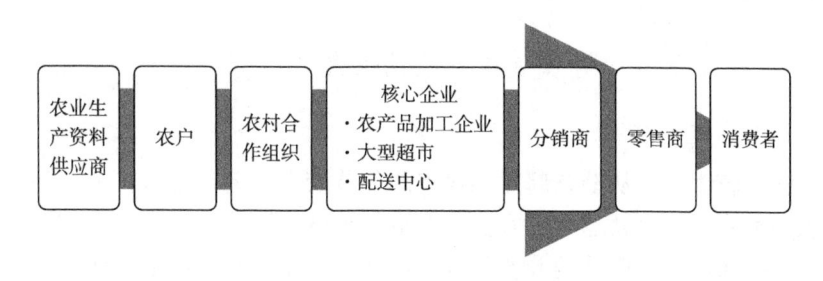

图 3-9 传统农业资金流模式

资料来源：曾小燕.2019. 我国农业供应链金融发展问题研究. 经济研究导刊，(15)：71-73

农户负责原料供应到生产，提供优质的农产品并且提高信誉，而中间商（包括合作社、基地等）对农产品进行加工，包括粗加工到深加工。核心企业（包括农产品加工企业、大型超市、配送中心）负责分销和销售，各地的农产品通过农户或者中间商到农产品市场进行交易，以农产品质量和农户、中间商的信誉为标准，进行收购并出售优质的农产品给各分销商、零售商等，并且在对农产品的测评中，完善监管机制，真正实施起一套食品安全的方法，保证食品安全；金融机构则通过这些测评结果来给各个农户、合作社等提供融资贷款；零售商（包括超市、各城市农贸市场等）负责分销到零售，保证农产品从农产品市场最终到用户手中，而最终的用户则包括酒店、餐馆、消费者等，最后金融机构通过农产品市场的测评结果来选择贷款融资方式和额度并进行监管。

传统农业的资金投入的主要渠道有财政资金、借贷资金、自有资金等几个方面。

1）财政资金

在以往很长一段时间，由于传统农业的生产周期长，对地方财政收入的直接贡献相对工业和第三产业较小，政府缺乏对农业资金投入的动力，甚至会出现把原本属于农业的资金投入转移出去的情况，政府需要从宏观上结合整个地区的发展规划对农业投入资金。

2）借贷资金

借贷资金主要包括国家政策性银行资金、国有商业银行资金、农村信用合作社资金和民间借贷资金等几个方面。第一，中国农业发展银行主要负责微观效益低而宏观效益高的项目的资金融通，如针对粮棉油的收购发放贷款，而对于主要从事非粮棉油生产和相关经营的都市农业发展而言，会造成政策性资本无支持的状况。第二，国有商业银行中只有少数几家银行对农业有信贷支持，传统农业只有农产品加工的龙头企业才能从中贷到款，无法满足日益发展的中小型乡镇企业的需要。第三，农村信用合作社由于面对不断增大的呆坏账，对农村的贷款变得更加谨慎，许多急需资金的农户和农业企业不能进行资源重新配置。龙头企业与农户发展间的脱节，不利于"农户+龙头企业"模式的健康发展。第四，民间借贷的传统方式由于无法律保护，市场不规范，用于投资的民间借贷往往比银行的利率要高，使农民的利益无法得到保障。

3）自有资金

农户自有资金的农业投入增加仅是可支配的总支出增加导致的，并没有新进投入。这种原地踏步的资金投入，无法用自身少量的自有资金进行种植品种、规模的改变，先进设备的购置等。

3.2.4 传统农业产业链发展中存在的问题

1. 农业产业链条较短

农业产业链较短是指从链条起点到终点的环节较少，链条越短，中间环节就越少，所创造的利润和附加值也就越少，农业产业链的长度与产业的深度呈正相关，延长农业产业链就要想办法增加农产品的开发深度，增加农产品的附加价值，建立完善的农业产业链条。我国农业产业链的短板主要表现为上下游农产品加工、储存、销售等环节的发展滞后，几乎还停留在出售初级农产品的阶段。

2. 农业产业链存在断裂现象

产业链断裂是我国农业产业链中较为突出的问题。农业产业链是由生产农产品的不同产业构成的，农业产业链发生断链一般是上下游之间距离过大，中间缺乏必要的衔接环节，从而导致链条的供给与需求之间脱节。还有一种情况是产业链条上的供求不匹配，供过于求或者供不应求，从而制约上下游产业间的配合，导致资源的浪费，这也制约了整条产业链的效能实现。

3. 农业产业链组织化程度低

一是生产的组织化程度低。我国农业的基本经营制度是以家庭联产承包经营为基础，统分结合的双层经营体制，以小农经营为基础就决定了农业生产较低的组织化程度。二是农民的组织化程度低。农民组织化是指根据特定的规则，将规模小、技术相对落后、经营分散的传统农民转变为现代农民的过程。三是农民合作经济组织发育程度低。农民合作经济组织是解决农业小生产与大市场矛盾，实现我国农村社会经济发展目标的需要。

4. 农业产业链利益协调机制不健全

农业产业链上分布着很多经济主体，生产、加工、销售等各环节都应该公平合理地分享产业链利益，各主体通过产业链联结成一个有机的经济系统的动因是追求利益的最大化，所以利益是整个链条的核心，我国农业产业链利益协调机制不健全，在很大程度上制约了农业产业链的健康发展。

5. 农业产业链市场主体的力量不对等

简单来讲，传统农业产业链是由厂商、经销商和农户组成的，他们的力量是不均衡的。农户是农业产业链当中力量最薄弱的；而厂商是农业产业链中最具有实力的利益主体，体现在规模实力和市场经验方面；处于企业和农户之间的是经销商，经销商是连接农户和农业企业的纽带，这样的作用也赋予了经销商越来越大的力量，其力量仅次于厂商。

6. 农业产业链受两个次品市场的影响

在农业产业链当中存在着两个次品市场：一个是生产的次品市场，另一个是消费的次品市场。这两个次品市场互为外部性，其交集构成了农业产业链的困境。在农产品生产中，由于农资质量的隐蔽性、复杂性，处于信息劣势地位的小农，很难判断农资的质量，价格成为农户选择农资的主要标准。同时，小农户没有办法完全知晓，更无法掌控其生产的农产品的合理价格，消费者也会出于经济不宽裕或为了节省等原因购买价格相对较低的农产品。

3.3 数字农业产业链与流程重组

3.3.1 数字农业产业链

随着现代信息技术与传统农业的结合，我国数字农业逐渐进入起步阶段，数字农业产业链的构建与发展，需要以信息技术为手段，提升传统农业产业链流程管理的效率，把数字农业相关技术与电子商务技术、新型组织模式、经营环境等有机地结合起来，形成集技术和管理于一体的数字农业综合管理系统。基于信息技术改造我国传统农业产业链的视角，以"降低交易成本和管理成本"为出发点，借鉴业务流程重组理论、企业资源计划系统、产业链动态联盟等研究成果，提出建设数字农业基于计划的订单农业业务流程和城乡一体化动态联盟系统架构与发展策略等。

"现代信息技术+农业产业链"作为全面实现数字农业的关键，其核心在于实现农业产业链的横向与纵向延伸，突破传统农业规模小、市场散、利润低、产值低的束缚，全面打通农业产业上、中、下游，提升农业产业链在供应、生产、服务、技术、物流、销售、金融等方面的专业化服务水平，满足资源和数据在时间与空间上的跨越和转移，实现农业产业链上的供应规模化、投入精准化、生产机械化、管理信息化、产品标准化与可溯化、物流加储存销售数字化等，体现出数字农业对传统农业产业链的全面升级与改造。

1. "互联网+"背景下农业产业链的发展态势

（1）农产品线上交易规模逐年扩大。我国农产品电子商务交易规模呈现爆发式增长格局。商务部发布的数据显示，2019年全国农产品网络零售额达到3975亿元，比2016年增长了1.5倍，带动了300多万农民增收。2020年上半年，全国农产品网络零售额达1937.7亿元，同比增长39.7%，占全国网络零售额的4.6%。2019年，阿里平台农产品交易额为2000亿元，稳居全国最大农产品上行电商平台。2020年新冠疫情期间，截至4月25日，淘宝、天猫平台累计为全国农民售出超过25万吨滞销农产品。仅淘宝网，2010年至2020年，每年农产品交易量平均递增112%，在所有品类增速排名居首，形成农产品互联网交易热潮。

（2）电商平台替代产业链节点，缩短农业产业链。传统农产品从最初的原材料至最终的产品到达消费者手中需要经过生产资料供应、农民耕种、工厂加工、一级批发、二级批发、零售、消费者等环节。而互联网经济下的农产品将一级批发、二级批发及零售集中到电商平台上，农户或加工厂自建电商平台，直接将农产品销售给客户（图3-10）。可见，整个产业链条的长度缩短，农产品流通时间减少，流通成本降低，流通效率提高。

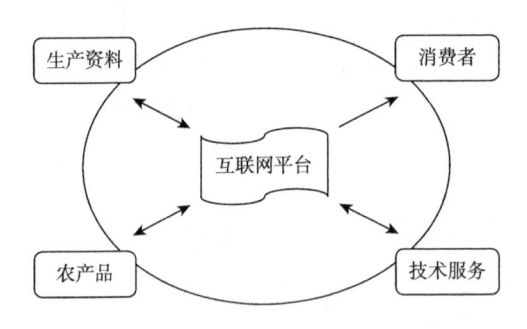

图 3-10 电商平台模式

（3）实现精准化农业生产经营方式。互联网平台型经济主要特点之一就是通过平台将产业链上所有节点汇集在平台上，实现信息流实时共享。农产品电子商务不仅将产品信息快速送达客户，同时客户需求信息也会非常便捷地被上游节点企业获取。互联网商业模式在农产品电子商务中被应用，即C2B（consumer to business，顾客对企业电子商务），农产品供应商借助互联网平台推出产品供应项目，需求方汇聚资金以确定购买需求，供应方根据需求生产加工。

（4）农产品物流快速发展。农村远离城市中心，农产品物流成本居高不下。2015年，农业部、国家发展和改革委员会、商务部联合印发的《推进农业电子商务发展行动计划》中提出：加快完善农村物流体系布局，实施快递"向西""向下"工程，推动农村综合服务社、超市、邮政"三农"服务站、村邮站、快递网点等基层农村物流节点建设，鼓励物流快递企业向乡、村延伸业务。2014年10月，阿里集团开启了"千县万村"计划。针对农产品物流配送"最后一公里"瓶颈，中粮我买网投资1亿元，自建冷藏仓储和冷链宅配物流体系，目的是提高鲜活农产品配送服务质量。

（5）互联网众筹融资突破产业链资金瓶颈。众筹就是大众筹资或者群众集资，现代众筹方式是以互联网为平台，由项目发起人向投资人聚集资金。将众筹金融模式引入农业中，可以补充农产品产业链上的资金流，一方面有效配置社会闲置资金，使投资人获取较高回报；另一方面可以解决产业链上节点企业及个人融资难的问题。目前，常见的互联网农业众筹模式包含：产品众筹、技术众筹、债券众筹及股权众筹等多种模式。

（6）全产业链各环节紧密结合。"互联网+农业产业链"对农业产前、产中、产后环节的渗透体现为：农业的产前（农资生产流通环节）依靠"互联网+"能产生 B2B、O2O[①]等商业模式；产中（农产品生产环节）能产生 C2B、众筹、定制等商业模式；产后（农产品加工、储运、销售等环节）能产生 B2B、B2C[②]、O2O 等商业模式。同时，受制于互联网技术在信息化、质量安全等领域普及应用的影响，农业信息化、农产品质量安全追溯等应用均可植入农业产业链的一系列环节。这实际上是农业的全产业链融合。具体而言，"互联网+"能有效切入农业产业链的一系列环节之中，在优化结构和机制的前提下推动全产业链密切结合。

伴随经济转型发展和社会分工的深度推进，数字农业陆续朝着复杂化、特色化、链条化的方向发展。基于互联网融合的视角来讲，生产、流通、消费环节皆能依靠互联网技术而实现精密集成。总体而言，"互联网+农业产业链"的融合模式体现为环节融合和链条融合两方面。一是环节融合。这一般涵盖生产融合、流通融合、消费融合三种。就生产融合来讲，"互联网+农业产业链"的融合模式可从生产服务和生产过程两个角度进行切入。其中生产过程涵盖可视化生产和精准化生产两种方式。可视化生产借助于现代远程监控技术，极大突破以往农业生产全过程受制于时空限制的困境，依靠可视化生产全程监控农业生产全过程，以此控制农作物的生长状况；精准化生产是运用互联网技术高效完成精准化、高效化、标准化的决策模式。就流通融合而言，农业流通环节是生产与消费的连接环节，是"互联网+农业产业链"顺利推进的重要因素。基于现代农业的视角，流通融合涵盖电子结算和电子商务两种。就消费融合来讲，消费环节涵盖消费单位和单个消费者两类，而消费环节融合模式涵盖了适应消费单位的电子化消费记录和适应单个消费者的可查询式消费。二是链条融合。"互联网+农业产业链"的链条融合模式涵盖链条全程可追溯、产销直接对接、链条信息共享和链条统一云端。

2. "物联网+"背景下农业产业链的发展态势

数字农业的核心竞争力主要体现在"信息化"，即利用现代信息技术辅助引导和改造传统农业，提升农业生产效率、调整农业结构、增强农业竞争力、加快农业转型升级。具体表现在现代信息技术将深入渗透到农业产业链的每一个环节。

产前环节，在数字农业产业链发展上体现为挖掘和提升产品价值，具体表现在促进农产品的新产品开发、产品品牌化、提升产品附加价值等方面。利用大数据优势选择最适宜各自地区生长的作物开发新产品。例如，通过物联网智能设备和 AI（artificial intelligence，人工智能）技术建立作物精准的养分体系，规划一套完备的营养方案和衡

---

① B2B（business to business）是指企业与企业之间通过专用网络或互联网进行数据信息的交换、传递，开展交易活动的商业模式。O2O（online to offline）即线上到线下，是指将线下的商务机会与互联网结合，让互联网成为线下交易的平台。

② B2C（business to consumer）是指电子商务的一种模式，也是直接面向消费者销售产品和服务商的零售模式。

量标准，精准控制影响农作物生长的各关键因子，保证农作物在最佳生长曲线范围内；农地上的数据与实验室互通，使研究人员能远程追踪农产品的生长状况，按需提供营养物质，实现"技术指导，数据先行"，利用科技手段提高农产品的质量与标准。

产中环节，改造农产品营销模式也是重要手段。通过互联网技术加快农产品电商发展，物联网技术升级农产品流通模式，简化网络支付方式，统一产品包装，增加产品质量安全认证，适当开展网络营销策略，打造产品品牌效应，正确引导消费者对高品质农产品的需求，扩大整个农产品市场的消费范围。在提升产品附加值方面，除了通过物联网实现智能化精准种养系统提高农产品质量、降低食品质量安全风险外，采用 RFID 技术为每一件产品定制能追溯质量的二维码，利用大数据优势建立农产品安全溯源系统，打通采购、生产、加工、运输、销售为一体的数据共享，实现产品全程质量追溯和透明化管理，以此提升产品附加值。

产后加工和销售是农业产业链的关键环节，数字农业不仅为农业生产阶段提供精准控制和自动管理等智能服务，还通过大数据分析整合农业市场信息、规划农产品价格、提高农业生产决策质量，并以此来拓展农产品交易半径与交易渠道。数字农业借助互联网联通外部市场，形成农村电商业态，增加农产品销售渠道。完备的智能物流系统规划合理的配送路线，冷链技术延长农产品保鲜的时间，从而为扩大农业销售的半径提供了重要的技术支持。利用大数据优势分析市场和消费者不同的消费偏好，在不同的自然生态条件下种植不同品种作物，精挑细选农产品并按需分类包装，实现农业的"私人定制"。此外，有一定规模化的农场通过无人机收集种植养殖区域产品生长信息并及时传送，借助产量监控机器、全球导航卫星系统、种植养殖区域电子地图等，在作物未收获阶段即可分析产量信息，开展预售农业和定制农业，有效拓宽市场渠道。

数字农业的智能化生产、智能化管理、有效监控农产品的生产情况，有助于节约农业生产经营成本和规避农业市场风险，重拾被传统农业生产"牺牲掉"的利润；先进的技术可以横向、纵向同时延伸农业产业链，并尝试不断拓展产业链的新方向。数字农业背景下，可以通过网络云端获取政府公布的农业价格信息、农户种植养殖数据和农场基本信息等预测农产品价格，借助大数据分析检测自然风险做好防护措施，检测自然天气安排生产计划，以便节约生产成本，通过控制农产品价格和成本，规避农业市场风险；在拓展产业链方面，开展种植业之外的配套生态旅游业、餐饮业、冷链物流业和娱乐业等，如打造精品民宿、售卖特色手工艺品、开发主题公园等延伸农业产业链；在一体化产业链方面，连接产业上、中、下游，减少交易成本与信息不对称问题，充分吸收产业链上每一个环节的利润。

3.3.2 数字农业新型经营主体

区别于传统农业经营主体，在数字农业产业链上，经营主体除了传统农户、合作社、家庭农场以外，从生产到"最后一公里"会涌现出大量的数字化新型农业经营主体。按照职能来分，大体可分为新型农业技术服务商、金融与农资服务主体、数字平台运营商、智能物流主体。

1. 新型农业技术服务商

当前，我国农业农村发展进入新时代，土地托管和土地流转进程不断加快，农资流通渠道转型升级，新型经营主体不断涌现，农民合作社发展迅速，智能农机装备、飞防无人机以及新型农资产品广泛投入使用，物联网、云计算、大数据、人工智能等信息化技术也不断应用到农业农资领域。物联网和大数据在农业生产的前、中、后端带来了新视野和新动力，同时需要形成农业物联网技术培训体系，以满足数字农业经营主体的技术学习需求。另外，也要促进数字农业全新农业经营主体的培育，例如无人机飞防业务经营主体和农业技术知识模型库运营商等。

在此背景下，国家大力推动农业社会化服务体系建设，引导传统农业、农资企业向现代农业综合服务商转型。目前投身于农业社会化服务的企业数量显著增多，也取得了一定发展经验，但大量企业仍处于探索阶段，迫切需要权威政策指引、先进技术引领、行业深度交流。新型农业技术服务商作为数字农业新型经营主体之一，具有技术领先、运作效率高、连接范围广等多种优势，对新型数字农业运营和产业融合发展具有不可替代的推进作用。流通商在转型升级背景下向服务商转变是关键，譬如产品的调整将为优质、高价值的农资商品组合提供解决方案，增强经营理念里的服务意识，不断完善田间农技服务与智能农机具的有机结合等。

2. 金融与农资服务主体

农业生产资料流通是影响农业生产与效率的重要方面，研究发现在传统的农业生产资料流通领域中，存在着流通成本过高的问题。究其原因：一是流通环节较多，存在层层剥利的情况；二是存在资金不足的情况；三是存在流通频率与辐射面积固定的情况。因此在数字农业产业链诞生了金融与农资服务主体，即智慧农业服务产业链金融主体。

传统农业时期，我国农业区划与智慧农业系统根据我国地理条件，将全国陆地分为了9个一级农业区，38个二级农业区，将过去积累的农业产业领域智慧经验有效分门别类，构建整体数据库；在"互联网+"时代，产业链金融需借助数据来提高服务效率、降低风险，这就需要具有建设网络平台、获取数据、储存数据以及数据再挖掘应用的能力。现在我们结合农业区划思路，依据不同作物提出整体解决方案，不仅将过去农业领域割裂的学科知识进行组合再加工，也构建了智慧农业系统的横、纵维度。因此，智慧农业系统展现的是以农业区划为主轴，以一个区划中作物的整体解决方案为横轴不断延展的集合。通过智慧农业平台，经销商由过去仅销售某一类农资产品，逐步向销售所在农业区划种植作物整套农业生产资料转变，并学习运用智慧经验，销售解决方案来获取利润，从而构成金融与农资服务的主体。

智慧农业系统的建成，有效地解决了传统条件下农资金融中的两个难题。一是贷款用户产品用途不明确，用户贷款后购买的产品是否为农业生产所需要的，是否能够让农业生产预期目标得以实现并保障用户及时足额还款。运用智慧农业系统，金融服务单位根据经销商所处农业区划地域及选择作物解决方案中的相关产品为经销商提供资金，极大地避免产品相关筛选问题。二是经销商贷款需求迫切但贷款金额较小、周期短，使金融服务单位的贷款成本过高，不愿服务经销商。通过智慧农业的手段，将分散的经销商贷款需求整合到几款商品中，提高了资金的总额。平台预先采集了经销商的信息，省去了贷款过程中的信息收集工作，降低了金融服务机构成本。智慧农业系统可以有效地为金融服务机构化解资金贷款周期短的问题，平台上金融服务机构面对的是全国各个农业区划的种植需求，不是单一区域，针对从南到北、由东及西的农业区划来实现全年的贷款周期。

3. 数字平台运营商

数字平台运营商是数字农业产业链中诞生的数字化新型农业经营主体之一。它们专注于智慧农业领域，旨在将"物联网、人工智能、大数据"等技术与农业生产经营相结合，致力于提供以市场化手段拉动智慧农业产业链的运营服务。

农业作为我国的基础产业，更是受到国家和各个企业的关注，近年来我国数字农业技术得到快速发展，数字农业将是未来十年重要的风口。现阶段，阿里、京东、华为等公司也在纷纷布局数字农业。首先就阿里来看，其不断尝试将互联网与农业结合，力求实现互联网和产业反哺农业，解决农业实际问题，提升农业的效率。早在2014年，阿里巴巴集团旗下的聚划算平台就利用1000亩土地，打造了全国首个互联网定制私人农场。2018年2月6日，阿里云与四川特驱集团、德康集团宣布达成合作，将对ET[①]大脑针对性训练与研发，最终全面实现人工智能养猪，项目投入的费用将达数亿元。阿里数字农业事业部建立产、供、销三大平台，在全国落地1000个数字农业基地，对农业产业进行全链路数字化升级，其"基地模式"是数字农业事业部的助农创新举措，是对农业产业进行的全链路数字化升级。京东作为主力企业，一直将农业、农村作为工作的重中之重，京东以无人机农林植保服务为切入点，整合京东集团物流、金融、生鲜、大数据等能力，搭建智慧农业共同体，共同打造旗下首个农场品牌"京东农场"。京东农服APP也同步上线，京东农业研究院同时首次亮相。继AI养猪广泛应用于养殖领域，京东数字科技集团与吉林精气神有机农业股份有限公司孵化的AI养殖黑猪实现从养殖场到餐桌之后，京东数字科技集团数字农牧又将养殖范围拓展到涵盖奶牛、肉牛的智能养牛领域。未来，消费者有望享用到AI技术加持的高品质牛奶与高档牛肉。在水产领域，京东数字科技集团以"神农大脑"为核心的数字化水产养殖解决方案，通过集装箱养殖和全方位数字化管理，能够增加养殖密度、方便鱼群管理，同时隔绝泥土，保障肉质的安全和鲜美。基于京东数字科技集团智能水产养殖解决方案饲养出的AI鲈鱼，可以直接生吃。华为2018年进军农业，切入农业领域，技术才是农业需要的，于是华为构想了"互联网农场"的概念。华为结合自身人工智能技术，研发了一套适合中国农业环境的现代化物联网设备，推出了一套智慧种地方案，包括精准耕作、智能灌溉、智能温室、产量监测、畜牧监测、支付系统和农业贸易平台等，能够实现农业生产环境的智能感知、智能预警、智能分析、智能决策、专家在线指导，为农业生产提供精准化种植、可视化管理、智能化决策，实现"从农田到餐桌"的全过程质量追溯体系。数字农业已经成为农业发展新趋势，随着阿里、京东、华为等企业发力，农业现代化进程必将加速，未来农业价值可期。

---

① evolutionary technology，进化技术。

4. 智能物流主体

智能物流主体的诞生，是互联网、物联网技术深化应用的结果，它们利用先进的信息采集、信息处理、信息流通、信息管理、智能分析技术，智能化地完成运输、仓储、配送、包装、装卸等多项环节，并能实时反馈流动状态，强化流动监控，使货物能够快速高效地从供应方送达需求方，从而为供应方提供最大化利润，为需求方提供最快捷的服务，大大降低自然资源和社会资源的消耗，最大限度地保护自然生态环境。

智能物流主体通常包括智能仓储系统、智能分级分拣设备、AGV、农产品冷链物流技术等几个方面。智能仓储是仓库当中自动化存储设备，与智能化的家具一样实现智能仓储，同时它也可以自动进行工作。自动化工作是智能仓储最大的特色之一，这种工作模式结合人工能够最大限度地提升仓库的工作效率，最大化地减少人工成本。传统货架存在一个很大的问题就是对于人工的依赖性，因为仓库中很多工作和设备都需要依靠人工来进行，而智能仓储的出现就非常有效地解决了这个问题，带领整个市场进入到一个全新的智能化阶段。智能分级分拣设备能连续、大批量地分拣货物。自动分拣系统不受气候、时间、人的体力等的限制，可以连续、高效运行。AGV即自动导引车，是具有高度柔性化和智能化的物流搬运设备，被称为移动机器人，具备传感器技术、导航技术、伺服驱动技术、系统集成技术等核心技术，在汽车、烟草、印钞、新闻纸等行业大规模应用，亚马逊Kiva机器人是AGV的典型代表。农产品冷链物流技术是指使水果、蔬菜、肉类等物品在生产、储藏运输、销售，到消费前的各个环节中始终处于规定的低温环境下，以保证物品质量和性能的一项系统工程技术。它由冷冻加工、冷冻贮藏、冷藏运输及配送、冷冻销售四个方面构成。

以鲜活农产品物流为例，智能物流主体将是优化鲜活农产品物流配送的中坚力量。它的优越性主要体现在以下几个方面。首先，智能物流主体能够集中鲜活农产品配送过程中的所有信息，发挥信息优势。智能物流采用了先进的信息采集技术，并对鲜活农产品的仓储、加工、运输等环节进行实时监控和反馈，能够根据实际情况及时对配送方案进行修正，使鲜活农产品物流配送效率更高。其次，智能物流主体可以实现智能监控，有利于保障物流配送过程中鲜活农产品的质量。在智能物流条件下，鲜活农产品从生产、加工、仓储到运输配送，每个产品都有自己的电子标签，所有产品的信息都能够及时准确地被记录在信息系统内，相关部门可以借助信息管理平台对鲜活农产品的质量进行跟踪和监督，保证鲜活农产品按照国家有关规定进行生产、加工和运输。当出现产品质量问题时，监管部门可以通过鲜活农产品信息系统轻松地追溯到问题的根源，有利于问题的解决。最后，智能物流主体侧重于信息的自动化传输，有利于鲜活农产品上下游企业的沟通协作，降低交易成本，对市场变化做出快速反应。鲜活农产品的生产、加工、仓储、运输、销售等企业构成了一条完整的产业链，在智能物流条件下，企业之间应用EDI（electronic data interchange，电子数据交换）技术进行数据共享和传输，这样既可以降低"牛鞭效应"的影响，又可以促使企业之间进行合作。鲜活农产品的市场需求信息能够更快捷地从产业链末端传递到上游各个企业，这样将大大降低企业获取市场信息的成本。由于信息是实时共享的，企业之间的谈判成本将大幅度降低，企业对市场变化做出决策的时间也将缩短,最终使产业链各个企业能够对市场需求做出快速反应。

3.3.3 数字农业的产业链流程重组

近些年,信息技术尤其是互联网技术已经对诸多领域进行了较大或者彻底改变,例如零售业、金融业和运输业等,这些领域在互联网环境下的运作流程已经远远不同于传统流程。新型物联网技术的应用会给这些流程带来更大的变革,在农业领域主要体现在以下三个方面:农业生产资料的库存会实现自动化、无人化管理,具有实时监测、自动订货和自动入库等功能;农业生产过程会应用更多的监测与控制系统,包括无人机遥感与飞防一体化系统、农业信息全景感知的移动传感系统和农业生产要素在线优化调度系统等;在农产品流通与消费环节,会实现基于物联网和区块链的农产品溯源功能和农产品消费精准追踪与召回功能等,可见物联网环境下的数字农业运作流程与传统农业生产管理过程会有巨大不同,进而会导致其运营管理的计划、组织、实施与控制功能的实现方式发生很大变化,需要采用业务流程重组的思想对其进行优化设计。

数字农业在"互联网+"的基础上,与技术和政策支持紧密融合,构成新型经济主体的主要驱动力,从产业链的角度来讲,是深化数字经济改革的一个重要的趋势,进一步提升农业产业链,提高运行效率,优化综合配置,同时形成新型的农业产业形态。数字农业产业链以农业生产资料的供应商为始点,以农产品的最终消费者为终点,以信息作为重要的神经系统,而信息的载体是指农业电子商务平台,具备收集、处理、发布信息的功能等,通过信息的优势作用,贯通各个交易环节,及时交换资源信息,促进信息共享,构建一个良性的农业效益生态圈。

(1)物流。如上所述,在数字农业产业链中,配送环节是由配送服务提供商和农户共同完成的。如果农户有足够的运营资金,他们可以购买送货车辆,雇用司机。小规模农户可以将配送服务外包给第三方配送服务商,但需要对配送服务提出严格的要求,以减少配送过程中的质量损失。

(2)信息流。信息在业务模型中几乎所有的参与者之间流动。农户根据种植计划向供应商下达原料订单,收货后向物联网电子商务平台投放广告,消费者从平台获取数据并下订单。基于物联网的产业链中的信息流与传统农业产业链有两点不同:一是产业链中的任何参与者都可以获得物联网所收获的信息;二是任何参与者都不能更改任何数据,因为每一个链条上的信息都是区块链技术处理的。

(3)资金流。类似于现有的其他行业的电子商务模式,在数字农业产业链上的农户和消费者之间的支付环节通过第三方支付服务提供商进行。对消费者而言,这种支付服务可以提供信任和保护,因为支付服务提供商会在消费者收到产品并检查其质量之后才把钱付给农户,如果有质量和安全问题,消费者很容易拿回他们的钱。同时,支付服务提供商也能及时地帮助农户从网上消费者那里收钱。农户和生产资料供应商之间的支付采购环节也可以通过物联网电子商务平台进行。

1. 数字农业物流

农业是国民经济基础,我国越来越重视数字农业的发展。农业物流发展是推动农业生产方式转变与市场化发展的有效途径，也是社会发展的客观要求。农产品流通效率低下，物流成本偏高，损耗严重，不能实现"货畅其流"和"物尽其值"，严重阻碍了农民增收和农村经济社会发展。为了改变现状，业界一直在探索寻找建立与农产品相适应的数字农业产业链物流模式或组织方式。通过优化流通过程、改善流通环境，应用新技术进而节约物流成本，实现数字农业物流行业的成功转型。

过去的物流服务已经无法满足当前市场发展的需求，而互联网、物联网的出现恰恰可以解决这一问题，为数字农业智能物流的发展奠定了一定的基础。数字农业物流通过应用"互联网+"、物联网、云平台和大数据等相关的信息技术使物流各个环节相互连接，基础数据共享，线上与线下的融合效率提升，实现物流智能化的目标。客户就不需要与众多第三方物流服务供应商进行接触，而是直接通过物流信息共享平台服务来实现复杂的物流运作的管理。构建"互联网+物联网+物流"的开放智慧物流平台，不仅可以实现每一种产品、每一个订单的全过程可视，还可以实现人、车、库、货等与用户需求信息即时交互，实现物流产业智慧升级。

1）农业物流运营模式

对于农业物流的概念，已经有较为清晰的界定，指为确保农业活动的顺利进行，将运输、存储、加工、装卸、搬运、信息处理等物流功能有机结合起来。农业物流的主要功能在于为农业发展服务，可分为农业生产物流、农业供应物流、农业销售物流三大类。与农村物流及农产品物流相比，农业物流的范围最大，是农业运营的前端生产、中段供应及末端销售之间无形的桥梁。物流服务作为农产品生产、供应、销售的主要载体，其相关功能的有机结合对农业发展转型具有重要作用。此外，网络经济的发展愈加凸显了物流服务的重要作用，电子商务是以电子设备和网络技术为基础的商业模式，而物流则是连接农产品线上销售与线下消费者的重要一环。在内涵上，电子商务不仅要包括购物的主要内容，而且要体现物流的核心要义。因此，只要谈到电子商务，一定离不开物流，物流服务对农业发展具有非常重要的作用。

农业物流各项活动是围绕农产品销售展开的，因此有关农业物流模式的研究主要体现在农业销售物流层面。我国农业销售物流模式主要有四种，分别是农业企业主导的农业物流、农产品批发市场主导的农业物流、超市主导的农业物流以及第三方物流（third-party logistics，3PL）主导的农业物流。在农业企业主导的农业物流模式中，企业进行分销商和供应商的选择，并制订合理的作业计划。与传统的合作社相比，农业企业在资金运作、农业技术开发等方面具有优越性，且容易形成规模化优势，从而降低内部交易以及生产加工等成本。在农产品批发市场主导的农业物流中，批发市场将农户、生产加工企业、零售商及消费者整合起来，从而促进各主体信息共享，提高区域农产品交易能力，推动农产品供应体系集约化等。超市主导的农业物流依托较强的渠道和资金优势，直接与农产品生产者或农产品加工企业合作，不仅能降低农产品供应的中间成本，为农业物流各主体争取更多利润，而且能提高农产品的新鲜度和流通效率。第三方物流主导的农业物流指农产品供应商通过契约的签订，将农业生产的配送活动委托给专业物流企业，使农产品供应链上的其他主体可集中精力发展自身核心业务，并节省物流基础设施设备投资。

2）数字农业物流发展的建议

A.统一城乡物流发展规划

农村的物流业是我国发展农村经济的主要着手点之一，因此，各级政府及相关部门要重视建设我国农村物流的工作，并且要将其纳入国家物流整体规划建设中去。政府应当从全局和宏观的视角去统筹和规划农村农产品物流的发展，与此同时，还要调整好城市物流和农村物流之间的衔接关系，保障农产品可以及时并且保质保量地运输到城市当中去。还要划分好农村物流的工作职责，努力实现我国城乡的一体化发展。

B.加强农村物流财政支持力度，增加冷链环节的科技投入

随着我国国民经济水平的不断提升，我国逐渐进入了发展的新阶段，人们对生活有了更高品质的追求。但是农产品出现了需求侧以及供给侧的不对称，这就成为制约我国农村发展的首要问题之一。如今满足人民高质量、高品质的农产品需求已经成为我国农业未来发展的新方向，鲜活性成了判断农产品品质的重要指标之一。如今我国运输农产品主要采用货车公路运输的方式，虽然这种方式拥有比较强的机动性，车辆也可以随时随地进行装运与调度，并且各环节之间的衔接时间也比较紧凑，但是，会存在运输量小、运输速度慢以及受天气影响较大的弊端。所以，货车公路运输的方式不利于大量农产品长途运输。因此，加大冷链技术的投入，打破农产品在运输时间和运输空间的限制是促进我国农村物流发展的关键点之一。这也表明我国农村物流发展需要大量的财政支持，这就要求各级政府不断加强对农村物流的资金支持和政策支持，充分调动财政部、科技部等相关部门对农业物流提供适当的帮助。

总之，随着我国物流信息技术的不断发展，农业物流成为推动我国农村发展的有效途径之一。但是，促进我国农产品的发展还离不开资源的配置，这不但需要我国物流业进行自身的协调和反思，还需要政府发挥主要作用。虽然我国已经初步建立了较为完善的农业物流体系，但是和发达国家相比，还存在着一定的差距。因此，各物流企业要不断加大农业运输方面的投入，向发达国家学习，政府也要加大对农业物流的资金支持和政策支持，共同携手来推动农业物流的发展，促进我国农业走向新的阶段。

数字农业物流体系典型案例之一：拼多多的农产品短时间内就可以聚集大量的同类需求订单，所以通常不会建立大型的仓库，转而就近在基地周边建立仓储，生鲜农产品在采获后，快速实现打包，由第三方快递公司提供必要的冷链运输服务或冷藏保鲜包装，批量地将包裹分发到全国各地。

数字农业物流体系典型案例之二：盒马鲜生拥有从源头到消费者家庭的活鲜全程冷链配送体系，城市中心、门店都有配套的多温层、多功能设施设备，成立专门的众包物流公司负责覆盖门店周边半径三公里的配送，能够保证食材的新鲜。

2. 数字农业信息流

数字农业信息流通系统是现代农产品流通系统的重要组成部分，是提高农产品流通效率的保障。构建完善的信息化服务体系，是实现数字农业物流、资金流现代化的前提和基础，通过信息服务体系的有效支撑，可以大大降低数字农业运营管理过程中的不确定性和盲目性，改变传统的信息流通模式，提高流通效率，使传统农业发生深刻变化。

1）数字农业信息流管理模型

数字农业生产过程的信息源涉及农业资源、生产资料、农业生产技术、农情灾情、储运冷链物流、产品交易等要素。基于无线网络技术支持的数字农业信息流管理平台连接了所有农机（具）、运输车辆与办公室电脑、手持机等终端装备，使各种相关的信息源能够在办公室、车辆、手持终端之间准确及时传输，管理人员可以看到农机或车辆的实时位置，及时发送调度、导航指令，从而全面提高作业效率和决策效率。根据农业产业链模式及特点，构建农业产业链信息流模型。该模型以"关联数据采集—多源数据同化融合—海量数据分析处理—多用户交互应用"为研究路线，支持农业产业链各环节的信息获取、管理、分析、利用，在信息流管理的支持下，实现"全程数据采集—数据协调解析—供需平衡对接—物流路径优化"的智能化作业（图3-11）。

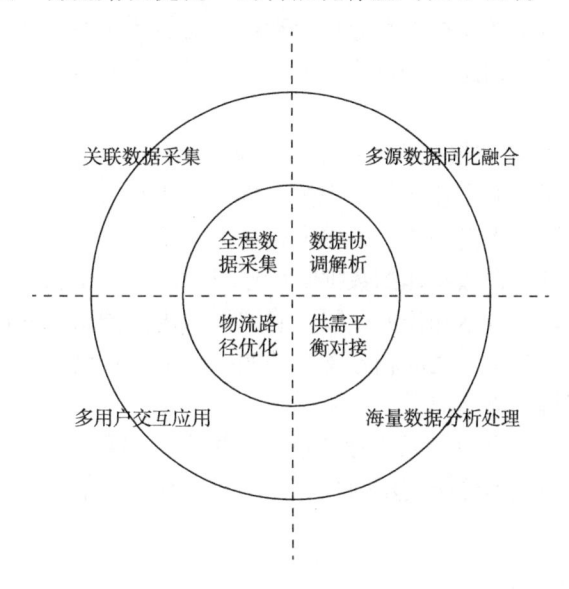

图3-11 数字农业产业链信息流模型

资料来源：黄红星，李泽，郑业鲁.2011.基于信息流模型的农业产业链智能管理技术框架.农业网络信息，(11)：22-25

（1）全程数据采集。通过遥感、无线传感等技术采集农产品生产、保鲜加工、储运、消费各个环节的海量数据，包括温度、湿度、气体、重金属、农药残留、高光谱数据等微观数据，政策法规、生产技术、使用常识等宏观数据。

（2）数据协调解析。根据产业链协同原则，对各环节采集的海量数据进行分类、筛选和关联性分析。一方面，通过消除噪声数据，筛选对供应、需求、物流等过程最为关键的因素参与数据协同；另一方面，集成来自不同采集方法的微观和宏观数据，解决多源信息融合和数据模拟解析问题，建立产供销数据综合解析模型。

（3）供需平衡对接。通过产业链环节上的总体协调，使农产品产量、上市时间、品种等多种供需因素信息对接，实现一个区域内农业投入品（如农机、种子种苗、农药肥料等）和产出品（初级产品、加工品等）达到合适的比例，从而达到区域农产品的供求平衡，使农业生产者、经营者、流通者等多方能由此获得最大效益。

（4）物流路径优化。由于农产品（包括生鲜产品、冷链产品等）流通中存在的非变质性价值损耗问题，物流路径操作优化显得尤为重要。综合农产品在流通作业中涉及的环境条件、保鲜技术、生理生化变化、目标市场等多种因素，优化选择流通作业路径，降低农产品流通运输成本，提高农产品采后商品价值和销售利润。

2）数字农业信息流管理的建议

信息化已经渗透到农业产业链各环节，但各环节的交会处仍存在盲区，未来需要从理论基础、技术基础层面研究入手，支撑底层共性技术的开发，解决以下问题。

（1）海量数据挖掘和分析处理机制。在农产品流通作业路径优化、农产品供求平衡等诸多问题的智能化求解中，现有的专家系统主要基于专家知识的检索和简单推理，缺乏基于数据挖掘和智能分析的复杂推理，不能适应农业的复杂问题和农民使用的智能化要求，实用性不高。从系统工程的角度出发，融合模糊控制、人工智能、语义网等理论方法研究农业产业链海量数据挖掘和分析处理机理与机制，对农业产业链各环节、各主体的交互关系及物质流、信息流等进行建模，研究最优作业方案，为农业智能化作业提供基础。

（2）基于领域本体的数据解析。研究与农业产业链密切相关的通用时间本体、空间本体、生物学本体，对农业产业链的知识体系进行基于领域本体的组织管理和全息化描述，解决无序分散的资源大量积累、领域内存在大量不同定义、结构各异的信息无法被人们所利用的问题。基于领域本体的数据解析通过对时空、生物、农业生产技术、农资商品、农产品市场等领域基本知识的获取，确定领域内共同认可的词汇，并从不同层次的形式化建模上给出基础词汇之间相互关系的明确定义，从而有效地组织建立领域知识体系和形成机器可理解的语义沟通。

（3）信息编码标准。研究覆盖农业产业链全过程的信息编码标准，制定各环节信息获取、传输、存储、表达和分析利用的统一标准和规范，为信息融合对接和信息共享提供基础。

3. 数字农业资金流

农业是我国国民经济基础，而现代农业的发展不仅需要科学技术创新，更需要金融支持与创新，我国数字农业发展首先面临的问题是融资难。农户处于农业产业链的最前端，是农业供应链发展的基础，然而，农户的农产品产量小、农户数量分散，使得单个农户在农业供应链中处于弱势地位，经常被下游经销商或农业经营公司压低价格，赚取微薄的利润。同时，农户信用低，可抵押资产少，很难从银行或其他金融机构取得播种或生产所需的资金，使得农户很难通过提高农产品的产量获得更高的收益。农业供应链金融有效地解决了农户资金难这一问题。

资金流是供应链运作的条件，包括农产品供应链上的资金流转、结算、担保等环节。资金流问题主要表现在资金风险较为集中，难以分散；结算手段不够丰富，单一落后；融资渠道未多样化，较为狭窄。比如在全国各地，农户融资渠道主要依靠银行，但农户的金融排斥依旧存在，为此服务的金融机构较少，造成融资难。农业供应链金融是指金融机构从农业产业链出发，以产业链上的核心农业为支撑点，利用核心农业企业的信用为农户的信用增级，通过设计科学的信贷协议和产品，将单个主体的不可控风险转变为供应链整体的可控风险，并用来满足产业链各环节融资需求的一种系统性融资安排。农业供应链金融有利于解决农产品生产加工和市场脱钩问题，往往一些地区农产品过剩或者农产品紧缺，通过区块链的小面积普及，可以解决信息流的问题，使供应链信息流畅；建设相对先进的公共信息平台，使得不足或者过剩的农产品可以互相调配，有效缓解全国市场农产品的滞销状态和过剩农产品长期难以保存的问题，还可以提升各个区域农产品竞争力，有利于降低企业风险，解决农村融资难问题。

在数字农业时代下，应增强乡村金融服务体系建设，提倡为农村商贸企业和个人提供贷款，鼓励农村居民进行信用消费，提高我国农村居民对网上银行等网络支付的使用，特别是电商产业不断壮大的今天，线上支付等资金流模式使得城乡之间资金流动效率更高。在数字经济背景下，交易更倾向于线上支付、信用支付等方式，优化城乡资金流运作方式，对实现我国城乡商贸一体化有着非常重要的意义。

3.4 数字农业流程重组实现的保障

3.4.1 完善财政支持政策

加强财政投入，各级农业农村部门要积极争取将新型农业经营主体和服务主体纳入财政优先支持范畴，加大投入力度。统筹整合资金，综合采用政府购买服务、以奖代补、先建后补等方式，加大对新型农业经营主体和服务主体的支持力度，推动由新型农业经营主体和服务主体作为各级财政支持的各类小型项目建设管护主体。鼓励有条件的新型农业经营主体和服务主体参与实施高标准农田建设、农技推广、现代农业产业园等涉农项目，积极争取新型农业经营主体和服务主体有关税收优惠政策。

创新金融保险服务，鼓励各金融机构结合职能定位和业务范围，对新型农业经营主体和服务主体提供资金支持；鼓励地方搭建投融资担保平台，引导和动员各类社会力量参与新型农业经营主体和服务主体培育工作；推动农业信贷担保体系创新开发针对新型农业经营主体和服务主体的担保产品，加大担保服务力度，着力解决融资难、融资贵问题。鼓励发展新型农村合作金融，稳步开展农民合作社内部信用合作试点；推动建立健全农业保险体系，探索从覆盖直接物化成本逐步实现覆盖完全成本；推动开展中央财政对地方优势特色农产品保险奖补试点；鼓励地方建立针对新型农业经营主体和服务主体的特色优势农产品保险制度，发展农业互助保险；鼓励各地探索开展产量保险、气象指数保险、农产品价格和收入保险等保险责任广、保障水平高的农业保险品种，满足新型农业经营主体和服务主体多层次、多样化风险保障需求。

3.4.2 强化人才支撑

鼓励返乡下乡人员领办创办新型农业经营主体和服务主体，鼓励支持各类人才到新型农业经营主体和服务主体工作；鼓励各地通过政府购买服务方式，委托专业机构或专业人才为新型农业经营主体和服务主体提供政策咨询、生产控制、财务管理、技术指导、信息统计等服务；推动普通高校和涉农职业院校设立相关专业或专门课程，为新型农业经营主体和服务主体培养专业人才;鼓励各地开展新型农业经营主体和服务主体国际交流合作。

3.4.3 提升数字技术应用水平

按照实施数字乡村发展战略和数字农业农村发展规划的总体部署,以数字技术与农业农村经济深度融合为主攻方向,加快农业农村生产经营、管理服务数字化改造,全面提升农业农村生产智能化、经营网络化、管理高效化、服务便捷化水平,用数字化驱动新型农业经营主体和服务主体高质量发展;鼓励各地利用新型农业经营主体信息直报系统,推进相关涉农信息数据整合和共享,运用互联网和大数据信息技术,为新型农业经营主体和服务主体有效对接信贷、保险等提供服务;鼓励返乡入乡人员利用数字技术创新创业。

3.4.4 推动农业社会化服务组织多元融合发展

加快培育农业社会化服务组织,按照主体多元、形式多样、服务专业、竞争充分的原则,加快培育各类服务组织,充分发挥不同服务主体各自的优势和功能。支持农村集体经济组织通过发展农业生产性服务,发挥其统一经营功能;鼓励农民合作社向成员提供各类生产经营服务,发挥其服务成员、引领农民对接市场的纽带作用;引导龙头企业通过基地建设和订单方式为农户提供全程服务,发挥其服务带动作用;支持各类专业服务公司发展,发挥其服务模式成熟、服务机制灵活、服务水平较高的优势。

推动服务组织联合融合发展,鼓励各类服务组织加强联合合作,推动服务链条横向拓展、纵向延伸,促进各主体多元互动、功能互补、融合发展。引导各类服务主体围绕同一产业或同一产品的生产,以资金、技术、服务等要素为纽带,积极发展服务联合体、服务联盟等新型组织形式,打造一体化的服务组织体系。支持各类服务主体与新型农业经营主体开展多种形式的合作与联合,建立紧密的利益联结和分享机制,壮大农村一二三产业融合主体;引导各类服务主体积极与高等学校、职业院校、科研院所开展科研和人才合作,鼓励银行、保险、邮政等机构与服务主体深度合作。

推动社会化服务规范发展,加强农业生产性服务行业管理,切实保护小农户利益;加快推进服务标准建设,鼓励有关部门、单位和服务组织、行业协会、标准协会研究制定符合当地实际的服务标准和服务规范;加强服务组织动态监测,支持地方探索建立社会化服务组织名录库,推动服务组织信用记录纳入全国信用信息共享平台;建立服务主体信用评价机制和托管服务主体名录管理制度,对于纳入名录管理、服务能力强、服务效果好的组织,予以重点扶持;加强服务价格指导,坚持服务价格由市场确定原则,引导服务组织合理确定各作业服务环节价格;加强服务合同监管,加强合同签订指导与管理,积极发挥合同监管在规范服务行为、确保服务质量等方面的重要作用;加快制定标准格式合同,规范服务行为,确保服务质量,保障农户利益。

3.4.5 全面提升新型农业经营主体和服务主体经营者素质

广泛开展培训，加大新型农业经营主体和服务主体经营者培训力度，坚持面向产业、融入产业、服务产业，着力建机制、定规范、抓考核，强化农民教育培训体系，实施好新型农业经营主体带头人、返乡入乡创新创业者等分类培育计划，加强统筹指导各地、各部门培训计划，大力开展家庭农场经营者轮训，分期分批开展农民合作社骨干培训，加大农业社会化服务组织负责人培训力度。积极探索高素质农民培育衔接学历提升教育；鼓励各地通过补贴学费等方式，支持涉农职业院校等教育培训机构和各类社会组织，依托新型农业经营主体和服务主体建设实习实训基地，做好农村各类高素质人才示范培训与轮训。

大力发展农业职业教育，加快改革农科专业体系、课程体系、教材体系，科学设计教学模式、考试评价模式，推动农业职业教育更好地服务产业发展，科学布局中等职业教育、高等职业教育、应用型本科和高端技能型专业学位研究生等人才培养的规格、梯次和结构。以打通和拓宽各级各类技术技能人才的成长空间和发展通道为重点，构建体现终身教育理念、满足农民群众接受教育的需求、满足"三农"发展对技术技能人才需求的现代农业职业教育体系。

着力提升科学素质，加强农村科普，健全和完善科学技术推广普及网络，大力推动农村科普出版物发行，增加农民买得起、读得懂、用得上的通俗读物的品种和数量。积极探索利用各类新媒体传播渠道，通过动画、短视频等农民喜闻乐见的形式，广泛宣传农业生产应用技能和成功经验。加强农村科普活动场所和科普阵地建设，在农村建设一批较高水平的科普教育基地和科普实验基地。加强农技推广和公共服务人才队伍建设，支持农技人员在职研修，优化知识结构，增强专业技能，引导鼓励农科毕业生到基层开展农技推广服务。

3.4.6 强化体系建设

各级农业农村部门要站在农业农村发展全局的高度，加强组织领导，强化部门配合，统筹指导、协调、推动新型农业经营主体和服务主体的建设和发展。要强化指导服务，深入调查研究，加强形势分析，组织动员社会力量支持新型农业经营主体和服务主体发展，及时解决各类主体发展面临的困难和问题。

鼓励各地采取安排专兼职人员、招收大学生村官、建立辅导员制度等多种途径，充实基层经营管理工作力量，保障必要工作条件，确保支持新型农业经营主体和服务主体发展的各项工作抓细抓实。要加强培训和继续教育，努力打造一支学习型、创新型农村经营管理干部队伍。要加强县级对乡镇农村经营管理工作的指导、督促和检查，明确目标任务，提高工作绩效。

强化监督管理，确保发展成效，将带动小农户数量和与小农户利益联结程度作为支持新型农业经营主体和服务主体的重要依据，更好促进小农户和现代农业发展有机衔接。将培育新型农业经营主体和服务主体政策落实情况纳入农业农村部门工作绩效考核，建立科学的绩效评估监督机制。进一步建立健全新型农业经营主体和服务主体统计调查、监测分析等制度。加大宣传力度，营造良好氛围，动员各方力量，加快营造以农民为主体、政府引导、社会参与的推动发展格局；创新宣传形式，充分发挥新兴媒体和传统媒体作用，广泛宣传各地好经验、好做法，重点宣传一批可学、可看、可复制的典型案例，充分调动社会各界支持新型农业经营主体和服务主体发展的积极性。

3.4.7 提升农业平台建设

进行小农户生产托管服务促进工程，在全国范围内，每年选取一定数量基础好、工作积极性高、条件扎实、粮棉油糖等重要农产品保障供给能力突出的农业大县（区、市），开展小农户生产托管服务推广试点工作，引导小农户积极接受农业生产托管服务。

建设全国农业生产托管服务组织信息数据库，下设各省服务组织信息数据端口，实现全国服务组织发展信息共享，数据系统包括全国农业生产托管服务组织基本情况、服务面积、服务标准、服务价格等基础信息模块，形成集信息采集、分析、预测等功能为一体的数据运行管理体系。

建设区域性农业生产性服务平台。一是建设区域性农业生产性服务示范中心，选择农业生产性服务发展水平高、基础扎实、体系健全的农业大县（市、区），建设区域性农业生产性服务示范中心，为各类主体提供信息服务、农机作业与维修、农产品初加工、集中育秧、农资销售等生产性服务。二是建设农业生产托管服务站，以规模适度、服务半径适宜、方便农户和农业生产为原则，围绕区域性农业生产性服务中心，建设农业生产托管服务站，为小农户和新型农业经营主体提供耕、种、防、收等各环节"菜单式"托管服务。

【案例分析 1】

无人机与农业的结合

1. 植保作业

传统的手工、机械式植保作业不仅效率低下、耗时费工，还不能保障较好的作业效果，并且存在着一定的安全问题和安全隐患。农用植保无人机的作业能适应多种地形环境，作业效果优于地面机械和人工作业。当气候、地形变化时，无人机能代替地面机械进行农事生产，对农作物开展施药施肥，保证农作物长势，并有效提高其品质。无人机工作时产生的向下气流，能提高雾流对作物的穿透性，保证正反叶面均能着肥着药，还具有杀除作物生长环境中的病菌和害虫的效果，为作物提供良好的生长环境。

农用植保无人机的飞行作业速度一般为 3~6m/s，飞行过程中还能保持与作物 1~2m 的固定高度。农用无人机的作业不受耕作模式及区域的限制，自动飞控导航作业能有效保证操作人员的安全，并改善植保机械和人工作业进地难、效果差等不足。如无人机在航空施药方面的应用，随着近年来城镇化建设进程的加快，大量农村劳动力涌向城市造成农村人口老龄化现象严重，人力成本攀升，加之新型规模化经营性农场的出现及大面积的病虫害暴发对施药效率和精确性提出新的要求，为农用无人飞机航空作业创造了良好条件。农用植保无人机技术优势突出，具有以下优点。

(1) 作业效率高。规模作业可达 $8\sim11hm^2/h$（林果树木为 $8hm^2/h$），其效率比地面机械高出 3 倍以上，比人工喷洒高出 100 倍，可以大幅度解放劳动力。

(2) 不受地形限制。农用无人机飞行不受山地、丘陵等复杂地理因素限制，空中作业避免了对农作物的损伤。

(3) 防治效果好。采用超低空作业和下沉气流变量喷雾，药液雾化程度好且沉积量和覆盖密度高，高速旋转产生垂直向下的气流不仅可以减少雾滴漂移而且增强了药液的穿透性，使作物正反叶面都能均匀受药，并较长时间沉积在作物叶面上，便于害虫吸食以达到最佳的杀虫效果。

(4) 植保成本低。据大量实践应用测算，采用农用无人机喷洒农药不仅节水省药，而且喷洒成本大大低于地面机械和人工喷洒。

(5) 安全环保。无人机喷洒农药能明显减少农药的施用量，减少农药对环境的污染以及对作业人员的身体伤害，符合国家化肥农药减施增效的要求。

2. 林业监测

森林火灾、病虫害、生物入侵、乱砍滥伐等林业灾害会引起森林死亡，导致林内生物多样性减少，严重的森林火灾还会导致重大人员伤亡，给森林生态资源和社会经济带来巨大损失，每年我国仅森林火灾带来的经济损失就达亿元级别。因此，如何监测林业灾害成为关注的热点。现阶段针对林业灾害的监测手段可分为卫星监测、航空监测、近地监测和地面巡护。卫星监测主要适用于实时性要求不高的对地大尺度监测。近地监测主要指瞭望观测，地面巡护是以人工巡护为主，这两种方式都受地形、地势以及天气的影响，存在成本高、随机性强、实时性差等缺点。航空监测可对林区进行大尺度、定期、精确监测，相对于卫星监测具有精度高、成本低以及回访周期短的优势，相对于近地监测和地面巡护具有获取数据可靠、实时性强的优点，是一种优势较为突出的林业灾害监测手段。航空监测所依赖的飞行平台主要有无人机、飞艇等。其中，无人机平台相对于其他飞行平台具有起降要求低、操作性强、安全性高、损耗低、成本低、可重复使用等优点。

无人机通过搭载高分辨率监测、摄像设备，可以解决勘察人员不足、效果差、效率低等问题，有助于林区管理人员精确掌握林区的森林现状。其巡查系统可以对异常、病变、枯死的林木精准定位，通过采集有效的影像资料，可以实施森林资源调查和荒漠化监测、森林病害虫监测及其防治、森林火灾监测和动态管理、火灾救援及人工降雨等工作，最终为林业的时查时管提供科学有效的依据。

3. 作物授粉

例如传统的杂交稻制种需要人工牵绳授粉、人工辅助授粉，每个劳力每天可授粉 $0.20\sim0.33hm^2$，花粉传播距离近，劳动强度大；而电池动力无人直升机辅助授粉每天的有效授粉时间约 30min，授粉 2~3 次，可完成约 $4hm^2$ 制种的授粉作业，异交结实率可达 45.1%，产量为 $193.2kg/0.067hm^2$；油动力无人直升机辅助授粉每天的有效授粉时间约 30min，授粉 2~3 次，可完成约 $4hm^2$ 制种的授粉作业，异交结实率可达 47.2%，产量为 $181.7kg/0.067hm^2$。相比人工授粉而言，无人机辅助授粉能大大降低劳动强度，节约人工成本，并保证授粉的效率和质量。

4. 作物长势监测

作物长势监测是指对作物的苗情、生长状况及其变化的动态观测，与调整栽培措施有密切的关系。作物长势的快速无损监测，不仅能反映作物单产丰歉的变化情况，还可以尽早预测粮食短缺或盈余，对粮食的宏观调控有重要的意义。

传统的长势监测估产采用人工调查，耗时长、速度慢、成本高，无法快速及时地获取，而卫星遥感技术又存在重访周期长、成本高、受天气条件限制等问题。

近两年，无人机行业快速发展，从时效性、空间分辨率、机动性上弥补了上述不足，已迅速发展成为作物长势监测的重要手段。

5. 作物病虫害监测

作物病虫害是主要的自然灾害之一，大范围流行性、暴发性、毁灭性病虫害每年造成大量的粮食损失，严重影响农产品的质量和产量。世界每年因病害和虫害损失的产量分别占粮食总产量的14%和10%以上。而在我国，病虫害造成的损失占我国各类农业灾害损失的10%~15%。作物病虫害从小范围暴发到大范围流行或毁灭与种植地区的气候特点、作物品种、种植习惯及防治情况等密切相关。利用无人机低空遥感机动、实时、灵活的特征，可以对病虫害发生的位置进行及时监测，做到早期发现，开展早期有效防治，对于压制病虫害的暴发、减少粮食产量损失意义重大；同时可以对不同病虫害的暴发方式及蔓延特点进行有效分析，建立不同农作物的不同病虫害评估模型和诊断模型，对于快速有效防治具有重要意义。

【案例分析2】

无人机促成数字农业流程重组

1. 新型农业主体诞生

（1）无人机驾驶员：简称"飞手"，指通过远程控制设备，驾驶无人机完成既定飞行任务的人员。近年来，随着土地流转的不断扩大，大大小小的规模化种植单位开始出现，原来的家庭式管理方式已经越来越不能适应现代粮食种植的需求，因此，植保无人机驾驶员这个新的农业岗位开始诞生。目前无人机植保主要用在喷洒农药等方面，一般按照喷洒亩田的面积给予无人机驾驶员一定的报酬，可谓一个热门的新兴行业。近些年，农业土地确权过程加快，农业土地逐步集约后，加上国内农村劳动力成本不断上升，植保无人机驾驶员的发展前景更加广阔。

（2）无人机企业：包括无人机研发、制造、销售及服务相关的企业。如正大航空就是全球技术领先的无人机制造商，集研发、制造、销售和服务于一体，已形成完善的产品体系且占领植保无人机核心市场，业务覆盖农业植保、森林消防、电力巡检、环境监测、无人机培训等多个领域，核心产品有植保无人机、油电混动飞行无人机、环保监测无人机。

2. "无人机+大数据"，改变数字农业信息获取和处理方式

由于大数据的信息来源渠道较为广阔，包含的具有较高价值的数据也相对较多，因此，在进行数据处理和信息获取前，一般需要通过一系列流程对数据进行处理。农业无人机一般都会搭载多种多样的传感器，以实现信息的传输，无人机在数据采集过程中需

要按照相应的处理流程操作。无人机设备中的传感器以及摄像设备都需要在网络环境中明确协议之后才能进入到交换机中。交换机通过网络连接到数据收集系统中，使数据实现传输交换，执行时间同步的协议之后，将交换的延时时间缩短，使数据的传输更加高效。由于搭载装置具有一定的影响，无人机不能对大数据进行处理，需要将数据传输到地面站中，而传输的过程中使用的是无线的形式。结合现有大量数据基础，大数据技术具有更加高效的特点，使传输的过程更加快捷稳定，采用通信链路的方式和数字调制宽带，使地面站收到数据之后对其进行分析，地面站同时能够对数据进行记录，使数据得到整理，结合实际情况对数据进行重放处理，之后再开展分析等环节。在大数据的分析下，这些环节使服务器发挥出了重要的作用，使数据的利用率提高。大数据还具有半结构和非结构特点，通过并行处理的技术将分析的效率提高。在数据的记录中，需要对数据进行监测，对其进行分类，根据数据的类型将其下发到对应的系统之中，另外，通过知识库的结合，使信息数据挖掘的过程更加高效。经过综合监测以及分析之后将结果汇总到存储管理部分中，建立数据库，便于进行参考使用，得到更好的效果。

3. 无人机改变农村电商物流配送模式

从最近几年农村电商的发展可以看出，无人机配送将在未来几年成为末端配送的主力军，这两年快递巨头纷纷布局无人机项目，也是看好了无人机这一市场。无人机快递[unmanned aerial vehicle（UAV）express]，即通过利用无线电遥控设备和自备的程序控制装置操纵的无人驾驶的低空飞行器运载包裹，自动送达目的地，其优点主要在于解决偏远地区的配送问题，提高配送效率，同时减少人力成本。

京东的配送无人机是一套完整的物流配送体系。在实际应用中，无人机物流涉及订单管理、无人机调度、无人机航线管理、无人机及备品备件维修保养、人员管理、安全管理、地面接收管理等多个方面。在试运营现场的飞控中心，工作人员对航线、配送无人机、订单数据等进行全面管理与实时监控。京东目前的运营模式是在京东的配送站装载货物到无人机，由无人机完成到乡村推广员的固定航线运送工作，初步解决农村"最后一公里"配送的难题。

4. 形成完备的农业无人机产业链

完备的产业链不仅促进上下游各个环节的合理化分工，形成配套合作，还能产生巨大的吸附作用，吸引更多的新兴产业融入这个良好的生态环境中，共同寻求商业利益的最大化。无人机厂商提供植保无人机、飞行学院输送操控人才、农业运营服务平台获得订单、飞防大队提供植保服务、用户需求得到满足，这几个要素也有力地证明新技术已经从工具演变成产业链。根据各企业在产业链中所处的上下游顺序，以及各企业之间的依赖程度，将植保无人机产业链分为四大关键环节：研发产业、生产制造产业、运营服务产业、支持保障性产业，构成植保无人机的全产业链。

1）产业链上游分为两个环节：研发产业和生产制造产业

研发产业是知识密集型产业，是高素质人才和先进技术的聚集地，植保无人机研发产业主要包括无人机动力装置、飞控系统、喷洒系统、飞防专用药剂、核心零部件的开发、设计和改进等；生产制造产业包括无人机整机制造企业和零部件生产制造企业等，比如传感器、喷洒系统、集成系统、飞控系统、通信系统、导航系统、航空发动机、螺旋浆、电池、充电器、起落架、机臂、中心架等零部件的生产，还包括飞防农药的生产。

研发阶段关系到最终产品的质量水平，也将直接影响后续生产制造企业的生存发展。研发产业为生产制造企业注入了新鲜血液，使生产出来的产品能够更新换代，以满足用户多样的需求，生产制造产业则将研发成果转化为产品，使得研发产业的价值实现增值。无论是研发产业还是制造产业，都需要以用户需求为导向，这样才能在动态的竞争中把握市场脉搏，拓展服务范围。近几年，受植保无人机市场需求的刺激，行业内对植保无人机的技术研发和产品创新空前重视，从事无人机整机和零部件生产制造的民营企业数量也不断上涨，未来植保无人机将实现批量生产。另外，为保证飞防作业达到预期防治效果，飞防专用药剂和植保施药设备的研发必须同步跟进。

2) 产业链中游是运营服务产业

运营服务产业主要负责植保无人机的应用和推广，运营服务产业的主体包括农业运营公司、专业植保服务公司等。目前植保无人机运营企业有两种运营模式：一种是将生产出来的植保无人机销售给代理商或者客户的轻运营模式；另一种是既生产、销售植保无人机，又自建飞防大队提供植保服务的重运营模式。两种模式各有千秋，轻运营模式可以实现产品的快速扩张，重运营模式对公司建立竞争优势具有巨大作用。

实践证明，植保无人机作为一种高科技产品，农民个体并不是植保无人机最理想的消费者，这部分人群遍布全国、分布比较零散，所以销售商很难对其进行系统有效的培训，从而导致农民不能专业地操作使用和维护，出现故障的概率相对较高。另外，农民户耕地面积比较小，对植保无人机的使用率低，因此操作的熟练程度也不会得到提升，久而久之形成"使用少—事故高—使用更少"的尴尬局面，最终沦为摆设。另外，过低的使用率和高昂的维修保养费用给农民造成巨大的经济负担，所以销售企业要改变传统的营销策略，创新推广方式，将销售重点定位在逐步发展壮大的专业植保服务公司、种粮大户、农场主等主体身上，尽快实现植保无人机在全国范围内的普及使用。

土地流转的趋势促使植保无人机产业向职能化、专业化方向发展，行业内整机销售和植保服务的分离成为主流趋势，因此专业植保服务公司将成为运营服务产业的一支重要力量，衍生出运营服务市场。无人机植保服务涵盖专业的机械、农药知识，农户可能没有时间和精力去学习，将植保任务外包给专业化的团队不失为明智之举，从而各司其职，达到省时省力的效果。植保服务公司通过组建专业的飞防大队为用户提供喷洒作业，服务更为专业，不仅能提高植保无人机的利用率，节约农民的成本，还能够对无人机进行专业维修和保养，同时减少因操作失误导致的风险事故。

3) 产业链下游是各种保障产业和支持性产业等关联产业

为了使植保无人机飞防大队得到正常运营，还需要下游各种保障产业和支持性产业等关联产业的参与，包括无人机操控手的培训、售后维修、保险服务、气象信息、物联网运营企业等。支持保障性产业在整个产业链中主要承担着辅助功能，主要为运营服务产业提供相应的保障和服务，对整个产业链的发展具有重要意义，是植保无人机全产业链系统中不可或缺的组成部分。

第4章 数字农业产业融合

在产业演进和产业发展史中,产业融合现象随处可见。近年来,在信息技术迅速发展和经济全球化的推动下,跨地区、跨行业的企业兼并浪潮迭起,产业间的界限渐趋模糊,出现了不同产业相互渗透、交叉融合发展的新趋势:其特征在于融合发展的结果出现了新的产业或新的增长点。产业融合的新趋势对我国新一轮经济发展具有重要意义。因此,促进数字农业产业融合可以提升传统农业产业水平,并实现农业产业创新和培育新的增长点。

4.1 产业融合概述

4.1.1 产业融合的基本思想

产业融合是指随着不同产业的技术知识、产品业务、消费市场或价值链交叉整合,这些产业间的边界变得模糊的过程。在时间上先后产生、结构上处于不同层次的农业、工业、服务业、信息业、知识业在同一个产业、产业链、产业网中相互渗透、相互包含、融合发展的产业形态与经济增长方式,是用无形渗透有形、高端统御低端、先进提升落后,使低端产业成为高端产业的组成部分、实现产业升级的知识运营增长方式、发展模式与企业经营模式。

1. 思想起源

早期的产业融合研究是集中在技术革新基础上的计算、印刷、广播等产业的交叉和融合。1978年,麻省理工学院媒体实验室的Negroponte用三个圆圈来描述计算、印刷和广播三者的技术边界,认为三个圆圈的交叉处将会成为成长最快、创新最多的领域。随着数字技术的发展,特别是计算技术和网络技术的融合,照片、音乐、文件、视像和对话都可以通过同一种终端机和网络传送来显示,而且不同形式的媒体之间的互换性和互联性得到加强,这一现象被称为数字融合。数字融合的发展为语音、视像与数据文件等信息内容的融合提供了技术支撑,使电信、广播电视和出版等产业出现融合。植草益在对信息通信业的产业融合进行研究后指出,不仅信息通信业,实际上,金融业、能源业、运输业(特别是物流)的产业融合也在加速进行之中。他预测,不只在这四个产业领域,在制造业,产业融合也将得到进一步发展,从而大大拓宽产业融合的研究视野,为更好地构建产业融合的理论体系打下坚实的基础。

2. 含义及特征

我国学者马健在对以上西方产业融合的基本理论进行研究以后认为，产业融合较为准确和完整的含义可表述为：由于技术进步和放松管制，发生在产业边界和交叉处的技术融合，改变了原有产业产品的特征和市场需求，导致产业的企业之间竞争合作关系发生改变，从而导致产业界限的模糊化甚至重划产业界限。这个定义说明，产业融合具有下述特征。

（1）产业融合发生的基础是技术进步和放松管制。技术进步是产业融合的内在原因，放松管制为产业融合提供了外部条件。通用技术的出现和管制条件的放松，降低了产业的壁垒，使产业之间的渗透、交叉和融合成为可能，推动了产业融合的发展。

（2）产业融合往往发生在产业的边界和交叉处。历史上的三次技术革命都极大地改变了产业的面貌。然而，这些技术革命往往只在产业内部产生作用，在提高产业效率的同时也固定了产业的边界。20世纪70年代后期，以微电子技术、软件技术、计算机技术、通信技术为核心而引发的数字化、网络化、综合化信息技术革命，不仅改变了传统的产业结构模式，而且改变了产业间的交互关系。通过信息技术革新，原来互相独立的产业相互渗透，产业边界逐渐模糊，产业融合的趋势日益明显。

（3）产业融合改变了企业之间的竞争合作关系。在"合并后的产业"，企业数量自然会增加，竞争也自然会激化。由于产业融合，企业之间以及企业内部的组织形式发生相应变化，企业并购、流程重组、战略联盟和虚拟企业等逐渐成为现代企业组织形式的主流。

3. 前提条件

产业融合的产生过程是一个自组织过程，它是在技术融合、业务融合、市场融合、产业管制环境变化间的非线性相互作用等前提条件作用下产生的。也就是说，只有满足这些因素，才能促进产业融合的产生。

（1）技术融合。技术融合是产业融合最直接的条件。技术革新由于开发出了替代性或关联性的技术、工艺和产品，使这些产业可以对传统产业进行渗透，从而改变原有产业的技术路线以及产业经营的内容和形式；同时，由于这些产业技术的互联性和互换性的加强，彼此之间的交叉和融合加速发展，从而改变了产业的竞争合作关系。

（2）业务融合。业务融合并不一定意味着产业融合。业务融合出现以后，需要调整原有的产业发展战略，整合企业的物质、技术、人力和管理资源，在创新技术的基础上，积极开展新业务，努力提高企业的核心能力。

（3）市场融合。技术融合和业务融合应以市场融合为导向。市场融合是产业融合得以实现的必要条件。只有创造出足够的需求，才能实现技术融合和市场融合的价值。在市场融合的过程中，企业应建立新型的竞争合作网络，以实现资源共享，降低市场融合的风险。

（4）产业管制环境的变化。放松管制使原来独立发展的自然垄断产业得以凭借技术和经营优势互相介入，企业间的竞争进一步激化。同时不同产业之间的竞争使得原来产业内部的规制失去意义。技术融合以及建立在技术融合基础上的业务融合和市场融合促使产业管制进一步放松，从而为产业融合创造良好的条件。

4. 融合形式

从产业角度，产业融合可分为产业渗透、产业交叉和产业重组三类。产业渗透是指发生于高新产业和传统产业的边界处的产业融合；产业交叉是指通过产业间的功能互补和延伸实现产业融合，往往发生于高新产业的产业链自然延伸的部分；产业重组主要发生于具有紧密联系的产业之间，这些产业往往是某一大类产业内部的子产业。产业融合的三种方式如图 4-1 所示。

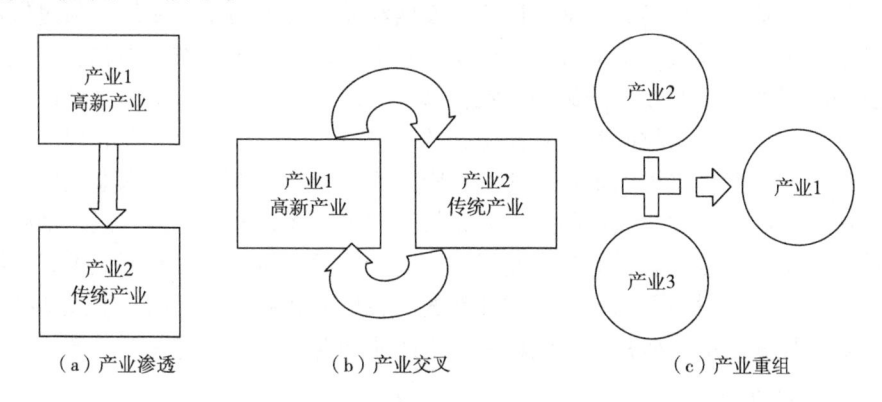

（a）产业渗透　　（b）产业交叉　　（c）产业重组

图 4-1　产业融合的三种方式

箭头方向表示技术发展的方向

从图 4-1 中可以具体看出产业融合有以下三种具体方式。

（1）产业渗透。产业渗透往往发生在高新产业和传统产业的产业边界处。由于科学技术日新月异，高新技术不断获得突破，以高新技术为核心的产业逐渐成长起来。这些高新产业，一方面从事高新技术产品的生产，另一方面逐步向传统产业延伸。高新技术往往具有渗透性和倍增性的特点，使得高新技术可以无摩擦地渗透到传统产业中，并会极大地提高传统产业的效率。互联网的发展对传统产业渗透的例子更是数不胜数，电子广告、电子图书、远程教育、远程医疗、网上书店等都是高科技产业与传统产业相互融合的证明。

（2）产业交叉。产业交叉是通过产业间的功能互补和延伸实现产业间的融合。产业交叉往往发生在高科技产业的产业链自然延伸的部分，由于技术融合、业务融合和市场融合，这种延伸将产生产业边界的交叉融合，最后导致产业边界的模糊或消失。尤其对放松管制后的自然垄断行业来说，它们扩张产业链的技术和业务条件比较成熟，产业交叉融合的现象具有更重要的意义。这些发生交叉的产业往往并不是全部融合，而只是"部分合并"，原有的产业继续存在，因此这也使得融合后的产业结构出现了新的形式。

（3）产业重组。产业重组是实现产业融合的重要手段，是产业融合的另一种方式。这一方式主要发生在具有紧密联系的产业之间，这些产业往往是某一大类产业内部的子产业。比如第一产业内部的农业、种植业、养殖业、畜牧业等子产业之间，可以通过生物链重新整合，融合成生态农业等新的产业形态。这种新业态代表了产业的发展方向，既适应了市场需求,又提高了产业效率。

4.1.2 农业产业融合的基本思想

农村一二三产业融合发展从根本上属于产业融合,它是基于技术创新或制度创新形成的产业边界模糊化和产业发展一体化现象。当今世界,产业融合已经成为产业发展的新趋势,它通过产业渗透、产业交叉和产业重组三种形式,激发产业链、分解价值链、重构和功能升级,引发产业功能、形态、组织方式和商业模式的重大变化。农村一二三产业融合发展以农村一二三产业之间的融合渗透和交叉重组为路径,以产业链延伸、产业范围拓展和产业功能转型为表征,以产业发展和发展方式转变为结果,通过形成新技术、新业态、新商业模式,带动资源、要素、技术、市场需求在农村的整合集成和优化重组,甚至农村产业空间布局的调整。农村一二三产业融合发展,可以采取以农业为基础,向农产品加工业、农村服务业顺向融合的方式,如兴办产地加工业、建立农产品直销店、发展农业旅游;也可以采取依托农村服务业或农产品加工业向农业逆向融合的方式,如依托大型超市,建立农产品加工或原料基地等。无论采取哪种方式,都必须通过第一、第二、第三产业在农村的融合发展,形成新技术、新业态、新商业模式。第一、第二、第三产业在农村的共存分立,或外部的、表层的联系,只要没有形成新技术、新业态、新商业模式,就不能称之为农村一二三产业融合发展。农村一二三产业融合发展的逻辑关系图如图 4-2 所示。

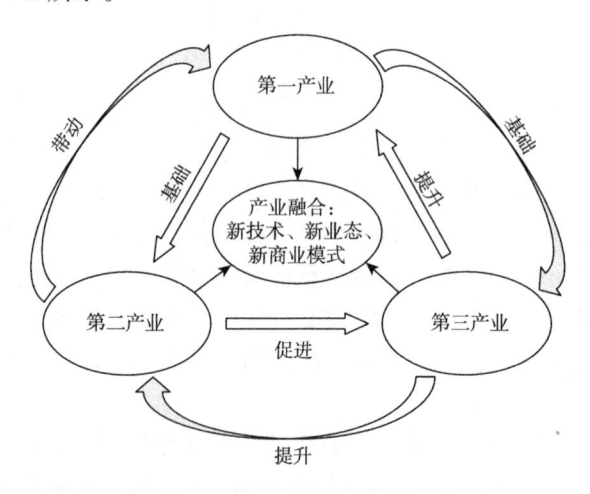

图 4-2 农村一二三产业融合发展的逻辑关系图

农村一二三产业融合发展,要突破传统农业发展方式。从图 4-2 中可以看出,一方面,作为第一产业的农业是重要基础,第二产业和第三产业的发展壮大要建立在第一产业之上。另一方面,农产品加工、特色产品开发等第二产业又带动促进第一产业的种养业和第三产业的餐饮业、住宿业、休闲旅游业的发展。反过来,如果没有第三产业的现代服务产业、休闲旅游业的发展,种养业和农产品加工业也没有发展后劲,因此第三产业的发展对于第一产业和第二产业的提升作用不可小觑。在产业布局上,要把农产品加工业作为关联产业来培育和扶持,实现农产品加工业的突破。由第一产业向第二产业和第三产业拓展，打造农业产业综合体和联合体，促进新技术、新业态、新商业模式的形成和发展，进而达到实现农业现代化、城乡发展一体化、农民增收的目的。

自 2015 年中央一号文件正式提出三产融合以来，相关文献从不同角度对其概念进行了研究和界定。王乐君等认为，三产融合是指依托农业并通过产业联动、要素集聚、技术渗透和体制机制等手段，以实现农业产业链延伸、价值链跃升、功能拓展、多主体共赢和农民分享二三产业增值收益的过程。姜长云等认为，三产融合是指以农业基础，以农业产业链多向延伸、产业范围多元拓展、产业功能转型为表征，通过农村一二三产业之间的融合渗透和交叉重组形成新技术、新业态、新商业模式，以实现要素跨界流动、资源集约配置、产业跨界融合和布局优化调整的过程。马晓河认为，三产融合是指以农业为依托，通过产业联动、产业集聚、技术渗透、体制创新等方式有机整合农产品生产、加工、销售等环节和农业休闲、其他服务业等，以实现农业产业链延伸、产业范围和产业规模扩展、农民收入增加的过程。有学者指出，三产融合是在农业生产基础上，通过资源要素融合、"三链"（产业链、价值链和供应链）延伸和对接、农业多功能开发与拓展等发展农业新产业、新业态、新商业模式的过程。综上，不同文献对三产融合内涵的分析视角、侧重点不同，有不同理解或者阐释。我们认为，三产融合是指农业内部各部门，农业与农村第二产业、第三产业通过相互间的融合渗透、交叉重组等方式形成农业新产业、新业态、新商业模式的新型农业组织方式和过程。

4.1.3 农业产业融合的起源与发展历程

1. 起源

产业融合作为一种经济现象早已受到学者的广泛关注和研究。但是很少涉及农业，以农业为主体的一二三产业融合发展的战略首先是由日本提出的。进入 21 世纪以来，日本农民的收入大幅度减少，2008 年农户收入的绝对值（294 万日元）下降至不到 20 世纪 90 年代最高时（1995 年 689 万日元）的一半。为提高农民收入，东京大学名誉教授今村奈良臣较早地提出了产业链整合的发展理念，由于一、二、三相加或相乘都等于六，所以他提出的产业调整称为"第六产业"。"第六产业"作为一种现代农业的经营方式，不仅包括初级农产品的生产过程，还包括食品加工、肥料生产过程，以及流通、销售、信息服务等过程，从而形成了集生产、加工、销售、服务于一体的链条。日本政府采取了这个发展战略，2008 年 12 月，日本民主党在其内阁会议中提出其农林水产大纲——《农山渔村第六产业发展目标》。这是日本政府首次在其政策大纲中提及"第六产业"。以此为契机，日本政府随后出台了相关的发展大纲以及财政补贴政策，将户别所得补偿制度与"第六产业"的发展相结合，大力实施"第六产业"的发展战略，"第六产业"在日本得到了迅速发展。

2. 农业产业融合发展过程

农业产业融合的发展过程大致分为以下四个阶段。

1）20 世纪 80 年代：乡镇企业引领农村产业发展

要理解农村产业融合发展中的作用机理，首先必须理解农村产业融合发展的动因。

农村产业化发展步入乡镇企业在改革开放后异军突起的阶段，引起了从中央到地方的高度重视。由于乡镇企业主体是集体（乡镇、村）所有制，参与者基本上为农民，所以大部分乡镇企业早期均建立在农村地区，早期主要业务也来源于农业及其延伸产业，乡镇企业成为最早的农业与其他产业融合互动的组织模式。这一时期，为促进乡镇企业发展，中央发布了1984年的一号文件，将当时还称为社队企业的乡镇企业定性为农村经济的重要支柱，对当时农村兴起的饲料工业、食品工业等，认定为"社会所急需而又能较快发展的几个产业部门"，要求"有关部门和地方要给予积极的指导和扶持"。当年，中共中央、国务院转发农牧渔业部《关于开创社队企业新局面的报告》，将社队企业正式改名为乡镇企业，并指出"乡镇企业已成为国民经济的一支重要力量，是国营企业的重要补充"。同时，国家还出台政策推进城乡、工农互动发展。1984年中央一号文件要求国家设在农村的一切企事业单位"按照互惠的原则，通过提供当地农民需要的各种服务""为促进商品生产发展、加强工农联盟、建设社会主义新农村做出新的贡献"。在这一时期，我国乡镇企业发展的政策环境大大改善，由此正式打破了计划经济时期我国一二三产业割裂发展的局面。我国的一二三产业融合发展进程正式开始。

2) 20世纪90年代：贸工农、产供销一体化发展

经过十几年的快速发展，该时期农业生产力得到极大提高，但是市场经济的不完善导致部分农产品开始出现滞销现象。为解决分散农户难以适应市场经济的问题，全国各地进行了农业市场化探索，最终在实践基础上选择了支持"贸工农、产供销一体化"这种三产协调发展模式。1993年，国务院印发《九十年代中国农业发展纲要》，要求"实行'种养加'、'贸工农'结合，开拓农村新兴产业，促进农林牧渔业与二三产业协调发展""发展贸工农一体化，产供销一条龙的系列化综合服务"。1997年，国家经贸委等印发《关于发展贸工农一体化的意见》，落实党的十四届五中全会提出的"大力发展贸工农一体化经营"，提出要适当扩大贸工农一体化试点的品种和范围，探索建立良好的贸工农一体化利益联结机制和运行机制，强化贸、工、农产业链中的薄弱环节，从技术改造、科技、资源综合利用等方面重点支持贸工农一体化龙头企业发展，加强农产品基地建设，提倡跨地区、跨部门、跨所有制的联合。此外，特定行业和地方政府也相继出台了一些支持贸工农、产供销一体化的政策。这一时期是我国农业一二三产业融合发展的关键时期，全国各地对农业市场化、农业产业化发展的研究和探索掀起了一股高潮，最终形成了农工商、产供销一体化的新时期农业发展模式。

3) 21世纪以来：农业产业化快速推进

进入21世纪以来，随着我国加入世界贸易组织，农业对外开放进入新阶段，急需改变单一种养结构，提升农业整体素质和竞争力。在2001年发布的《中华人民共和国国民经济和社会发展第十个五年计划纲要》中，农业产业化经营被认为是推进农业现代化的重要途径，鼓励采取"公司加农户""订单农业"等多种形式，支持农产品加工企业、销售企业和科研单位带动农户进入市场，与农户形成利益共享、风险共担的经营机制。采取财政、税收、信贷等方面的优惠政策，扶持一批重点龙头企业加快发展。

农业产业化被看作20世纪90年代"贸工农、产供销一体化"模式的升级版，政策支持力度和范围也更大。2004~2010年，连续7个中央一号文件都强调支持农业产业化

经营和龙头企业发展。2006年，农业部开始组织实施"农业产业化和农产品加工推进行动"，该行动计划重点是发展壮大龙头企业和农民合作社，提高农产品加工转化率，培育农产品品牌，完善利益联结、风险保障、监督约束、行业协调四个机制等。此外，在财政支持方面，中央财政设立了农业产业化专项资金，支持龙头企业进行标准化生产基地建设、农民培训、技术改造和节能减排；在税收支持方面，国家对龙头企业、农产品增值税、部分进口农产品加工设备等相继出台了所得税减免、增值税抵扣、免征进口关税和进口环节增值税等税收优惠政策；在融资支持方面，2009年，农业部与中国农业发展银行下发了《关于进一步加强合作支持农业产业化龙头企业发展的意见》，对龙头企业仓储设施、生产加工基地建设以及技术改造等固定资产贷款需求，可发放中长期贷款解决；在贸易支持方面，降低重点龙头企业成立进出口公司的资格，适当放宽其经营范围，中国进出口银行还为龙头企业出口提供项目融资支持。

2010年，除借助中小企业发展专项资金和国家农业综合开发产业化经营项目持续强化对龙头企业的扶持外，农业产业化政策更加重视农业产业化基地、农产品产地初加工和休闲农业发展。2011年，农业部发布《关于创建国家农业产业化示范基地的意见》，通过示范基地开展对龙头企业集群发展、农业标准化规模化生产、农产品品牌质量安全水平建设等创建任务，要求将现有的农业产业化专项资金向农业产业化示范基地重点倾斜。为提高农产品初加工水平，减少产后损失，自2012年起农业部和财政部启动了农产品产地初加工补助政策，以马铃薯主产区、果蔬优势产区特色产业带为重点，为合作社和农户提供资金补助、技术指导和培训服务。为促进休闲农业持续健康发展，2014年农业部发布通知，从休闲农业用水用电、排污收费、垃圾处理、品牌宣传、融资、公共服务平台等多个方面扶持休闲农业发展。此外，2012年以来，浙江、陕西、安徽等多个农村从强化农业产业化组织方式入手，先后出台政策扶持种养大户、家庭农场、农民专业合作社等新型农业经营主体。这一时期，我国的农业生产经营活动和农业产业发展逐渐摆脱单一空间和要素的制约束缚，农业跨产业发展、农业与相关产业融合发展的趋势日益明显，成效更加突出。

4）现阶段：农产品加工业与休闲农业引领发展

首先，农产品加工业保持快速增长，成为农村产业融合发展的引领力量。"十二五"时期，我国农产品加工业加快结构调整、产业集聚、技术创新和专用原料基地建设，实现了较快发展。以农业部认定的200多家技术研发中心为依托，初步构建起国家农产品加工技术研发体系框架，突破了一批共性关键技术，示范推广了一批成熟适用技术。产业集聚的特点十分明显，初步形成了东北和长江流域水稻加工、黄淮海优质专用小麦加工、东北玉米和大豆加工、长江流域优质油菜籽加工、中原地区牛羊肉加工、西北和环渤海苹果加工、沿海和长江流域水产品加工等产业聚集区。加工业在快速发展过程中，以公司加农户、龙头带基地等多种形式，建设了一大批规模化、标准化、专业化的原料基地，辐射带动1亿多农户。

其次，休闲农业与乡村旅游蓬勃发展，成为农村产业融合发展的新领域。休闲农业已成为重要的新兴农业产业形态和新型消费业态。农耕文化、教育科普、养生养老、创意农业、乡村旅游、创新创业成为产业融合新领域，呈现出乡村景观化、业态多样化、项目创意化、布局集群化、投资多元化、营销信息化、产业融合化等新特点，为更好地保存乡村传统文化和历史底蕴，完善农村公共服务体系，促进产业融合、农业增效、农民增收、农村环境改善和经济社会发展做出了积极贡献。

4.1.4 农业产业融合的主要模式

我国各地农村一二三产业融合发展机制可以概括为三种形式：一是农业与其他产业交互型融合，比如农业与文化、旅游业的融合。二是先进要素技术对农业的渗透型融合，比如信息技术的快速推广应用，既模糊了农业与二、三产业间的边界，也大大缩短了供求双方之间的距离，使得网络营销、在线租赁托管等成为可能。三是农业内部产业整合型融合，比如种植与养殖相结合。农村一二三产业融合发展应该以农村一二三产业之间的融合渗透和交叉重组为路径，以产业链延伸、产业范围拓展和产业功能转型为表征，以产业发展和发展方式转变为结果，通过形成新技术、新业态、新商业模式，带动资源、要素、技术、市场需求在农村的整合集成和优化重组，甚至农村产业空间布局的调整。农村一二三产业融合发展，可以采取以农业为基础，向农产品加工业、农村服务业顺向融合的方式。但是，产业融合改变了原有的竞争合作关系，导致产业界限模糊化，甚至重划产业界限。

1. 农业与第三产业的交互型融合

概括来讲，所谓交互型融合，主要表现为农业充分发挥其所具备的农业多功能性，在农业生产经营活动中植入休闲、服务理念，同时结合农村的自然景观资源，实现一种产业交互型的融合。其中，农业与休闲旅游业之间的融合在交互型融合中表现得最为典型，也最为普遍。同时，它也是休闲农业（或称乡村旅游、旅游农业、观光农业等）萌芽和产生的内在产业机理。因此，农业与其他产业的交互型融合研究以休闲旅游农业为代表。它以农业生产为依托，把原本属于农业范畴的农业经济资源以及农民生产经营活动（包括但不局限于农业初级产品种植养殖生产、农业科技的管理应用、农村的自然风光、农产品的加工制作等）与旅游产业所包含的观光、休闲、购物、娱乐、餐饮等产品或服务相融合，从而发展成为一种高效、绿色、生态型的现代农业业态，在保留和巩固传统农业功能的同时，又全面融入了农业知识性、观赏性、环保性、体验性和参与性等诸多要素，使城市游客不仅可以在乡村地区观光休闲，而且通过参与和体验传统农事活动，了解农业生产技术和农村历史，获得知识、乐趣和休憩等自我满足，从而发挥出农业产业所具有的普及农业知识，传承农业文明，增进城乡之间的信息、文化、资源、人际交流，促进社会和谐等功能。另外，休闲旅游农业还能有效拓展传统农业组织和广大村民的收入来源渠道，实现农民增收。因此，单一的农业产业向第三产业（服务业）的延伸，可以实现横向拓宽农业发展空间、纵向增加农业增值环节、总体提高农业竞争力的目标。

2. 高新技术对农业的渗入型融合

所谓渗入型融合，集中表现为信息技术、数字技术等诸多高新技术加速向传统农业和普通农业生产经营领域的介入、渗透和扩散，从而导致传统农业生产方式的变革。当前，高新技术的迅猛发展对经济社会各方面和传统产业发展的影响越来越广泛和深刻。农业作为古老的传统产业，也受到了这种影响和渗透，并引发了农业日新月异的变化。这些高新科技包括数字、模拟、现代通信、人工智能、多媒体、网络、卫星遥感等技术和全球导航卫星系统等，其中尤其是现代农业信息技术被广泛运用于农业领域，全方位、各阶段、多层次地贯穿于整个农业生产经营过程。在具体实践中，通过运用这些高新技术，现代农业经营者可以对农业生产经营的相关信息进行及时、准确、高效地收集、整理、分析、比对和输出，也能为农业生产经营者和政府相关部门的科学决策提供技术服务，从而有效提高农业产业的附加值，拓宽农业领域发展空间。

3. 农业产业内部的整合型融合

所谓整合型融合，是在充分发挥传统农业基本功能的基础上，注重水土涵养、环境保护、资源节约，同时结合生物链的基本原理，将农业内部各自分立的种植业、养殖业、畜牧业、水产业等各个子产业紧密联系起来，构建一种上下游之间的有机关联。当前，解决"三农"问题的实质是推动农业农村的可持续发展，促进农民增收。而有效整合当前农业产业各类资源，推动农业产业内部各子产业的融合发展，是实现这一目标行之有效的途径之一。在传统农业发展实践中，由于生产资源基本分布于种植、养殖、畜牧、水产等各个子产业领域，农业内部不同产业的经营主体（农户或企业）之间所发生的资源交易和经济往来，一般都是通过外部市场来实现。因此，传统农业以一种简单、单一的种养模式发展，基本遵循着资源—产品—废弃物这一线性的物质流动方式，产业之间各自孤立、单一发展。这种发展方式容易导致很多问题，如农业废弃物的大量排放，农业生产效率的低水平，土地、水等资源的巨大浪费等。这些问题不仅使生态环境遭受严重污染，而且使农业可持续性发展遭遇瓶颈，困扰着国家和谐发展的大局。

4.1.5 我国农业产业融合的政策变迁

我国在2015年中央一号文件中首次提出推进农村一二三产业融合发展，此后促进农村产业融合发展的政策层出不穷（表4-1）。促进农村产业融合发展，是拓宽农民增收渠道、构建现代农业产业体系的重要举措，是加快转变农业发展方式、探索中国特色农业现代化道路的必然要求。中共中央及相关部门形成了系列政策体系。近年来，党和国家相关机关发布的农业产业融合越来越倾向于数字农业技术的落地实施。实施推进数字农业产业融合行动，对于构建农村产业融合发展体系，实施乡村振兴战略，加快推进我国农业农村现代化都具有十分重要的意义。

表 4-1 我国农业产业融合的政策变迁

时间	部门	文件名	与产业融合有关的要点
2015年	中共中央、国务院	《关于加大改革创新力度加快农业现代化建设的若干意见》（中发〔2015〕1号）	第12条首次提出：推进农村一二三产业融合发展
2015年	国务院办公厅	《关于推进农村一二三产业融合发展的指导意见》（国办发〔2015〕93号）	要加大财税支持力度，开展试点示范，落实地方责任，强化部门协作，健全农村产业融合推进机制

续表

时间	部门	文件名	与产业融合有关的要点
2016年	国务院办公厅	《关于支持返乡下乡人员创业创新促进农村一二三产业融合发展的意见》（国办发〔2016〕84号）	鼓励和引导返乡下乡人员按照全产业链的现代产业组织方式开展创业创新，建立合理稳定的利益联结机制，让农民分享二三产业增值收益。以农牧结合、循环发展为导向，发展优质高效绿色农业。实行产加销一体化运作，延长农业产业链条等
2016年	国务院办公厅	《关于进一步促进农产品加工业发展的意见》（国办发〔2016〕93号）	进一步促进农产品加工业发展对促进农业提质增效、农民就业增收和农村一二三产业融合发展
2016年	农业部、国家发展改革委等14个部门	《关于大力发展休闲农业的指导意见》（农加发〔2016〕3号）	多方融合、相互促进。加强与农耕文化传承、创意农业发展、乡村旅游、传统村落传统民居保护、精准扶贫、林下经济开发、森林旅游、水利风景区和古水利工程旅游、美丽乡村建设的有机融合，推动城乡一体化发展
2016年	农业部	《全国农产品加工业与农村一二三产业融合发展规划（2016—2020年）》（农加发〔2016〕5号）	①农业农村经济形势持续向好，奠定了产业融合的坚实基础。②农产品加工业快速发展，成为了产业融合的重要力量。③新型经营主体蓬勃发展，构筑了产业融合的重要支撑。④新业态新模式不断涌现，拓展了产业融合的新领域
2017年		《决胜全面建成小康社会 夺取新时代中国特色社会主义伟大胜利》	促进农村一二三产业融合发展，支持和鼓励农民就业创业，拓宽增收渠道
2018年	中共中央、国务院	《关于实施乡村振兴战略的意见》（中发〔2018〕1号）	构建农村一二三产业融合发展体系
2018年	中共中央、国务院	《乡村振兴战略规划（2018—2022年）》（中发〔2018〕18号）	推进农村一二三产业交叉融合，加快发展根植于农业农村、由当地农民主办、彰显地域特色和乡村价值的产业体系，推动乡村产业全面振兴。让农村一二三产业在融合发展中同步升级、同步增值、同步受益
2018年	农业农村部	《关于实施农村一二三产业融合发展推进行动的通知》（农加发〔2018〕5号）	①落实政策引导融合。②创业创新促进融合。③发展产业支撑融合。④完善机制带动融合。⑤加强服务推动融合
2019年	农业农村部、中央网络安全和信息化委员会办公室	《数字农业农村发展规划（2019—2025年）》（农规发〔2019〕33号）	建设国家数字农业农村创新工程：①国家数字农业农村创新中心建设项目。②重要农产品全产业链大数据建设项目。③数字农业试点建设项目

表4-1中的规划、意见、决定，构建了促进农村产业融合发展的政策体系。特别是农业农村部、中央网络安全和信息化委员会办公室2019年正式发布《数字农业农村发展规划（2019—2025年）》，该规划的实施必将开启中国数字农业农村建设的新篇章，有效促进农业生产精准化、农业经营网络化、乡村治理数字化。可以看出农业产业融合的政策宏观设计基于以下几个思路和方向。

（1）强化顶层设计理念。为农村产业融合发展提供宏观指导加强顶层设计是推进农村产业融合发展的有效前提。主要包括：①守住目标和底线，确保粮食生产能力不降低、农民增收势头不逆转，增强农村产业融合发展的方向感；②打出了组合拳，把农村产业融合发展看作一盘棋，统筹谋划土地、资金、人才、项目，增强农村产业融合发展的整体感；③加强指导与协调，确保农村产业融合发展各项工作落地生根，融有所成、融有所进，增强农村产业融合发展的行动力。

(2)打造新兴业态。为农村产业融合发展提供有效载体、打造新兴业态,以市场需求为导向,促进种养销一体、农工贸游统筹,提高农业综合效益,让农民共享二三产业带来的增值收益。主要包括:①加快发展农产品加工业。要以农产品加工业为引领,以满足消费者需求为中心,促进农产品加工业转型升级,强化农产品加工技术创新,统筹规划农产品初加工、精深加工、综合利用加工,提升农产品加工率与附加值,促进农村一产"接二连三"。②积极开发农业多种功能。依托各地独特的自然资源、产业特色、人文景观等,大力发展观光休闲、乡村旅游、农耕体验等,充分挖掘农业的非传统功能,最大限度地提升农业价值创造力,变农村的绿水青山为农民的金山银山。③加快农村电商发展。政府引导新型农业经营主体、农产品加工流通企业和电商企业有效衔接,充分发挥电子商务在农业生产资料购买、农产品加工流通、农业多功能挖掘中的作用,持续激发农村电商的创新动力、创造潜力、创业能力。

(3)培育多元化和市场化的经营主体,构建农村产业融合发展的经营体系,加快农村产业融合发展。主要包括:①培育新型农民。通过培育新型农民提升农民的文化水平、专业技能和融合能力,打造一支有文化、懂技术、会融合的新型农民队伍,为解决"谁来融"的现实问题及"如何融"的深层次问题奠定微观基础。②积极发展家庭农场、农民合作社。支持家庭农场通过发展农产品精深加工、乡村旅游、电子商务等,带动普通农户参与农村产业融合发展。③鼓励农民合作社走管理规范化、生产标准化及经营产业化的道路,引导农民抱团参与农村产业融合发展。④发展壮大涉农龙头企业。支持涉农龙头企业建立稳定的原料基地、农产品加工基地、物流配送基地。⑤引导涉农龙头企业在品牌嫁接、资本运作及产业延伸等方面进行联合重组,打造产业关联度大、辐射效应强的龙头企业群。⑥大力发展供销合作社。坚持供销合作社为农服务的宗旨,创新供销合作社与农民的利益联结形式,完善按交易额返利与按股分红相结合的分配制度,通过劳动、资本、土地、技术等多种形式的合作,真正做到"基在农业、利在农民、惠在农村"。

(4)创新农村产业融合的利益联结机制。这种机制通过利益联结的形式创新,让农民成为产业融合发展的利益共享主体,增强农村产业融合发展的后劲。主要包括:①创新发展订单农业,稳固企业和农民之间的利益关系。通过农民和企业间签订生产、服务、销售合同,建立监督约束机制,形成稳固的农业生产资料供应、农产品收购、农机农技服务关系,强化违约责任,降低违约率,建立风险共担、利益共享的利益共同体。在生产上,农民按龙头企业的订单实行标准化生产,龙头企业以双方拟定的价格收购农产品;在服务上,农民、家庭农场、农民专业合作社享受批量购买农业生产资料及农机农技服务的优惠。②积极发展农村股份制、合作制、股份合作制。以农村土地确权为契机,探索农户以土地承包权和经营权、劳动、资本、技术入股,形成按股分配企业利润的分配机制,让农户分享加工、销售环节的收益;构建家庭农场、农民合作社、龙头企业相互持股的股份制、合作制、股份合作制企业,形成命运共同体。③强化工商企业社会责任,完善风险防范机制。通过税收、信贷政策引导工商企业在农村产业融合发展中承担社会责任,通过农业保险等化解农村产业融合发展的部分自然风险与市场风险。

(5)激活多种要素,培育农村产业融合发展的新动能。政策重点是把农村土地、资金、技术、项目、人才等要素聚集在一起,多要素协同发力,切实解决农村存在的农户松散、土地零散、组织软散、资金闲散、市场分散的问题，培育农村产业融合发展新动能。主要包括：①破解农村产业融合发展的用地难题。建议各省（自治区、直辖市）在年度建设用地指标中专门划出一定比例，用于农村产业融合发展的设施建设。同时，以农村宅基地确权为契机，将整治出的新增建设用地优先支持农村产业融合发展。对于社会资本投资经营的高标准农田、生态园林，当面积达到一定规模时，允许其利用一定比例的土地进行加工流通、观光休闲、度假旅游等经营活动。②拓宽融资渠道，解决农村产业融合发展的融资难题。建议增设农村产业融合发展专项补贴，对符合条件的农产品加工企业、农村电商、农家乐等给予一定资金补助，并明确用途与方向。③对新型农业经营主体开展农村产业融合发展项目给予低息甚至无息贷款，开展农户用土地承包权、经营权、宅基地使用权抵押担保试点。④培育一批农村产业融合发展的企业家、经营管理人才、科技领军人物、创新团队、生产能手及专业技能人才，尤其是培育跨产业、懂技术、会经营、善管理的综合型人才，重点提升农民整合利用资源、参与农村产业融合发展的能力水平，积极打造跨领域交流合作的平台，相互激发出农村产业融合发展的新思路、新创意。

4.2 传统农业产业融合存在的问题

4.2.1 农业与二三产业融合程度低、层次浅

近年来，各地农业、科技、商务等部门在数字农业相关领域已经开展了一些示范应用，但在这些应用项目中，除农产品电子商务、智能水肥一体化等少数领域应用效果较为突出，对农业生产经营起到了较好的促进作用外，其他如农业物联网等领域的应用效果还不明显，一部分数字农业项目属于行政驱动，仅停留在试点示范阶段，没有与新型农业经营主体的产业发展实际需求进行有机结合，对其生产经营的促进作用还有待加强。具体来看，有以下几方面。

首先，农业与二三产业融合程度不紧密，产业之间存在阻滞，互联互通不强，农业物联网落地应用情况差。农户只从事生产，不从事加工、物流、销售，农业没有"接二连三""隔二连三"，没有与加工业紧密结合，没有与休闲旅游有效衔接，农产品产加销、贸工农出现脱节。

其次，农业产业链条短，农户大多只从事农产品生产，或是进行简单的初加工，较高层次的加工很少，精加工基本为零，始终处于"种来种去、养来养去"的尴尬境地，农户在农业全产业链、全价值链、全供应链中处于劣势地位。

最后，农业附加值不高，由于农业没有分享到农产品加工、运输、销售等环节的增值收益，农业的生态、社会、文化、教育、体验等功能挖掘不足，农业附加值不高、市场竞争力不强等问题日益突出。一二三产业融合程度低已成为我国农村产业融合加快发展的掣肘。

4.2.2 先进技术要素扩散渗透力不强

目前农村正处于传统农业向现代农业逐步转型升级的关键阶段，农村地区农业行业整体的发展水平、盈利能力、融资能力较其他行业偏低，而且农业存在生产周期长、经营风险大、投资回报慢、比较效益低等特点，导致农业龙头企业、农民专业合作社、家庭农场等新型农业经营主体应用数字农业技术的动力不足，建设意愿不强，投资能力弱化，农村地区数字农业发展仍处于初期阶段。

农村产业融合发展，关键是把工业和服务业的管理、技术、资本等现代要素有机融合到农业，促进土地、房屋、生态、文化、景观等农村资源要素高效开发利用，让更多的农村剩余劳动力涌入第一产业、融入第二产业、汇入第三产业。但从各地农村产业融合发展的实践看，农村产业融合发展的要素瓶颈尚未完全突破，制约着农村产业融合发展步伐的加快。

如无人机飞防技术、水肥一体化技术、智能农场管理检测运营技术等，目前只在一些先进的涉农企业和先进示范村中应用，大部分地区不具备使用先进技术的能力、区位优势和产业发展优势，故先进技术要素扩散渗透力受到很大限制。

4.2.3 农村三产融合的载体发展滞后

农业经营主体是实现农村三产融合的基本载体。继中共十八大报告提出"培育新型经营主体"后，传统农业产业融合着力培育和发展专业大户、家庭农场、农民专业合作社等新型农业经营主体。然而，很多农村地区发展较为落后，人才资源匮乏、基础设施落后和新兴技术缺乏等多种原因导致新型农业经营主体发展滞后，农业生产仍全面处于小农自耕状态。从调研情况来看，有些地区村落没有合作社，村民对合作社的了解也是知之甚少。另外，有些地区已经形成的专业合作社、种养大户等新型农业经营主体，其经营范围也大多局限在有限规模的水稻、玉米等传统农作物的种植和牛羊牲畜的养殖，涉及农产品加工、农业旅游的非常少。总体而言，新型农业经营主体作为农村三产融合的重要载体，三产融合度低，辐射带动能力弱。具体来看，有以下几方面。

首先，具有较强实力的新型农业经营主体较少，部分新型农业经营主体自我发展能力亟待提高。尽管家庭农场、农民专业合作社、龙头企业不断涌现，实力不断增强，但与加快农村产业融合发展的要求相比仍有一定差距，而且普遍存在"用地难、融资难、用人难"等问题。其次，部分农业经营主体经营结构简单、管理粗放、经营能力不强。家庭农场、专业大户大都从事种、养殖业，规模较小，参与融合的能力较弱；大多数农民专业合作社管理松散，带动能力差，甚至处于"有名无实"的状态。再次，大多数新型农业经营主体创新能力不足，在新业态、新产业、新产品、新经营模式开发过程中束手无策，农村产业融合发展的项目同质化现象严重。最后，行业协会和产业联盟形同虚设，服务能力不强。

4.2.4 农村三产融合的硬件条件不足

基础设施建设是实现农村资源融通、三产协调发展的有效保障。农村交通、电力、水利等基础设施不完善，乡村道路建设质量较差，农村电网设备差且用电成本高，流通设施建设严重滞后成为普遍现象，这严重制约了农业生产发展和资源要素流动，使得农业生产无法有效地向农产品加工、销售、休闲以及其他服务业整合。另外，农村互联网普及率低也逐渐成为一个值得关注的问题。互联网为推动农村三产融合提供了便捷的技术平台，借助现代科技成果发展农村经济为贫困地区脱贫提供了有效途径参考和重大机遇。截至 2020 年，中国网民数量为 9.04 亿人，互联网普及率达 64.5%；农村网民规模增至 2.55 亿人，农村互联网普及率达 46.2%。

4.2.5 涉农公共服务供给不足

当前，结合信息化在农业领域的普及应用，农村地区各级农业农村部门基本都建立了相关的应用平台和数据系统，并通过多年的收集整理积累了大量本系统、本行业的数据资源，但这些平台系统之间由于行政壁垒和信息鸿沟，难以做到系统纵向与横向之间互联互通，已有的农业数据资源共享难度大，导致数据资源利用率低；农村产业融合主体在用水、用地方面"最后一公里"等的问题依然存在。具体来说，有以下几方面。

（1）大部分村庄供给主体单一。村级公益事业是农村公共服务的重要组成部分。实践中，为数不少的村庄税费改革以后，由于集体经济薄弱，又没有经费来源，公共服务供给主要依靠政府财政投入。供给主体单一是大部分村庄公共服务供给不足的重要原因。

（2）政府投入不足。虽然政府不断加大财政投入力度，但每个村庄的平均投入仍然很有限。而且，村庄获取财政支持的状况千差万别，村庄获得财政支持状况常常取决于村干部的个人能力，这种村庄发展失衡现象普遍存在。

（3）农村居民参与积极性有待提高。农村公共服务供给需要农村居民的积极参与。例如，对于村内道路建设，需要农村居民参与筹资筹劳；对于村内环境卫生服务项目，需要农村居民对家里垃圾进行分类，并把垃圾投放到垃圾桶或其他固定投放点等。从目前情况看，农村居民参与农村公共服务供给的积极性还有待提高。

（4）供给效率低。农村社会管理和行政服务也是农村公共服务的重要组成部分，供给效率有待进一步提高：一是有些村的村务公开没落实好，办理事项和办理流程没有向农村居民公开；二是农村居民办理事项常常涉及县级、乡镇级、村级不同部门，流程多；三是有些村干部由于没有接受过相关教育和培训，不熟悉业务，办事效率低。

4.2.6 农业技术领域专业人才匮乏

人力资源是农业农村发展的根本保障，也是实现农村三产融合的重要推动力。由于农村产业结构调整、劳动力大规模流动等，农业劳动人口普遍出现老龄化、妇女化和低学历化等现象。据 2015 年人口抽样调查推算，我国农村常住人口结构为女性的人口平均占比 56%，15～60 岁的人口平均占比 40%，61 岁以上的人口为 28%，而小学或以下学历的人口平均占比 28%，初中学历的人口平均占比 43%，高中和中专学历的人口平均占比 17%。在这些农村地区，青壮年等主要劳动力大多外出打工，务农人员的文化程度较低，对新思想、新技术和创新农业发展模式的认知不足。总体而言，农村地区的人才匮乏，导致农业、农村发展过程中信息、资本、技术等资源无法有效渗透，进一步导致三产协调和融合发展严重受限。

同时，数字农业属于信息化与农业产业的交叉领域，推动农村数字农业快速发展应用，亟须一大批既熟悉农业产业又懂信息技术的复合型专业人才，当前农村地区这方面的专业人才非常匮乏，越到基层和农业产业一线这种情况就越突出，同时由于待遇、环境等难以留住一部分行业人才，这些因素也都制约了数字农业技术的应用与推广和现代农业产业融合。

4.3 数字农业产业融合综述

4.3.1 数字农业产业融合的内涵

数字农业产业融合，是指在物联网环境下，运用数字农业技术，以农村一二三产业之间的融合渗透和交叉重组为路径，以产业链延伸、产业范围拓展和产业功能转型为表征，以产业发展和发展方式转变为结果，使产业边界模糊和一二三产业发展一体化的现象。这一目标的实现，需要应用产业融合的相关理论与方法来指导数字农业运营管理这一理论的发展。在此过程中，技术创新是数字农业产业融合的内在驱动力，信息与通信技术对农业产业链、信息链和价值链的重构，势必加剧传统工业、服务业以及新兴的信息业、知识业和文化业与农业融合。

4.3.2 数字农业产业融合发展的模式

1. 数字农业下的交互型融合

"互联网+"时代下，休闲农业面临非常有利的发展机遇，以"互联网+"作为休闲农业产业链整合主线，形成产业集聚，实现信息共享，挖掘休闲产业的消费者需求，可以最终提高顾客价值。具体来看，"互联网+"更加重视互联网络，在社会经济发展过程中，可以将物联网技术应用到休闲农业发展的过程当中，利用RFID红外感应、全球定位等，任何物品都能够实现与互联网的连接，实现信息的交换以及休闲农业发展的智能化。例如，智能化田间种植可提高农业劳动生产效率，实现农业精准管理。要充分利用互联网、物联网和现代物流业，发展订单农业、农超对接、农产品电子商务、农产品城乡社区直销直供等新型农产品流通业态，减少流通环节，多节点降低流通成本。农产品营销过程中也可以尝试利用物联网来对农业的生产活动进行科学合理的规划，结合休闲农业实际的文化特征，以及所面临的不同的消费者群体，来进行相关文化纪念品的设计。再比如可以利用当前移动互联网络，实现休闲农业与市场营销品牌推广的有效融合，带动相关信息产业、营销机构等行业的共同发展。

数字农业的发展为休闲农业提供了良好的契机，农业与第三产业交互融合的形式也更加与时俱进。

首先是休闲农业平台的搭建。休闲农业生态系统平台如图4-3所示。结合图4-3可以看出，以休闲农业产业公司为例，政府在整个活动中提供政策支持，承担基础设施建设，推动土地流转形成规模化运营；旅行社、地产公司、农科院、农资农机公司都参与前期休闲农业平台的规划设计过程，既是供应商也是运营商，同时旅行社的游客资源为整个休闲农业提供了大量的客户资源；农户及合作社投资农产品加工厂、生态酒店等服务平台的相关企业，再以企业作担保，由银行为合作社及农户提供贷款服务，鼓励更多的农户选择自主创业之路，为休闲农业平台提供多元服务。经过土地流转后的部分农户成了创业者、投资者，部分农户成为雇工负责农业种植或养殖业管理工作。整个休闲农业平台成为森林式规模共生体平台的培育者、建设者，跟有能力参与运营商业生态的各种利益相关者共生共存，实现了商业生态的可持续发展，而焦点企业休闲农业产业平台也收获了庞大的企业价值。

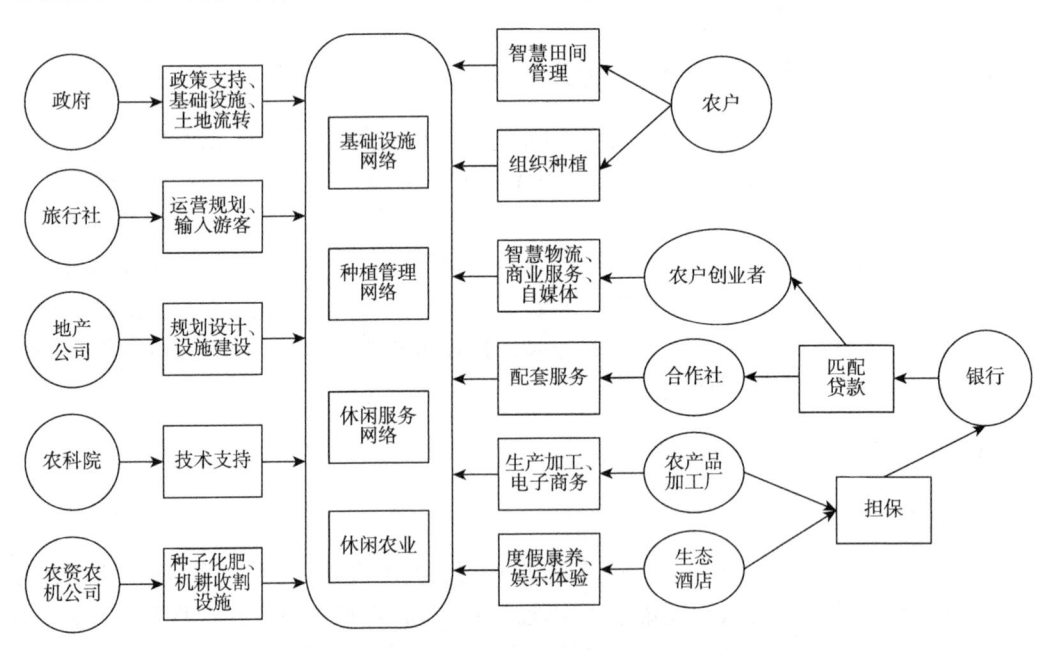

图 4-3　休闲农业生态系统平台

资料来源：李洪深.2019."互联网+"背景下的休闲农业产业链升级策略.中国农业会计，（12）：42-44

其次，数字农业产业交互型融合伴随着产业链的纵横延伸。农业产业整合休闲旅游、休闲地产，与度假、养生、养老、运动、健康、医养等项目结合，设计和创造引爆点，建立都市休闲农业的全产业链，强有力地推动农村地区的突破式发展。以互联网作为基础，通过构建开放式的信息交互平台，逐步地实现休闲农业产业链上下游之间的有效衔接，通过信息共享、资源共享、优势互补逐步地构建起一条更加完善的产业链。利用开放性的"互联网+"数据平台，在休闲农业产业链上游，可以针对当前的市场情况进行差异化的大数据分析，以此来进行相关休闲农业产品的设计，在把握市场需求的基础之上，将所设计的休闲农业项目产品逐步地推广到产业链中游的农家乐、农庄，以此作为基础来实现产品的推广。在产业链的下游则能够根据自己的消费情况以及旅游的体验情况来形成科学的数据，将数据反馈给产业链的中游、上游，由上游再次进行相关项目产品的改进研发，再投放到产业链中游进行运营，最后由产业链下游相关产业来进行后续的跟踪、维护、回访，如此便能够形成一个相对科学完整的产业链闭环，通过信息的交互传递资源的优势互补，逐步地实现产业链的横纵延伸，由此整个休闲农业的产业链将会更加具备生命力。

此外，休闲农业的产品设计也更为优化。由于当前我国的休闲农业在消费主体上仍然是以旅游者为主，所以应当为旅游者提供一次更加完整的购物旅游经验和体验，应当囊括食、住、行、购、游和娱六大要素。以"互联网+"为基础，利用云计算等相关数据来实现对这六大资源要素禀赋的科学合理设计，结合休闲农业自身的实际特点，针对不同的资源要素，开发出不同的系列产品。

"互联网+"运用在休闲农业价值链构建中，为休闲农业发展提供新技术、新模式、新思维，探讨休闲农业产业链升级改造的思路与方法，为我国休闲农业发展提供参考。

2. 数字农业下的渗入型融合

在数字农业背景下，物联网、大数据等技术与农业紧密结合，从而实现数字农业下的渗入型融合。从整个产业链来看，涉及产业融合的技术正如图 4-4 展示的那样，有传统农业信息获取技术、数字农业区域环境感知技术、数字农业投入产出监测技术、数字农业生长状态监测技术、数字农业仓储运输技术以及物联网与区块链相关技术。每一层技术下面都包含几种不同的技术，通过它们与农业的紧密结合，能够逐步实现农业数字化，从而达到提高农业效率，节约农业资源，提高农产品质量等的目的。

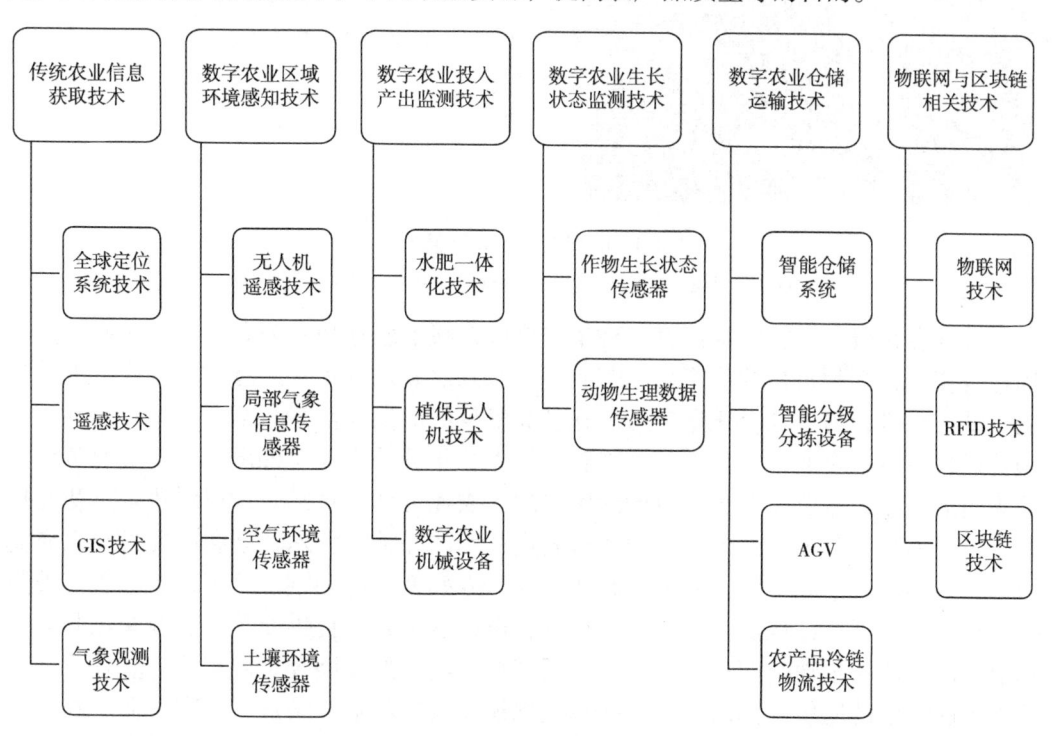

图 4-4 数字农业技术

渗入型融合模式符合"数据驱动的生产情景在线构建→基于情景和知识的智能化服

务→需求触发的资源优化配置"流程，在该流程基础上可以构建出农业生产社会化服务的智能调度模型。农业生产社会化服务的智能调度模型能够实现农业生产社会化服务的线上智能匹配和线下实时调度。

农业生产社会化线上服务平台可以实现社会化服务智能托管与匹配，服务对象包括种植户、合作社、家庭农场、涉农企业等。农业生产社会化线上服务平台可以真正实现农业现代一体化，它的服务内容包括GIS定位、大数据统计、农业保险、农业生产、病虫防御、土地流转、农业信贷、农贸商城、专家服务咨询等。它是实现智慧农业、数字农业的超值服务平台。中国农业社会化服务平台是农业生产社会化线上服务平台的典型案例，该平台提供多种农业服务，其中图4-5是该平台的机防服务。从图4-5我们可以看出，机防的各项服务信息都很明确，服务对象可以自行下单，方便快捷。

图4-5 中国农业社会化服务平台

资料来源：http://www.zgnf.net/servicehall/detail?id=12116[2021-09-27]

就社会化服务智能托管而言，种植户可以在线上服务平台公布自己的农业需求，周边合作社得知种植户的需求后，若有能力和意愿满足其需求，可以通过线上下单与农户签订托管合约。社会化服务智能托管具备良好的发展前景。第一，这样有利于引领普通农户参与农业现代化进程。随着农村青壮年劳动力大量外出务工，农业劳动力呈现出老龄化、兼业化趋势，有的地区出现了农业劳动力短缺。发展农业生产智能托管，可以通过服务组织的专业化服务将先进适用的品种、技术、装备等要素导入农业生产，切实解决小农经济经营方式粗放、生产效率低下等问题。第二，有利于促进服务规模经营发展。开展农业生产智能托管，通过服务组织提供专业化、规模化服务，形成了既不流转土地经营权，又能发展适度规模经营的新路径，满足了一些农户继续从事家庭经营的愿望，同时让农户分享到规模经营的收益。第三，有利于促进农业节本增效。通过开展托管服务，服务组织可以集中采购农业生产资料，降低农业物化成本；可以采用先进农作技术，充分发挥农业机械装备作业能力，降低生产作业成本；可以采用新品种、实行标准化生产，提高农产品产量和品质，实现农业节本增效。第四，有利于推进农业绿色生产发展。农业绿色发展是一项长期战略任务。专业化的农业生产托管服务组织技术装备先进，统防统治、科学施肥等绿色生产技术的应用推广能力强，可以有效克服部分农户缺乏科学使用农资、绿色防控病虫害等先进技术的困难，实现"一控两减三基本"[①]目标任务，促进农业绿色生产和可持续发展。农业生产社会化服务的线下实时调度可以实现社会化服务资源优化配置与调度，具体包括农资服务、农技服务、金融服务和销售服务。

以农技服务中的物联网驱动下的水肥一体化为例进行介绍。水肥一体化技术是农作物实现灌溉与施肥同时进行的一项技术，将肥料与水融合，利用管道系统对农作物进行适度的灌溉，在灌溉的同时农作物必需的养分也得到了满足，通过此项技术水分与肥料的管理实现了同步化，并且提高了农业中的水资源利用率。物联网下水肥一体化技术与物联网技术在农业生产中实现了有机结合，传统纯粹依靠农业经验的生产模式逐渐被取代，在农作物的灌溉喷药等方面实现了智能化。在智能化管理系统下，农业生产的各个要素，包括农作物的生长环境温度、湿度、土壤的养分含量，水分等均可以实现精密的管理，农作物不同的生长时期所需的养分含量以及比例都能够有精准的把握。农民只需要依据智能化系统设置好的参数，就能够对作物的生长实现精确的掌握以减少农业生产的损失，使农业生产的效益大大提高。

在数字农业产业融合进程中，以物联网驱动的水肥一体化将会体现出重要的作用，但仍然有很多方面值得进一步发展。首先，我们要加大产品开发力度。根据不同地形灌溉方式的不同，加强配套的水肥一体设备的开发与研究，对不同环境下土壤的养料与水分以及农作物不同生长阶段所需的不同环境做详细的调查，对各项参数进行细致的分析与处理，形成各地水肥一体化技术的特色模式。加强农业规模化种植力度，使水肥一体化技术充分结合物联网技术，并与传统的农业技术相应地融合，使物联网下水肥一体化技术实现规模化，农业生产的管理实现智能化水平。其次，我们要加快灌水与施肥一体化进程。针对物联网下水肥一体化技术在实际应用中结合尚存欠缺的情况，在农作物生长所需肥料、土壤养料的成分以及水分含量等方面，农业技术人员要加强二者的结合力度，通过采取有效的措施，应用物联网技术智能化的优点以及信息获取的便捷，使农业生产的灌溉与施肥能够切实实现一体化，进而使农业生产搭上先进技术的快捷车道，实现快速发展，为农业生产带来更多的经济效益，提升农民的收入水平。

3. 数字农业下的整合型融合

数字农业下的整合型融合是指农业内部的种植业、养殖业、畜牧业等子产业之间，通过数字农业产业链重新整合，形成生态农业等新型产业形态。其依据生物链的基本原理而建立起产业上下游之间的有机关联，发挥农业的生态保护功能。典型业态是生态农业、节能农业、循环农业和绿色农业。

[①] "一控"是指控制农业用水总量和农业水环境污染，确保农业灌溉用水总量保持在 3720 亿 m^3，农田灌溉用水水质达标。"二减"是指化肥、农药减量使用。"三基本"是指禽畜粪污、农膜、农作物秸秆基本得到资源化、综合循环再利用和无害化处理。

数字农业的整合型融合体现在多个方面。首先，从技术方面来看，各个科技公司、电商服务平台、高校等智囊团产生了一系列诸如作物生长状态传感器、动物生理数据传感器等数字农业生长状态监测技术，来完成立体循环农业的全产业链智能监测；其次，从政策方面来看，政府对资源节约型、环境友好型农业发展一般都给予导向性的优惠政策；最后，从市场方面来看，有机绿色无污染食品的高利润和高回报，对农业经营主体发展资源节约型、环境友好型"两型"农业有一定的激励和推动作用。目前，一些农业经营主体以依托数字化技术构建生态产业链为目标，自发地对种植、养殖、畜牧等产业进行有机整合，建立了基于生物链原理的产业有机关联，形成了数字循环农业发展模式。这种新型的生态农业发展模式，催生了跨种植、养殖、畜牧等产业经营的融合性农业经济组织。从经济学意义上分析，这种农业经济组织在经济交易上的特征可以总结为：将产业内部子产业融合前的外部市场交易，成功地转化为产业有机关联基础上的内部交易，不仅符合经济学上的内部交易原理，大大节约了交易成本，而且也能有效提高农业资源的配置效率。图4-6就是整合型融合农业的运作逻辑图。

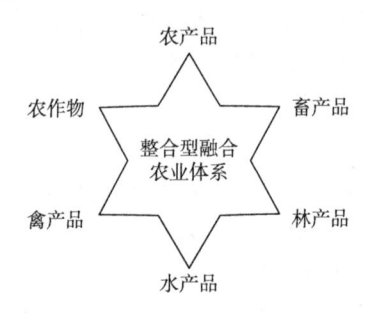

图 4-6 整合型融合农业运作逻辑图

从图 4-6 可以看出，这种整合型融合的农业运作模式实则是将农产品、畜产品、林产品、水产品、禽产品、农作物等融合起来的整合型融合农业体系。这种在农业产业内部的整合型融合的典型模式就是"立体生态技术循环农业"。具体来说，通过种植业、畜牧业、渔业等与加工业有机联系的综合经营方式，利用光伏发电、智能监测技术等手段，以生物菌群发酵的核心技术在农林牧副渔多模块间形成整体生态链的良性循环，力求解决环境污染问题，优化产业结构，节约农业资源，提高产出效果，打造新型的多层次循环农业生态系统，最终成就一种良性的生态环境。在信息技术高度发达的今天，整合型融合更多地表现为以信息技术为纽带的、产业链的上下游产业的整合型融合，融合后生产的新产品表现出数字化、智能化和网络化的发展趋势。

在种植业中，生产工艺过程包括栽培植物和取得农产品的一整套工艺流程，其方向是工序的不断分化与组合，以提高农业运营效率，如农业各工序的流水作业等，制定有效使用技术装备的合理种植区域的划分标准，制订农业物流的最佳方案等。在畜牧业中，工艺流程方向是生产的连续性、节奏性、比例性、平行性，保证牲畜和所获得产品的标准性。农业生产工艺的总趋势是不断采用先进的工业工艺和数字信息技术，以保证农业生产流转过程的高技术性特征。典型模式如图4-7所示。

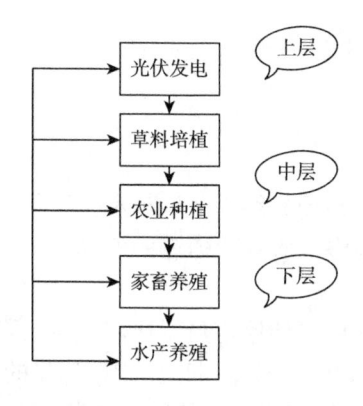

```
         ┌──→ 光伏发电    上层
         │      │
         │      ↓
         ├──→ 草料培植
         │      │        中层
         │      ↓
         ├──→ 农业种植
         │      │
         │      ↓
         ├──→ 家畜养殖    下层
         │      │
         │      ↓
         └──  水产养殖
```

图 4-7 数字农业整合型融合的典型模式——立体生态技术循环农业

传统牧业借助现代科技正在向数字化、信息化、智慧化转型升级，智慧牧场已成为我国牧场的发展方向。如图 4-7 所示，作为数字农业整合型融合的典型模式——立体生态技术循环农业，最上层是利用太阳能光伏发电，并利用太阳的照射进行草料培植，发的电可用于智慧农场中物联网等设备的电力供应；中层是大类的农业种植，可以作为下层喂养家畜的饲料；下层是家畜养殖和水产养殖，并通过其粪便等形式对中层和上层的土地达到施肥、强化营养物质等目的。从龙头企业到新型经营主体，都正在借助现代科技使传统牧业向数字化、信息化、智慧化转型升级，这也预示着未来牧场和奶业的发展趋势。下面以某乳业公司为例。

该乳业公司以奶牛健康饲养及牛奶安全高产为前提，秉承种养结合、立体模式、智能饲喂、智能挤奶、智能管理的设计理念，采用全球领先的牧场生产设备、信息化管理平台，全机器人种植规划、全机器人饲喂、全智能化数字管理等。通过农业内部各产业和数字化技术的配合，奶牛产奶量可提高 10%~15%，乳房炎发病率降低 15%，奶牛平均使用胎次提高 1.5~2 个。与传统牧场相比，用人由 35 人降低到 10 人，单头奶牛年综合收益提高 20%，是未来奶业可持续发展的新途径。

另外，该智能农场将种植的优质青储玉米和牧草作为奶牛的饲料，用智能化数字农业设备进行科学、合理的喂养搭配，对种植业在最初播种阶段进行具体的规划安排，包括时间、种类、数量、分布、光照、温度、水肥等；不但使此循环中的种植业收成和处理更有保障，而且使得以奶牛为代表的畜牧业饲料来源更为稳定，奶源更为安全、质量更为可控；最后，奶牛的排泄物通过智能设备的监控和处理，牧场粪水集中收集，经固液分离机做干湿分离。固体部分经发酵灭菌脱水，做牛床垫料，循环利用；液体部分经黑膜密闭储存，厌氧发酵充分消毒熟化，发酵后沼液回归周围 2000 余亩果园，种植生产优质有机水果。此循环过程大大扩充和稳定了该数字农业整合型融合的产业链。

同时，该项目遵循"绿色生态"定位方针，致力于建造环境友好型牧场，带动周边的有机种植、农业观光产业，将成为当地农业观光的重点区域和美丽田园综合体的亮点工程。

4.3.3 数字农业产业融合的机遇与挑战

1. 机遇

1) 运营方面

数字技术通过降低复制、传输、跟踪、验证和搜索数据的成本来改变经济活动。由于成本下降，数字技术将提高整个农业价值链的效率。

A. 农场效率提高

在农场上，精确农业技术可以使给定产量所需的投入降至最低。例如，可变速率施用（variable rate application，VRA）技术可以施用精确量的水、肥料、农药、除草剂等。许多经验研究发现，VRA可以提高投入物的使用效率。通过将VRA与地理空间地图结合使用，农民可以将输入信息应用于其农场的超本地化区域，有时甚至可以应用于单个工厂级别。减少投入使用可降低成本并减少对环境的负面影响。此外，经验证据表明，精密农业技术可以提高产量。在美国的花生农场，引导系统的产量增加了9%，土壤分布图的产量增加了13%。阿根廷的一项研究发现，基于作物生理原理的精确农业方法可以使农场产量提高54%。数字农业可以提高农场内部和农场之间的有形资本分配效率。通过促进设备共享市场，数字技术可确保闲置的拖拉机更少，并使所有者获得额外收入。此外，没有资源进行大笔投资的农民可以更好地使用设备以提高生产力。

数字农业通过提升农民的知识水平来提高劳动生产率。电子扩展（传统农业扩展服务的电子提供）使农业知识和技能得以低成本传播。例如，Digital Green公司与当地农民合作，以50多种语言制作和传播有关农业最佳实践的视频。电子扩展服务还可以通过移动应用程序或其他数字平台上的决策支持服务来提高农场生产力。利用多种信息来源（天气数据、GIS空间地图、土壤传感器数据、卫星/无人机图片等）电子扩展平台可以为农民提供实时建议。例如，启用了机器学习功能的移动应用程序Plantix可根据智能手机的照片诊断农作物的病虫害和营养缺乏症。在一项随机对照试验中，Casaburi（卡萨布里）等发现，通过短信收到农业建议的甘蔗种植者相对于对照组而言，单产提高了11.5%。

最后，数字农业通过减少劳动力需求来提高劳动生产率。精确农业固有的自动化（从奶牛场的挤奶机器人到带有自动气候控制的温室）可以通过减少所需的劳动力来提高农作物和牲畜的管理效率。

B. 市场效率提高

除了简化农业生产，数字农业技术还可以提高农业市场的效率。手机、在线信息与通信技术（information and communications technology，ICT）、电子商务平台、数字支付系统和其他数字农业技术可以缓解市场失灵，并降低整个价值链中的交易成本。

减少信息不对称：价格信息影响竞争市场的效率，因为它影响套利及农民和消费者的福利。由于数字传递信息的边际成本接近零，因此数字农业具有传播价格信息的潜力。Aker（阿克）和Fafchamps（凡夫彻平）发现，尼日尔引入移动电话覆盖功能可降低农产品食品的空间价格分散性，尤其是对于偏远市场和易腐商品。同样，印度的互联网亭（电子仓库）提供的价格信息导致农民的净利润增加，因为贸易商失去了独占权。价格信息数字平台的其他示例包括MFarm和Esoko。

匹配的买卖双方：电子商务可以降低匹配的买卖双方的搜索成本，从而可能缩短价值链。农民无须经过数十个中介，而可以直接向消费者出售。市场准入服务也可以解决匹配问题，而不必托管在线交易。例如，Esoko 将市场信息（特定商品的价格、市场位置等）发送给代理商和农民，并将其与商品购买者联系起来。所有这些匹配的平台都可以帮助小农户与买家进行协调，并进入区域和全球价值链。最后，需要注意的是，数字技术还可以促进金融市场和投入市场的匹配，而不仅仅是生产者对消费者的产出销售。

降低商业市场的交易成本：无论是集成在电子商务平台中还是集成在移动货币账户、电子钱包等中，数字支付都可以降低农业市场内的交易成本。在农村地区，对安全、快速的货币交易的需求尤为明显。另外，数字支付可以提供通往银行账户、保险和信贷的途径。使用分布式分类账技术或智能合约是减少商业市场中与信任相关的交易成本的另一种方法。许多零售和食品公司已与国际商业机器公司（International Business Machines Corporation，IBM）合作开发与食品安全性和可追溯性相关的区块链试验，阿里巴巴正在测试区块链以减少中国与澳大利亚、新西兰之间的农产品电子商务中的欺诈行为。

降低政府服务的交易成本：数字支付还可以简化政府对农业补贴的交付。2011 年，尼日利亚联邦农业和农村发展部开始通过手机向电子钱包提供化肥补贴券；到 2013 年，化肥补贴者已覆盖了全国 430 万小农。与以前的计划相比，电子凭证降低了成本——从 2011 年到 2013 年，每位小农获得肥料的成本从 225～300 美元降至 22 美元。电子凭证还惠及了更多的小农户，从 2011 年的 60 万人至 80 万人增加到 2013 年的 430 万人。在该计划的第二阶段，尼日利亚政府制订了尼日利亚农业支付计划，该计划分发了启用个人识别码（personal identification number，PIN）的身份识别卡，其中包含补贴信息，并提供贷款和赠款的使用。哥伦比亚、卢旺达、赞比亚、马里、几内亚和尼日尔还存在或已经试行了其他农业补贴电子钱包、电子凭单系统。除了降低补贴成本，政府还可以利用数字技术节约农民时间。爱沙尼亚实施 e-ID 和 X-Road 系统后，申请农业补贴的时间从每人 300 min 减少到 45 min。

很少有一种数字农业技术能够解决一种离散的市场失灵问题。但是，数字农业技术系统可以协同解决多方面的问题。例如，电子商务解决了两个效率问题：买卖双方很难匹配，尤其是在农村地区，以及与面对面的现金交易相关的高交易成本。

2）金融方面

数字农业显示出创造更公平的农业食品价值链的希望。因为数字技术降低了交易成本和信息不对称，所以它们可以通过多种方式改善小农户的市场准入。

A.金融包容性提高

由于多种原因，数字农业技术可以扩大农民获得信贷、保险和银行账户的机会。首先，数字技术有助于减轻农民和金融机构之间存在的信息不对称性。当贷方确定农民的信用上限或保险费时，他们通常不确定农民所面临的风险。数字技术降低了验证农民预期风险的成本。肯尼亚公司 M-Shwari 使用客户的电话和移动资金记录来评估信誉度。在计算农民的贷款资格时，诸如 FarmDrive 和 Apollo 农业之类的组织将卫星图像、天气预报和远程传感器数据结合在一起。卫星图像可以确认农民的有形资产或土地使用情况，RFID 技术可以使利益相关者监视牲畜，使保险公司更容易了解农民的风险。在所有情况下，低成本的数字验证都会减少贷方的不确定性：问题"这个农民会偿还贷款吗？"和"这个农民面临什么风险？"变得更加清晰。

其次，数字技术增进了农民与金融机构之间的信任。一系列工具可建立信任，包括实时数字通信平台和区块链/分布式分类账技术/智能合约。在塞内加尔，一个数字化的供应链跟踪系统使农民能够抵押他们的大米以获得种植所需的信用。贷款人接受大米作为抵押品，因为实时的数字跟踪可确保他们在收获后的过程中不会丢失或损坏产品。

B. 农户收益提高

为什么中间商通常在购买农作物或牲畜时向农民收取高昂的租金？首先，偏远地区的小农户可能不知道公平的市场价格，导致中间商（通常了解更好的市场状况和价格信息的中间人）获得了巨大的市场支配力和利润。在秘鲁中部高地进行的一项研究发现，通过手机短信接收市场价格信息的农民相对于无法获得信息的农民，其销售价格提高了13%~14%。其次，小农户与大农户相比，收成很少，因此他们缺乏与中间商进行议价的能力。如果小农可以聚集或组建合作社一起出售其产品，那么他们将具有更大的综合实力。在线平台和手机可以促进聚合，例如 Digital Green 公司的 Loop 应用程序。此外，将生产者与最终消费者联系起来可以消除中介的垄断力量，从而提高生产者的利润。如上文效率部分所述，电子商务或其他市场连接平台可以使小农直接与世界各地的消费者联系。

3）管理方面

A. 资源利用率提高

据世界资源研究所称，提高自然资源效率是"可持续粮食未来的最重要的唯一需求"。精准农业包括可变速率的养分施用、可变速率的灌溉、可变速率的种植/播种——可以在给定的产量下最大限度地减少农业投入的使用。这样可以减轻资源浪费和负面的环境外部性，如温室气体排放、水土流失和化肥径流。2014 年有学者估计，在 EU-25 国家中，改用精确的杂草管理可以节约农村多达 30 000 t 的农药。还有学者在 2013 年发现，对柑橘园进行精确灌溉可在保持恒定产量的同时将用水量减少 25%。另外，有学者在 2012 年证明，可变速率的肥料施用可以减少氮肥的施用和浸出，而不会影响产量和净回报。

B. 农产品质量提高

当前市场经济在中华大地上快速发展，农产品的数量也随着社会的发展与日俱增，随着农产品的数量增加，人们关注的问题也越来越多，现在大多数人关注的问题便是食品安全问题。因为随着社会的进步，农产品已经成为人类社会进步中不可或缺的一部分，逐渐发展成为整个人类社会进步的生命之源，提到农产品，首先想到的就是质量安全问题。这些年来，全社会讨论最为激烈的问题也是农产品的质量安全问题。因为市场上有害的农产品的数量太多了，这些有害的时刻威胁着人们的生命健康，随着病害的增加，会产生一些危害不大的慢性病。在现在的社会中，政府只有满足老百姓的需求，让老百姓买得放心、吃得舒心，他们才能放心工作，一心一意为社会谋求发展，确保社会的和谐与安稳。

数字农业产业融合下诞生的农产品可追溯平台能够全面把控农产品的质量、安全，包括种植、采摘、储藏、运输、销售等各个环节，并进行对应的管理登记，整个过程会完整记录在数据库中，并以条形码或者二维码的形式展现给消费者，消费者只需要扫码就可以获知农产品种植、采摘、储藏、运输、销售的整个过程，真正实现了消费者、管理部门、销售者对农产品质量安全整个流程的追溯查询。农产品可追溯平台主要是利用了全球导航卫星系统技术、RFID 技术、激光红外传感器等相关的技术、设备，在互联网的支持下能够有效实现信息的传输与共享，全面保障了农产品的质量安全。

2. 挑战

1）数字基础设施建设不足

尽管一些数字技术可以在手机覆盖率和互联网连接性有限的地区运行，但是农村网络覆盖率在数字农业的成功中起着重要作用。发达国家和发展中国家的 3G（third-generation mobile system，第三代移动通信系统）和 4G 蜂窝覆盖范围之间存在很大差距，诸如掉话、延迟、信号弱等问题阻碍了农村地区的电信效率。即使在国家克服基础设施挑战的情况下，网络连接的价格也可能将偏远地区的农民排除在网络之外。数字设备和数字账户也存在类似的可访问性和可负担性问题。根据全球移动通信系统协会 2016 年的一份报告，在 69 个接受调查的国家/地区的 7.5 亿农民中，约 2.95 亿拥有手机，只有 1300 万拥有手机和移动货币账户。尽管网络覆盖方面存在悬而未决的差距，但近年来信息与通信技术发展迅速。在 2007 年，发展中国家只有 1% 的人使用互联网，但是到 2015 年，有 40% 的人使用了互联网。移动宽带用户在 2005 年至 2015 年间增长了 30 倍，推动了这一增长。

2）人力资本不足

为了从数字农业的出现中受益，农民必须发展新技能。正如 Bronson（布朗森）指出的那样，培训农村劳动力的互联网技术技能（如编码）显然是农业"现代化"的关键部分。融入数字经济需要基本的读写能力（阅读能力）和数字读写能力（使用数字设备改善福利的能力）。在许多情况下，要受益于数字内容，还需要具备英语素养或熟悉另一种广泛使用的语言。数字农业开发人员已经设计出解决这些障碍的方法。但是，需要更多的人力资本开发投资，以确保所有农民都能从数字农业中受益。

3）政策法规不完善

为了传播数字农业，各国政府、多边组织和其他决策者必须提供清晰的监管框架，以便利益相关者对投资数字农业解决方案充满信心。在讨论家庭农场时，个人数据和业务数据之间的界限模糊，使数据监管变得复杂。未解决的监管问题主要涉及大数据，其中包括以下内容。

如何保证数据的私密性和安全性？农民担心谁可以访问他们的数据。数据过度透明和缺乏安全性会给农民带来困扰，学者多次呼吁政策制定者解决农业数据的隐私和安全问题。

如何解决数据所有权？现实中农民缺乏对自己和农场数据的控制。

除了制定法规以增强利益相关者的信心外，政策制定者还可以利用数字农业来提供公共物品。利益相关者无须在"数据孤岛"中运作，开放的数据源（适当地匿名化）可以促进协作和创新。开源数据可以重新平衡农民和收集数据的大型农业综合企业之间的权利不对称。另外，政府可以资助数字农业的研究与开发。对于大数据分析工具，"进入公共领域,为公共利益而不仅仅是为公司利益而工作,它们需要由公共组织资助和开发"。英国、希腊和其他国家政府已经宣布对数字农业进行大量投资。

最后,当政府和国际组织进行补充投资时,它们可以营造有利于数字农业发展的环境。通过改善数字基础设施,选择适合当地情况的数字农业技术并投资于人力资本、数字技能开发。

4.4 数字农业产业融合的前景——农业4.0模式

4.4.1 数字信息技术深度应用

通过数字信息技术,突破时空限制实现随时随地互联互通,从而大大促进了农业技术知识、农业资源、农业政策、农业科技、农业生产、农业教育、农产品市场、农业经济、农业人才、农业推广管理等各方面信息的有效传递,解决了各种信息不对称问题。在促进农业生产生活的同时,也能有效对接农产品供求市场,解决传统农业中由信息不畅而导致的滞销等问题。在信息使用方面,互联网能有效打通信息传递的"最后一公里",使各种农业信息全方位地渗透到农村一线,切实指导生产生活,并通过大数据分析等手段提高农业科学化、现代化的程度。

利用互联网技术提高现代农业生产设施装备的数字化、智能化水平,积极发展数字农业、精准农业、智能农业。通过互联网及全面感知、可靠传输、先进处理和智能控制等技术的优势改变传统的农业生产方式,实现农业生产全过程中的全程优化控制,解决种植业和养殖业各方面的资源利用率、劳动生产率、土地产出率低等问题。基于互联网技术的大田种植业向精准、集约、节约转变,基于互联网技术的设施农业向优质、自动、高效生产转变,基于互联网技术的畜禽水产养殖向生产集约化、装备工厂化、测度精准化、管理智能化转变,最终达到合理使用农业资源,提高农业投入品利用率,改善生态环境,提高农产品产量和品质的目的。

4.4.2 外部支撑条件强劲有力

农业4.0是外部条件强力支撑下发展的农业,基础设施、产业、科技、人才、市场、环境等条件缺一不可,其共同构成农业4.0的支撑体系。农业4.0时代,在政府层面将加强互联网基础设施的普及,营造农业4.0良好发展环境。完善互联网基础网络环境、物流基础环境等各类硬件基础设施建设。加大对"互联网+"农业创新的政策扶持力度,加大资源倾斜力度,促进互联网进村入户,切实利用好各类农业服务平台,营造形成农业4.0发展的大范围和大环境。

在农业4.0时代,在企业层面,龙头企业、明星企业将带动区域乃至行业发展,壮大农业信息化产业。在互联网渗透农业全产业链的过程中,会涌现出各种创新的商业模式和商业机会,传统农业企业需要根据自身的实际情况,找到适合自己的"互联网+",结合自身优势,打赢"卖货""聚粉""建平台"的互联网化"三大战役"。与此同时,部分企业较早完成了信息化建设,有资源、有用户、理解农业行业本身、理解互联网。比如司尔特、金正大、辉丰股份等农资巨头，大北农、新希望、隆平高科等农业明星企业，阿里、京东、苏宁等互联网巨头以及顺丰等物流巨头，都可依托自有资源优势，通过物联网工具进军农村和农业市场。这些龙头企业进入农村市场，能起到排头兵的作用，利用资源和实力，完善整体网络环境、物流环境等设施基础，先行培育农村市场的互联网观念，提高农村对互联网的接受程度，同时带动相关产业升级，促进并带动区域和行业发展。

农业4.0时代，互联网意识将在全社会普及，农业4.0人才不断涌现。养殖大户、农资二代、家庭农场、专业合作社等新型农村主体的信息技术和电商知识将不断普及，应创造条件让他们获得实惠和好处，起到示范效应，通过新型农村主体带动农村居民整体的互联网意识和传统观念的转变。

4.4.3 数字化人才大量涌现

数字农业产业融合达到一定程度以后，势必会涌现出一大批科学文化素质高、懂经营、善管理的复合型人才。他们除拥有开展现代农业生产所需要的技能和经营管理能力外，还具备较强的信息技能，能够良好地应用现代信息技术。届时，在国家引导下，大量科技人员、高校毕业生、青年农民工会向农村流动，汇聚成数字农业产业化主体。

数字农业将遥感、地理信息系统、全球导航卫星系统、计算机技术、通信和网络技术、自动化技术等高新技术与地理学、农学、生态学、植物生理学、土壤学等基础学科有机地结合起来，在这个过程中，数字农业专业人才将实现在农业生产过程中对农作物、土壤从宏观到微观的实时监测，以实现对农作物生长、发育状况、病虫害、水肥状况以及相应的环境进行定期信息获取，生成动态空间信息系统，对农业生产中的现象、过程进行模拟，以达到合理利用农业资源，降低生产成本，改善生态环境，提高农作物产品和质量的目的。

从大数据建设方面来看，专业人才的涌入将加速产业数字化，加速智能感知、智能分析、智能控制等数字技术向农业农村渗透。农业农村大数据建设将不断深化，市场监测预警体系将逐步完善，农产品质量安全追溯、农兽药基础数据、重点农产品市场信息、新型农业经营主体信息直报等平台能够建成使用，单品种大数据建设全面启动，种业大数据、农技服务大数据建设初见成效。

4.4.4 运行机制良性可持续

农业4.0的运行机制包括激励约束机制、利益分配机制以及风险共担机制等几部分，合理的运行机制能够使农业信息依托现代信息机制快速传递给产业链中的各个环节，并从政策、制度、法规、信用风险等方面为农业4.0的运作提供良好的外部环境；利益分配机制是农业4.0能够实现持续稳定运行的动力保障。

构建合理的利益分配机制，就是要在信息生产、传递的整个过程中产生价值增值，采用各种利益分配手段使各类信息化参与者都能增加获得的利益，形成"利益共享、风险共担"的良性运营机制。一方面促使信息服务提供商提供优质的服务，另一方面提高信息用户接受服务的积极性，进而使信息服务形成一种良性循环的、可持续的"共赢"服务，使农业信息化的整体效益实现最大化。

可见，农业 4.0 的利益分配机制从利益角度对信息生产、信息传递和信息消费进行激励，为信息化建立资金投入的长效机制提供了可持续动力。合理的利益分配机制，能够协调农业 4.0 各参与主体的利益关系，为整个农业信息化体系的运作提供利益保障和动力支持，是农业 4.0 体系建设中的一个关键环节。

4.4.5　各行业高度数据化

农业 4.0 必须要落在具体行业上，针对行业特点发力，用互联网和信息技术对传统行业进行在线化改造。具体来讲就是传统种植业、畜牧业、渔业、农机、"农产品+"、休闲等行业怎么在线化、数据化，每个行业都有自己的特点和重点，明确六大行业"互联网+"农业的战略方向。围绕六大行业发展，农业 4.0 表现为第一、二、三产业的三产融合互动，通过把产业链、价值链等现代产业组织方式引入农业，更新农业现代化的新理念、新人才、新技术、新机制，做大做强农业产业，形成更多新产业、新业态、新模式，培育新的经济增长点。农业 4.0 以全社会共赢共享为目标，出售的不再是某一系列农村产品，而是一种让人向往的乡村生活方式。不管是参与、共享，还是体验、购买，都伴随着一种情怀。因此，我们认为，农业 4.0 追求的是一个"广"字，即打造一个泛农业的生态圈。

4.4.6　资源高效利用

2017 年中央一号文件《中共中央　国务院关于深入推进农业供给侧结构性改革　加快培育农业农村发展新动能的若干意见》指出，推进农业供给侧结构性改革，要在确保国家粮食安全的基础上，紧紧围绕市场需求变化，以增加农民收入、保障有效供给为主要目标，以提高农业供给质量为主攻方向，以体制改革和机制创新为根本途径，优化农业产业体系、生产体系、经营体系，提高土地产出率、资源利用率、劳动生产率，促进农业农村发展由过度依赖资源消耗、主要满足量的需求，向追求绿色生态可持续、更加注重满足质的需求转变。

农业 4.0 是以物联网、大数据、移动互联网、云计算技术为支撑和手段的一种现代农业形态，是继传统农业、机械化农业、信息化（自动化）农业之后进步到更高阶段的智能农业。在农业 4.0 时代，与机械化农业相比，农业的自动化程度更高，资源利用率、土地产出率、劳动生产率更大。例如，每公斤水、肥、农药等资源的利用率将大大提升，农业将更加清洁、环保、健康；劳动生产率和土地产出大幅提高，将促进农业和国民经济发展，大大缓解我国农业土地资源紧张的问题。

4.4.7　全产业链高度智能化

1. 农业生产 4.0——智能农业

农业生产 4.0 主要是利用物联网技术提高现代农业生产设施装备的数字化、智能化水平，发展精准农业和智能农业。通过互联网，全面感知、可靠传输、先进处理和智能控制等技术的优势可以在农业中得到充分发挥，能够实现农业生产的全程控制，解决种植业和养殖业各方面的问题。基于互联网技术的大田种植向精确、集约、可持续转变，基于互联网技术的设施农业向优质、自动、高效生产转变，基于互联网技术的畜禽水产养殖向科学化管理、智能化控制转变，最终可达到合理使用农业资源，提高农业投入品利用率、改善生态环境、提高农产品质量和品质的目的。

2. 农业经营 4.0——农业电子商务

农业经营 4.0 主要是利用电子商务提高农业经营的网络化水平，为从事涉农领域的生产经营主体提供在互联网上完成产品或服务的销售、购买和电子支付等业务。通过现代互联网实现农产品流通扁平化、交易公平化、信息透明化，建立最快速度、最短距离、最少环节、最低费用的农产品流通网络。近几年，我国农产品电子商务逐步兴起，国家级大型农产品批发市场大部分实现了电子交易和结算，电商又进一步让农产品的市场销售形态得到根本性改变。2020 年 7 月 14 日，阿里巴巴发布《2020 农产品电商报告》，该报告显示，2019 年，阿里平台农产品交易额为 2000 亿元。2020 年新冠疫情期间，截至 4 月 25 日，淘宝、天猫平台累计为全国农民售出超过 25 万吨滞销农产品。"互联网+"农业经营的方式，颠覆了农产品买难卖难的传统格局，掀起了一场农产品流通领域的革命。

3. 农业管理 4.0——管理高效透明

农业管理 4.0 主要是利用云计算和大数据等现代信息技术，使农业管理高效和透明。从农民需要、政府关心、发展急需的问题入手，互联网和农业管理的有效结合，有助于推动农业资源管理，丰富信息资源内容；有助于推动种植业、畜牧业、农机农垦等各行业领域的生产调度；有助于推进农产品质量安全信用体系建设；有助于加强农业应急指挥，推进农业管理现代化，提高农业主管部门在生产决策、优化资源配置、指挥调度、上下协同、信息反馈等方面的水平和行政效能。

4. 农业服务 4.0——服务灵活便捷

农业服务 4.0 主要是利用移动互联网、云计算和大数据技术提高农业服务的灵活便携，解决农村信息服务"最后一公里"的问题，让农民便捷地享受到需要的各种生产生活信息服务。互联网是为广大农户提供实时互动的扁平化信息服务的主要载体，互联网的介入使得传统的农业服务模式由公益服务为主向市场化、多元化服务转变。互联网时代的新农民不仅可以利用互联网获取先进的技术信息，也可以通过大数据掌握最新的农产品地理分布、价格走势，从而结合自己的资源情况自主决策农业生产重点。

【案例分析】

2020 年 11 月 13 日，农业农村部发布对"关于进一步加大力度支持数字乡村建设的建议"的答复摘要，里面提到关于依托国家大数据建设一批智慧平台。近年来，农业农村部、国家发展改革委高度重视国家大数据平台的建设，依托海量数据资源搭建互通融合、精准高效的智慧平台，更好地为政府决策提供支撑。一是国家发展改革委配合国办电子政务办统筹推进政务信息系统整合共享，截至 2020 年，已印发实施两批部门共享责任清单，制定统一的数据共享标准规范，建立了国家数据共享交换平台，面向全国各级政务部门发布 1300 余个数据共享服务接口，提供在线数据查询核验超过 10 亿次，支撑跨部门、跨地区数据共享交换量达 997 亿条次，初步实现了 62 个部门和 32 个地方的网络通、数据通、业务通，有力支撑各级政府部门数据共享和业务协同。二是农业农村部系统内累计建设和整合覆盖农业行业统计监测、监管评估、信息管理、预警防控、指挥调度、行政执法、行政办公等领域的 396 个业务系统，积累了海量的数据资源，为支撑宏观决策、保障农业农村平稳健康发展发挥了重要作用。

党中央、国务院高度重视数字乡村建设，农业农村部同相关部门进一步加大政策支持，为数字乡村建设提供了有力保障。在国家的大力支持下，农业领域早就出现一片蓝海，阿里巴巴、京东、百度、腾讯等巨头纷纷布局智慧农业，为推动我国智慧农业建设做出努力。

一. 阿里巴巴

2018 年 6 月 7 日，阿里云总裁胡晓明在云栖大会上海峰会正式宣布推出阿里云 ET 农业大脑，希望将人工智能与农业深入结合。其核心架构如图 4-8 所示。结合图 4-8 可以看出，阿里云 ET 农业大脑基于人工智能、大数据和云计算技术优势，提供涵盖产业链上游、核心、下游及仓储物流、供应链金融服务的人工智能整体方案，目前已成功应用于生猪养殖、苹果及甜瓜种植。ET 农业大脑通过四个层面，将新技术和互联网的能力附载到农村和农业。第一，农业资料数据化，生成数据档案；第二，建立农产品全生命周期管理和监测，提升农产品的质量；第三，基于互联网打造智慧农事系统，未来农民通过手机端就可以进行可视化管理；第四，打造全链路的溯源系统，追溯农产品从播种、生长到餐厅的全过程。

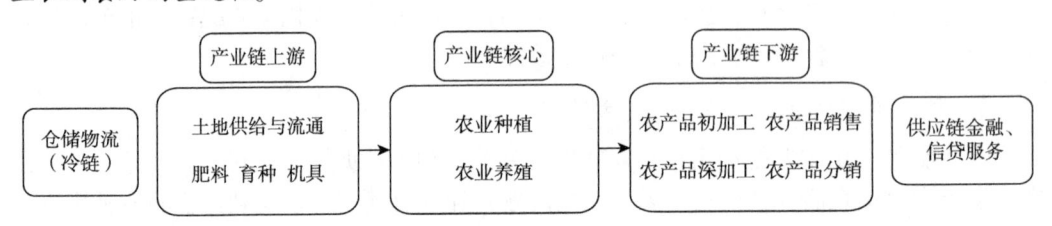

图 4-8 ET 农业大脑核心架构

除了接入智能农业生产的阿里云，阿里巴巴在金融与农资服务、数字平台运营以及智能物流等领域均有所发展。

1. 基于新型农业技术服务商的视角

传统养猪对猪只的身份信息、生理信息（体温、呼吸、咳嗽）和疾病运动数据的收集是严重缺失的，而这些数据采集和分析对中国畜牧业企业降本增效，提高猪肉安全和质量却是至关重要的。2018 年 2 月 6 日，阿里云与两个集团宣布合作，为全面实现人工智能养猪投入数亿元。阿里云 ET 农业大脑设计出一整套猪场生产流程的数据规范流程，配合智能设备以及图像语音的 AI 识别算法，无接触式、无人工干预地自动识别猪身份、监控猪生命体征信息、自动录入猪疾病症状和治疗效果，实时监测猪只健康情况。

以 A 集团猪场为例，猪场每一头猪从出生之日起就被打上数据标签，建立起包括品种、体重、进食情况、运动频次、轨迹、免疫情况等资料在内的数据档案。饲养员再也不用花费大量的时间，通过手写和 Excel 表格来汇总资料。猪在吃奶、睡觉、生病的时候会发出不同的声音，ET 农业大脑结合声学特征和红外线测温技术，可通过猪的咳嗽、叫声、体温等数据判断其是否患病，以预警疫情。猪场内还遍布着 ET 农业大脑加持的摄像头，不仅可以自动采集猪的体形数据，还会记录每头猪的运动距离、时间和频率，运动量不达标的猪，会被饲养员赶出室外"加练"。基于新型农业技术服务商的视角来看，ET 农业大脑为农户和企业提供了新型的农业技术服务，促进了第一产业和第二产业的融合，这极大地减少了生产成本，规范了养殖的生产流程，奠定了猪肉食品安全溯源基础。ET 农业大脑通过建立一整套猪只健康档案和实时分析，为中国广大畜牧业农户和企业生产安全保驾护航。数据表明，2017 年，在特驱猪场，每头母猪提供的出栏生猪数量为 22～25 只，而 2018 年已经达到了 25～28 只，收益增加了 10%以上。

2. 基于金融与农资服务主体的视角

B 公司虽和阿里巴巴无隶属关系，但二者有着非常紧密的联系，B 公司通过"互联网推进器计划"，为小微企业和个人消费者提供普惠金融服务。B 公司农村金融事业部有三种模式：数据化金融平台模式、"线上+线下"熟人借贷模式、供应链金融服务模式。这三种模式，激活了农民的信用，让农民也和城里人一样，能享受到同样的金融服务。

第一种是数据化金融平台模式，对应的是农村消费者、普通农村种植养殖户、农村电商等的偏消费需求，客户数量大，但信贷资金体量整体最小。服务方式是通过网络方式，借助网商银行等为全国范围的涉农用户提供综合金融服务，包括支付、保险、信贷等。第二种是"线上+线下"熟人借贷模式，对应的是中小型生产经营户、中小型农村种养殖户、小微企业及个体经营户的经营性需求，其在客户数量和信贷资金体量方面居于金字塔中间部分。B 公司联合村淘合伙人等合作伙伴一起采用此种模式应对线上无法完全覆盖，线下成本又很高的情况。第三种是供应链金融服务模式，对应的是规模新型农业主体的生产需求，其客户数量较少，但信贷资金体量最大。

2016 年中开始，B 公司开始探索与保险公司联合为大型种养户提供从贷款到销售的"融资+保险+农业"一体化金融服务，不仅解决了大型种养户的资金困难，也减轻了龙头企业的产业链负担。2018 年，B 公司在原来的基础上继续开拓供应链及产业金融的新模式。B 公司携手国内领先的生鲜电商公司，整合阿里电商力量，包括农村淘宝、天猫超市等，首次对外阐释了 B 公司在"金融+电商+农业生产"的互联网农产品供应链布局，向生鲜电商公司提供一套供应链金融解决方案，并首度阐释了农村金融的战略规划。陕西省周至县是国内最大的猕猴桃产地之一，同时也是世界猕猴桃的"祖籍"。北吉果蔬专业合作社是周至县极具规模化的猕猴桃合作社，社员涵盖了当地数百户果农。从这家合作社开始，B 公司与生鲜电商公司一起，将精品农业以销定产、互联网绿色金融、农产品供应链生态的模式推向生鲜原产地。基于对合作社产品的认可及稳定合作，生鲜电商公司将同合作社签署采购协议，在 10 月底猕猴桃成熟时，将定点采购猕猴桃中的高端品种"翠香"，并通过天猫超市的生鲜区，将该产品推向普通用户。B 公司对订单进行识别、确认后，通过 B 公司旗下的网商银行，给合作社提供低息贷款。同时，为实现生鲜电商公司对于果品品质的把控，贷款将通过定向支付工具专项用于从农村淘宝购买生鲜电商公司指定的农药、农资，并将合作社的采购信息线上传输给生鲜电商公司，从而实现果品生产过程的全程把控。在这个过程中，B 公司保险事业部联合保险公司还为农资、农药线上销售提供品质保证保险，确保产品质量无忧。在整个过程中，农户不再担心农产品的销售、农业生产资料的投入，甚至无须再出门采购农资，只需要种植好自己的猕猴桃，就能获得稳定的收入。从农业生产经营的投入，到农业生产资料的购买，再到农产品的销售，"金融+电商"的模式覆盖了整个过程的方方面面，形成了一个农产品供应链的线上生态链。

从生鲜电商公司及合作社反馈来看，B 公司为这个链条提供的贷款和保险服务颇具吸引力。基于采购订单的信用贷款模式，可在贷款申请提交后的当日收到款项，其放款效率远高于其他任何贷款方式。B 公司在其中提供的贷款定价，也远低于其在市场上可获得的同类金融产品。此外，更重要的是：线上化的农资的品质保证保险为农户线上购买农资提供了信心。电商购买模式和送货上门也优化了农户的购买体验。在这个链条中，农户更像是整个链条中的"工作员"，种植出好的果品成了一份职业，农户无须再为做好工作之外的事情担忧，真正做到了无忧生产、无忧销售。

3. 基于数字平台运营商的视角

2020 年 6 月，农业农村部农村合作经济指导司与阿里巴巴集团签署战略合作协议，共同推进数字化在提高乡村治理水平、壮大农民合作社队伍、提升农业社会化服务能力方面的应用与发展，助力乡村振兴战略深入实施。在数字化乡村治理方面，针对乡村组织特点和治理需求，利用钉钉平台产品及服务，以社会管理、公共服务、应急处置、乡风文明等内容为重点，为乡镇、村两级免费搭建数字化治理平台，逐步推进乡村治理数字化进程。根据双方合作协议，国内乡村治理体系建设的 115 个试点区县将优先获得阿里巴巴的数字平台支持，由阿里钉钉为试点区县搭建数字化治理平台，以社会管理、公共服务、应急处置、乡风文明等内容为重点，逐步推进乡村治理过程的全面在线，用数字化技术为基层治理的现代化赋能。据了解，这 115 个区县为中央六部委共同筛选出来，按照乡村振兴战略的总体部署，以期在乡村治理方向发挥示范引领作用的试点区县。

2020 年 9 月 30 日，安徽省农业农村厅与阿里钉钉签署《推动乡村治理数字化 助力乡村振兴合作框架协议》，双方将共同推进数字化在乡村治理方面的应用，建设数字乡村，助力安徽乡村振兴战略深入实施。根据战略合作协议，安徽省将在乡村治理试点示范县、示范村镇和农业农村部门运用钉钉产品、方案及服务，推进乡村治理数字化，让"小事不出村，大事不出镇"的"枫桥经验"通过数字化、产品化方式在全省推广落地。在基层治理方面，将通过乡村治理示范村镇和村民组织在线，强化干群之间沟通纽带，并运用民情反馈、书记信箱、群组、视频会议、直播、在线投票等数字化方式，提升基层干部服务群众的能力和水平，充分发挥村民委员会、群防群治力量在基层自治方面的作用。在乡村文明建设方面，将充分运用数字化积分制管理、红黑榜、积分兑换等方式倡导乡村文明。钉钉在面向乡村治理方面提供了多维度、多功能的使用体验，打造了一个数字乡村信息基础设施底座，前期在浙江省杭州市临浦镇、建德市都有了数字化基层治理的成功实践。目前，钉钉数字乡村的成功经验正在复制到更多地方，为我国乡村振兴助力。

此外，农业社会化服务组织也将得到阿里巴巴的支持，由阿里钉钉为其搭建起数字化管理平台，推进机械调度、人员管理、服务监督、财务核算等运营管理的数字化，这一应用将得到农业农村部的支持。基于阿里钉钉搭建的农业生产服务平台，在钉钉平台上可以享受农资服务、作物数字化管理、农产品销售、农民融资贷款等多项惠民服务，务农逐渐转向数字化、轻易化。

以图4-9的AI工具为例，它作为农户病虫害健康管理的智能工具，参与到了阿里钉钉的农业数字化服务平台中，为农业领域用户提供精准的病虫害识别与智能推荐用药服务，通过AI技术和强大的算法团队、植保团队，依托于手机，为广大种植户打造一款聚焦于田间应用的作物病虫草害识别工具，使病害诊断迈入智能时代。该AI工具现在支持各大企业将其钉钉小程序添加到企业服务中，广大用户可通过钉钉进行体验。它覆盖多种农业核心作物，实现病害拍照识别。此外，它还是农业版的"百科全书"，可供用户24 h查阅；它可以一对一在线问诊，农业专家随叫随到；它还有海量农技课程，能从根本上解决农技知识薄弱问题。

图4-9 AI工具

4. 基于智能物流主体的视角

D公司是2013年5月28日，阿里巴巴集团、银泰集团联合复星集团、富春集团、三通一达（申通、圆通、中通、韵达），以及相关金融机构共同合作、共同组建的。D公司的目标是通过5年至8年的努力打造一个开放的社会化物流大平台，在全国任意一个地区都可以做到24 h送达。

当行业内其他电商还在憧憬农村物流网络的前景时，阿里巴巴旗下的D公司已经用事实证明了其在农村物流网的领先优势。D公司通过整合社会化物流合作伙伴，截至2018年8月，D公司已覆盖29个省、自治区、直辖市，700多个县，近30 000个村。D公司并不直接配送货物，而是利用数据系统将各地的落地配物流公司组织起来，在农村搭建了一张密度更为广泛的配送网络。现在大部分快递公司只能覆盖到县城的配送，县城到农村部分缺乏有效的电商物流解决方案，D 公司的农村物流系统解决了这一难题。农村消费者网购与城市有着很大的差异，D 公司除了提供标准化商品的送递服务，还要满足大量的个性化需求。D 公司的农村物流专家沈建锋表示，村民会经常购买一些个性化商品，例如一台几吨重的豆浆机等。这些商品不仅普通快递物流企业难以运送，有些还需要施工和安装，D 公司都会帮助农民找到个性化解决方案。通过这套网络，县城到农村的全国平均时长控制在 13.4 h，沿海地区大概 8 h 就能送达，而甘肃、新疆等地则要长于 13.4 h，而平时基本能在 24 h 内送到。在图 4-10 中，奶奶收到了来自远方的快递。

图 4-10　快递服务

资料来源：https://www.taobao.com/markets/cnwww/terminal-country-all[2021-09-27]

阿里巴巴 D 公司发起的"菜鸟县域智慧物流+"项目建设了平台，整个平台背后的货运物流难题存在于我国的货运物流、同城干线配送中，由于传统的货运物流管理方面十分落后，司机接单收货都要在账本上记录，加之揽收派送路线规划不合理常常导致包裹送货不及时、成本高、回款慢。又由于货车司机的整体素质水平上的参差不齐，服务质量不稳定，这使得物流成本降不下来，而实际到司机口袋里的钱也不多。平台就针对这些难点，建立了一个同城配送的平台，实行信息化，优化货运司机的管理。首先对于农村消费者来说，由于部分农村地区偏远，很多消费者还处在寄件加价的时代。现在"菜鸟县域智慧物流+"为他们提供和城市消费者一样的寄件价格、一键无忧退换货、无须手写面单寄快递等服务。其次对于商户来说，原先农村的商户进行货物配送总会出现偏远村镇的单子没人接、货物延迟配送、自有小型货车的商户在配送时会产生较高的物流成本等问题。在县域智慧物流的资源整合里，订单只要发布在平台里，APP 会自动匹配加盟的司机，无人接单的情况有所改善。对于司机来说，原先货车司机一方面找不到足够的订单量，另一方面订单分散、路线规划不当，导致司机利润微薄。现在司机不仅可以在平台上轻松获取物流订单、获得系统规划好的适宜的配送路线，节省了运输成本、降低了空车率，还能得到像货运保险、线上代收货款、贷款买车等的增值服务。最后对于 D 公司来说，它是阿里巴巴进军农村物流"最后一公里"的重要举措，平台的目的是要先培养商户和消费者的使用习惯，进行补贴机制，等到这个模式相应成熟后，D 公司的盈利将会从溢价、大数据服务中获得。

过去农村搞农产品电商，大多靠普通快递单点发全国，路途长远，一方面时效难以保证，另一方面缺乏专业的包装和冷链设备，商品路上损耗很大，经常到了消费者手中一半都坏掉了。D 公司通过打通农村物流、城市仓配和冷链物流三张网络，启用了分布在全国的仓储基地，帮助商家完成一整套从原产品到消费者售后等供应链服务。

二. 京东

2018 年 4 月 9 日，京东无人机开放赋能暨智慧农业共同体启动会在京东集团总部举行。京东宣布将以无人机农林植保服务为切入点，整合京东集团物流、金融、生鲜、大数据等能力，搭建智慧农业共同体，与地方政府、农业上下游龙头企业、农业领域专家等共同合作，构建开放、共生、共赢的农业合作平台。近几年，京东通过搭建智慧农业共同体平台，在带动农业增产增收的基础上，正在逐步实现高品质农产品输出，打造科技服务"三农"的新样本。从京东布局智慧农业来看，主要包括两个方面：一是京东农服，二是京东农场。

1. 基于新型农业技术服务商的视角

2018 年 4 月 9 日，京东宣布，将以无人机农林植保服务为切入点，整合京东集团物流、金融、生鲜、大数据等能力，搭建智慧农业共同体，同时打造旗下首个农场品牌"京东农场"。京东农场是以数字化、智能化农场，打造高品质农产品生产示范基地，按照京东农场管理标准进行科学种植、规范生产，同时依托物联网、人工智能、区块链等技术和设备，进行农产品全程信息的可视化追溯，并按照"一物一码"标准实现溯源信息的公开和透明，重塑农产品消费者的信任和尊重，最终所产农产品按照"优质优价"的销售原则，通过京东农场线上专属平台"京品源"旗舰店进行销售，搭建从田间到餐桌的"京造"模式。

京东农场项目由五部分组成。一是京东数字农场基地，京东农场创建优质农产品生产示范基地，开展标准化探索，引导农民规范生产，科学施肥用药，遵循自然生态平衡。二是京东农场管理标准，按照农场环境、种子育苗、化肥农药使用、加工仓储、上行销售等全流程制定规范和标准。三是谷语数字管控系统，依托物联网、人工智能、区块链技术，构建数字农业智能化和信息化管理平台，服务农场智能化管理。四是京东区块链溯源，依托京东智臻链平台区块链溯源技术，农产品全生命周期进行可视化溯源，实现透明安全消费。五是京品源旗舰店，开创优质农产品销售平台，减少中间环节，进行一站式销售，"一物一码"标准打造农产品"京东京造"模式。京东农场的业务模式是数字农业产业融合的典型模式，即通过数字背景，第一、二、三产业紧密结合，农业效率提高，产业收益增大。下面基于新型农业技术服务商的角度分析京东农场如何依托物联网、人工智能、区块链技术来实现农业服务，带动产业融合。

在自然环境信息采集方面，京东农场信奉"好山好水才能生产出好产品"，因此农场环境信息自然是收集的重点。首先，京东农场在田间安装了智能传感仪器，可以自动检测关键信息，例如土壤湿度和温度以及水分的酸碱值。其次，气候对农产品来说尤为重要，因为农业属于"看天吃饭"的行业，所以气候信息的采集也是监测的一个方面。依靠物联网传感器采集信息，再通过实时图像采集器和物联网的应用，生产者可以在系统上看到实时数据。农场环境信息最终会通过京东区块链输出溯源码，消费者可以通过京东平台查看相关数据信息。

在种植过程中，随着城镇化的推进，农产品的质量和安全问题日趋严重。有部分农户为了追求短期利益违规使用农药，不仅造成农田和水源等自然环境的污染，也造成农产品品质低下，加重消费者与生产者之间的不信任。而消费者在农产品种植过程中主要关注用肥用药和生长过程，因此要让消费者看到产品用肥用药信息和生长过程信息。首先，为了消除消费者的疑虑，京东农场在化肥农业投入品方面严格根据《生态优品京东农场管理标准》的规定实行，包括施肥量和农药量、施肥时间和喷洒农药时间等，这些都会通过智能农机管理系统进行记录。其次，田间智能监测基站采集农产品生长过程的信息，并利用成像技术和互联网传感技术来收集病虫害、图像等信息。在种植过程中通过远程可视化设备和物联网记录农产品生产过程关键数据，最终数据将会在区块链储存并公开，让消费者"看得见"产品的生长过程。这种渗透型产业融合不仅有利于解决种植过程的信任问题，还能极大地提高工作精度和工作效率。

在加工、仓储环节中，京东农场通过深入加工、仓储环节，把设备安装到加工车间、仓储车间，对两大环节进行监测。加工环节利用京东农场千里眼系统自动采集数据；仓储环节均采用条码等信息手段，通过扫码枪"一物一码"进行监控，即每件产品都有由京东区块链溯源平台提供的唯一溯源码，使农场生产过程透明和数据化。京东农场通过区块链把产品生产的关键环节完全呈现给消费者，让消费者买得放心、吃得放心。

在销售环节方面，京东农场利用数字技术融合第一产业和第三产业，例如搭建电商销售渠道，设计品牌形象，定制营销计划，开展推广活动，等等。京品源旗舰店是京东农场在京东商城上打造的高品质农产品销售渠道，按照优质优价原则，搭建起从农场到家庭的一站式销售模式，由京东农场专业营销团队协助合作农场产品进驻平台，提供全程日常运营及营销指导服务，帮助企业通过电商营销创造更多收益。京东农场依照整体品牌形象要求，结合合作企业及产品形象和定位，为企业量身设计一套方案，涵盖产品包装设计方案、店铺装修设计方案以及重要宣传物料设计方案，以便更好地建立起合作产品及品牌形象，有效传达产品卖点，助推产品销量提升。

2. 基于金融与农资服务主体的视角

2016年3月，京东提出农村电商"3F战略"，即工业品进农村战略（Factory to Country）、生鲜电商战略（Farm to Table）和农村金融战略（Finance to Country）。目前，电子商务已经慢慢渗透到农村腹地。然而，农村金融发展的步伐较为缓慢，创新不足，农民的生产、收购、加工、销售等多个环节产生大量的资金需求得不到保障，也进一步制约了农业再生产和投资的进程。2016年9月18日，京东金融发布农村金融战略，构建全产业链产品链农村金融服务。"3F战略"的范畴涵盖从农民把农产品生产出来并卖到城市，回笼资金后再从城市购买工业品、农资等物品，用于消费、理财和再投资，这是一个完整的农村经济产业链。而京东金融通过提供完整的、针对农村全产业链的金融服务，加速、优化了整个农村经济链条的建设。

农民的生产、收购、加工、销售等多个环节，会产生大量的资金需求。比如生产资料采购端，京东不仅利用自身渠道为农民配送实惠的正品原料，还向农民提供赊销、信贷等服务；在农产品生产环节，京东为农民提供信贷、技术培训等多元化服务；产品销售端，京东利用渠道优势打开农产品销路，通过信贷、众筹等多种方式周转资金，帮助农民和企业发展。2016年9月，京东金融正式发布农村信贷F品牌，解决农户在农资采购、农业生产以及农产品加工销售等环节的融资难问题。由于信用难以评估，农民很难从传统金融机构获得信用贷款。面对这样的问题，京东金融选择和涉农机构合作，基于合作伙伴、电商平台等沉淀的大数据信息，了解农民的信用水平，并给予相应的授信额度，从而控制风险。F品牌解决了当前农村信贷存在的种种痛点，根据农产品的生产周期，向农户和涉农企业提供灵活期限的信用贷款，而且惠农贷款专享低息，所有信贷产品申请方便，人工审核快速，且无任何抵押要求。

理财方面，随着我国各项惠农政策的实施，农民收入持续增长，理财需求也不断扩大。2015年12月，京东农村金融开启"寻找最牛乡村理财达人"活动，活动涉及全国七大区域，广大乡村推广员和农户可以通过京东金融理财活动页购买理财产品，参加评比。此次活动，通过吸引更多的乡村推广员和农户参加，培养广大农民的理财意识，教授农民理财知识。

3. 基于数字平台运营商的视角

农资作为一种特殊商品，除了拥有日用品的快销属性，还有农业生产的技术要求，需要对症下药。在当下农业生产规模适度经营的趋势背景下，农资要求有配套的技术服务，农户、农场主对育种育苗、飞防打药乃至农产品销售等环节的农业服务需求增多。农业服务已经不局限于农业病虫害防治技术，还辐射到农业供需信息发布、农业物联网技术、气象信息服务、农产品销售服务等范围。农户需要的是从种植前决策，到产中管理，一直到农产品销售的全程服务。正是认识到这种趋势，京东转变了发展思路，将业务重心转向服务经销商和渠道商，将他们打造成服务当地农业生产的"京东农业服务中心"，依靠强大的执行力，2018年初，京东农业服务中心在华北大地遍地开花。

实体店建设布局的同时，京东在APP上也在积极探索。G平台是京东无人机全力打造的智慧农业管控系统，不仅将以平台形式统筹全国农业耕地及飞手资源，实现产业整合和资源有效对接，还将通过对全行业作业的大数据分析，为政府相关部门提供气象地理、病虫灾害等有效监控和决策服务，助力管理升级。G平台目前开设了农场主飞防作业需求发布和机手抢任务接单两个模块。农场主和机手通过认证后可对接飞防作业服务。这个平台解决了信息不透明的问题，把农场主的施肥、植保等需求发布出去，然后全国的飞服团队都能承接工作，实现供需匹配，同时，该平台还提供无人机、化肥、器具等的销售。

2018年，京东提出"植保无人机作业和购机双补贴"计划，面向全国植保无人机飞手进行补贴。京东面向全国飞手发布植保无人机作业和购机的双补贴计划，即利用G平台补贴活动实现农业服务线下交易向线上导入，激活和培育农户线上采购农服业务习惯，旨在打造国内最大的无人机植保服务交易平台。

通过接入无人机飞控作业以及农田、农场的地理、需求信息，G平台将逐步积累农业大数据，更好地帮助农田经营者与飞手进行匹配，推动大规模无人机植保覆盖更多区域。这也将推动农业智能化、现代化发展。

4. 基于智能物流主体的视角

2019 年，国家邮政局联合国家发展改革委、财政部、农业农村部等七部门出台了《关于推进邮政业服务乡村振兴的意见》，提出到 2022 年实现村村通快递，建制村电商寄递配送全覆盖，邮政业深度融入现代农业体系和乡村产业发展，在农业农村发展和社会治理中发挥重要作用。此前，在电商发展的驱动下，京东物流已覆盖中国 31 个省区市所有区县，以及超过 55 万个行政村，给乡村带来现代化生活的便利，同时也助力农产品上行融入乡村产业发展。后续京东物流将持续围绕完善农村物流网络、农产品冷链物流、融入现代农业发展等方面，创新服务模式，响应国家政策助力乡村振兴。

首先，京东物流不断完善基础设施建设，推进物流网络下沉，2017 年 5 月已实现大件和中小件网络在中国 31 个省区市所有行政区县的覆盖。而且为给农村用户提供与城市无差别的服务，京东物流早在 2015 年就开创了京东帮的服务模式，与配送中心互为补充，以"一县一店"的方式，为农村用户提供大家电"营销、配送、安装、维修"一站式服务，并在县域基础上把服务下沉到辖区的所有村庄。针对偏远山区，如何把货物送到偏远山区的村民手中，一直是困扰邮政行业的问题。《关于推进邮政业服务乡村振兴的意见》提出，提升农村寄递物流效率，支持有条件的乡村布局建设无人机起降场地，打造无人机农村投递示范区。京东物流发挥技术优势，通过无人机运送包裹已经在陕西、江苏、海南、青海等多地的农村成为现实，并进行常态化物流配送。京东物流作为国家级无人机物流配送试点，为国内物流无人机的发展探索提供了大量"可复制、可推广"的"实战"经验，未来在继续推动干线—支线—末端三级无人机智能物流体系建设的同时，正将这一能力开放给社会，共同推进在农村等地区的应用。

其次，京东物流发挥自身供应链优势，创新物流服务，打造了一批服务现代农业示范项目，促进农民持续增收。近年来，京东物流加快在冷链物流领域的布局，充分发挥一站式冷链服务能力优势，在农产品原产地打造"产地仓""协同仓"等创新仓储模式，将供应链环节前置到距离产地最近的地方，有效从田间地头解决"最先一公里"的难题，助力农产品上行。京东物流还依托强大的商流优势，帮助农户在打通线上销路的同时，打造地方特色农产品品牌，提升品牌的溢价能力，助农民增收。

此外，京东物流通过云仓等创新服务，把仓储管理系统、数据产品服务与运营经验等输出给合作伙伴，盘活地方物流资源，同时也帮助农户、企业拓展优质农产品销售，形成产业集聚效应。以陕西省汉中为例，汉中拥有土蜂蜜、城固柑橘、茶叶、西乡樱桃、略阳乌鸡等多种优质农产品，京东云仓项目整合各县域的丰富货源，通过物流带动商流，形成了地域产业集聚效应。仅 2018 年一年，汉中云仓交易规模约为 1 亿元，开启助农新模式。

邮政业作为推动流通方式转型、促进消费升级的现代化先导性产业，具有服务"三农"的资源优势，担负着服务乡村振兴的重要职责。京东物流积极响应政策号召，发挥自身供应链优势，将物流网络覆盖广大农村的同时，不断创新模式服务农村产业发展和现代化进程，将持续为助力乡村振兴做出贡献。

第5章 数字农业知识管理

5.1 农业知识概述

5.1.1 农业知识内涵

1. 农业知识定义

从广义上说,"知识"是人们在认识世界、改造世界中所获得的认知,包括积累经验的总和。所谓"知",就是知道、晓得某种事物的意思;所谓"识",就是知晓某种事物以后形成的见识。由此可见,"知"着眼前人对事物信息的主动了解,而"识"则包含人对事物信息了解以后所做出的鉴别、扬弃和把握。人类认识世界和改造世界的终极目的,乃是追求自身的自由与解放。人类的认识活动必然产生知识,人类的实践活动必然要合理运用已经产生的知识,这意味着必然产生新知识,而新知识再创新还能产生更新的知识,这正是知识动态性和发展性的本质所在。

农业是国民经济中一个重要的产业部门,是以土地资源为生产对象的部门,它是通过培育动植物产品从而生产食品及工业原料的产业。狭义的农业只指种植业,广义的农业包括种植业、林业、畜牧业、渔业、副业五种产业形式。目前学术界关于农业知识的定义捉襟见肘,结合农业的概念和知识的概念,本书将农业知识定义为:人类在进行种植业、林业、畜牧业、渔业、副业等活动中对生产过程产生正确的认识及对其合理运用与组合的总和,这种认识不仅包括客观的自然科学技术上的认识,还包括对农业生产过程中人文社会科学的、日常生活和农业生产中的经验和认识,人们获取、运用和创造农业知识的知识认知,以及面对农业问题时所做出正确判断和提出解决方法的能力。这个定义能够比较全面地包含事实和现象类知识、原理类知识、技术技能类知识与经验类知识,也能全面包含文字、符号、图表、声音、图像和数字化等形态的知识,因而具有充分的自足性和宽容性。

2. 农业知识的特性

根据上述对农业知识的定义,我们可以从以下几点来分析农业知识的根本特性。

1) 农业知识的隐含性

农业知识作为知识的一个分支,其隐含性主要体现在客体的知识和作为认识主体的人之间的不可分割性。所谓客体知识,就是人所了解和知道的与农业相关的事情,而理解必须是个人的、主体的、特殊的，是人们在从事农业实践活动中的主观认识，难以充分交流这一点导致了农业知识的隐含性。

2）农业知识的扩散性

从本质上讲，知识的扩散性不同于物质产品的扩散性，物质产品的扩散性正比于物质生产所花费的劳动，因为只有在大批量生产的情况下才能大面积地向各地扩散。知识产品的扩散范围、大小与知识生产所花费的劳动无关，知识生产是一次性投资，而新技术、新的科学研究取得的成果，可无限制传播。传播过程只需花费一定费用而不会使知识生产本身的费用增加，正是知识的无限扩散性才使得知识变成可共享的财富。

3）农业知识的延续性

物质产品都有一定的使用寿命，这是基于物质运动的绝对性。任何物质运动状态都会随着时间的推移而变化，知识信息的可传播性、可认识性、可记忆性和易保存性，使得知识产品年复一年地被记忆、被保存。新知识的产生取代了陈旧的知识，但新知识总是在旧知识的基础上产生和发展。正是知识产品的无限延续性，使科学知识对物质生产起到了加速作用。

4）农业知识的累积性

由于知识产品具有无限的广泛性，因此人类总的知识宝库具有累积性。人类的知识宝库存量增加的速度以指数曲线形式上升。研究表明，现在人类知识的总量每三年就可翻一番。每个人的知识库存量，也存在着知识累积的现象。

5）农业知识使用的无损耗性

物质产品流通和使用过程中以明显的损耗为特征，但知识产品无论怎么使用，不仅不会损耗，还会增加其价值。客观知识只有陈旧问题，没有损耗问题。

6）农业知识的同时和重复使用性

物质产品只能由特定的对象一次性使用，但知识产品则可以由不同的对象同时和多次使用。从理论上讲，知识同时使用的次数是无限的。与同时使用性相比，知识重复使用性是在时间坐标上所表现出来的特征，而前者是在空间坐标上表现出来的特征。

7）农业知识的条件性

知识具有突出的可使用性，但并不是任何人、任何单位都可以随意使用。因为知识运用是有条件的，是要付出代价的。一般来说，物质材料的使用较易掌握，知识材料的使用较难掌握，需要花费更多的时间和金钱。

8）农业知识的可替代性

知识与信息在一定情况下可以替代资本、物质材料和劳动。也就是说，利用知识和信息可以减少资本、物质材料和劳动力的消耗。例如，懂得运筹学知识的人，不仅能节省工程费用，而且能节省建筑材料和节约劳动力。但是由于每一种知识的独特性，因此知识之间是不具备可替代性的。

9）农业知识的可共享性

与其他农业资产不同，农业知识不具有独占性，即你把农业知识传递给别人后，你还拥有这种知识，甚至通过互动，你的农业知识不但没有减少，反而有所增加。农业知识的非消耗性与共享性有着密切的关系。知识在现代社会成了新资本形态，以实物形态表现的传统资本的一个最显著特点是它的时空有限性。知识资本却不同，它具有无限的延伸性。知识可同时被许多不同的使用者应用，且使用者运用知识的同时也在创造知识。这种知识的一般性质在农业知识性质的理解上也同样适用。

10）农业知识的可增值性

农业知识在生产、传播和使用的过程中，不断被丰富、被充实。农业知识的使用、分享并不会使其本身磨损，相反通过使用和交流，知识能得以创新、增值。简单来说，农业知识运用的频率越高，使用的人越多，知识增值的概率也就越大。农业知识减少了人们对原料、劳动、时间和资本的需要，因而已成为先进经济的主要资本。正因为如此，争夺知识的信息战、争夺知识的人才战才到处爆发。

5.1.2 农业知识类型

按照不同的分类方法，知识可以被分为不同的种类，具体有以下几种分类方法。

1. 内部知识和外部知识

从宏观的角度来看，农业知识由其农民个体知识和市场知识两大部分组成。农民个体知识主要包括农民个体实践经验、生产方式、用料方法、雇员间的各种非正式联系、学习方式以及组织知识的建立方式等，这些知识对于协调农民自身生产种植活动至关重要。市场知识包括现实和潜在的市场、竞争对手的情况以及可能对农民造成影响的外部进展（如气候突变、政治经济方面的因素等），市场知识对于农民开展营销活动特别重要。

2. 隐性知识和显性知识

在知识管理领域，书本知识和实践经验知识正被另一种说法所取代，这就是显性知识（explicit knowledge）和隐性知识（tacit knowledge）。隐性知识是指隐含经验类知识，它存在于人类的头脑中或组织的结构和文化中，无法用语言或书面材料进行准确描述，因此不易被他人获知，也不易被编码。如果说隐性知识是智力资本，是给树提供营养的树根，那么显性知识不过是树的果实。例如谚语："天上鱼鳞斑，晒谷不用翻。"这些都是古代农民凭借经验总结的知识。隐性知识显性化和编码化也是可以通过一系列操作而得以逐步加强的。而这句谚语正是隐性知识显性化的一种表现，广为流传的谚语让这种隐性知识有了更强的传递性。如今，现代农业在逐步地走向隐性农业知识显性化和编码化，这样才更有利于农业的可持续性发展和永久性发展。

3. 经济合作与发展组织的知识分类

经济合作与发展组织（Organization for Economic Co-operation and Development，OECD）从知识经济的应用角度把知识分为四类，而这四种分类也同样适用于农业知识的分类，具体如下。

1）知道是什么（know-what）的知识

know-what 知识即关于事实与现象的知识。这类知识包括我们传统上所说的自然科学知识和社会科学知识，比如作物学知识等。

2）知道为什么（know-why）的知识

know-why 知识即知道为什么的知识，主要指科学理论与规律方面的知识。这类知识同经济活动的联系较为间接。OECD 认为此类知识在多数产业中支撑技术的发展及产品和工艺的进步。农业知识中的 know-why 的生产和再生产由专门农业机构（如农科院和农业大学）来完成。为了获得此类农业知识，必须补充经过科学训练的农业劳动力，或直接与他们交往和通过联合工作来与这些机构建立联系。

3）知道怎样做（know-how）的知识

know-how 知识即知道怎样做的知识，是关于技能和诀窍方面的知识。农民应对气候变化以及病虫害、旱涝灾害等均会用到此类知识。典型的 know-how 是在粮食种植各个发展阶段和保存于其范围内的一类专门技术或诀窍。

4）知道是谁（know-who）的知识

know-who 知识即知道是谁的知识，也就是关于人力资源、人际关系及管理方面的知识，这类知识包含特定社会关系的形成即有可能接触有关专家并有效地利用他们的知识。对现代农业和农民而言，重要的是要利用此类知识做出响应。know-who 类知识对于其他类型的知识来说属于内部知识的程度要高。

在以上四类知识中，know-what、know-why 知识是客观知识，可以转化为信息并进行编码；而 know-how、know-who 知识属于隐含类经验知识，不容易度量和编码。人们可以通过不同渠道学习以上四类知识，如通过读书、听演讲等获得客观类知识，通过实践学习获得隐含类知识。

4. 基于可应用范围和可传递性标准的农业知识分类

由于农业知识具有特殊的地域性以及专业性，我们以农业知识的可应用范围和可传递性为标准，将农业知识分为以下四类：快速存取型知识、宽泛型知识、个性化知识和复杂知识。

快速存取型农业知识是指那些容易传递（甚至可以程序化）但无法广泛应用的农业知识，对这类农业知识的最好的管理方法是将其放在一个可以存取的地方（最好是一个数据库），在农业从业者需要时就可以访问这些知识，例如在进行小麦种植时，根据不同的土壤类型应该施用什么类型的化肥，只有在进行化肥施用过程时才需要用到这种知识，快速存取型知识即是这个含义。宽泛型知识是指那些传递起来非常容易，又可以进行广泛应用的知识，对这类知识进行包装并在现代农业中进行传播是非常有意义的，农业谚语的流传就是一个很好的例子。个性化知识是既不易传递又不可能广泛应用的一类知识，对这类知识进行正规知识管理意义不是很大，因此，只有农民之间进行充分的交流才可从这类知识中获益。复杂知识是可以广泛应用但却不易传递的一类知识，农业中的大部分农民都需要这类知识，因此其最好的传递方法是结构化的农业技术培训。

5.1.3 农业知识的作用与影响

农业是人类的"母亲产业"，远在人类茹毛饮血的远古时代，农业就已经是人类抵御自然威胁和赖以生存的根本，农业养活并发展了人类，没有农业就没有人类的一切，更不会有人类的现代文明。社会生产的发展首先开始于农业，在农业发展的基础上才有工业的产生和发展，只有在农业和工业发展的基础上，才会有第三产业的发展。由此可见，农业对于人类的发展有着举足轻重的作用。我国是一个人口大国，农业自古以来就占据主导地位，农业知识也在人类的实践中逐渐积累起来，形成一个农业知识体系。农业知识的作用与影响具体表现在以下几个方面。

1. 农业知识对农业生产力的作用

生产力是由劳动资料、劳动对象和劳动者三要素结合构成的。农业知识对农业生产力三要素的影响越来越显著。

在劳动资料（劳动工具）方面，原始社会，石斧的整个制作过程就已经开始积累经验，产生知识。动力机械与工具机的发明与应用，更是科学技术知识的作用结果。工业经济时代的特点是机器制造机器，到现在，以计算机为基础的智能机械的出现与推广应用，使得新的经济时代的特点变为机器控制机器，这都是知识的深入发展与应用的结果。目前，在农业的发展中已经普遍使用收割机、测土配方技术、水肥一体化技术等，这些都是农业知识对劳动资料的作用。在劳动对象方面，由于科学技术的发展，人类不但可以更加有效地对已发现的自然资源加以使用，而且不断发现和创造出新的品种，制造出新的产品。可以说，随着农业知识的不断探索与丰富，劳动对象的范围也在不断扩展。在劳动者方面，由于科学的普及与教育、培训的实施，从事农业劳动的人的知识水平逐步提高。农业劳动者不再单纯凭借简单的体力劳动来从事生产，而是把基于知识的脑力劳动和体力劳动相结合的新型劳动能力用于生产实践，特别是在高新技术产业以及用高新技术改造过的现代化传统产业的生产过程中，生产者更多的是运用知识来监督和控制生产过程。科学技术是第一生产力，农业知识可以培养劳动者科学的知识与技能、过程与方法、情感态度与价值观，能够切实提升农民的科技素质。同时在农业生产过程中，劳动者所具备的基本技能和技巧属于经验性知识，而新设计、新设备、新工艺则是理论性知识的直接应用或转化。农业知识作为生产力不仅表现在生产过程中知识的直接应用，而且还包括知识劳动成果的应用（知识的间接应用）。

由于农业知识具有延续性，某项新的知识产品一旦生产出来，使物质生产提高到一定水平之后，生产力就维持在这一水平之上，直到下一次知识对它起了促进作用、把生产水平提高到更高的水平。此外，农业知识也具有可扩散性，一个地方的知识可以扩散到另一个地区，其他地区的生产水平就有可能也得到提高。

2. 农业知识对经济增长方式变化的作用

知识的作用还引起了经济增长方式的转变。主流的新古典经济学的生产函数理论注重的是劳动力、资本、原材料等生产要素的投入，而把知识和技术的影响看作外生的。因此，生产服从于收益递减规律，即随着生产要素更多的投入，回报率是递减的。但是从研究现代技术进步与经济增长关系建立起来的新的增长理论认为，知识可以提高投资的回报率，而反过来又可以增加知识的积累。人们可以通过创造更有效的生产方式与组织方式以及生产出新的产品或服务来达到上述目标。农业知识的可传播性和溢出效应，使得其可以在不增加过多投入的情况下被反复使用，因此知识的增值是一种有效的经济增长方式。

从更深的层次来看，农业知识具有社会推动力，其时刻都发挥着作用，它通过人的社会活动或者知识劳动表现出来。对于农业劳动者个人来说，把积累的知识加以组织和应用，能够提高认识能力和实践能力，提高劳动成果的产量。对整个农业产业来说，整个组织的知识体系能够提高组织集体的认识水平与实践能力，提高综合实力。这也是人们越来越关注知识的获取、传播、应用和创新的基本原因。

5.1.4 农业知识的数字化

传统的农业知识以农业从业者的口头描述或书籍知识的形式在各个地区传递，这在很大程度上限制了农业知识的传播速度，而以数字化的形式呈现出的农业知识将是新时代农业知识管理发展的基础。农业知识数字化指的是运用现代信息设备，将传统的农业以信息编码的形式储存在信息设备中，并在农业从业者之间广泛传播的过程，其中农业知识数字化过程包括对农业知识的收集、转换、存储、传播等各方面。

农业知识的传承与传播主要有两种形态：显性形态和隐性形态。显性形态是指承载在各种载体上的记录，是指那些能够明确表达的农业知识，是农业从业者在农业生产中运用到的直接知识。这些知识通常来自各种书籍、资料、文献所总结的真理，这些知识已然具有一定的客观性，不会轻易改变，而这些知识的数字化过程即是将这些显性知识转换为具体的模型算法的过程，以数字算法的形态输入到计算机中，形成一个智能的农业决策系统。农业从业者在农业生产过程中，可以根据相应问题或知识的关键词检索，对模型算法的编码进行解析，以此查阅到具体需要的农业知识。这一搜索农业知识的过程推动了农业各部分知识的融合，使农业生产经营主体更好、更快地吸收现有的农业显性知识，加速显性知识隐性化的进程。

农业知识的传承的另外一种形态为隐性形态，隐性形态是指那些不能够被明确表述却被农业从业者广泛运用到农业生产过程中的知识，该类知识是农业知识数字化过程中最重要的部分。隐性知识具有很强的个体性和非理性，它的主要载体是个人，它是由个人的感官、思想直接领悟的知识，不能通过正规的方式进行传递，因此不同知识甚至相同的知识在不同人的表述中会出现较大的差异。因此对这类知识的数字化过程要开发基于农业隐性知识体系的分类表和主题词表，即设置一个知识标准，农业从业者根据自有的隐性知识按照设置好的标准对相应的隐性知识进行数字化过程，以这种方式对隐性农业知识进行数字化，并将数字化的隐性知识输入到整个农业知识决策系统，促进新增农业知识的显性化，增加农业知识的积累。

目前我国农业知识数字化的过程处于起步的阶段，还有诸多需要改进和克服的地方，农业知识数字化这条路任重而道远。

5.2 农业知识管理概述

知识是人类进步的根本性动力，知识经济的到来促成了现代知识管理理论体系的形成。由于组织对于知识资源、人力资源及智力资本的需求不断增加，人类管理方式也从管理劳力向管理脑力改变，拥有知识与专业技能的知识员工不断增加，脑力管理成了一个重要的领域，这要求传统的管理方式随之变化。于是以知识为主体的管理方式即知识管理也随之诞生。

5.2.1 知识管理概念

知识社会是以知识为主要资源，以知识工作者为主导的社会。知识管理的任务是管理好知识资源，开发人脑的无限潜能，将个体智慧汇集成集体智慧，运用集体智慧提高应变和创新的能力，促进经济社会的发展。不同的研究者分别从不同的角度提出了上百种知识管理的定义。作者分别从知识管理的目标、过程、战略方面进行定义和阐述。

1. 知识管理目标论

这种定义认为，知识管理是经营者可以提高经营绩效、更好地实现经营目标的管理活动，是一种基于目标导向角度的定义。有以下几种描述。

巴什（Bassi）认为，知识管理是增强组织的绩效而创造、获取和使用知识的过程。

弗拉保罗（Frappaolo）认为，知识管理是运用集体的智慧提高应变和创新能力，为经营者实现显性知识与隐性知识共享提供的新途径。

Delphi 咨询公司认为，知识管理是一项技术实践活动，它以提高决策质量为目的，提高整个组织范围内的知识水平和交流效率。

2. 知识管理过程论

这种定义认为，知识管理是对知识的创造、获取、储存、共享等知识流程的管理，而这些知识流程可以和组织的运行流程整合。有如下几种描述。

戴维·沙凯米（David J. Skyrme）认为，知识管理是对重要知识的创造、收集、组织、使用等一系列流程的科学的、系统化的管理。

迈勒（Millar）等认为，知识管理包括四个相互依赖的活动：知识的识别、知识的编辑、知识的交流与知识的产生。

萨拉维（Saravaryy）认为，知识管理是组织成员经由创造与使用共有知识的程序，包括知识的获得、组织学习与知识的扩散。

3. 知识管理战略论

这种定义认为，知识管理是经营者有意识地提高竞争能力的方法与策略，运用这种知识管理的方法，经营者可以提高市场竞争能力。美国生产力和质量中心（American Productivity and Quality Center，APQC）从知识管理的经营角度对知识管理的定义做出了阐述。APQC 认为知识管理应该是经营者进行经营时的一种有意义的战略，它实质上是一种策略，而这种策略的主要内容是在合适的时间，将有用的知识信息传递给合适的人员，帮助这些成员了解吸收并践行有用的知识信息以达到增强个人绩效和组织绩效的目的。

关于知识管理的确切定义，目前仍然无法给出一个准确的答案。但是上述定义和未列出来的定义分别从知识管理的目标、过程、战略、特点等多个方面全方位地做出了阐述。

本书参考野中郁次郎对知识管理的定义，对知识管理的概念进行阐述，即为了最大限度地发挥知识创造、渗透和运用过程中产生的价值，对程序进行设计、对资产进行整合、提供环境保障，以及对此进行有效引导的企业规划和领导力。从这一定义中可以提炼出多种层次：第一，在进行知识管理的过程中，应注重知识产出价值，将其最大化；第二，知识是一种被运用的要素，它是进行价值增值的手段，是在创造价值的过程中所必须运用到的；第三，为了实现价值最大化，就必须对程序进行设计、对资产进行整合、提供环境保障，其中程序指的是"知识管理运作程序"，资产指的是"知识资产"，环境指的是"信息系统环境"，而这些活动都是建立在组织结构完善、人员训练有素、组织平稳运行的基础上，同时为了有效推动知识管理的成功进行，必须有效引导企业规划和领导力培训以支撑知识管理的运作。

因此，根据上述定义，知识管理具有以下特征。

（1）在管理理念上：知识管理真正体现了以人为本的管理思想，人力资源管理成为组织管理的核心。

（2）在管理对象上：知识管理以无形资产管理为主要对象，比以往任何管理形式都更加强调知识资产的重要性。

（3）在管理内容上：要遵循"知识积累—创造—应用—形成知识平台—再积累—再创造—再应用—形成新的知识平台"的循环过程。

（4）在范围及重点上：知识管理包括显性知识管理和隐性知识管理，但以隐性知识管理为重点，并注重显性知识与隐性知识之间的共享与转换。

（5）在目标和策略上：以知识管理创新为直接目标，以建立知识创新平台为基本策略，智力性和创新性是知识管理的标志性特点。

（6）在组织结构上：与以往其他管理形式所采取的金字塔式的等级模式不同，知识管理采取开放的、扁平式管理的学习型组织模式。

5.2.2　知识管理的步骤

经营者在进行知识管理的过程中，需要通过以下几个步骤来实现经营本身的知识管理。

1. 认知

认知是经营者实施知识管理的第一步，主要任务是统一企业对知识管理的认知，梳理知识管理对企业管理的意义，评估企业的知识管理现状；帮助企业认识是否需要知识管理，并确定知识管理实施的正确方向。认识的主要工作包括：①全面完整地认识知识管理，对企业中高层进行知识管理认知培训，特别是让企业高层认识知识管理；②利用知识管理成熟度模型等评价工具多方位评估企业知识管理现状及通过调研分析企业管理的主要问题；③评估知识管理为企业带来的长、短期效果；④制定知识管理战略和推进方向等。

2. 规划

知识管理的推进是一套系统工程，在充分认知企业需求的基础上，详细规划也是确保知识管理实施效果的重要环节。这个环节主要是通过对知识管理现状、知识类型的详细分析，并结合业务流程等多角度，进行知识管理规划。在规划中，切记知识管理只是过程，不能为了知识管理而进行知识管理，把知识管理充分融入企业管理之中，才能充分发挥知识管理的实施效果。规划的主要工作包括：①从战略、业务流程及岗位来进行知识管理规划；②企业管理现状与知识管理发展的真实性分析；③制定知识管理相关战略目标和实施策略，并对流程进行合理化改造；④知识管理落地的需求分析及规划；⑤在企业全面建立知识管理的理论基础。

3. 试点

此阶段是第二阶段的延续和实践，按照规划选取适当的部门和流程依照规划基础进行知识管理实践。并从短期效果来评估知识管理规划，同时结合试点中出现的问题进行修正。试点的主要工作内容：每个企业都有不同的业务体系，包括生产、研发、销售等，各不同业务体系的任务特性均不相同，其完成任务所需要的知识亦有不同，因此需要根据不同业务体系的任务特性和知识应用特点，拟订最合适、成本最低的知识管理方法，这称为知识管理模式分析。另外，考虑到一种业务体系下有多方面的知识，如何识别关键知识，并判断关键知识的现状，进而在知识管理模式的指导下采取有针对性的提升行为，这可以称为知识管理策略规划。所以，此阶段的重点是结合企业业务模式进行知识体系梳理，并对知识梳理结果进行分析，以确定知识管理具体策略和提升行为。本阶段是知识管理从战略规划到落地实施的阶段，根据对企业试点部门的知识管理现状、需求和提升计划的分析，应该考虑引入支撑知识管理落地的知识管理信息技术系统。根据前几个阶段的规划和分析，选择适合企业现状的信息技术落地方法，如带知识管理功能的办公协同系统、知识管理系统、知识门户落地等。可以说，本阶段在知识管理系统实施中难度最大，需要建立强有力的项目保障团队，做好业务部门、咨询公司、系统开发商等多方面的协调工作。

4. 推广和支持

在试点阶段不断修正知识管理规划的基础上，知识管理将大规模在企业推广，以全面实现其价值。推广内容包括：知识管理试点部门的实践；知识管理全面融入企业业务流程和价值链；知识管理制度初步建立；知识管理系统的全面运用；实现社区、学习型组织、头脑风暴等知识管理提升计划的全面运行，并将其制度化。难点：①对全面推广造成的混乱进行控制和对知识管理实施全局的把握；②知识管理融入业务流程和日常工作；③文化、管理、技术的协调发展；④知识管理对战略目标的支持；⑤对诸如思想观念转变等人为因素的控制以及利益再分配；⑥建立知识管理的有效激励机制和绩效体系。

5.2.3 隐性知识和显性知识的相互转换

知识管理的本质是对知识的创造、渗透、运用等一系列活动的管理，在进行知识管理的过程中根据知识能否清晰地表述和有效地转移，可以把知识分为显性知识和隐性知识。前者能够格式化表达，后者难以格式化表达。日本学者野中郁次郎通过知识转化模型［即社会化-外在化-组合化-内隐化（socialization-externalization-combination-internalization，SECI）］揭示了显性知识与隐性知识的四种转换关系（图5-1）：群化（隐性→隐性）、外化（隐性→显性）、融合（显性→显性）和内化（显性→隐性）。

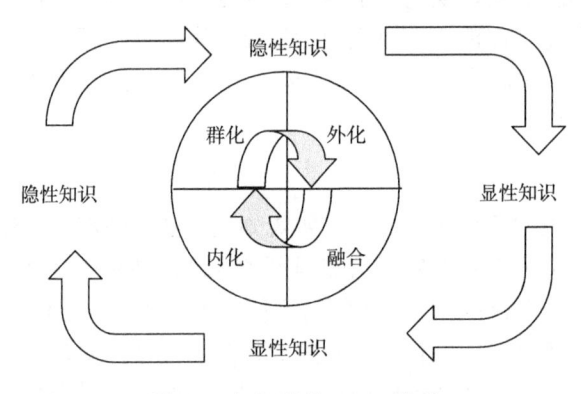

图 5-1 知识转化 SECI 模型

群化模式侧重于隐性知识向隐性知识的转化，在这一方式中个体通过观察和对话交流，直接从他人那里获取新知识。由于组织的隐性知识难以分享，如果组织能够实现成员之间的隐性知识转化，收益将十分明显。外化模式侧重于隐性知识向显性知识的转化，外化方式是知识产生的最直接和最有效的途径，通过外化方式可以将个人的隐性知识显性化，从而形成知识成果，这也是知识转化中的重点，由于组织成员所掌握的知识大多数都存在于自己的意识中难以以数据化的形式呈现出来，实现知识的外化过程能够有效解决知识不能完全共享的问题，极大地解决知识浪费问题。融合模式侧重于显性知识向显性知识的转化，即新的和现有的显性知识组合转换的一个过程。内化模式侧重于显性知识向隐性知识的转化，例如个人在实践中学习知识，将从文本等载体中获取的显性知识转化为个人的亲身体验，并最终使其成为自己的隐性知识。内化方式作为知识持续发展的基础，在整个知识转化方式中发挥着重要的作用。而在进行知识管理时，如何促进隐性知识的群化效应、隐性知识的外化效应、显性知识的融合效应、显性知识的内化效应是知识管理的一个重要内容。

5.2.4 农业知识管理的概念

1. 农业知识化的含义

我国是一个农业大国，面对现阶段农业发展的机遇和挑战，将知识管理运用到农业中是任务更是趋势，对促进农业知识化的发展具有重要意义。近些年资源的有限性和市场的弱化使传统农业的发展受到了较大的制约，农业知识化的概念便由此提出。对于传统的农业来说是运用大量资源和少量知识来进行农业生产的过程，而农业知识化是指农业以知识为基础、智力资源为依托，以知识资本为主导，运用生物技术、信息技术等高新技术合理开发和利用农业资源、不断提高知识物化的价值在农业产出中所占的比重，逐步降低农药、化肥等对环境和农产品的污染，实现人与自然高度协同、可持续发展的过程。这个过程是以农业科技知识为核心，使知识的物化价值在农业产出中占到较大比重。传统农业是以土地、劳动力等有形要素作为主要生产要素，而实施农业知识化后，无形的知识要素成为农业生产中的最重要的要素。其内涵主要从以下几个方面体现。

1）智力资源是推动农业可持续发展的重要生产要素

在先后经历了原始农业和传统农业两个阶段的农业经济时代，农业生产处于刀耕火种和畜力铁器水平，人类主要依附于大自然，农业经济主要属于自给自足的小农经济。在所谓现代农业阶段的工业经济时代，农业生产活动则以尽可能多地利用自然资源并获取最大利润为目的，往往忽视环境和生态效益，导致资源衰竭和环境恶化，使农业发展后劲乏力。当前，人类正在步入一个以知识（或智力）资源的生产、占有、分配和使用（消费）为重要因素的经济时代，农业要实现可持续发展，必须以科技知识和人的创造力等智力资源作为重要生产要素。因为智力资源不但可被重复使用，而且在使用过程中其价值不减反增，以此实现资源的高效利用与有效替代，从而减少自然资源的消耗。人类通过对自然界和人类社会自身的科学、全面的认识，将科技知识运用于主动协调人与自然的关系，从而科学、合理、综合、高效地利用现有资源并开发尚未利用的自然资源以替代稀缺资源。由此，保证农业生产在可持续增长的前提下，既能满足当代人的需求，又不至于对后代人的发展构成危害。因此，智力资源就必然是知识农业的重要生产要素。

2）创新是农业知识化的直接推动力

著名经济学家迈克尔·波特将世界各国经济发展依次分为要素推动的发展阶段、创新技术推动的发展阶段和投资推动的发展阶段。

与以要素和投资为核心的竞争相比较，以创新为核心的经济竞争明显更胜一筹。20世纪是人类历史上经济发展最快的时代，这种高速发展的直接推动力便是知识创新所带来的科技进步。当然，知识创新不但包括科技创新，还包括体制与制度创新以及经营管理创新等，涵盖了自然科学、工程技术、人文艺术、社会科学以及经济与社会活动中全部知识创新活动。创新是知识农业的灵魂，农业科技创新是农业知识生产与应用的源泉，更是实施知识农业的基础和前提。它以研究和掌握动植物及微生物生长发育规律为主要内容，以科技进步为主要推动力。

科技创新主要体现在：①以农业科学与现代生物技术交融为基础的新物种的塑造和新快速繁育技术的应用；②适合动植物生长发育内外部环境的养殖和栽培技术以及设施

农业的应用；③有利于环保的新型生物肥和生物农药的研制与运用，能够有效延长食品链的农产品加工技术和新人造食品与饲料生产技术的应用；④农业发展新空间领域的拓展等。

农业管理中的体制与制度创新为科技知识在农业中的有效应用提供了宏观上的制度保障。构建与完善农业知识生产、分配与应用的宏观创新体系与运作机制是体制与制度创新的主要内容，它包括：①科学地确立政府在体制创新中的地位和主要职能；②以知识生产为主的农业科研在机构设置、投资渠道、研究内容和知识转化上的创新；③以知识生产、传播和培育人力资源为主的农业教育在教育内容、教育观念与方法等方面的创新；④以农业知识应用为核心的农业技术推广资源的合理配置等。通过对有关农业科研、农业教育及农业推广组织与制度进行创新，现有农业知识系统蕴藏的生产潜力可以有效地释放出来。

农业管理创新主要是指从微观层面上适应科技创新的生产经营及组织管理制度的创新，包括：①充分培养与发挥农业人力智能资源的"知识管理"；②面对国内外农产品市场进行有效竞争的"营销管理"；③树立农产品特殊竞争优势的"品牌管理"；④基于计算机网络技术的农业"信息管理"；⑤提高农业经济效益的"农业产业经营一体化与企业化管理"等。当代的知识创新在内容上一般包括：原始性发现和发明，对知识的创造性整理和归纳，知识的创造性集成和应用，知识创新成果的创造性传播、转化和产业规模化，等等。

3）农业知识网络的构建与完善是农业知识化的基本保障

知识作为知识农业的重要生产要素，其生产、积累和在农产品生产到最终消费过程中的分配与应用必须依托于一定的主体和渠道，即农业知识网络。农业知识网络是以相关的农业科研、农业教育、农业推广与营销等农业知识机构为主体，以培育农业人力资源为核心，以农业信息网络作为农业知识分配与扩散渠道而组成的复杂的农业知识体系。健全的农业科研-教育-推广体系，是将知识农业建立在科技进步基础之上并使之有效转化为农业生产力的前提，农业人力资源是提高农业知识系统有效性的关键，而有效的农业知识系统则是知识农业的强大支撑。同时，农业信息网络的建立与完善，是使农业知识信息流在农业生产、流通及消费等各个环节合理分配并顺畅流动以发挥其报酬递增功能的保障。由此来看，发展知识农业，必须有完善的农业知识网络。

4）农业知识化的发展使农业的整体素质与效益不断提升

将具有生产性的生物、化学和机械工程以及经营管理等科技知识向农业系统中不断注入、转化与应用，一方面在促使农业生产要素配置不断优化中必然带来产品质量与性能的提升，使产品的差异性与多样性得以存在和丰富，从而加速农产品结构不断提升和农业产业结构不断升级。另一方面也能促使农业产业链向产前、产中和产后有效延长，从而有利于农业就业面的扩大和农民收入的增长。因此，发展知识农业必将不断提高农业、农村经济的整体素质和社会经济效益。

2. 农业知识管理的含义

农业知识化的发展催生了农业知识管理的产生，传统农业中更多用到土地等生产要素，对知识的需求不高，这就使农业市场缺乏了竞争力，农民的收入也一直不能得到提高。在社会经济发展中，知识已成为一种重要的资源和关键的生产要素，知识管理是一种新的管理模式和实践，指组织的管理者对组织内部和外部知识进行管理和利用，通过知识获取、知识共享、知识创新和知识应用，达到提高组织创造价值能力这一目的的一种过程。从传统农业存在的问题来看，其在很大程度上是农业生产过程中知识不流通、知识不能及时共享导致的，而农业知识管理能够很好地解决这个问题，因此实施农业知识管理是我国农业现代化、农业进步的关键所在。

农业知识管理是指知识管理的思想在农业生产过程中的具体体现，指在农业生产过程以及各个环节上，以人为中心，广泛应用先进的信息技术尤其是网络技术，对农业生产过程中的隐性知识和显性知识进行有效的管理，以提高农业生产能力，促进农业的创新和发展，全面提高农业生产效率，促进知识创新的应用。

从上述定义中我们可以得知农业知识管理的以下几点内涵。

1) 人是农业知识管理的核心

农业知识管理中的人是农业知识的生产者，是知识管理活动最活跃、最主动的因素；知识只有通过人的能动性、创造性的发挥才能产生，也只有通过人的交流和交互作用才能得到传播和应用；知识管理以知识的创新和应用为目的，而人是知识的载体，不仅掌握了大量的、有价值的知识，更重要的是他们拥有不断创造新的有用的知识的能力，他们是知识创新的主体。

2) 技术是实现农业知识管理的重要工具

网络信息技术是知识管理的推进器，不仅加快了信息传送的速度和扩展了获取信息的广度，同时也使各类信息有序化程度提高，为知识创造提供信息保障；它不仅打破了信息交流的时空限制，而且使交流形式更为生动、直观，更有利于激发农业生产人员的知识运用与转化意识，同时也为信息共享提供了更为便利和有效的途径；信息技术的安全性有利于保护农业知识产权；它能连接知识孤岛，使之成为知识网络，促进人的交流和协作。

3) 知识管理实际上是一个知识过程的管理

知识过程包括知识的挖掘、整合、存储、共享和转化五个阶段。通过这些阶段，挖掘农业市场、农产品消费者的动态需求；对获取的大量知识进行有效的集成与整合，进行知识的合成和更新，进行编码存储知识，通过知识网络实现知识的共享，并传播给农民、生产者，将无形的知识转换为有形的生产力，完成知识向实际应用的转化。

3. 农业知识管理的过程

农业知识管理是一个复杂的过程，但总体来说包括农业信息的组织与管理、农业知识的更新管理、农业知识的交流与决策、农业信息的传播与反馈、农村人力资源管理这五大环节。

1) 农业信息的组织与管理

信息是知识管理的前提，因此，进行知识管理的第一步就是要对信息进行合理的组织与管理。这包括对信息的收集、整理、检索、分析，特别是要对从事农业相关的信息加以重视。这其中，信息的分析更是引起知识更新的重要条件。信息的组织与管理的对象不仅是对文献信息、网络信息而言，也包括口头交流式信息、实物信息、其他特定符号式信息。对这些不规范信息的进一步规范化，恰恰是信息整理的含义。

2）农业知识的更新管理

在拥有大量的信息和信息分析的基础上，就可以进行知识的更新。这一过程是在人脑中进行的，这是智能化计算机无法替代的。它既包括逻辑思维也包括形象思维，是人脑所有思维方式的总和，即我们常说的创造。这种方式虽然并非显而易见，但可以通过适当的管理行为进行催化。营造良好的知识更新环境，就是知识更新管理的内容。知识管理提倡的是相互交流，绝非一言堂式的拍板决策，这种情形的实现，依赖于知识的更新管理。

3）农业知识的交流与决策

一切管理的目的都是决策，知识管理自然也不例外。在农业生产过程中，决策人是农民（种植者）或农产品加工者（生产者）本身，这是典型的人脑的工作。即使计算机有一天能代替人脑完成这项工作，也没有哪一个决策人会把决策权交予程序化的计算机。但实际上，恰恰是程序化的计算机在决策时才不会受到情感因素的干扰，才会将主观性失误的可能减至最低。决策的过程是由人脑完成的，是隐性的、无法看见的，但又是可以控制的。这就是决策管理，它的目的是尽可能减少人为因素的影响。通常采取的措施有用法律制度、规章条例来限制决策人的决策行为，用非决策人的监督来控制决策人，等等。但最根本的，还是决策人的自律。

4）农业信息的传播与反馈

信息的传播是决策得以执行的保证，信息的反馈是剔除决策中错误信息、保证决策效率正确性的唯一方法。所以对信息的传播和反馈的管理在知识管理中就显得特别重要。但这项工作的完成，必须以信息技术为唯一手段，只有这样才能保证信息传递的速度和数量。没有现代通信技术、网络技术和计算机技术的支持，这种传播与反馈就无法有效地实现。

5）农村人力资源管理

以人为本是知识管理的最大特点，在知识管理中，人不是与其他管理要素或对象一样，可以通过各种方法和制度来加以管理和控制的资源客体，而是具有精神文化属性的主体。所以，在这里管理不再仅仅是一个物质技术过程，而是与社会的文化、个人愿望密切相关的一种大环境。管理的目的是促使人不断地学习，进行知识积累，然后外化为创造力。

5.2.5 农业知识管理的数字化

1. 传统农业知识管理存在的问题

随着现代信息化的迅速普及和数字化的快速发展，信息和数据呈现爆炸式增长，传统农业运用较少的智力信息和较多的生产资源来运作，因此在进行知识管理的过程中已经无法满足人们对信息和知识的需求，传统农业的知识管理过程也因此暴露了诸多的问题。

1)产学研机构联系不紧密

由于农业科学是一门历史悠久、注重应用的科学,因此其研发成果以能实际应用于生产为必要。但是产学研联系不紧密现象一直是被重复提及却又无法有效缓解的问题。由于长久以来在知识衍生体系中,个人的生涯发展和升迁的考虑,主要以研究产出为评量依据,并不重视成果的推广,重视的仅是创造的过程而非与农民分享,造成了知识衍生者即使是将研究产出成文,也偏重于学术性文章发表,相对忽略了推广性、通俗性知识文章的发表。整个农业体系充斥着技术专家,营销专家少之又少。

2)传统农业信息化运用程度不高

1979年我国从国外引进遥感技术并应用于农业,开了信息化农业的先河。1983年中国成立第一个计算机农业应用研究机构,即中国农业科学院计算中心,开始进行以科学计算、数学规划模型和统计方法为主的农业科研与应用研究。1987年农业部成立信息中心,开始重视和推进计算机技术在农业领域的试点和应用。1994年以来,中国农业信息网和中国农业科技信息网的相继开通运行,标志着信息技术在农业领域的应用开始迈入快速发展阶段。但是信息化在农业领域快速发展的背后也存在着诸多的问题:①第三次全国农业普查数据显示,我国纯从事农业者平均受教育年限为6.23年,传统农民由于农业综合素质较低,受教育程度普遍低于正常水平,因此对信息化的先进技术吸收程度较弱,利用信息和知识进行农业生产的能力不强;②农业产业化程度不高,意味着农业难以形成标准化的种植模式,而农业信息化依托于农业标准化、规范化,二者相辅相成;③农业信息化成本较高,阻碍了农民在农业生产过程中运用农业信息化。信息化的运用离不开计算机,而较好的计算机的成本农户们难以负担。

3)农业知识管理基础工作水平低

农业知识管理基础工作水平低,表现在基层收集信息、处理信息、传播信息的软硬件设备较为落后,信息网络体系不健全,没有数字化的系统,无信息服务中介组织,且农业知识来源可靠性差,缺乏可追溯管理,致使不少假信息和过期信息给农业生产带来损失;更为重要的是缺乏大型实用数据库,数据库建设数量不少,但质量不高,实用性差。并且在收集知识过程中难以将知识进行量化,以计算机的语言输入到程序中,无法用数字化的方式对有用的知识进行传输和表达,主要通过局部的经验交流来促进农业的发展,农业知识的形成与传承进程比较缓慢,当农户遇到自身难以解决的问题时难以寻找有效且系统的知识来解决问题,阻碍了农业生产的发展。

2. 新型农业知识管理

生产过程由于缺少对农业元素数据的系统收集与长期积累,农业知识管理方面存在着诸多的问题,而新型物联网环境下的数字农业会破除传统农业发展的数据制约因素,完善农业知识管理过程。

1)数字农业知识管理的定义

数字农业知识管理实则是农业知识管理的延伸与拓展,在进行农业知识管理的过程中,传统的农业知识管理数字化特征不明显,因此在进行农业知识管理时会存在诸多方面的问题,而将数字化的技术运用到农业知识管理过程中则能很好地解决这些问题。也因此，数字农业知识管理可以被定义为：将信息作为农业生产要素，在农业生产过程中的各个环节，充分发挥数字化的特点，运用数字化技术构建出物联网环境下的农业知识系统，并最终大幅度提高农业生产能力，促进农业的创新和发展，在增加农业产值的同时全面提高农业生产效率，促进知识创新的应用。

通过对以上数字农业知识管理的定义，我们可以提炼出以下几点内涵。

A.人依然是数字农业知识管理的核心

就像前文所提到的农业知识管理中的人是农业知识的生产者，是知识管理活动最活跃、最主动的因素；知识只有通过人的能动性、创造性的发挥才能产生，也只有通过人的交流和交互作用才能得到传播和应用；知识管理以知识的创新和应用为目的，而人是知识的载体，不仅掌握了大量的、有价值的知识，更重要的是他们拥有不断创造新的、有用的知识的能力，他们是知识创新的主体。但是根据数字农业知识管理的定义，高层次人才是数字农业知识管理整个过程中追求的，数字农业知识管理运用数字化的技术进行生产和管理，相比于传统的农业知识管理来说，数字化技术的应用对管理者的掌握要求更加严格，只有学习大量的数字化技术才有可能掌握该技术，才有可能数字化地管理整个农业体系。

B.数字化技术是实现数字农业知识管理的重要工具

数字化技术是一项与电子计算机相伴相生的科学技术，它是指借助一定的设备将各种信息，包括图、文、声、像等，转化为电子计算机能识别的二进制数字"0"和"1"后进行运算、加工、存储、传送、传播、还原的技术。数字农业知识管理运用数字化构建出物联网环境下的知识系统以实现以下功能：转换现有农业显性知识为模型算法，形成智能化的农业决策知识系统，进一步促进农业领域的知识融合和加快农业经营主体知识内化过程；通过农业知识的应用和技术经验的实践积累，产生群化隐性知识并以数字化的形式输入农业决策知识系统，进而促进新增农业知识的外化与积累。通过以上功能的循环实现，农业知识可以在物联网环境下得到持续传承与快速发展，为智慧农业和精准农业的最终实现提供有力支持。数字化技术是信息技术在农业知识管理过程中应用的高级阶段，推动了农业知识管理进程，使农业知识的采集、加工和获取更加合理化、便捷化、先进化及有序化。同时数字化技术在农业知识管理中的应用也推动了人与人的交流与协作，激发人的求知欲望和求知意识，更好地推动农业知识管理的良性发展。

根据以上内涵所述，我们可以总结概括数字农业知识管理的特点主要有以下几点。

（1）管理的专业化、先进化、现代化。

（2）大规模地运用数字化先进技术进行知识管理。

（3）增强了农业知识的可推广性、可传承性。

（4）保密性、适用性强。

（5）需要操作者更多的人力资本积累。

2）数字农业知识管理的困境

数字农业知识管理很好地解决了传统农业知识管理的问题，是我国农业知识管理努力的新方向，但是由于我国数字农业发展刚刚起步，数字农业知识管理仍存在很多的问题和难题亟待解决。

（1）现阶段农业数字化水平较低。有人说，数据是生产不出粮食来的，中国的农业现代化还是要靠机械化。具有这种认识的人还不算少数。2018年我国数字经济规模达到31.3万亿元，占GDP比重达34.8%，其中工业、服务业、农业数字经济占行业增加值比重分别为18.3%、35.9%和7.3%，农业领域数字渗透不足。特别是在农业生产方面新技术的优势发挥不足，我国农业生产仍以传统方式为主，农业产业小而分散的特点明显，我国仍处于农业信息化的初级阶段。

（2）数字化知识管理的基础设施不健全。网络经济的一个重要特征是边际效益递增性，主要是因为随着网络规模的扩大，加入网络的边际成本呈现递减而信息累积的增值报酬呈现递增。数字化环境下的网络经济这一特征更加突出，然而，这也意味着数字化基础设施建设阶段的加入成本是最高的而收益是最低的。近年来，我国新一代信息技术与农业发展融合加速，但仍面临数据、技术及融合障碍，与欧美国家提出的数字农业高端化发展相比差距较大。发展数字农业知识管理，首要解决农业大数据问题。我国农业大数据基础较差、质量不高、服务落后。农业大数据是新一代信息技术与农业融合过程中必不可少的数据基础设施。我国从国家到县域各级政府都缺乏对全面、系统、开放的农业基础大数据的收集、共享和管理，导致农业大数据基础较差，数据服务落后，制约了数字技术在农业生产中的应用。

（3）农业知识太过复杂，数字化难度大。农业知识有着天然的复杂性和典型的时空特征，不同地域、不同时间段，大家对同一种事物的叫法可能都不一样，比如西红柿，有的地区叫番茄，有的地区叫洋柿子。品类、品种、栽培模式的多样化也为数据的标准化采集带来了更大的挑战，单单富士一个品种在全国可能就种了几十种，如玉华早富、烟富3号、长富2号等。采集方法也会极大地干扰数据的真实有效性，如土壤湿度数据，是通过张力计还是湿度传感器，不同的土壤类型又会有着不同的校正值。面对错综复杂的农业知识，在进行标准化知识收集和管理时会有较大的难度，同样的知识在进行数字化识别时可能由于不同农业从业者的自我理解和地区差异难以形成统一的农业知识标准，造成知识管理的偏差进而对整个数字化知识管理造成严重的不利影响。

（4）数字农业知识管理中知识共享比较困难。知识共享是知识管理的重要组成部分。数字化的时代对农户知识获取的需求满足程度越来越大，农户可以通过数字化的知识管理得到更多方面的知识，这也意味着知识容量的逐步扩大。通过知识学习获得新的知识当然是知识容量扩大的一种方式，除此之外，知识共享也是知识容量扩大的另一种重要方式。由于数字化的不断推进，知识共享过程也逐渐破坏了农业知识的产权保护，农户之间的信任程度会遭到更加严峻的挑战。影响知识共享的一个重要因素是相互信任，而当相互信任关系还没有很好地建立起来时，共享知识的效果就会受到较大限制。传统农业经济社会兼具"分散经营"的经济特征和"熟人社会"的社会特征，经济上的分散经营和封闭保守使得农民不愿意与他人共享某些知识尤其是生产方面的经验性知识，也较难与他人建立共享知识的相互信任关系。

（5）数字农业知识管理人才紧缺。知识创新是新知识的重要来源，是知识管理的核心内容，知识管理的过程就是一个不断实现知识创新的过程。持续不断的知识创新是有效应对复杂环境的重要前提。随着乡村振兴建设的推进,农村既面临着经济社会发展的有利机遇,也需要应对日益复杂的外部环境,这就要求广大农民作为新农村建设的主体努力推进自身的知识创新。但是当今我国农民大多数仍停留在自己固有的思维上,仍保留着传统的农业种植思维,许多基层农技人员和广大农业从业者知识老化,整体素质有待进一步提高,对于利用现代数字化技术收集、处理、利用农业信息的意识和能力不强,这也在很大程度上限制了数字化技术在中国农业的推广。数字化农业知识管理的过程需要专业的、接受过数字化技术培训的人才,然而现阶段我国农业知识数字化加工处理的技术人员缺乏,远远不能够满足数字农业发展对于人才的需求,大多数农业从业者的数字化水平有待加强。

(6)农业知识数字化转化难度大。显性知识和隐性知识的相互转化是知识管理的重要内容,在一定意义上,知识管理也是一个显性知识和隐性知识相互转化的过程。正是在这一过程中,新的知识不断得以产生,知识的容量不断得以扩大,知识的效应也不断得以增强。在数字化的农业知识管理过程中,农业经营主体通过转换现有农业显性知识为模型算法,形成智能化的农业决策知识系统,进一步促进农业领域的知识融合和加快农业经营主体知识内化过程;通过农业知识的应用和技术经验的实践积累,产生群化隐性知识并以数字化的形式输入农业决策知识系统,进而促进新增农业知识的外化与积累。首先是隐性知识转化的问题,隐性知识产生于人的内心,具有高度的主体依赖性、过程依赖性、环境依赖性以及隐含的、未编码的属性造成了隐性技术知识是一种身临其境的、动态的主体体验领会过程类知识,因此只有掌握者自身能完完全全理解隐性知识的具体含义,所以在进行数字化输入农业决策知识系统时存在三个难题:①掌握者是否具备进行数字化输出的能力;②掌握者是否能将隐性知识输入准确化;③相同的隐性知识,由于掌握者个体的差异性,输入过程可能会一致,会影响整个农业知识系统的运作与管理。其次是显性知识转化的问题,当前农村生产经营管理活动的分工越来越细,显性知识作为一般性的文本知识要应用于农村实践必须与农民的具体情况相结合,即转化为农民的隐性知识,然而根据当今农村的教育现状,农民没有这个能力将显性知识转换为具体的模型算法,构建智能的农业决策知识系统是一个严峻的问题,而且受碍于文化水平,当前大多数农业从业者在显性知识的转化意愿和转化能力方面均存在较大的障碍。

3)数字农业知识管理的发展

数字农业知识管理的兴起对于农业知识管理的发展具有重大意义。针对当前我国数字农业知识管理过程中存在的问题及问题产生的原因,可以从以下几个方面采取措施。

(1)持续推动、大力发展农村教育。从前文的分析中我们可以看出,造成现有数字农业知识管理困境的最主要原因就是农业从业者的知识储备不足,而这些问题与农村教育水平落后、农业从业者受教育程度不高有着密切的关系。现阶段我国农村的义务教育已经得到了完全的普及,基础设施也得到了一定的完善,但是与城市的教育水准相比,农村教育的师资力量、基础设施、课程数目、对学生的培养仍然有较大的发展空间。也因此,大力发展农村教育、从提高自身出发是增强农民知识储备、推动数字农业知识管理的一个重要途径。农民的知识储备提高了,教育水平上升了,思想就会更加先进,就有能力去了解并掌握农业知识管理的数字化过程。并且在进行知识共享、知识转化等知识管理的过程时,农民就会有开放的思想去推动农业从业者之间进行农业知识的相互交流,促进数字化农业知识管理快速发展。

(2)着力引进高水平人才。加强数字技术人才培养,特别是在农业物联网、互联网、大数据等领域培养一批应用管理一线实用人才。采取优惠政策,如提高绩效、增加引进人才津贴等方面鼓励大中专毕业生、科技人员投身于数字农业知识管理的建设管理中。高水平人才掌握先进的技术,拥有丰富的知识管理经验,对数字化技术有着深刻的见解,因此有了高水平、高层次的人才,数字农业知识管理的整个过程才会发挥出它应有的作用。同时由于带动效应的形成,高水平的人才也会带领农业从业者不断完善整个数字农业知识管理的发展,解决数字农业知识管理各个环节出现的问题,营造一个良好的农业知识管理生态。

(3)完善数字农业知识管理基础设施。扩大移动通信信号覆盖范围,推进农村"三网融合"(三网即电信网、广播电视网、互联网),提高乡村光纤覆盖面。推动 5G(5th generation communication technology,第五代移动通信技术)应用,购置农业知识管理所需要的数字化设备。同时推进农业大数据建设,积极实施农业大数据研发工程,加强农业大数据技术研发,加快布局农业大数据的收集、分析等相关技术,完善农业数据科学,保证数据随时更新且有效可靠,并使农业大数据适惠于每一个农业从业者,以保证每个农业从业者在进行知识吸收、转化、应用、共享时有完整的数字农业知识管理基础服务体系可供提供,为农业生产经营者提供最先进、最精准的农业知识,促进数字农业知识管理的良性发展。

(4)建立一套完善的数字农业知识管理科学体系。总的说来,当前农民知识的学习、共享、创新和应用以及知识的转化尚处于较为分散、孤立的状态,没有整合为一个科学的体系。政府和农业从业者还没有充分认识到数字农业知识管理科学体系的重要性,也缺乏完整的数字农业知识管理体系的理论支持。因此根据各个地区的不同状况构建一套完整的数字农业知识管理科学体系尤为重要。构建科学的数字农业知识管理体系,应当在数字化推进的基础上建立由知识学习、共享、创新和应用各环节以及隐性知识和显性知识相互转化科学整合在一起的知识管理体系,实现农业从业者生产过程中知识输出,尤其是隐性知识的数字化输出的准确有效性和知识获取的准确性。

5.3 数字农业知识系统

5.3.1 数字农业知识系统的特征与分类

1. 农业知识与信息系统

农业研究和推广机构多年来面临着这样一个棘手的问题:农业研究、推广和农民之间严重脱节。农业研究偏离农民的实际需要,农民对技术的应用能力差,科技转化效率低下。农业知识与信息系统(agricultural knowledge and information system,AKIS)的出现为解决这一问题提供了新的契机,AKIS 是一种参与式农业推广理论,其研究集中回答了如何加强研究、推广和农民三个系统之间的联系，从而打破农业研究和技术转移之间的瓶颈。

农业知识与信息系统的研究始于1980年，印度的Nagel（内格尔）在Havelock（哈夫洛克）研究的基础上初步勾勒出了农业知识与信息系统的雏形。之后，针对农业知识与信息系统的研究在欧洲和美国获得长足的发展，涌现出一大批优秀的研究专家和著作，代表有美国的Interpaks（帮助全球农业传播的尝试）和荷兰的Röling（罗林）。农业知识与信息系统的观点认为：农业生产运作过程中研究主体、推广主体和农民并非相互独立的主体，而是相互联系的一个统一体。

一个成功的系统所发挥的作用要大于其各个组成部分作用之和。农业研究人员、推广人员、农民包括其他如政府部门、商业公司、市场之间凭借信息流相互联系，而且这种信息的流动不仅包括自上而下的传递，更重要的可能是自下而上的一个反馈过程。农业知识与信息系统理论强调信息的双向流动，发挥每一个农业知识与信息系统主体的创新能力。

在国外，荷兰瓦赫宁根大学的Röling教授曾在20世纪80年代针对农业知识与信息系统开展了较为系统的研究。随后以联合国粮食及农业组织（Food and Agriculture Organization of the United Nation，FAO）和世界银行（The World Bank）为代表的国际机构也对农业知识与信息系统进行了深入的探讨。OECD在2003年召开国际会议集中对农业知识与信息系统的概念界定进行了讨论。世界银行也曾于2003年召开研讨会讨论东欧和中亚国家的农业知识与信息系统改革议题。2000年到2005年间，FAO和世界银行大力推动埃及、马来西亚等10个国家开展了针对农业知识与信息系统的案例试验，并在2005年召集有关学者对这10个国家农业知识与信息系统运行的经验进行了全面总结，这为此后开展农业知识与信息系统研究提供了宝贵的研究基础。

农业知识与信息系统是从事农业知识和信息产生、转化、传递、存储、回收、综合、扩散和应用过程的一系列组织或者人员，以及他们之间的联系和相互作用的子系统。此系统通过不同角色间的协作，达到对所在国家的农业或者有关领域的决策、问题解决和创新给予支持的目的。科研和推广不应该被视为相互独立的机构，而应该在一定程度上相互联系，从事基础性、战略性、应用性和适应性研究的科学家、专门技术专家、村一级的农业推广人员、农民，都应该被看作一个独立的农业知识与信息系统的组成部分，可以称之为系统内部的子系统。在此系统中，除了科学家，农民也可以创造信息和技术。同样，资源社区也可以成为信息和技术的使用者，这些信息和技术既可以来自农民，也可以来自其他资源群体，见图5-2。

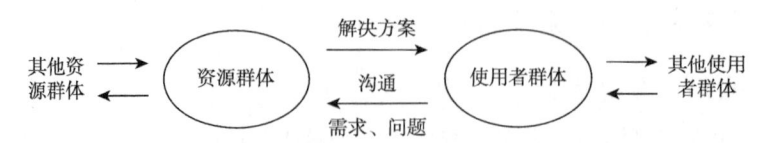

图 5-2 农业知识与信息系统流程

资料来源：张磊，时允昌，王德海. 2012. 农业知识与信息系统：概念、模型及管理. 广东农业科学，39（8）：193-195，206

农业数字化技术的迅速发展与广泛应用，促进了农业经济的信息化，使得农业社会又从以工业化为特征的社会开始进入以信息化为特征的社会。科学技术的发展使得传统农业的知识密集度日益提高。在这个阶段，除了劳力、资本、自然资源外，信息与知识也开始成为重要的生产要素。知识的创新、传播和使用在推动经济发展方面的作用，比起工业社会来显得更加突出，因此有人认为21世纪从发达国家开始，全球将逐步进入数字经济和数智经济阶段。

2. 数字农业知识系统的特征

1）互动性

面向对象和区域提供有针对性的实用的农业知识，实现农户与系统互动。农业实用知识服务系统根据普通农户、种养大户、农技人员等不同层次的知识需求，组织相应的农业生产知识，保证知识的权威性、丰富性和针对性。因知识源来自农业生产一线，语言通俗易懂，符合当地的用语习惯，而且通过农业专家的整理、科学判断和知识化加工处理后，具有非常强的可读性和可接受性，不同层次的农户在接收到知识后反馈到农业进行科学化、标准化生产等方面，不存在对知识的理解、消化等瓶颈问题。并由于知识是经过农业专家判断处理和理论验证的，农户可以放心使用。另外，农户可以通过知识服务系统进行自助式检索，解决在生产中遇到的实际问题，并可利用知识服务系统的互动平台与农业专家进行交流与探讨，提高农业生产效率。

2）易用性

系统知识发布方式便捷实用，农户喜闻乐见，容易接受。在互联网时代背景下，网络普及率已经非常高，广大农民获取实用农业信息的途径多种多样。通过手机、电脑以及物联网设备成为农民获取实用农业信息的主要渠道。农业使用知识服务系统通过互联网、信息机、触摸屏、手机等现代的传播手段与电话、报刊等传统的传播手段相结合，实现知识发布将丰富的农业生产知识发布给农户，农户可根据自身的实际情况来选择获取方式。由于发布方式多样化，是农户在日常生活当中喜闻乐见的，极其容易被接受，从而实现农业科学知识的迅速传播与普及。

3）准确性

将实践经验转变为系统化知识。信息质量直接决定着信息使用者决策的准确性。系统的知识来自农业长期生产所积累的经验，是经过农业专家的整理、科学判断、重新筛选和科学化处理的，保证了知识的可靠、权威。农户通过系统得到生产决策和技术方案等农业知识，在应用过程中如有意见反馈，需要修改、补充和完善时，可通过知识工程师来完成对知识服务系统的更新操作，实现错误知识的纠正，达到知识与农户之间的互动，提高知识的科学性，避免错误知识，实现农业知识可持续发展。

4）标准化

有利于推进农产品生产的标准化。近年来，农产品质量安全问题越来越引起党和国家的高度重视，推行农业生产标准化已经成为市场供求形势发展的必然要求。由于农业实用知识服务系统的知识科学化、内容地域化、语言通俗化和发布多样化等实用性的特点，农户可以轻松地获得科学实用的生产知识用于指导生产。在生产中应用的知识还可以得到不断修正、更新和充实，从而使农产品生产更为生态化、高效化和标准化。

3. 数字农业知识系统的分类

1）传播型

传统的农业技术传播主要是把大学和科研机构的科研成果介绍给农民，使农民获得新的知识和技能，并且在实际生产中应用，从而提高产量、增加收入。这种技术传播方式内容上大多是以种植业、养殖业为主的单一技术传授，主要是通过技术书籍、广播电视以及技术推广人员与农民广泛接触、言传身教实现。传统的农业技术扩散的效率很低，一项技术的应用往往要经历很长的扩散周期。

2）指导型

随着农业生产力的提高，在世界范围内农业知识扩散的内涵也发生了扩展。农业知识扩散体系的任务已不仅仅局限于向农业劳动者提供农业生产技术方面的一般知识，而更侧重于为农业、农村提供持续的技术支持和全方位的农业劳动者素质提高所需的文化支持，包括教育、组织、培育和改善农民实际生活质量等方面。传播的技术知识的内容也扩展为对农业生产指导，农产品运输、加工、储藏指导，市场信息和价格指导，资源利用和自然资源保护指导，农产品经营管理指导以及农民文化生活指导等多方面。

3）交互型

近些年，伴随着全球信息化浪潮，信息技术在农业知识扩散中的应用越来越广泛。农业技术扩散向着通过信息传递、共享为农业劳动者提供持续的知识支持的动态过程转变。一些国家农业劳动者具有较高的素质，拥有主动获取、选择、掌握知识和技术的能力，积极地利用共享资源获得所需的技术和信息支持。技术扩散已经由农业劳动者被动等待变为劳动者主动寻找、获取有用信息的学习过程。

互联网在商业领域的应用为这一过程提供了更强有力的先进工具。在美国，通过互联网几乎可以到达任何一个与农业相关的管理机构、大学、科研单位、农产品加工企业、农业实验站和农业技术推广中心的网点。网上众多的网址为农场主提供有偿或无偿的信息、技术服务、咨询和指导，并且很多农场主也是信息、技术的提供者，形成了参与和交互的过程。

可以看到，指导型农业知识扩散模式相对传播型模式的主要进步在于传播内容发生了扩展，由种植、养殖等狭义的农业知识向广义的农业生产、生活、管理知识转变。而交互型模式是一场整体性的变革，它充分应用了先进的信息技术使农业知识扩散的内容、方式、观念等发生了质的飞跃。

5.3.2 数字农业知识系统的构成

1. TOT 模型

在这个数字农业知识系统里，研究者承担着实现"科技产生"的神圣职责，这些技术上的突破随后会转移给推广人员，然后再由推广人员传递给农民。TOT（transfer of technology，技术转移）模型假设一个线性的、单向的、始于国际或国家层次的科技产生，以农民采纳这些技术而告终的过程。该系统简图如图 5-3 所示。

第 5 章 数字农业知识管理

图 5-3 数字农业知识系统 TOT 模型

资料来源：张磊，时允昌，王德海. 2012. 农业知识与信息系统：概念、模型及管理. 广东农业科学, 39（8）: 193-195, 206

不反映信息流动以及技术使用者对系统其他部分影响的农业知识与信息系统模型是有缺陷的，而 TOT 模型就有此弊病。这不是因为从道德上讲要强调参与，而是因为经验证据表明有效运行的农业知识与信息系统都需要一定形式的用户控制。

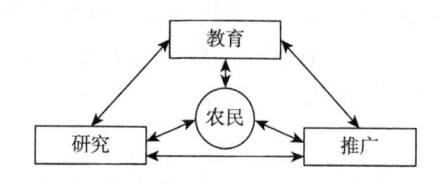

2. 农业知识与信息系统 RD 模型

FAO 和世界银行联合撰文提出了农村发展中的农业知识与信息系统（agricultural knowledge and information systems for rural development，AKISRD）的概念："农业知识与信息系统 RD（rural development）将人员和机构连接起来，以增进相互的学习并致力于改善农业科技知识和信息的产生、共享和使用。"这个系统将农业研究者、教育人员、推广人员和农民联系成一个整体，以驾驭来自不同渠道的知识和信息，从而实现农业进步和农民生计改善。农业知识与信息系统 RD 的目标是减少贫困、提高农业生产力、促进粮食安全和环境的可持续，其模型图见图 5-4。其中，农民处在这个知识三角形的中心位置，而教育、研究和推广则是为他们提供服务的。农民和农村社区中的其他人员在知识系统中是合作关系，而不是单纯的接收者。

图 5-4 农业知识与信息系统 RD 模型

资料来源：张磊，时允昌，王德海. 2012. 农业知识与信息系统：概念、模型及管理. 广东农业科学, 39（8）: 193-195, 206

3. 巴基斯坦农业知识与信息系统 RD 模型

在巴基斯坦农业知识与信息系统实践经验的基础上，Rivera（里维拉）对早期的农业知识与信息系统模型进行了发展，把信贷机构、农业供应商、市场等外围要素包含到模型本身中，把农业知识与信息系统分割成知识创造（研究）、知识传播（推广）、知识使用（教育）和农业支持（支持系统）等四个子系统，其模型结构图见图 5-5。

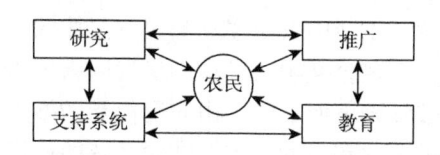

图 5-5 巴基斯坦农业知识与信息系统 RD 模型

资料来源：张磊，时允昌，王德海. 2012. 农业知识与信息系统：概念、模型及管理. 广东农业科学, 39（8）: 193-195, 206

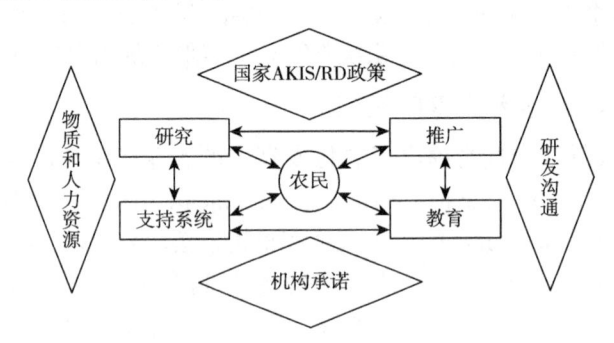

4. Rivera 巴基斯坦农业知识与信息系统 RD 模型

从巴基斯坦农业知识与信息系统 RD 视角较宽的涵盖性上来讲，Rivera 的巴基斯坦模型提供了一个对农业知识与信息系统更为综合和全面的描述。巴基斯坦模型甚至可以进一步改进，包含进相关的非系统组成部分，例如政府政策、机构承诺、除了推广机构以外的其他起到沟通作用的机构，以及相关的物质和人力资源等。改进后的巴基斯坦农业知识与信息系统 RD 模型见图5-6。

图 5-6　Rivera 巴基斯坦农业知识与信息系统 RD 模型

资料来源：张磊，时允昌，王德海. 2012. 农业知识与信息系统：概念、模型及管理. 广东农业科学，39（8）：193-195，206

5.3.3　数字农业知识系统的建设路径

一个农业知识与信息系统包含四个方面的内容，即各个子系统、知识转化过程、系统机制（界面和联系网络），以及系统运行（控制和管理）。而关于农业知识与信息系统的研究归根结底在于理解如何管理和加强农业知识与信息系统，以实现农业发展和农村发展的目标。

1. 对农民进行赋权，增强其对农业知识与信息系统的控制力

只有把信息扩散过程放在一个学习型的环境当中去，农民才有可能真正掌握到有用的知识。当把农民置于农业知识与信息系统的中心并让他们承担起生产、创新和沟通的职责后，农业知识与信息系统中行动主体间的信息互动会大大增加，农民开始积极传播农业创新信息和技术。这在客观上要求我们必须改变传统观念里农民只是农业技术推广"最后一公里"的概念，切实给农民赋权，增强他们作为农业知识与信息系统使用者的控制力，应该听他们说话，并创造条件让他们接受教育、提升能力，这样才能最终实现农业知识与信息系统的高效运转和农业社区的进步。

给农民赋权的方法包括：①帮助农民建立起具有法律效力的组织，以使其获得为自己和推广服务游说的能力；②在公共项目设计中贯彻以农民需求为导向的原则，为农民表达创新需求创造条件，鼓励自下而上的、由农民倡导的推广项目，但同时又要保持自上而下的形式所具备的促进公共利益的优点；③对系统的使用者——农民进行培训，下大力气发展农业教育，提高农民文化水平，提高其消化吸收知识信息的能力，这样以用户为导向的农业知识与信息系统就会逐渐形成。

综上，增强农业知识与信息系统使用者的控制力，可以有效弥补传统农业技术研

究和推广服务中存在的缺陷，充分调动系统各个用户的创新主动性和资源优势，从而使得信息在整个系统中得到流畅、高效流动，最终带来体系内农业技术创新能力的全面提升。

2. 加强农业知识与信息系统各个部分之间的联系和协同合作，优化沟通机制

（1）在农业知识与信息系统的管理中应该重视本土知识和沟通技术的运用。农民都有自己的一个本土化的知识系统，而这个系统和正式的研究推广信息网络是难以相容的。大部分的农民选择"在实践中学习"，同传统的农业推广人员推崇的课堂传授模式相悖。农民的知识结构以隐性知识为主，其知识来源主要是个体的经验积累和农民之间的相互模仿，知识技术传播方式以隐性知识（传统生产习惯、经验等）传播为主。只有正确认识农民的学习特点，并合理运用本土化的沟通手段和技术，才能最大化农业知识与信息系统运作效率。

（2）要认识到本土推广人员的重要作用。人们总是倾向于和自己相像的人交流，沟通效率也较高。因此，要定期培训基层推广人员，从他们那里了解农民的需要，这样推广人员和科研人员以及农民之间不会有很大的社会距离，并且易于交流。

（3）加强农业知识与信息系统各个部分之间的联系。一般来说，农业知识与信息系统中联系机制的数目越多，它们在权力阶层中覆盖的范围越大，那么在农业知识与信息系统中建立起有效联系的可能性就越大。要大力建立农业教育、科研和推广机构，并将它们结合起来。具体结合方式可以是共同组织活动、共同计划、人员互换等，比如农业科研机构可以允许农民组织介入，推广机构安排专家常驻科研院所等。

综合来看，在农业知识与信息系统的管理中，要充分利用本土化的、传统的沟通手段，根据不同主体的特点来设计相应的沟通方法和模式，以加强各个部分的联系，增强信息在系统内部流动的通畅性和有效性。

3. 以政府为主导，发挥公共部门和私人部门的合力

如果只专注于技术导向的发展，那么会将效率低下的生产者挤出市场，从而使得追逐利益的短视凌驾于农业生态的长期性考虑之上。为了实现农业和农村可持续的发展，让它惠及所有农民，就必须要建立一种不那么市场化导向的信息传递机制。所以说，农业知识与信息系统的广泛采纳和实践取决于政府利用农业知识和信息推动农村发展与农村公平的兴趣及决心。培育农村市场，为农业供应商提供支持，尤其是优化农业信贷条件，可以激发农村社区的发展潜力。农业生产者需要接受教育和培训以融入农业生产技术密集型的潮流中来。农业生产者和政府的合力可以为建立一个需求导向型的农业进步技术创新体系提供平台。

学者在充分肯定政府作用的同时，也对私人部门涉足农业知识与信息系统的优势进行了研究，相当数量的私有的、半私有的、非营利性的和社区基础的组织兴起，逐渐地承担起以往由政府机构承担的任务和服务。这些组织有着更新的方法，可以迅速地对农民的需求做出反应，并引入更多的农民参与。

因此，在农业知识与信息系统的管理中，我们应该充分发挥公共部门和私人部门的

合力，以实现农业知识与信息系统的高效运作和农业农村的发展。

4. 将农业知识与信息系统制度化

农业科研和教育系统的主要弊病不是系统中的从业者懒惰或者活动缺乏，而是现行的组织和激励制度不尽合理。建立农业知识与信息系统制度，包括建立独立的农业知识与信息系统机构，使机构的监管、能力建设、分权等都实现制度化。要构建国家层次的农业推广政策，以保证足够的政治和资金支持。在农业科研活动中应该邀请社会学家加入，因为他们能够用更加全局化的视角来看待整个过程，这对习惯了用分析性视角看问题的农业科学家是一个有益的补充。

一个农业知识与信息系统的影响远比其各个组成部分的影响总和要大得多，农业知识与信息系统的分析、设计和管理的一个重要目标是提高其各组成部分的协同效率。尚未运用的研究结果、农民没有获得技术转移服务途径、与研究无关的推广等这些都是农业知识与信息系统协同效率运转低下的表现。在寻求发展的过程中，以上三者同时也是将农业知识与信息系统视作一个整体而不是各个独立的部分的原因。

在改善农业技术体系的方法上，推广的培训与访问体系、农业系统研究和农地研究都是提高农业知识与信息系统协同效率的尝试。推广的培训与访问体系试图创造一种使常规信息在研究人员、技术专家、推广工作人员、示范农户以及其他农户之间畅通无阻地流动的方法。这一方法可以被视作提供农业知识与信息系统组成部分之间联系的管理工具。农业知识与信息系统研究是一种开发技术的参与式方法，这种方法通过强调在设计和检验某一技术之前判断从农民那里收集到的信息重要性，从而确定所要推广的技术与其使用者的适合度。农业知识与信息系统研究在将应用者控制作为成功的技术发展的重要组成部分方面迈出了重要的一步。不管怎样，农业知识与信息系统研究使农民、推广人员和研究人员发生直接联系，事实证明，农业知识与信息系统研究是一种对应用研究有重要影响的研究方式，也是朝向使用者拥有控制权所迈出的关键一步，因此具有重大的意义。

5.4 数字农业知识共享

5.4.1 农业知识共享概述

在知识经济时代下，知识成为一切组织赖以生存和发展的基础。知识是一个组织极其重要的无形资产，组织拥有丰富的知识并能不断更新和扩充，已成为其在市场竞争中立足和发展的必要条件，科技创新的核心就是组织不断实现知识积累的过程。但对于单个涉农组织来说，其不可能拥有农业科技创新所需的全部知识，这就意味着其要与其他涉农组织以及外部环境不断地互动和相互学习，即进行涉农组织间的知识共享，以获取内部不能产生的知识，并应用于生产经营，保证其市场竞争优势。

农业知识主要是指与农业活动直接相关的隐性知识与显性知识的总称。所谓农业知识共享，是指农业个体、群体和组织通过电信网、广播电视网、互联网、报纸杂志以及人际关系等方式，在一定机制的激励下，实现农业隐性知识和显性知识相互转化、转移、吸收和创新的过程。农业知识共享是集农业知识共享主体、客体、手段和过程四位一体的概念和活动。其内涵主要包括以下四个方面。

1. 农业知识共享主体

农业知识共享主体即农业个体、群体和组织，主要包括普通农户、农业技术人员、农业专家、种植养殖大户、农业龙头企业、农业合作组织、农业协会及非农组织等。

2. 农业知识共享客体

农业知识，根据其存在的形式和编码的难易程度可分为隐性知识与显性知识。其中，农业隐性知识主要是指农户在长期的农业生产实践中积累的经验、技能、诀窍和认知等；农业显性知识主要是农业群体和组织中规范化、系统化的农业知识，如农业种植养殖技术手册、农业调研报告、农业知识数据库等。

3. 农业知识共享手段

建立和完善共享机制，通过三网、人际关系、培训学习等方式实现农业知识共享。

4. 农业知识共享过程

知识共享可以被理解为一种人与人之间联系和沟通的过程，农业知识共享的实质是隐性知识与显性知识在农业个体、群体与组织之间不断流动、转移、吸收和创新的过程（图 5-7）。

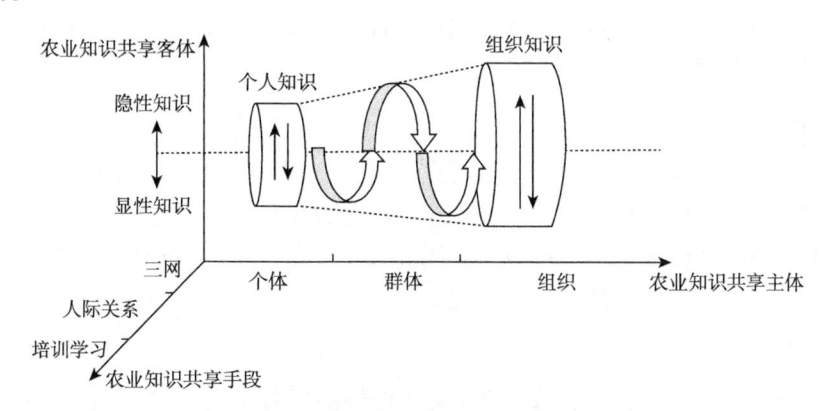

图 5-7 农业知识共享三维模型

农业知识共享可能发生在个体之间，也可能发生在群体或不同农业组织之间。农业知识共享有多种分类标准，如果从农业知识共享主体出发，可以将农业知识共享分为三类：个体间的知识共享、群体间的知识共享和组织间的知识共享。

1. 个体间的知识共享

个体间的知识共享主要指个体之间通过观察、学习、模仿和实践等方式来获取他人的经验、技能和诀窍，实现农业知识的共享。传统的师传徒授、积极学习和借鉴他人经验等就属于这种共享形式。对于农业知识的共享来说，个体间的知识共享是一种重要的共享形式，因为农户往往更容易向附近的其他农户学习。

2. 群体间的知识共享

这是指一些农户为了完成特定的项目或任务，自发、动态地组成农业互助群体，在群体内和群体间进行知识共享，如果碰到难以解决的农业生产、经营等问题，可能还需聘请有关的农业专家或者农业技术人员。农业互助群体内的各成员有着共同的目标，这便于实现农业知识的共享。

3. 组织间的知识共享

它包括农业组织间的知识共享、农业组织和非农业组织（如软件开发公司、数据库和知识库提供商等）之间的知识共享。这种共享往往能促进农业生产力的发展和农业生产方式的改进，也为非农组织拓宽了研究方向，进一步开拓了农业市场。

农业知识共享行为受到多种因素的影响，如知识共享量、知识共享成本、知识共享风险、知识互补性程度、知识激励水平、知识惩罚水平、知识共享风险等。

5.4.2 数字化背景下的农业知识共享

数字化背景下的农业知识共享是一个多环节的过程，它不仅仅是简单地将知识由知识发送方向知识接收方进行传递，也比较注重知识的整合以及接收方对于知识的吸收、创新和应用。

数字化背景下的农业知识共享是一个复杂的系统网络结构，是典型的人工系统，继承了系统和知识共享的一般特性，表现出整体性、泛在性、互动性、快捷性、动态性、目的性等特征，具体如下。

1. 整体性

数字化背景下的农业知识共享是由特定功能的、相互间具有有机联系的许多要素构成的一个整体，具有整体性的特点。在知识共享过程中各个要素之间相互协同工作，它们的状态都会影响整体知识共享的效果。因而数字化背景下的农业知识共享是一个极为复杂的多要素、多变量构成的整体性过程。

2. 泛在性

数字化背景下，信息资源载体不再局限于传统的纸质文档及记录，电子文档、音频、视频等一系列技术载体成为记录知识的主流文件。借助移动智能终端设备和无线网络，用户可以不受时间、地点地阅读和获取多媒体信息。微博、QQ和微信等软件应用以及多媒体技术、知识共享技术、信息系统技术等新兴技术突破了时间与空间的限制，为用户提供了信息交流和知识共享、传递的支持和平台。因此，数字化环境以"泛在"为核心特点，随时随地为知识共享主体服务、无所不在的沟通交流方式成为继Web2.0之后的新一代互联网环境。在这种泛在的环境使得数字化背景下的农业知识共享也具有了泛在性，不再受时空的约束，可以随时随地地实现知识共享。

3. 互动性

数字化背景下的农业知识共享主体在借助新兴数字工具进行知识共享的过程中，由于学科领域、知识性质等的不同，部分成员以及用户在吸收利用知识过程中存在一定的问题，需要借助数字工具的互动功能，通过不断地互动和沟通才能保证知识共享过程充分、高效地进行。数字化环境下，知识获取的渠道和方式由于信息技术的发展而变得更加多样化，知识共享突破了时间和地域的限制，频繁的互动交流是数字化背景下的农业知识共享生命和活力的体现。通过新媒体技术和数字工具，知识共享主体可以足不出户地与不同成员进行交流。数字化农业知识共享主体不仅是知识共享过程的接受者，也是知识共享过程的主动参与者和重要承担者，成员与知识共享之间是一个相互促进、共同发展的关系。

4. 快捷性

数字化的出现打破了时间和空间的限制，使得农业知识共享不再局限于特定的时间、地点，数字农业知识共享主体可以随时随地快捷、即时地获取知识。在数字农业知识共享过程中，应更加注重对于数字技术工具的利用，数字农业知识共享参与主体内部可以通过使用即时通信工具、博客、论坛或者视频网站实现知识的传递与共享，这些新媒体技术和数字工具使得知识共享主体在工作时可以更加快捷地获得知识以及实现知识共享，并通过对知识利用，迅速将其转换成新知识，从而提高知识共享的质量与效率。

5. 动态性

数字农业知识共享的参与主体时刻都在进行着知识共享，知识共享过程也会因知识环境变化而快速调整。由于知识环境的变化以及知识需求不定，相应的数字农业知识共享过程也要随时调整。数字农业知识共享具有动态的生命特征，知识的生产、加工、共享、吸收、创新和应用贯穿整个知识共享的过程，这种生命现象促使数字农业知识共享总是处于不断从平衡到打破平衡，再复归平衡的动态过程。同时由于各种各样的外部及内部因素影响，出现知识共享主体的现象，也会不断有新的知识共享主体加入到知识共享过程当中，这就加大了数字农业知识共享的动态性。数字化背景下农业知识共享是一个动态变化的过程，具有一定的动态性。

6. 目的性

数字农业知识共享是由多个利益相关方共同组建的典型人工系统，其组建的初衷就是服务涉农主体的科研、教学、学习以及实际生产实践。因此，数字农业知识共享的存在和发展的核心目的是要维持农业创新的稳定性和高效性，通过涉农主体间的知识共享来进行知识的创新，进而增强涉农主体的核心竞争力，并使涉农主体能够快速地获取尽可能多的知识效益，加强科研团队的研发能力和知识创新能力。数字农业知识共享借助数字化平台和技术进行知识共享也是为了更好地实现知识的传播和利用，增强涉农企业和科研团队等的知识水平与创新能力，提高其核心竞争力。因而数字化背景下的农业知识共享带有明显的目的性和利益目标。

数字化背景下的农业知识共享并非一帆风顺，这一过程面临诸多问题与障碍，其中，数字化背景下的农业知识共享需要考虑的重要问题之一就是知识产权问题。数字化背景下农业知识共享中的知识产权主要指的是版权，也就是著作权，指的是文学、艺术、科学作品的作者对其作品享有的权利，包括财产权和人身权。知识是研究过程中产生的创造性劳动成果，是科研人员的智慧结晶，新知识的产生需要科研人员多方面的付出，包括时间、精力、人脉、资金等，同时科研人员又脱离不了数字化平台的帮助，知识自然也是相关单位的重要资产，著作权法应该予以保护，但也在一定程度上限制了知识的自由共享。如何在保障农业科学知识产权的基础上使农业知识自由共享，是农业知识共享面临的又一挑战。这需要国家政策法规的鼓励和支持，既不能损害科研人员的利益和科研积极性，也不能让知识产权问题成为阻碍农业知识共享的屏障。

5.4.3 数字农业知识共享的途径与过程

1. 数字农业知识共享的途径

数字化背景下农业知识共享参与主体间形成的知识共享网络具有社会网络的属性特点。借鉴社会网络理论，在社会网络交际中人与人之间存在正式和非正式的交流方式。与之相类似，可以将数字农业知识共享分为正式和非正式两种方式。

1）正式方式

数字农业知识共享参与主体在正式组织内借助数字工具根据正式的管理制度来进行知识共享，如服务合作、正式的工作交流等。正式方式主要包括视频会议、官方发布等方式。知识共享的正式方式的实现途径有两种：①知识共享主体进行知识的整合和处理，成为可供知识共享参与主体使用的结构化知识，形成技术手册、经验报告、操作指南等，并借助于数字化平台进行知识共享。②知识共享主体在组织认同的前提下借助数字平台通过口传亲授的学习培训模式或组织的面对面视频会议方式实现知识共享，比如远程视频培训讲座等。

2）非正式方式

非正式知识共享主要是指知识共享主体在非正式组织内，主要通过私人关系或非正式场合进行转移。例如：数字农业知识共享主体通过新媒体工具或其他数字化工具建立的小团体组织、私人关系群等，其共享行为更多地受限于双方建立的社会关联性质和强度。非正式的社会关系网络对知识共享起着非常重要的作用，非正式的知识共享方式能够消除不利于共享的影响因素。在数字农业知识共享过程中存在许多前沿的隐性知识，这些隐性知识很难通过正式渠道获得，但是知识共享主体之间通过私人关系交往，借助于话语、体态、情感等表达方式的综合作用，更容易使知识共享主体获得知识，从而实现知识的共享。另外，由于时间和空间限制，数字农业知识共享主体有时会缺乏正式沟通的机会，在这种情况下，数字化工具可成为非正式沟通方式的重要补充。首先，非正式方式的知识共享更适合数字农业背景下涉农主体开展知识共享活动，它能够让成员更轻松、更清楚地表达自己的观点；其次，非正式方式的知识共享大多基于个人关系或社会网络，使成员之间以信任作为基础，能更有利于知识共享的进行；最后，非正式的知识共享是非集中化的，不受团队管理的约束，创建、更新和管理内容由成员亲自完成，并无私提供给其他成员，可以增加数字农业知识共享主体的知识共享意向。

2. 数字农业知识共享的过程

数字化背景下农业知识共享的过程中，信源是知识生产者，负责对知识进行选择和组织。信息是隐藏于知识生产者头脑中的难以进行编码的隐性知识和从互联网、书籍、数据库等中直接获取的显性知识；渠道是知识生产者和知识消费者进行知识共享的媒介，数字化背景下知识主体之间主要依靠数字化平台和技术。知识消费者是接收者，知识消费者根据自己的需求和能力，对接收到的知识进行消化吸收，并将其运用到自己的工作和科研中，进行知识创新，实现知识的增值。反馈是由知识消费者在接收知识后对知识生产者的一种后续的反向知识共享。知识生产者可以利用反馈来对后续知识共享做出相应的调整。知识分解者主要负责管控这个知识共享服务过程的进度和分工，负责知识分解、组织存储、管理，将一些比较成熟的知识进行显性化，使其易于转移和共享。噪声是指知识共享主体在知识共享的过程中会受到外界环境或者其他因素的干扰，发生的知识的附加、破损、失真或错误等情况，而在知识共享过程中要尽量避免这些情况的发生。数字农业知识共享的过程模型如图 5-8 所示。

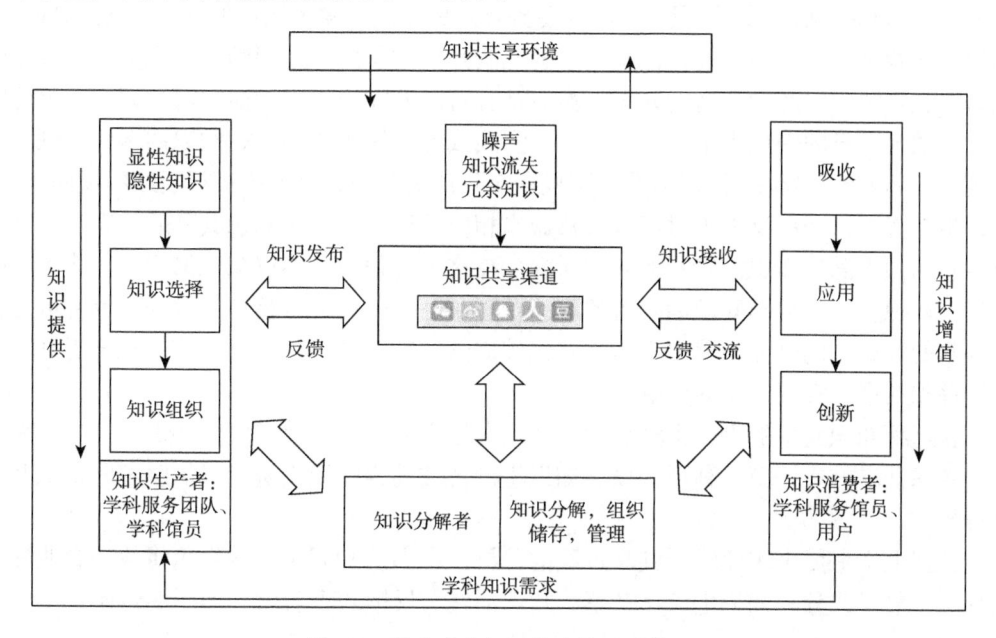

图 5-8 数字农业知识共享的过程模型

数字化背景下农业知识共享过程分为两种形式，分别起始于知识生产者和知识消费者。

（1）在知识管理中一般认为知识共享起始于知识生产者，在知识势差的作用下知识由知识生产者经知识传递者向知识消费者转移，这是最常见的一种知识共享形式。数字化背景下，农业知识共享主体中的知识生产者将知识进行整理和外化，形成文字报告、视频、音频等形式的知识，借助数字化平台将知识进行分享传递，知识消费者通过数字化平台获取知识，将接收到的知识进行内化、吸收，转化为自身的知识，以及将知识应用于工作、科研、教学当中实现知识的增值，并将知识的吸收利用情况和遇到的问题通过反馈的方式反向共享给知识生产者，便于更好地交流和沟通。知识分解者将知识生产者发布于数字化平台上的知识进行分解、组织，存储于知识库，便于更好地利用共享的知识。利用数字化进行知识共享的过程由于知识消费者接受能力的不同，存在知识的破损和流失现象，在这种知识共享的方式中知识生产者占据主动位置，属于知识生产者主动为知识消费者提供服务的知识共享过程形式。

（2）这种形式的数字化背景下农业知识共享的起点并不是知识生产者，而是来源于知识消费者的知识需求。知识消费者首先通过与内外部环境和农业生产实践、科研创新需求的比较发现自身的知识差距，将自身的知识需求形成文字或者视频等形式，利用自己的人际网络关系、数字化平台、新媒体等渠道寻找确定自己所需知识的知识生产者，然后把解析后的知识需求借助数字化平台传递给知识生产者。知识生产者接收到问题或者书面材料之后通过与知识消费者的交流和观察确定知识需求，并确定知识的范围和组织形式。知识生产者以现有自身知识为依托，以知识消费者的知识需求为驱动进行首次知识的生产和组织，借助数字化方式把知识传递给知识消费者，这个过程中受到知识分解者的管理和控制，同时知识共享容易受到噪声的干扰，发生知识的破损、衰减等情况，知识分解者负责知识的分解，消除其中的冗余知识。其次，知识消费者根据自己的接受能力接收到知识生产者传递的知识，然后结合自身的知识水平和能力对知识进行消化吸收，并融入自身的知识当中，在农业生产实践或者科研工作中进行知识的运用和创新，实现知识的增值。最后，知识消费者再根据实际情况对知识生产者进行后续的反向共享，知识生产者可以利用反馈来对后续转移做出相应的调整。多次知识共享后，知识生产者所共享的知识满足知识消费者的知识需求。在这个过程中，不仅知识消费者获取了新的知识，知识生产者根据知识消费者的反馈在对自己的知识进行整理的过程中也有可能挖掘到新的知识。同时知识分解者将一些比较成熟的知识进行显性化，使其易于更好地传播转移和共享，实现知识的分解。

在这种知识共享的方式中知识生产者不占据主动位置，数字农业知识共享提倡主动式的知识共享方式，第二种形式属于知识生产者被动为知识消费者提供服务的知识共享过程形式。

依据上文对数字农业知识共享过程的分析，本书从知识生态的视角将数字农业知识共享的一般模式分为知识生产、共享、知识消费、反馈四个阶段，如图5-9所示。

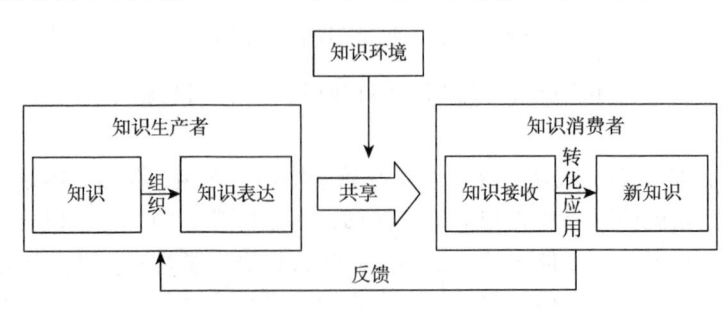

图 5-9 数字农业知识共享的一般模式

（1）知识生产阶段，知识生产者通过一定的知识组织方式，如文字、视频、音频等，将自身所拥有的知识或者从其他渠道获取的知识进行最大限度的表达和编码。

（2）共享阶段，知识生产者将经过外化的知识通过正式或者非正式的分享渠道，传递分享给知识消费者。

（3）知识消费阶段，知识消费者根据自身已经拥有的知识结构，加上自己理解，将接收到的知识内化吸收，形成属于自己的新知识，并将知识运用到工作中，实现知识的增值和应用。

（4）反馈阶段，知识消费者根据自身对知识的理解和应用程度，将知识共享效果反馈给知识生产者，两者之间实现互动沟通。

5.4.4 数字农业知识共享的激励机制

在数字农业背景下，合理的激励制度能够提高知识共享的积极性，保证知识共享的参与主体愿意把自己的隐性知识与他人共享。激励机制对于促进数字农业知识共享起到了很重要的作用。对于数字农业知识共享所有参与主体来说，知识是他们长期在农业领域中工作所积累的经验，很多农业知识共享主体不愿意无偿地将自己的知识与其他知识共享主体分享，有些知识共享主体为了获得相应的报酬才进行知识共享。因而，探索如何科学有效地设置激励机制对数字农业知识共享具有重要意义。数字农业知识共享激励机制的建立包括如下原则。

1. 短期与长期相结合的原则

数字农业知识共享绩效评价不仅仅局限于眼前取得的成果，还应考虑提高未来知识共享水平的潜力以及知识共享带来的长远绩效影响。因此，在制定相关的激励策略时应该将短期策略和长期策略相结合。目前很多国内数字农业知识共享激励机制的重点在薪酬支付上，这样的短期促进知识共享的手段显然不够，为了促进数字农业知识共享的可持续发展，应该重视长期策略的制定。长期的激励策略能够使数字农业知识共享主体的忠诚度提高，端正知识共享的态度和动机，更高效地促进数字农业知识共享。因此，制定数字农业知识共享激励策略时要遵循短期和长期相结合的原则。

2. 物质激励和精神激励相结合的原则

数字农业知识共享的激励制度体现为物质激励和精神激励两个方面。在物质方面，需要制定相应的物质奖励和薪酬制度，满足数字农业知识共享主体在物质方面的需求，保证知识生产者的基本生活需求，让知识生产者感觉到只要积极参与知识共享，就能够得到相应的物质报酬（如薪金、休假、福利），提高知识生产者的积极性；在精神方面也要制定相应的激励措施，满足知识生产者在精神方面的需求，注重对知识生产者的精神鼓励，如公开表扬、赋予荣誉称号、晋升职称等。让知识生产者意识到通过知识共享能够获得相应的社会地位和他人尊重，实现自我价值。

在数字农业知识共享的诸多影响因素中，薪酬激励是比较重要的激励因素。物质性激励是激励措施中必不可少的，但是仅仅依靠物质激励是不行的，在制定激励制度时还应该结合精神激励。知识是数字农业知识共享主体个人知识能力以及长期工作的积累，代表其能力和社会地位，所以在物质方面得到满足后，根据马斯洛需求层次分析，数字农业知识共享主体会去追求精神方面的需求，如尊重和自我实现的精神需求。而且研究发现精神奖励措施能够调动数字农业知识共享主体的积极性，而且作用更持久。物质激励和精神激励是相辅相成、互相促进的，缺少了任何一种奖励方式都会使另一种的效果降低。所以，在制定激励策略时要遵循物质激励和精神激励相结合的原则。

3. 按需公平分配与具有可操作性的原则

在制定数字农业知识共享激励策略时最主要的是要坚持公平公正原则。在进行物质和精神奖励时，知识共享团队内部应营造一种公平、公正、公开的氛围。如果使用平均分配的方法，会挫败知识共享主体的积极性和主动性，这就需要在制定激励措施时遵循公平公正和按劳分配的原则。另外，要求设计的激励策略中的所有激励措施应具可操作性，即在设计和制定激励策略时，首先激励目标要与现实目标相符，要与激励的措施相符，并具有一定的可执行性和操作性，另外也要充分考虑实施激励措施过程中可能存在的问题，并有针对性地预先设计解决方案等。

4. 个人奖励与团队奖励相结合的原则

数字农业知识共享主体在进行知识共享活动时，有时需要团队内部的成员之间共同努力，协同完成知识共享。因此，在制定数字农业知识共享激励策略时，要综合考虑个体层面和团队层面的奖励措施。另外，科学的激励工作需要奖励和惩罚并举。制定数字农业知识共享激励策略时，不仅要考虑团队成员的贡献，还要考虑团队成员的负面影响。奖励和惩罚是相辅相成、互相补充的。它们从不同的侧面对人的行为起到强化作用，而且在不同情况下的作用程度和效果不同。制定激励策略也要本着人性化管理的原则，追求最好的激励方式。只有奖励和惩罚激励策略相辅相成，形成一种良好的风气和氛围，才能够使数字农业知识共享的行为导向更积极、更富有生气。

5. 内在激励与外在激励相结合的原则

在制定激励策略时要综合考虑内外部的环境，需要遵循内外结合的原则，内在激励就是通过对数字农业知识共享主体本身进行激励，让数字农业知识共享主体形成一种愿意进行知识共享的愿望和积极性。数字农业知识共享的管理者通过引导激发知识共享主体的自身潜力与积极性，从而使其产生高度的责任感与使命感。外在激励则是指对数字农业知识共享主体的外部环境进行激励，数字农业知识共享的管理者可以使用环境条件等因素来限制知识共享主体的行为动机，以此强化或减弱相关行为，坚定其进行知识共享的愿望与提高知识共享的积极性。让数字农业知识共享主体产生一定的荣誉感和极强的责任心。

【案例分析 1】

海南阜龙乡天堂村

1. 海南阜龙乡天堂村与新村农户的知识体系概述

对于中国绝大多数的农民来说，农民的知识结构以隐性知识为主，其知识来源主要是个体的经验积累和农民之间的相互模仿，知识技术传播方式以隐性知识传播为主。但是外部乡村传播者由于对农民认知结构和认知行为学习规律严重缺乏了解，在传播内容和传播方式上均主要强调显性知识的传播而未重视隐性知识的传播，致使其传播效果影响甚小。

图 5-10 为所调查村庄通过参与式方法得到的农民技术来源图，可以看出，两个村庄农业知识管理系统的主要角色有农民，科研推广工作人员，农场及其工人与技术人员，县农业局、畜牧局等机构科技人员，乡政府科技人员，乡农机站及其人员，乡畜牧站及其人员。他们是阜龙农业知识管理系统的主要组成部分，也可以说是阜龙农业知识管理系统的不同子系统。每个子系统均存在独特的知识结构与体系，不同的子系统具有不同的特点。下文将详细介绍各个子系统在农业知识管理系统中的运作。

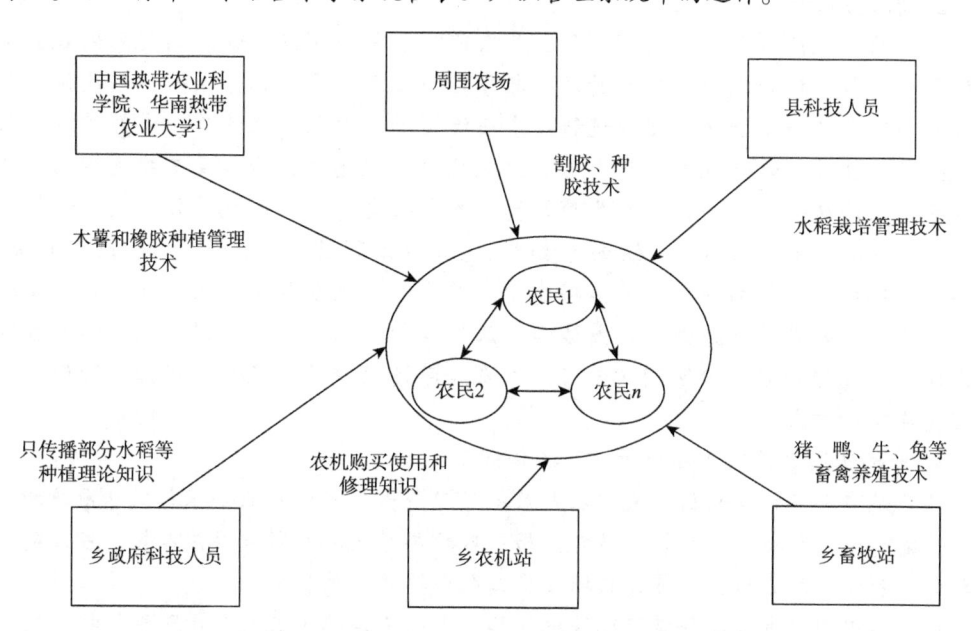

图 5-10　海南省白沙县阜龙乡天堂村及新村农民技术来源图

资料来源：旷宗仁，李红艳，左停. 2008. 农业知识与信息系统（AKIS）个案分析——来自海南阜龙乡天堂村与新村的调查. 中国农业大学学报（社会科学版），25（4）：127-136

1）华南热带农业大学 2007 年更名为海南大学儋州校区

2. 农户子系统特点分析

农民是农业知识管理系统里最主要的角色。每个农民都有自己独特的认知结构，这种认知结构是在长期生产生活与学习过程中逐渐形成的。个体农民认知结构及农民之间的知识信息相互作用关系构成了村庄农业知识管理系统最重要的子系统。

1）农民信息与知识来源分析

农民信息与知识的来源主要受农民学习知识的条件即学习环境和自身学习习惯两方面的影响。农民本身的受教育程度和拥有知识的物质载体是农民获取知识的两个基本的主客观条件。一方面，高层次的教育水平提高了农户的阅读和理解能力，提高了农户操作设备的能力。另一方面，自家的电视机、电脑等电子信息化设备的普及也提升了农户进行知识管理的机会，农户可以通过各种电子信息设备摄入各类农业知识帮助他们的生产活动。同时，除了从电子设备摄入知识之外，日常的农业生产实践以及生活当中也会摄入知识。农民的日常观察、交流以及经验积累也是摄入知识的途径，是一种潜移默化的过程。其传播特征主要体现为一种存在于个体头脑和行为中的经验知识的积累和传播，而不是用正式明确的文字语言记载于书本、光盘等知识载体上，通过各种正式媒体进行的知识传播。农民之间通过相互交流、模仿所接收到的"非正式"知识是促进农民认知行为转变的主要知识与信息来源，即隐性知识的获取是农户摄入知识的主要类型。

2）农民知识认知与学习

农民的知识认知与学习过程实质上是农民接受与应用新知识、新观念到农业生产中的整个过程。但是农民对知识的认知与学习有以下几点认识：第一，农民认知行为的发展与改变是一个非常缓慢的过程。发展缓慢的主要原因在于其中要经过较长时间的认知行为反馈和认知理解过程。这种方式让农民以逐步推进和反复推进相结合的方式改变自己的认知与行为，增加生产的稳定性与安全性，然而也导致农民的认知行为改变往往具有一定的滞后性，缺乏前瞻性，总是在看到效果后再做出行为改变的决策。第二，农民认知与行为发展主要依赖于"在做中学"逐步积累经验的方式。在发展过程中，农民往往是边学边做、边做边学，认知与行为不断交互作用，在试错的过程中自发学习，逐渐积累经验达到认知行为体系和习惯的建构，观察、模仿、亲历、实践是其主要学习方式。

3. 外部传播者的农业知识管理系统分析

从阜龙乡天堂村及新村农民技术来源图可以看出，当地农业知识与信息系统的外部乡村传播者包括科技推广人员，县农业局、畜牧局等机构的科技推广人员，乡政府、乡畜牧站、乡农机站的科技人员，农场及其工人与技术人员。

由于离中国热带农业科学院比较近，阜龙成为中国热带农业科学院科技推广的重点扶贫乡镇。中国热带农业科学院作为我国热带农作物种植技术的最重要的研究机构，科研工作一直是其最主要的工作。尽管近年来加强了在科技推广方面的工作，但以科研为主的趋势并没有改变。中国热带农业科学院已经对科技成果的转化与推广展示了较高的重视，从组织机构上设立了专管科技成果转化与推广的副院长和科研处副处长，从政策导向上建立了有利于科技推广的激励政策，并与地方政府建立了一系列的合作协议，在各地开展了大量技术推广与培训活动。

推广重点在于推广新品种、新技术等科技成果，而不是提高农民的素质。这种特点决定了科技人员关注的焦点在于品种、技术推广面积等物化成果，而对于农民的心理及需求、特点等缺乏重视与研究，对技术传播规律了解不多，以工作为中心，而不是以农民为中心，使得需要农民素质有较大提高的技术很难推广，工作针对性不强，效果不佳，缺乏持续性。

4. 白沙县农业局、畜牧局等机构科技人员农业知识管理子系统特点

县农业局、畜牧局、科协等单位的科技人员是配合白沙县政府进行科技推广的主要科技力量。其任务主要是完成县政府布置的各项工作任务，因此，其工作目标是完成了多少人次培训和多少推广面积，而不是为农民提供了多少有效技术服务——这一点做起来很难。整个推广系统也是由于这种原因很少进行深入的经验总结与反思，多年来在研究和推广上缺少观念与方法的突破，被社会广泛批评，处于日渐没落的过程中。

科技推广网络不够健全，有县级推广机构但缺少基层推广站，有的地方即使有网站也没人，有人也很少做推广工作，农民接受新技术信息来源不多，信息传不到农村。这种现状使得县级科技人员的科技推广工作很难深入到各村各户。普通农民除了能在培训的时候见到县级科技人员外，在实际生产活动中很难见到县里来的科技人员。

5. 农场及其工人与技术人员农业知识管理子系统特点

具有众多农场是海南省农村与其他多数省份的主要区别之一。在阜龙乡附近就有八一农场、西培农场、乡农场等多个农场。这些农场由于具有较好的组织管理和较多的资金投入，建立了较好的生产技术规范，并针对农场技术人员及工人举办了很多比较严格的技术培训，其技术水平要远远高于周边农民。调查发现，农场的高技术能够对周边的农村产生辐射影响作用。首先，农场偶尔会为周边的农民举办一些培训活动；其次，很多农民遇见困难时也会主动到农场去学习和寻求帮助；最后，很多农场的工人本身就是当地的农民，他学好技术后能够直接用到当地的生产实践中去。由于当地农场的主要产业是橡胶，因此其技术辐射也主要是种胶、养胶和割胶技术。虽然有这样便利的条件，但许多农民并没有充分地利用好这一条件，仍然生活在一种比较封闭的空间里，对离自己生产生活有一定距离的东西关注得太少。他们急需向当地的乡村精英学习，与当地农场建立良好关系并与之进行充分的技术与信息交流，借此不断提高自身生产水平。

根据上述，图5-11简单描述了两村的农业知识管理体系：在特定的农业生产自然与社会环境条件下，个体农民主要依据传统生产习惯、经验等隐性知识进行生产行为的决策，根据行为决策开展行为后又进一步积累了农民的生产行为经验——促使农民的隐性知识不断增加；科技部门及政府各级科技推广部门所进行的外部乡村传播与干预活动主要作用于农民内部认知中的显性知识，同时也对农民的隐性知识产生一定影响，但影响很小；相对而言，乡村精英具有更强的信息获取能力，因此外部乡村传播对乡村精英的作用要比对普通农民的作用大一些；乡村精英及农民之间的相互影响是推动农民内部认知改变的主要力量，其主要作用于隐性知识，而较少作用于显性知识。总之，农民认知与行为主要根据农民之间的相互作用及农民自身的生产经验来促进自身认知及知识的改变与积累，外部乡村传播活动对农民认知的作用相对较小。

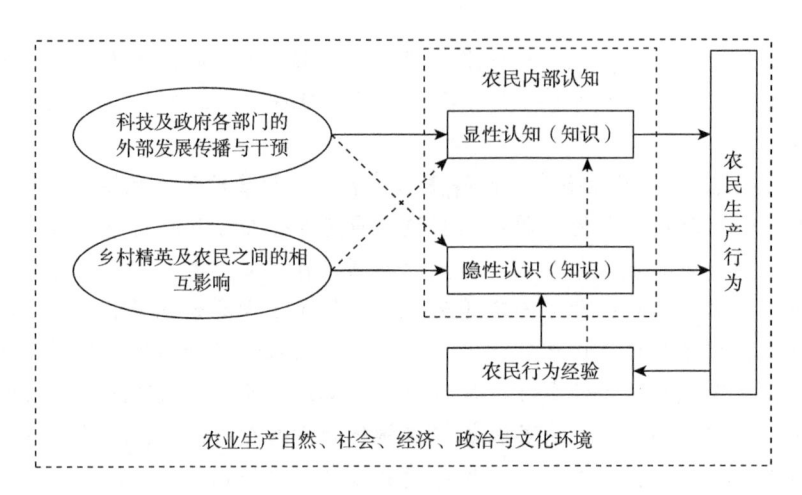

图 5-11 阜龙农业知识与信息系统及个体农民认知与行为关系模式

资料来源：旷宗仁，李红艳，左停.2008.农业知识与信息系统（AKIS）个案分析——来自海南阜龙乡天堂村与新村的调查. 中国农业大学学报（社会科学版），25（4）：127-136

【案例分析 2】

无锡 A 公司

无锡 A 公司是依托中国科学院物联网发展中心技术力量，由中国物联网研究发展中心全资投资成立的专注于智慧农业研究、咨询和实施智能方案咨询、解决服务的企业。该公司的知识转化系统为我国众多数字农业知识管理的发展与运行提供了非常大的帮助。本书从该系统的使用、知识录入、知识审核、知识检索方面分别进行阐述。

1. 系统的使用

为了充分发挥信息技术在农业中的支撑作用，缓解庞大的信息资源与用户有效接收能力之间的矛盾，适应用户的现实信息需求及其发展变化，该系统包括用于获取原始农业信息资料的知识录入层以及用于对知识录入层获取的原始农业信息资料进行审核的知识审核层，所述知识审核层对原始农业信息资料审核后，以将审核通过的原始农业信息资料转化为显性农业知识存储在知识库内，所述知识库与用于接收检索词的知识检索层连接，知识检索层根据接收的检索词从知识库内提取并输出相应的农业知识，具体操作步骤如图 5-12 所示。

2. 农业知识的录入

知识录入层获取原始农业信息资料的方式包括：聘请有经验的权威专家撰写知识块，利用网络爬虫从网络上收集部分知识，从农民提问和专家解答的知识沉淀中提取知识。知识录入层获取的原始农业信息资料，都必须经过专门的审核专家审核后才能进入正式知识库。进一步，相似甚至雷同的知识只能使知识库臃肿，达不到丰富知识库的目的，所以录入系统需要设计一个查重分析器，判断问题的相似度，从而减少知识库冗余；当检索或查重时，系统需要对问句或者知识条目进行关键词提取，特别是农业关键词、方言关键词的提取，从而最大限度地理解问句的语义，这就离不开针对农业的专业分词器。具体操作步骤如图 5-13 所示。

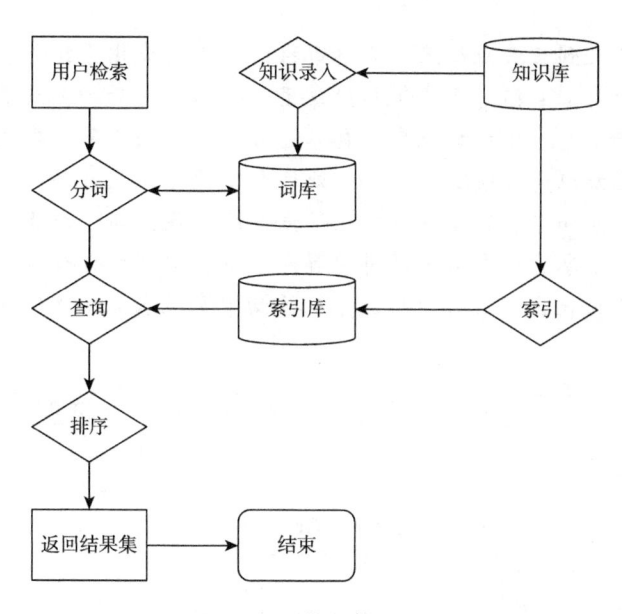

图 5-12　系统整体流程图

资料来源：张光辉，王儒敬，王伟. 2016. 用于农业信息服务的知识库检索系统. https://wenku.baidu.com/view/9f4231961cd9ad51f01dc281e53a580217fc5035?fr=xueshu[2021-07-13]

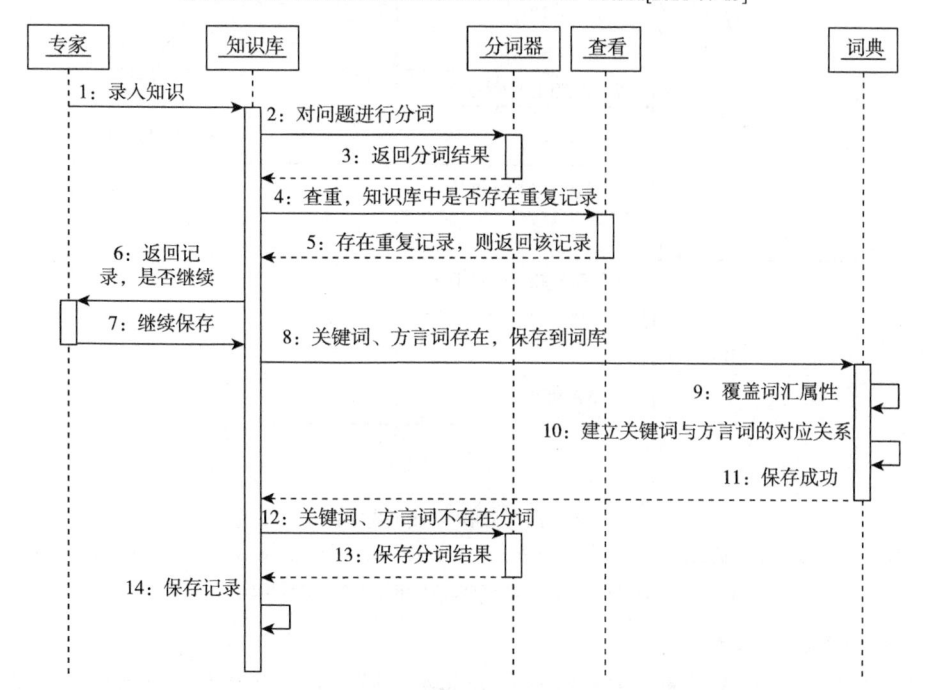

图 5-13　农业知识录入时序图

资料来源：张光辉，王儒敬，王伟. 2016. 用于农业信息服务的知识库检索系统. https://wenku.baidu.com/view/9f4231961cd9ad51f01dc281e53a580217fc5035?fr=xueshu[2021-07-13]

3. 农业知识的审核

为了减少知识库冗余，知识审核层用于对已经录入到临时知识库的知识进行审核，审核通过后自动录入到正式知识库，主要审核的步骤是先由系统管理员初审临时知识库里的知识，然后由专家组复审临时知识库里的知识，最后由系统管理员终审临时知识库里的知识并使之进入正式知识库。具体过程为：农业专家和农技人员将知识录入层获取的农业隐性知识通过获取、分析、处理和重构组织及提炼分类等方式转化为农业科学知识，即显性知识。转化过程中应注意剔除错误知识、纠正知识，然后反馈给信息管理专家，由信息管理专家经过科学解释、标准编码和合理分类等信息化处理将知识转化为可管理的农业实用科学知识，在存储中实现农业知识的显性化。具体操作步骤见图5-14。

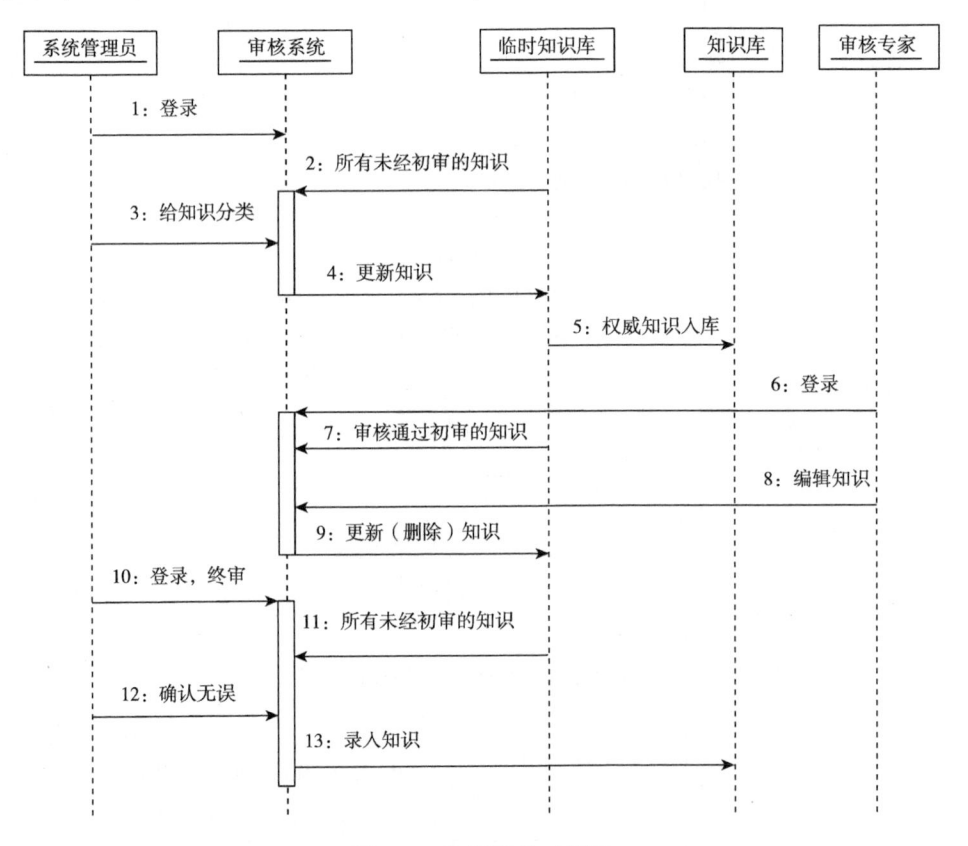

图 5-14 知识审核时序图

资料来源：张光辉，王儒敬，王伟. 2016. 用于农业信息服务的知识库检索系统. https://wenku.baidu.com/view/9f4231961cd9ad51f01dc281e53a580217fc5035?fr=xueshu[2021-07-13]

4. 农业知识的检索

农业专家、农技人员和农户等可通过计算机、信息机、触摸屏等终端浏览、查询知识服务系统，或通过报刊、报告、短信、电子邮件和电话等得到知识数据，指导农户进行更为高效、科学的农事活动，实现农业标准化生产。具体地，在知识库构建完成后，用户提出问题，发送请求，查询器发送数据给分词器，并由分析器进行分词。首先，分析器查阅农业专业词库，分析词汇是否为专业词汇；其次，分析器查阅近义词库，分析词汇是否为近义词；最后，分词词库对农民问题进行分词。综合以上三个词库进行分词，

第5章 数字农业知识管理

形成分词结果集并返回分词结果。检索器根据分词结果发出请求，查询种类器，确认问题所属类别，并返回类别；然后，检索器根据类别查询相应的索引库，索引库对结果进行相关性分析，并排序和返回结果集。具体流程见图5-15。

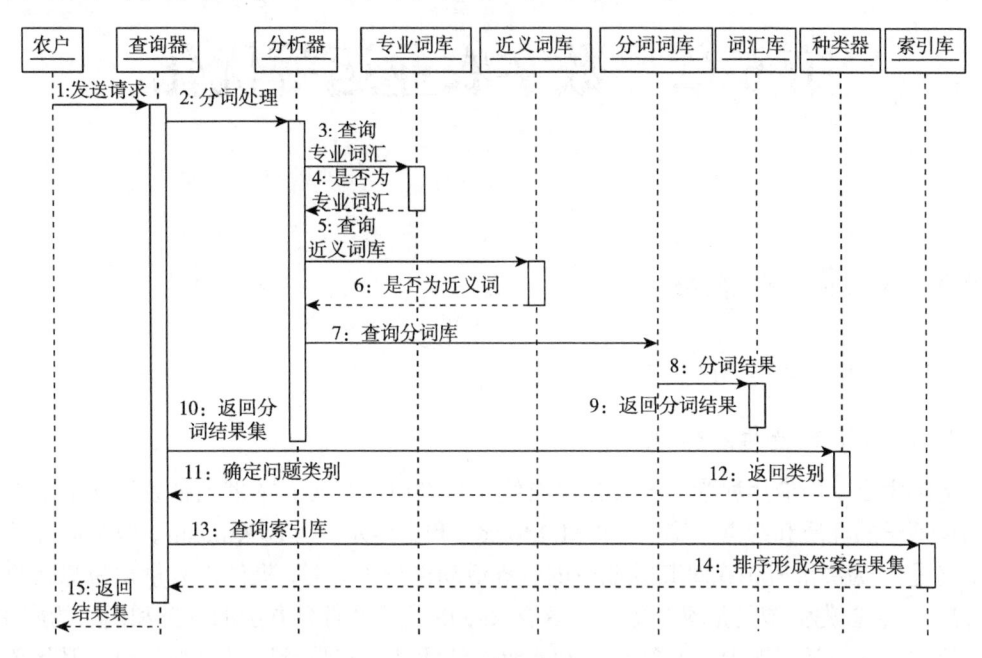

图5-15 知识检索时序图

资料来源：张光辉，王儒敬，王伟. 2016. 用于农业信息服务的知识库检索系统. https://wenku.baidu.com/view/9f4231961cd9ad51f01dc281e53a580217fc5035?fr=xueshu[2021-07-13]

该农业知识转化系统充分发挥信息技术在农业中的支撑作用，缓解庞大的信息资源与用户有效接收能力之间的矛盾，适应用户的现实信息需求及其发展变化。

第6章 数字农业运筹优化

6.1 运筹优化基础

6.1.1 运筹学概况

1. 运筹学的性质和特点

运筹学是一门应用科学，至今还没有统一且确切的定义。本书列举以下几个定义来说明运筹学的性质和特点。莫斯（P. M. Morse）和金博尔（G. E. Kimball）曾对运筹学下的定义是："为决策机构在对其控制下的业务活动进行决策时，提供以数量化为基础的科学方法。"它首先强调的是科学方法，这含义不单是某种研究方法的分散和偶然的应用，而是可用于一整类问题上，并能传授和有组织地活动。它强调以量化为基础，因此必然要用到数学。但任何决策都包含定量和定性两方面，而定性方面又不能简单地用数学表示，如政治、社会等因素，只有综合多种因素的决策才是全面的。运筹学工作者的职责是为决策者提供可以量化方面的分析，指出那些定性的因素。另一定义是："运筹学是一门应用科学，它广泛应用现有的科学技术知识和数学方法，解决实际中提出的专门问题，为决策者选择最优决策提供定量依据。"这个定义表明运筹学具有多学科交叉的特点，如综合运用经济学、心理学、物理学、化学中的一些方法。运筹学是强调最优决策，"最"是过分理想了，在实际生活中往往用次优、满意等概念代替最优。因此，运筹学的又一定义是："运筹学是一种给出问题坏的答案的艺术，否则的话问题的结果会更坏。"

为了有效地应用运筹学，英国运筹学学会前会长托姆林森提出六条原则：①合伙原则，是指运筹学工作者要和各方面的人，尤其是同实际部门工作者合作；②催化原则，在多学科共同解决某问题时，要引导人们改变一些常规的看法；③互相渗透原则，要求多部门彼此渗透地考虑问题，而不是只局限于本部门；④独立原则，在研究问题时，不应受某人或某部门的特殊政策所左右，应独立从事工作；⑤宽容原则，解决问题的思路要宽，方法要多，而不是局限于某种特定的方法；⑥平衡原则，要考虑各种矛盾的平衡、关系的平衡。

2. 运筹学的主要内容

运筹学一般应包括线性规划、非线性规划、整数规划、动态规划、多目标规划、网络分析、排队论、对策论、决策论、存储论、可靠性理论、模型论、投入产出分析等。

线性规划、非线性规划、整数规划、动态规划、多目标规划这五个部分统称为规划论，它们主要解决两个方面的问题：一个方面的问题是对于给定的人力、物力和财力，怎样才能发挥它们的最大效益；另一个方面的问题是对于给定的任务，怎样才能用最少的人力、物力和财力去完成它。网络分析主要是研究解决生产组织、计划管理中如最短路径问题、最小连接问题、最小费用流问题，以及最优分派问题等。特别在设计和安排大型复杂工程施工建设时，网络技术是重要的工具。排队现象在日常生活中屡见不鲜，如机器等待修理、船舶等待装卸、顾客等待服务等。它们有一个共同的问题，就是等待时间长了，会影响生产任务的完成，或者顾客会自动离去而影响经济效益。如果增加修理工、装卸码头和服务台，那么固然能解决等待时间过长的问题，但又会蒙受修理工、装卸码头和服务台空闲的损失。妥善解决这类问题是排对论的任务。对策论是研究具有利害冲突的各方，如何制定出对自己有利从而战胜对手的斗争策略。例如，战国时代田忌赛马的故事便是对策论的一个绝妙的例子。决策问题是普遍存在的，凡属举棋不定的事情都必须做出决策。人们之所以举棋不定，是因为人们在着手实现某个预期目标时，面前出现了多种情况，又有多种行动方案可供选择。决策者如何从中选择一个最优方案才能达到他的预期目标，这是决策论的研究任务。人们在生产和消费过程中，都必须储备一定数量的原材料、半成品或商品。存储少了会因停工待料或失去销售机会而遭受损失，存储多了又会造成资金积压、原材料及商品的损耗。因此，确定合理的存储量、购货批量和购货周期至关重要，这便是存储论要解决的问题。一个复杂的系统和设备，往往是由成千上万个工作单元或零件组成的，这些单元或零件的质量如何，将直接影响系统或设备的工作性能是否稳定可靠。研究如何保证系统或设备的工作可靠性，这便是可靠性理论的任务。人们在生产实践和社会实践中遇到的事物往往是很复杂的，要想了解这些事物的变化规律，首先必须对这些事情的变化过程进行适当的描述，即建立模型，然后就可通过对模型的研究来了解事物的变化规律。模型论就是从理论上和方法上来研究建立模型的基本技能。投入产出分析是通过研究多个部门的投入产出所必须遵守的综合平衡原则来制订各个部门的发展计划，借以从宏观上控制、调整国民经济，以求得国民经济协调合理发展。

运筹学的方法论包括以下几个部分。

（1）提出需要解决的问题：提出需要解决的问题，确定目标，并分析问题所处的环境和约束条件。抓住主要矛盾，舍弃次要因素。

（2）建立模型：选用合适的数学模型来描述问题，确定决策变量，建立目标函数、约束条件等，并据此建立相应的运筹学模型。

（3）求解模型：确定与数学模型有关的各种参数，选择求解方法，求出解。解可以是最优解、次优解、满意解。

（4）解的检验：首先检查求解步骤和程序有无错误，然后检查解是否反映现实问题。

（5）解的控制：通过灵敏度分析等方法，对所求的解进行分析和评价，并据此对问题的提出和建模阶段进行修正。

（6）解的实施：提供决策所需的依据、信息和方案，帮助决策者决定处理问题的方针和行动。

运筹学在解决问题时，按研究对象的不同可构造各种不同的模型。模型是研究者对客观现实经过思维抽象后用文字、图表、符号、关系式以及实体模样描述所认识到的客观对象。模型的有关参数和关系式较容易改变，这样有助于分析和研究问题。利用模型可以进行一定预测、灵敏度分析等。模型有三种基本形式：①形象模型；②模拟模型；③符号或数学模型。目前用得最多的是符号或数学模型。构造模型是一种创造性劳动，成功的模型往往是科学和艺术的结晶，构造模型的方法和思路有以下五种。

（1）直接分析法。按研究者对问题内在机理的认识直接构造出模型。运筹学中已有不少现存的模型，如线性规划模型、投入产出模型、排队模型、存储模型、决策和对策模型等。这些模型都有很好的求解方法及求解的软件，但用这些现存的模型研究问题时，要注意不能生搬硬套。

（2）类比法。有些问题可以用不同方法构造出模型，而这些模型的结构性质是类同的，这就可以互相类比。如物理学中的机械系统、气体动力学系统、水力学系统、热力学系统及电路系统之间就有不少彼此类同的现象。其至有些经济系统、社会系统也可以用物理系统来类比。在分析一些经济、社会问题时，不同国家之间有时也能找出某些可以类比的现象。

（3）数据分析法。对有些问题的机理尚未了解清楚，若能收集到与此问题密切相关的大量数据，或通过某些试验获得大量数据，这就可以用统计分析法建模。

（4）试验分析法。当有些问题的机理不清，又不能做大量试验来获得数据，这时只能通过做局部试验获得的数据加上分析来构造模型。

（5）想定（构想）法（scenario）。当有些问题的机理不清，又缺少数据，且不能做试验来获得数据时，例如一些社会、经济、军事问题，人们只能在已有的知识、经验和某些研究的基础上，对于将来可能发生的情况给出逻辑上合理的设想和描述。然后用已有的方法构造模型，并不断修正完善，直至比较满意为止。

模型的一般数学形式可用下列表达式描述。

目标的评价准则为

$$U = f(x_i, y_j, \xi_k)$$

约束条件为

$$g(x_i, y_j, \xi_k) \geq 0$$

其中，x_i 表示可控变量；y_j 表示已知参数；ξ_k 表示随机因素。

目标的评价准则一般要求达到最佳（最大或最小）、适中、满意等。准则可以是单一的，也可以是多个的。约束条件可以没有，也可以有多个。当 g 是等式时，即为平衡条件。当模型中无随机因素时，称它为确定性模型，否则为随机模型。随机模型的评价准则可用期望值，也可用方差，还可用某种概率分布来表示。当可控变量只取离散值时，称为离散模型，否则称为连续模型。也可按使用的数学工具将模型分为代数方程模型、微分方程模型、概率统计模型、逻辑模型等。当用求解方法来命名时，有直接最优化模型、数字模拟模型、启发式模型。也有按用途来命名的，如分配模型、运输模型、更新模型、排队模型、存储模型等。还可以用研究对象来命名，如能源模型、教育模型、军事对策模型、宏观经济模型等。

3. 运筹学的发展趋势

关于运筹学将往哪个方向发展,从 20 世纪 70 年代起西方运筹学工作者有种种观点,至今还未说清。这里提出某些运筹学界的观点,供研究参考。美国运筹学会前主席邦特(S. Bonder)认为,运筹学应在三个领域发展:运筹学应用、运筹科学和运筹数学。并强调整体上要协调发展,但是要着重发展前两者。事实上运筹数学到 20 世纪 70 年代已形成一系列强有力的分支,数学描述相当完善,这是一件好事。正是这一点使不少运筹学界的前辈认为,有些专家钻进运筹数学的深处,而忘掉了运筹学的原有特色,忽略了对多学科的横向交叉联系和解决实际问题的研究。近几年来出现了一种新的批评,指出有些人只迷恋于数学模型的精巧、复杂化,使用高深的数学工具,而不善于处理新的不易解决的实际问题。现代运筹学工作者面临的大量新问题是经济、技术、社会、生态和政治等因素交叉在一起的复杂系统。因此,从 20 世纪 70 年代末至 20 世纪 80 年代初不少运筹学家提出:要大家注意研究大系统,注意与系统分析相结合。有的运筹学家提出了"要从运筹学到系统分析"的报告。由于研究新问题的时间跨度很长,因此必须与未来学紧密结合。由于面临的大多是涉及技术、经济、社会、心理等综合因素的研究,在运筹学中除常用的数学方法以外,科学家还引入了一些非数学的方法和理论。曾在 20 世纪 50 年代写过"运筹学的数学方法"的美国运筹学家萨蒂(T. L. Saaty),他在 20 世纪 70 年代末提出了层次分析法(analytic hierarchy process, AHP),并认为过去过分强调细巧的数学模型很难解决那些非结构性的复杂问题。因此虽然看起来是简单和粗糙的方法,但加上决策者的正确判断,却能解决实际问题。切克兰德(P. B. Checkland)把传统的运筹学方法称为硬系统思考,它适用于解决那种结构明确的系统以及战术和技术性问题,而对于结构不明确的、有人参与活动的系统,该方法就不太能胜任了。这就应采用软系统思考方法,相应的一些概念和方法都应有所变化,如将过分理想化的"最优解"换成"满意解"。过去把求得的"解"看作精确的、不能变的、凝固的东西,而现在要以"易变性"的理念看待所得的"解",以适应系统的不断变化。解决问题的过程是决策者和分析者发挥其创造性的过程,这就是进入 20 世纪 70 年代以来人们对人机对话的算法越来越感兴趣的原因。在 20 世纪 80 年代一些重要的、与运筹学有关的国际会议中,大多数人认为决策支持系统是使运筹学发展的一个好机会。进入 20 世纪 90 年代和 21 世纪初期,出现了两个很重要的趋势。一个趋势是软运筹学崛起。它的主要发源地在英国。1989 年英国运筹学学会开了一个会议,后来由罗森汉特(J. Rosenhead)主编了一本论文集,其被称为软运筹学的"圣经"。里面提到了不少新的属于软运筹的方法,如 Checkland 提出的软系统方法论(soft systems methodology, SSM)、Mason(梅森)和 Mitroff(米特罗夫)提出的战略假设表面化与检验(strategic assumption surfacing and testing, SAST)、Friend(弗兰德)提出的战略选择(strategic choice, SC)等。2001 年该书出版修订版,增加了很多实例。另一个趋势是与优化有关的,即软计算。这种方法不追求严格最优,具有启发式思路,并借用来自生物学、物理学和其他学科的思想来解寻优方法。其中最著名的有遗传算法、模拟退火、神经网络、模糊逻辑、进化计算、禁忌算法、蚁群优化等。此外在一些老的分支方面，如线性规划也出现了新的亮点，如内点法，图论中出现无标度网络（scale free network）等。总之运筹学还在不断发展中，新的思想、观点和方法在不断地出现。

6.1.2 运筹学的优化模型

1. 线性规划

线性规划是运筹学的一个重要分支。自 1947 年丹捷格（G. B. Dantzig）提出了一般线性规划问题求解的方法——单纯形法之后，线性规划在理论上趋向成熟，在实用中日益广泛与深入。特别是在电子计算机能处理成千上万个约束条件和决策变量的线性规划问题之后，线性规划的适用领域更为广泛了。从解决技术问题的最优化设计到工业、农业、商业、交通运输业、军事、经济计划和管理决策等领域都可以发挥作用，它已是现代科学管理的重要手段之一。查恩斯（A. Charnes）与库伯（W. W. Cooper）继丹捷格之后，于 1961 年提出了目标规划，艾吉利（Y. Ijiri）提出的用优先因子来处理多目标问题，使目标规划得到了发展。近十多年来斯·姆·李（S. M. Lee）与雅斯克莱宁（V. Jaaskelainen）应用计算机处理目标规划问题，使目标规划在实际应用方面比线性规划更广泛，更为管理者所重视。

在生产管理和经营活动中经常提出一类问题，即如何合理地利用有限的人力、物力、财力等资源，以得到最好的经济效果。

案例 1 某工厂在计划期内要安排生产Ⅰ、Ⅱ两种产品，已知生产单位产品所需的设备台时及 A、B 两种原材料的消耗如表 6-1 所示。

表 6-1 生产单位产品所需的设备台时及原材料消耗

项目	产品Ⅰ	产品Ⅱ	现有条件
设备	1 台时/件	2 台时/件	8 台时
原材料 A	4kg/件	0	16kg
原材料 B	0	4kg/件	12kg

该工厂每生产一件产品Ⅰ可获利 2 元，每生产一件产品Ⅱ可获利 3 元，问应如何安排计划使该工厂获利最多？

这个问题可以用下列数学模型来描述。设 x_1、x_2 分别表示在计划期内产品Ⅰ、Ⅱ的产量。因为设备的有效台时是 8，这是一个限制产量的条件，所以在确定产品Ⅰ、Ⅱ的产量时，要考虑不超过设备的有效台时数，即可用不等式表示为

$$x_1 + 2x_2 \leqslant 8$$

同理，因原材料 A、B 限量，可以得到以下不等式

$$4x_1 \leqslant 16$$
$$4x_2 \leqslant 12$$

该工厂的目标是在不超过所有资源限量的条件下，确定产量 x_1、x_2 以得到最大的利润。若用 z 表示利润，这时 $z = 2x_1 + 3x_2$。综合上述，该计划问题可用数学模型表示为

目标函数　$\max z = 2x_1 + 3x_2$

满足约束条件　$\begin{cases} x_1 + 2x_2 \leqslant 8 \\ 4x_1 \leqslant 16 \\ 4x_2 \leqslant 12 \\ x_1, x_2 \geqslant 0 \end{cases}$

案例 2　靠近某河流有两个化工厂（图 6-1），流经第一化工厂的河流流量为每天 500 万 m^3，在两个工厂之间有一条流量为每天 200 万 m^3 的支流。第一化工厂每天排放含有某种有害物质的工业污水 2 万 m^3，第二化工厂每天排放这种工业污水 1.4 万 m^3。从第一化工厂排出的工业污水流到第二化工厂以前，有 20%可自然净化。根据环保要求，河流中工业污水的含量应不大于 0.2%。这两个工厂都需各自处理一部分工业污水。第一化工厂处理工业污水的成本是 1000 元/万 m^3，第二化工厂处理工业污水的成本是 800 元/万 m^3。现在要问在满足环保要求的条件下，每个工厂应各处理多少工业污水，使这两个工厂总的处理工业污水费用最小？

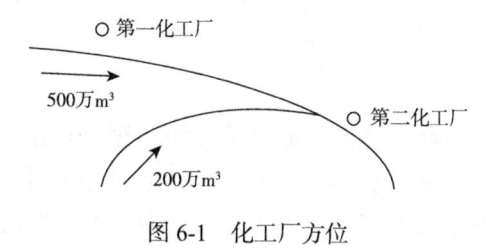

图 6-1　化工厂方位

这个问题可用数学模型来描述。设第一化工厂每天处理工业污水量为 x_1 万 m^3，第二化工厂每天处理工业污水量为 x_2 万 m^3，第一化工厂到第二化工厂之间，河流中工业污水含量要不大于 0.2%，由此可得近似关系式 $(2-x_1)/500 \leqslant 2/1000$。流经第二化工厂后，河流中的工业污水量仍要不大于 0.2%，这时有近似关系式

$$[0.8(2-x_1) + (1.4-x_2)]/700 \leqslant 2/1000$$

由于每个工厂每天处理的工业污水量不会大于每天的排放量，故有

$$x_1 \leqslant 2, \quad x_2 \leqslant 1.4$$

这问题的目标是要求两个工厂用于处理工业污水的总费用最小，即 $z = 1000x_1 + 800x_2$。综合上述，这个环保问题可用数学模型表示为

目标函数　$\min z = 1000x_1 + 800x_2$

满足约束条件　$\begin{cases} x_1 \geqslant 1 \\ 0.8x_1 + x_2 \geqslant 1.6 \\ x_1 \leqslant 2 \\ x_2 \leqslant 1.4 \\ x_1, x_2 \geqslant 0 \end{cases}$

从以上两例可以看出，它们都是属于一类优化问题。它们的共同特征如下。

（1）每一个问题都用一组决策变量（$x_1, x_2, \cdots, x_n$）表示某一方案，这组决策变量的

值就代表一个具体方案。一般这些变量取值是非负且连续的。

（2）要有建模的有关数据，如资源拥有量、消耗资源定额、创造新价值量等，并构成互不矛盾的约束条件，这些约束条件可以用一组线性等式或线性不等式来表示。

（3）都有一个要求达到的目标，它可用决策变量及其有关的价值系数构成的线性函数（称为目标函数）来表示。按问题的不同，要求目标函数实现最大化或最小化。

满足以上三个条件的数学模型称为线性规划的数学模型。其一般形式为

目标函数　　$\max(\min) z = c_1 x_1 + c_2 x_2 + \cdots + c_n x_n$　　（6-1）

满足约束条件
$$\begin{cases} a_{11}x_1 + a_{12}x_2 + \cdots + a_{1n}x_n \leqslant (=, \geqslant) b_1 \\ a_{21}x_1 + a_{22}x_2 + \cdots + a_{2n}x_n \leqslant (=, \geqslant) b_2 \\ \vdots \\ a_{m1}x_1 + a_{m2}x_2 + \cdots + a_{mn}x_n \leqslant (=, \geqslant) b_m \end{cases}$$　（6-2）

$$x_1, x_2, \cdots, x_n \geqslant 0$$　　（6-3）

在上述线性规划的数学模型中，式（6-1）称为目标函数；式（6-2）、式（6-3）称为约束条件；式（6-3）也称为变量的非负约束条件。

2. 整数线性规划

在线性规划问题中，有些最优解可能是分数或小数，但对于某些具体问题，常有要求解答必须是整数的情形（称为整数解）。例如，所求解是机器的台数、完成工作的人数或装货的车数等，分数或小数的解答就不合要求。为了满足整数解的要求，初看起来，似乎只要把已得到的带有分数或小数的解进行"舍入化整"就可以了。但这常常是不行的，因为化整后不见得是可行解；或虽是可行解，但不一定是最优解。因此，对于求最优整数解的问题，有必要另行研究。我们称这样的问题为整数线性规划（integer linear programming，ILP），整数线性规划是最近几十年发展起来的数学规划论中的一个分支。

整数线性规划中如果所有的变数都限制为（非负）整数，就称为纯整数线性规划（pure integer linear programming）或称为全整数线性规划（all integer linear programming）；如果仅一部分变数限制为整数，则称为混合整数线性规划（mixed integer linear programming）。整数线性规划的一种特殊情形是 0-1 规划，它的变数取值仅限于 0 或 1。

案例 3　某厂拟用集装箱托运甲、乙两种货物，每箱的体积、重量、可获利润以及托运所受限制如表 6-2 所示。问两种货物各托运多少箱可使获得利润为最大？

表 6-2　某厂托运集装箱货物情况

货物	体积	重量	利润/（元/箱）
甲	5m³/箱	200kg/箱	2000
乙	4m³/箱	500kg/箱	1000
托运限制	24m³	1300kg	

现在我们解这个问题，设 x_1、x_2 分别为甲、乙两种货物的托运箱数（当然都是非负整数）。这是一个（纯）整数规划问题，用数学式可表示为

$$\max z = 2000 x_1 + 1000 x_2$$　　（6-4）

$$5 x_1 + 4 x_2 \leqslant 24$$　　（6-5）

$$2x_1 + 5x_2 \leqslant 13 \quad (6\text{-}6)$$
$$x_1 + x_2 \geqslant 0 \quad (6\text{-}7)$$
$$x_1, x_2 \in Z \quad (6\text{-}8)$$

它和线性规划问题的区别仅在于最后的条件（6-8）。现在我们暂不考虑这一条件，即解式（6-4）~式（6-7）（以后我们称这样的问题为与原问题相应的线性规划问题），很容易求得最优解为

$$x_1 = 4.8, \quad x_2 = 0, \quad \max z = 9600$$

但 x_1 是托运甲种货物的箱数，现在它不是整数，所以不合条件（6-8）的要求。是不是可以把所得的非整数的最优解经过"化整"就能得到合于条件（6-8）的整数最优解呢？如将(x_1=4.8, x_2=0)凑整为(x_1=5, x_2=0)，这样就破坏了条件（6-5）（关于体积的限制），因而它不是可行解。如将(x_1=4.8, x_2=0)舍去尾数 0.8，变为(x_1=4, x_2=0)，这当然满足各约束条件，因而是可行解，但不是最优解，因为：当 x_1=4, x_2=0 时，z=8000；但当 x_1=4, x_2=1（这也是可行解）时，z=9000。

本例还可以用图解法来说明，见图 6-2。非整数的最优解在 C(4.8, 0)点。图中画"+"号的点表示可行的整数解。凑整的(5, 0)点不在可行域内，而 C 点又不符合条件（6-8）。为了满足题中要求，表示目标函数的 z 的等值线必须向原点平行移动，直到第一次遇到带"+"号 B 点（4, 1）为止。这样，z 的等值线就由 z=9600 变到 z=9000，它们的差值

$$\Delta z = 9600 - 9000 = 600$$

表示利润的降低，这是变量的不可分性（装箱）引起的。

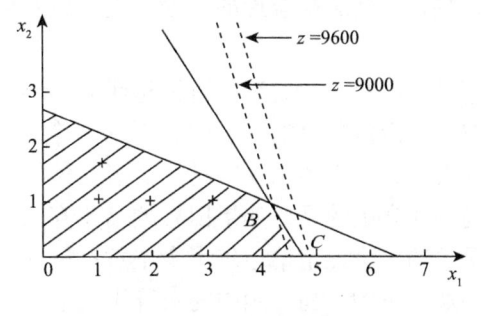

图 6-2　图解法求解

由上例看出，将其相应的线性规划的最优解"化整"来解原整数规划，虽是最容易想到的，但常常得不到整数规划的最优解，甚至根本不是可行解。因此有必要专门研究整数规划的解法。

3. 博弈模型

对策也叫博弈，是自古以来的政治家和军事家都很注意研究的问题。作为一门正式学科，是在 20 世纪 40 年代形成并发展起来的。直到 1944 年冯·诺依曼（von Neumann）与摩根斯特恩（O. Morgenstern）的《博弈论与经济行为》一书出版，标志着现代系统博弈理论的初步形成。该书中提出的标准型、扩展型和合作型博弈模型解的概念和分析方法，奠定了这门学科的理论基础，成为使用严谨的数学模型研究冲突对抗条件下最优决

策问题的理论。然而，诺依曼的博弈论的局限性也日益暴露出来。由于它过于抽象，使应用范围受到很大限制，所以影响力很有限。20世纪50年代，纳什（Nash）建立了非合作博弈的"纳什均衡"理论，标志着博弈的新时代开始，这是纳什在经济博弈论领域划时代的贡献，纳什是继诺依曼之后最伟大的博弈论大师之一。1994年纳什获得了诺贝尔经济学奖。他提出的著名的纳什均衡概念在非合作博弈理论中起着核心作用。纳什均衡的提出和不断完善，为博弈论广泛应用于经济学、管理学、社会学、政治学、军事科学等领域奠定了坚实的理论基础。

1）对策行为和对策论

对策论也称竞赛论或博弈论，是研究具有斗争或竞争性质现象的数学理论和方法。一般认为，它是现代数学的一个新分支，是运筹学的一个重要学科。对策论发展的历史并不长，但由于它研究的问题与政治、经济、军事活动乃至一般的日常生活等有着密切联系，并且处理问题的方法具有明显特色，所以日益引起广泛注意。在日常生活中，经常会看到一些相互之间具有斗争或竞争性质的行为，如下棋、打牌、体育比赛等。还比如战争活动中的双方，都力图选取对自己最有利的策略，千方百计去战胜对手。在政治方面，国际谈判、各种政治力量之间的斗争、各国际集团之间的斗争等无一不具有斗争的性质。在经济活动中，各国之间、各公司之间的经济谈判，企业之间为争夺市场而进行的竞争等，举不胜举。具有竞争或对抗性质的行为称为对策行为。在这类行为中，参加斗争或竞争的各方具有不同的目标和利益。为了达到各自的目标和利益，各方必须考虑对手的各种可能的行动方案，并力图选取对自己最有利或最合理的方案。对策论就是研究对策行为中斗争各方是否存在着最合理的行动方案，以及如何找到最合理的行动方案的数学理论和方法。

在我国古代"田忌赛马"就是一个典型的对策论研究的例子。战国时期，有一天齐王提出要与田忌赛马，双方约定从各自的上、中、下三个等级的马中各选一匹参赛，每匹马只能参赛一次，每一次比赛双方各出一匹马，负者要付给胜者千金。已经知道，在同等级的马中，田忌的马不如齐王的马，如果田忌的马比齐王的马高一等级，则田忌的马可取胜。当时，田忌手下的一个谋士给他出了个主意：每次比赛时先让齐王牵出他要参赛的马，然后来用下马对齐王的上马，用中马对齐王的下马，用上马对齐王的中马。比赛结果，田忌二胜一负，夺得千金。由此看来，两个人各采取什么样的出马次序对胜负是至关重要的。

2）对策行为的三个基本要素

以下称具有对策行为的模型为对策模型或对策。对策模型的种类可以千差万别，但本质上都必须包括以下三个基本要素。

A. 局中人

在一个对策行为（或一局对策）中，有权决定自己行动方案的对策参加者，称为局中人。通常用 I 表示局中人的集合。如果有 n 个局中人，则 $I=\{1, 2, \cdots, n\}$。一般要求一个对策中至少要有两个局中人。如在"田忌赛马"的例子中，局中人是齐王和田忌。对策中关于局中人的概念具有广义性。局中人除了可理解为个人外，还可理解为某一集体，如球队、交战国、企业等。当研究在不确定的气候条件下进行某项与气候条件有关的生产决策时，就可把大自然当作一个局中人。另外，在对策中利益完全一致的参加者只能看成是一个局中人，例如桥牌中的东、西方和南、北方各为一个局中人，虽有四人参赛，但只能算有两个局中人。需要强调的一点是，在对策中总是假定每一个局中人都是理智的决策者或竞争者，即对任一局中人来讲，不存在利用其他局中人决策的失误来扩大自身利益的可能性。

B.策略集

一局对策中，可供局中人选择的一个实际可行的完整的行动方案称为一个策略。参加对策的每一局中人 i，$i \in I$，都有自己的策略集 S_i。一般地，每一个局中人的策略集中至少应包括两个策略。在"田忌赛马"的例子中，如果用(上,中,下)表示以上马、中马、下马依次参赛这样一个次序，这就是一个完整的行动方案，即为一个策略。可见，局中人齐王和田忌各自都有 6 个策略：(上,中,下)、(上,下,中)、(中,上,下)、(中,下,上)、(下,中,上)、(下,上,中)。

C.赢得函数（支付函数）

在一局对策中，各局中人选定的策略形成的策略组称为一个局势，即若 S_i 是第 i 个局中人的一个策略，则 n 个局中人的策略组 $s=(s_1, s_2, \cdots, s_n)$ 就是一个局势。全体局势的集合 S 可用各局中人策略集的笛卡儿积表示，即

$$S=S_1 \times S_2 \times \cdots \times S_n$$

当一个局势出现后，对策的结果也就确定了。也就是说，对任一局势 $s \in S$，局中人 i 可以得到一个赢得值 $H_i(s)$。显然，$H_i(s)$ 是局势 s 的函数，称为第 i 个局中人的赢得函数。在齐王与田忌赛马的例子中，局中人集合为 $I=\{1,2\}$，齐王和田忌的策略集可分别用 $S_1=\{a_1,a_2,a_3,a_4,a_5,a_6\}$ 和 $S_2=\{\beta_1,\beta_2,\beta_3,\beta_4,\beta_5,\beta_6\}$ 表示。这样，齐王的任一策略 a_i 和田忌的任一策略 β_j 就形成了一个局势 s_{ij}。如果 $a_1=$(上,中,下)，$\beta_1=$(上,中,下)，则在局势 s_{11} 下齐王的赢得值为 $H_1(s_{11})=3$，田忌的赢得值为 $H_2(s_{11})=-3$，如此等等。以上讨论了局中人、策略集和赢得函数这三个概念。当这三个基本要素确定后，一个对策模型也就给定了。

3）对策问题举例及对策的分类

对策论在经济管理的众多领域中有着十分广泛的应用，下面列举几个可以用对策论思想和模型进行分析的例子。

案例 4 市场购买力争夺问题

据预测，某乡镇下一年的饮食品购买力将有 4000 万元。乡镇企业和中心城市企业饮食品的生产情况是：乡镇企业有特色饮食品和低档饮食品两类，中心城市企业有高档饮食品和低档饮食品两类产品。它们争夺这一部分购买力的结局见表 6-3，问题是乡镇企业和中心城市企业应如何选择对自己最有利的产品策略。

表 6-3 争夺购买力的结局情况（单位：万元）

乡镇企业的策略	中心城市企业的策略	
	出售高档饮食品	出售低档饮食品
出售特色饮食品	2000	3000
出售低档饮食品	1000	3000

案例 5 销售竞争问题

假定企业Ⅰ、Ⅱ均能向市场出售某一产品，不妨假定它们可于时间区间[0,1]内任一时点出售。设企业Ⅰ在时刻 x 出售，企业Ⅱ在时刻 y 出售，则企业Ⅰ的收益（赢得）函数为

$$H(x,y) = \begin{cases} c(y-x), & x<y \\ \dfrac{1}{2}c(1-x), & x=y \\ c(1-x), & x>y \end{cases}$$

问：这两个企业各选择什么时机出售对自己最有利？在这个例子中，企业Ⅰ、Ⅱ可选择的策略均有无穷多个。

案例 6 费用分摊问题

假设沿某一河流有相邻的 3 个城市 A、B、C，各城市可单独建立水厂，也可合作兴建一个大水厂。经估算，合建一个大水厂，加上敷设管道的费用，要比单独建 3 个小水厂的总费用少。但合建大厂的方案能否实施，要看总的建设费用分摊得是否合理。如果某个城市分摊到的费用比它单独建设水厂的费用还多的话，它显然不会接受合作的方案。因此，需要研究的问题是：应如何合理地分摊费用，使合作兴建大水厂的方案得以实现。

案例 7 拍卖问题

最常见的一种拍卖形式是先由拍卖商把拍卖品描述一番，然后提出第一个报价。接下来由买者报价，每一次报价都要比前一次高，最后谁出的价最高拍卖品即归谁所有。假设有 n 个买主给出的报价分别为 $p_1,\cdots,p_n$，且不妨设 $p_n>p_{n-1}>\cdots>p_1$，则买主 n 只要报价略高于 p_{n-1}，就能买到拍卖品，即拍卖品实际上是在次高价格上卖出的。现在的问题是：各买主之间可能知道他人的估价，也可能不知道他人的估价，每人应如何报价对自己能以较低的价格得到拍卖品最为有利？最后的结果又会怎样？

案例 8 囚犯难题

设有两个嫌疑犯因涉嫌作案被警官拘留，警官分别对两人进行审讯。根据法律，如果两个人都承认此案是他们干的，则每人各判刑 7 年；如果两人都不承认，则由于证据不足，两人各判刑 1 年；如果只有一人承认并揭发对方，则承认者予以宽大释放，而不承认者将被判刑 9 年。因此，对两个囚犯来说，面临着一个在"承认"和"不承认"这两个策略间进行选择的难题。

上面几个例子都可看成是一个对策问题，所不同的是有些是二人对策，有些是多人对策；有些是零和对策，有些是非零和对策；有些是合作对策，有些是非合作对策；有些是有限对策，有些是无限对策；等等。为了便于对不同的对策问题进行研究，可以根据不同方式进行分类，通常的分类方式有以下几种。

（1）根据局中人的个数，分为二人对策和多人对策。

（2）根据各局中人的赢得函数的代数和是否为零，分为零和对策与非零和对策。

（3）根据各局中人间是否允许合作，分为合作对策和非合作对策。

（4）根据局中人的策略集中的策略个数，分为有限对策和无限对策。

此外，还有许多其他的分类方式。例如根据策略的选择是否与时间有关，可分为静态对策和动态对策；根据对策模型的数学特征，可分为矩阵对策、连续对策、微分对策、阵地对策、凸对策、随机对策等。

4. 动态规划

动态规划是运筹学的一个分支，它是解决多阶段决策过程最优化的一种数学方法，大约产生于20世纪50年代。1951年美国数学家贝尔曼（R. Bellman）等根据一类多阶段决策问题的特点，把多阶段决策问题变换为一系列互相联系的单阶段问题，然后逐个加以解决。与此同时，他提出了解决这类问题的"最优性原理"，研究了许多实际问题，从而创建了解决最优化问题的一种新的方法——动态规划。他的名著《动态规划》于1957年出版，该书是动态规划的第一本著作。动态规划的方法，在工程技术、企业管理、工农业生产及军事等部门中都有广泛的应用，并且获得了显著的效果。在企业管理方面，动态规划可以用来解决最优路径问题、资源分配问题、生产调度问题、库存问题、装载问题、排序问题、设备更新问题、生产过程最优控制问题等，所以它是现代企业管理中的一种重要的决策方法。许多问题用动态规划的方法去处理，常比线性规划或非线性规划更有成效。特别对于离散性的问题，由于解析数学无法施展其术，而动态规划的方法就成为非常有用的工具。应指出，动态规划是求解某类问题的一种方法，是考查问题的一种途径，而不是一种特殊算法（如线性规划是一种算法）。因而，它不像线性规划那样有一个标准的数学表达式和明确定义的一组规则，而必须对具体问题进行具体分析处理。因此，读者在学习时，除了要对基本概念和方法正确理解外，应以丰富的想象力去建立模型，用创造性的技巧去求解。

动态规划问世以来，在经济管理、生产调度、工程技术和最优控制等方面得到了广泛的应用。例如，最短路线、库存管理、资源分配、设备更新、排序、装载等问题，用动态规划方法比其他方法求解更加方便。

1）动态规划基础

在生产和科学实验中，有一类活动的过程，由于它的特殊性，可将过程分为若干个互相联系的阶段，在它的每一个阶段都需要做出决策，从而使整个过程达到最好的活动效果。因此，各个阶段决策的选取不是任意确定的，它依赖于当前面临的状态，又影响以后的发展。当各个阶段决策确定后，就组成了一个决策序列，因而也就决定了整个过程的一条活动路线。这种可把一个问题看作一个前后关联具有链状结构的多阶段过程（图6-3）就称为多阶段决策过程，也称序贯决策过程。这种问题就称为多阶段决策过程。

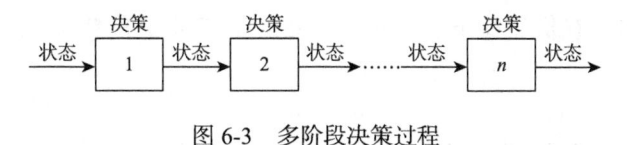

图6-3 多阶段决策过程

多阶段决策问题根据决策过程的时间参数是离散的还是连续的，可分为离散决策过程和连续决策过程；根据过程的演变是确定性的还是随机性的，可分为确定性决策过程和随机决策过程。

多阶段决策问题有很多，现在举例如下。

案例 9 最短路线问题

如图 6-4 所示，给定一个线路网络，两点之间连线上的数字表示两点间的距离（或费用），试求一条由 A 到 G 的铺管线路，使总距离为最短（或总费用最小）。

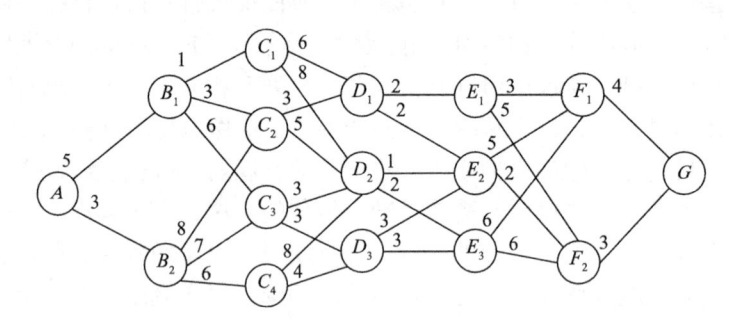

图 6-4 可选择站点及站间距离

案例 10 生产库存问题

某工厂根据合同要求在未来半年中需提供的货物数量如表 6-4 所示，表中数字为月底交货数量。该厂的生产能力为每月 500 件，其仓库的存货能力为 300 件。已知每件货物的生产费用为 100 元，在进行生产的月份，工厂要支出固定费用 4000 元，仓库保管费用为每百件货物每月 1000 元，假定开始及 6 月底交货后均无存货，试问每个月应该生产多少件产品，才能既满足交货任务又使总费用最小？

表 6-4 某工厂货物的需求量（单位：件）

月份	交货数量	月份	交货数量
1	200	4	200
2	300	5	100
3	400	6	300

案例 11 机器负荷分配问题

某种机器可以在高低两种不同的负荷下进行生产。在高负荷下进行生产时，产品的年产量 g 和投入生产的机器数量 u_1 的关系为

$$g = g(u_1)$$

这时，机器的年完好率为 a，即如果年初完好机器的数量为 u，到年终时完好的机器就为 au，0<a<1，在低负荷下生产时，产品的年产量 h 和投入生产的机器数量 u_2 的关系为

$$h = h(u_2)$$

相应的机器年完好率为 b，0<b<1。

假定开始生产时完好的机器数量为 s_1。要求制订一个五年计划，在每年开始时，决定如何重新分配完好的机器在两种不同的负荷下投入生产的数量，使在五年内产品的总

产量达到最高。

还有，如各种资源（人力、物力）分配问题、生产-存储问题、最优装载问题、水库优化调度问题、最优控制问题等，都具有多阶段决策问题的特性，均可用动态规划方法去求解。

2）动态规划法的基本概念

多阶段决策问题中，各个阶段采取的决策，一般来说与时间有关，决策依赖于当前状态，又引起状态的转移，一个决策序列就是在变化的状态中产生出来的，故有"动态"的含义，称这种解决多阶段决策最优化问题的方法为动态规划方法。同时，多阶段决策问题也是动态规划研究的主要对象。

动态规划是一种通过把原问题分解为相对简单的子问题的方式求解复杂问题的方法，因此每个阶段都要做出决策，并且一个阶段的决策确定以后，会影响下一个阶段的决策从而影响整个过程的活动路线。

动态规划算法的基本思想是：将待求解的问题分解成若干个相互联系的子问题，先求解子问题，然后从这些子问题的解得到原问题的解；对于重复出现的子问题，只在第一次遇到的时候对它进行求解，并把答案保存起来，以后再次遇到时直接引用答案，不必重新求解。

动态规划算法通常用于求解具有某种最优性质的问题。在这类问题中，可能会有许多可行解。每一个解都对应一个值，我们希望找到具有最优值的解。动态规划算法与分治算法类似，其基本思想也是将待求解问题分解成若干个子问题，先求解子问题，然后根据这些子问题的解得到原问题的解。与分治算法不同的是，适合于用动态规划算法求解的问题，经分解得到的子问题往往不是互相独立的。若用分治算法来解这类问题，则分解得到的子问题数目太多，有些子问题被重复计算了很多次。如果我们能够保存已解决的子问题的答案，而在需要时再找出已求得的答案，这样就可以避免大量的重复计算，节省时间。我们可以用一个表来记录所有已解的子问题的答案。不管该子问题以后是否能用到，只要它计算过，就要将其结果填入表中。这就是动态规划算法的基本思路。具体的动态规划算法多种多样，但它们具有相同的填表格式。

虽然动态规划法主要用于求解以时间划分阶段的动态过程的优化问题，但是一些与时间无关的静态规划（如线性规划、非线性规划），只要人为地引入时间因素，把它视为多阶段决策过程，也可以用动态规划方法方便地求解。

把所给问题的过程，恰当地分为若干个相互联系的阶段，以便能按一定的次序去求解。描述阶段的变量称为阶段变量，常用 k 表示。阶段的划分要考虑把问题过程转化为多阶段决策过程的难度，通常根据时间和空间的自然特征划分。

某阶段的初始状况叫作状态。描述各阶段状态的变量叫作状态变量。通常用 X_k 表示第 k 阶段的状态变量，描述状态所必须使用的变量数称为动态规划的维数。状态变量 X_k 的取值集合叫作状态集合，常用 X_k 来表示。

状态包含以下特点。

（1）状态既是本阶段决策的出发点，又是上一阶段决策产生的结果。状态是动态规划中各阶段信息的传递点和结合点。因此，可以说状态反映研究对象的演变特征。

（2）状态包含到达这个状态前的足够信息，并具有无后效性，或称为决策的相互独立性。也就是说，在某阶段的状态给定后，此阶段的后序过程发展与前序阶段无关。当前的状态是过去历史的一个完整总结，过程的过去历史只能通过当前状态去影响它未来的发展。

决策表示当过程处于某一阶段的某个状态时，可以做出不同的决定（或选择），从而确定下一阶段的状态，这种决定称为决策，在最优控制中也称为控制。描述决策的变量，称为决策变量，它可用一个数、一组数或一个向量来描述。常用 $u_k(s_k)$ 表示第 k 阶段当状态处于 s_k 时的决策变量。它是状态变量的函数。在实际问题中，决策变量的取值往往限制在某一范围之内，此范围称为允许决策集合。常用 $D_k(s_k)$ 表示第 k 阶段从状态 s_k 出发的允许决策集合，显然有 $u_k(s_k) \in D_k(s_k)$。

3）策略与子策略

各阶段决策 $u_k(x_k)$（$k=1,2,\cdots,n$）组成的序列总体称为一个策略（policy），可用 $P_{1n}\{u_1(x_1),u_2(x_2),\cdots,u_n(x_n)\}$ 表示。

从某一阶段开始到过程最终的决策序列称为子策略（subpolicy）。子策略可记为
$$\{u_{k+1}(x_{k+1}),u_{k+2}(x_{k+2}),\cdots,u_n(x_n)\}$$

状态转移方程是确定过程由一个状态到另一个状态的演变过程。给定第 k 阶段状态变量 s_k 的值，如果该阶段的决策变量 u_k 一经确定，第 $k+1$ 阶段的状态变量 s_{k+1} 的值也就能完全确定，即 s_{k+1} 的值随 s_k 和 u_k 的值变化而变化。这种确定的对应关系，记为
$$s_{k+1} = T(x_k, u_k)$$

上式描述了由 k 阶段到 $k+1$ 阶段的状态转移规律，称为状态转移方程。T_k 称为状态转移函数。

用来衡量所实现过程优劣的一种数量指标，称为指标函数。它是定义在全过程和所有后部子过程上确定的数量函数。常用 $V_{k,n}$ 表示，即
$$V_{k,n} = V_{k,n}(s_k, u_k, s_{k+1},\cdots,s_{n+1}), \quad k=1,2,\cdots,n$$

对于要构成动态规划模型的指标函数，应具有可分离性，并满足递推关系。即 $V_{k,n}$ 可以表示为 s_k、u_k、$V_{k+1,n}$ 的函数。记为
$$V_{k,n}(s_k,u_k,s_{k+1},\cdots,s_{n+1}) = \psi_k\left[s_k,u_k,V_{k+1,n}(s_{k+1},\cdots,s_{n+1})\right]$$

在实际问题中很多指标函数都满足这个性质。

常见的指标函数的形式如下。

（1）过程和它的任一子过程的指标是它所包含的各阶段的指标的和，即
$$V_{k,n}(s_k,u_k,\cdots,s_{n+1}) = \sum_{j=k}^{n} v_j(s_j,u_j)$$

其中，$v_j(s_j,u_j)$ 表示第 j 阶段的阶段指标。这时上式可写成
$$V_{k,n}(s_k,u_k,\cdots,s_{n+1}) = v_k(x_k,u_k) + V_{k+1,n}(s_{k+1},u_{k+1},\cdots,s_{n+1})$$

（2）过程和它的任一子过程的指标是它所包含的各阶段的指标的乘积，即
$$V_{k,n}(s_k,u_k,\cdots,s_{n+1}) = \prod_{j=k}^{n} v_j(s_j,u_j)$$

这时就可写成
$$V_{k,n}(s_k,u_k,\cdots,s_{n+1}) = v_k(s_k,u_k)V_{k+1,n}(s_{k+1},u_{k+1},\cdots,s_{n+1})$$

指标函数的最优值,称为最优值函数,记为 $f_k(s_k)$。它表示从第 k 阶段的状态 s_k 开始到第 n 阶段的终止状态的过程,采取最优策略所得到的指标函数值,即

$$f_k(s_k) = \underset{\{u_k,\cdots,u_n\}}{\mathrm{opt}} V_{k,n}(s_k,u_k,\cdots,s_{n+1})$$

其中,opt 表示最优化(optimization)的缩写,可根据题意而取 min 或 max。

在不同的问题中,指标函数的含义是不同的,它可能是距离、利润、成本、产品的产量或资源消耗等。例如,在最短路线问题中,指标函数 $V_{k,n}$ 就表示在第 k 阶段由点 s_k 至终点 G 的距离。用 $d_k(s_k,u_k) = v_k(s_k,u_k)$ 表示在第 k 阶段由点 s_k 到点 $s_{k+1} = u_k(s_k)$ 的距离,如 $d_5(E_1,F_1) = 3$,就表示在第 5 阶段中由点 E_1 到点 F_1 的距离为 3。$f_k(s_k)$ 表示从第 k 阶段由点 s_k 到终点 G 的最短距离,如 $f_4(D_1)$ 就表示从第 4 阶段中的点 D_1 到点 G 的最短距离。

4)动态规划的基本原理

动态规划问题求解的基本思想是最优化原理,也只有满足最优化原理的问题才能使用动态规划的方法来解决。一个过程的最优策略具有这样的性质,即无论初始状态及初始决策如何,对于先前决策所形成的状态而言,其以后的决策必构成最优策略。

生活中的常识告诉我们,最短路线有一个重要特性:如果由起点 A 经过 P 点和 H 点而到达终点 G 是一条最短路线,则由 P 点出发经过 H 点到达终点 G 的这条子路线,对于从 P 点出发到达终点的所有可能选择的不同路线来说,必定也是最短路线。例如,在最短路线问题中,若找到了 $A \to B_1 \to C_2 \to D_1 \to E_2 \to F_2 \to G$ 是 A 到 G 的最短路线,则 $D_1 \to E_2 \to F_2 \to G$ 应该是由 D_1 出发到 G 点的所有可能选择的不同路线中的最短路线。此特性用反证法易证。因为如果不是这样,则从 P 点到 G 点有另一条距离更短的路线存在,把它和原来最短路线由 A 点到达 P 点的那部分连接起来,就会得到一条由 A 点到 G 点的新路线,它比原来那条最短路线的距离还要短。这与假设矛盾,是不可能的。

根据最短路线这一特性,寻找最短路线的方法,就是从最后一段开始,用由后向前逐步递推的方法,求出各点到 G 点的最短路线,最后求得由 A 点到 G 点的最短路线。所以,动态规划的方法是从终点逐段向始点方向寻找最短路线的一种方法,如图 6-5 所示。

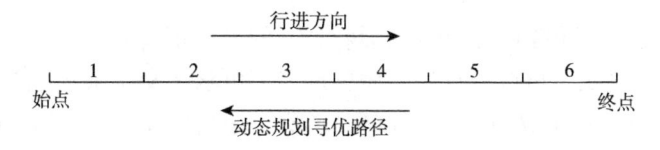

图 6-5 寻求最短路线的方法

下面按照动态规划的方法,将案例 9 从最后一段开始计算,由后向前逐步推移至 A 点。

当 $k = 6$ 时,由 F_1 到终点 G 只有一条路线,故 $f_6(F_1) = 4$。同理,$f_6(F_2) = 3$。

当 $k=5$ 时，出发点有 E_1、E_2、E_3 三个。若从 E_1 出发，则有两个选择：①至 F_1；②至 F_2，则

$$f_5(E_1) = \min \begin{cases} d_5(E_1,F_1) + f_6(F_1) \\ d_5(E_1,F_2) + f_6(F_2) \end{cases} = \min \begin{cases} 3+4 \\ 5+3 \end{cases} = 7$$

其相应的决策为 $u_5(E_1) = F_1$。

这说明，由 E_1 至终点 G 的最短距离为 7，其最短路线是

$$E_1 \to F_1 \to G$$

同理，从 E_2 和 E_3 出发，则有

$$f_5(E_2) = \min \begin{cases} d_5(E_2,F_1) + f_6(F_1) \\ d_5(E_2,F_2) + f_6(F_2) \end{cases} = \min \begin{cases} 5+4 \\ 2+3 \end{cases} = 5$$

其相应的决策为 $u_5(E_2) = F_2$。

$$f_5(E_3) = \min \begin{cases} d_5(E_3,F_1) + f_6(F_1) \\ d_5(E_3,F_2) + f_6(F_2) \end{cases} = \min \begin{cases} 6+4 \\ 6+3 \end{cases} = 9$$

且 $u_5(E_3) = F_2$。

类似地，可算得

当 $k=4$ 时，有

$$f_4(D_1) = 7 \quad u_4(D_1) = E_2$$
$$f_4(D_2) = 6 \quad u_4(D_2) = E_2$$
$$f_4(D_3) = 8 \quad u_4(D_3) = E_2$$

当 $k=3$ 时，有

$$f_3(C_1) = 13 \quad u_3(C_1) = D_1$$
$$f_3(C_2) = 10 \quad u_3(C_2) = D_1$$
$$f_3(C_3) = 9 \quad u_3(C_3) = D_2$$
$$f_3(C_4) = 12 \quad u_3(C_4) = D_3$$

当 $k=2$ 时，有

$$f_2(B_1) = 13 \quad u_2(B_1) = C_2$$
$$f_2(B_2) = 16 \quad u_2(B_2) = C_3$$

当 $k=1$ 时，出发点只有一个 A 点，则

$$f_1(A) = \min \begin{cases} d_1(A,B_1) + f_2(B_1) \\ d_1(A,B_2) + f_2(B_2) \end{cases} = \min \begin{cases} 5+13 \\ 3+16 \end{cases} = 18$$

且 $u_1(A) = B_1$。于是得到从起点 A 到终点 G 的最短距离为 18。

为了找出最短路线，再按计算的顺序反推之，可求出最优决策函数序列 $\{u_k\}$，即由 $u_1(A) = B_1$，$u_2(B_1) = C_2$，$u_3(C_2) = D_1$，$u_4(D_1) = E_2$，$u_5(E_2) = F_2$，$u_6(F_2) = G$ 组成一个最优策略。因而，找出相应的最短路线为

$$A \to B_1 \to C_2 \to D_1 \to E_2 \to F_2 \to G$$

从上面的计算过程中可以看出，在求解的各个阶段，我们利用了 k 阶段与 $k+1$ 阶段之间的递推关系：

$$\begin{cases} f_k(s_k) = \min_{u_k \in D_k(s_k)} \{d_k(s_k,u_k(s_k)) + f_{k+1}(u_k(s_k))\}, k = 6,5,4,3,2,1 \\ f_7(s_7) = 0 (或写成 f_6(s_6) = d_6(s_6,G)) \end{cases}$$

一般情况，k 阶段与 $k+1$ 阶段的递推关系式可写为

$$f_k(s_k) = \operatorname*{opt}_{u_k \in D_k(s_k)} \{v_k(s_k,u_k(s_k)) + f_{k+1}(u_k(s_k))\}, \quad k = n, n-1, \cdots, 1 \quad (6-9)$$

边界条件为

$$f_{n+1}(s_{n+1}) = 0$$

这种递推关系式（6-9）称为动态规划的基本方程。

一般而言，动态规划的求解步骤如下。

（1）确定问题的决策对象。

（2）将多决策问题划分阶段，将问题划分为同类型的多个子问题，然后逐个求解。

（3）从边界条件开始，逆（或顺）过程行进方向，逐段推优求解。在每个子问题求解时，都要使用它前面已求出的子问题的最优结果，最后一个子问题的最优解，就是整个动态规划问题的最优解。

5. 网络模型

网络以各种各样的形式存在于我们日常生活中，如交通网络、计算机网络、通信网络、供应链网络等。为了方便解决存在于这些网络中的规划问题，一种流行的做法是将相关问题抽象为各种网络模型（network model）。

抽象出的网络模型，是一种由节点和分支两种元素组成的图。它为描述系统各组成部分之间的关系提供了非常有效的帮助，可以让管理人员直观地观察和理解系统。人们可以容易地将很多实际存在的系统设想和构建为网络模型。由于这些原因，网络模型广泛应用于科学、社会和经济活动的各个领域。

1）网络构成

网络是一种由节点和分支两个主要要素组成的图形。其中，节点代表联节点，在网络图中表现为圆圈；分支把各个节点连接在一起并表现网络中的流从一个节点到另一个节点的状态，在网络图中表示为连接各个节点的线。在市内交通网络中，节点一般是多条街道的交叉点，分支一般是连接交叉点的道路；在跨区域的交通网络中，节点可以是城市或航空中转站，而分支则是连接各城市的公路、铁路或航空线路；在计算机通信网络中，节点是计算机、路由器等各种网络设备，而分支则是如光纤、网线等连接线路；在某个企业的分销网络中，节点可以是一个分销商或零售商，而分支则是连接各企业之间的路径。

如图 6-6 所示的我国华东地区主要直辖市、省会城市之间的动车路线网络。该网络由 4 个节点和 4 个分支组成。代表合肥的节点表示为起始节点，其他 3 个节点中的任意一个都可以表示目的地。出于方便性考虑，我们将每个节点都用一个数字表示。例如，我们将起始节点合肥记为 1，将南京记为 2，这样从合肥到南京的分支记为分支 1-2。

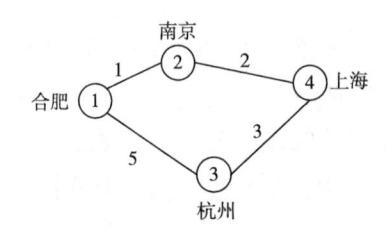

图 6-6 华东主要直辖市、省会城市动车线路网络

同时，每个分支旁边一般都有一个数字，以表示从一个节点到另一个节点所需要的距离、时间或者成本等。这样，通过网络模型，我们可以比较方便地计算出网络中从一个节点到另一个节点所需要的最短距离、最少时间或最低成本。在图 6-6 中，在每个分支上分别标有 1、2、5 和 3 等 4 个数字，代表相邻 2 个节点之间以小时计算的时间长度。因此旅行者可以知道从南京到上海需要 2h 的路程，从合肥到杭州需要 5h 的路程。

2）最短路径问题

某企业使用一台设备，在每年年初，企业领导部门需要决定是购置新的，还是继续使用旧的。若购置新设备，就要支付一定的购置费用；若继续使用旧设备，则需支付一定的维修费用。现在的问题是如何制订一个几年之内的设备更新计划，使得总的支付费用最少。我们以一个五年之内要更新某种设备的计划为例，若已知该种设备在各年年初的价格如表 6-5 所示。

表 6-5 设备在各年年初的价格

年份	第 1 年	第 2 年	第 3 年	第 4 年	第 5 年
价格	11	11	12	12	13

还已知使用不同时间（年）的设备所需要的维修费用，如表 6-6 所示。

表 6-6 使用不同时间（年）的设备所需要的维修费用

使用年数	0~1 年	1~2 年	2~3 年	3~4 年
维修费	5	6	8	11

可供选择的设备更新方案显然是很多的。例如，每年都购置一台新设备，则其购置费用为 11+11+12+12+13=59，而每年支付的维修费用为 5，五年合计为 25。于是五年总的支付费用为 59+25=84。又如决定在第一、三、五年各购进一台新设备，这个方案的设备购置费为 11+12+13=36，维修费为 5+6+5+6+5=27。于是五年总的支付费用为 63。

如何制订使得总的支付费用最少的设备更新计划呢？可以把这个问题化为最短路线问题，见图 6-7。

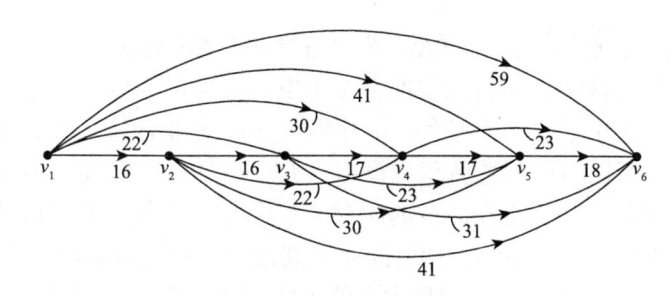

图 6-7 设备更新方案的网络模型

用点 v_i 代表第 i 年初购进一台新设备这种状态（加设一点 v_6，可以理解为第 5 年底）。从 v_i 到 $v_{i+1},\cdots,v_6$ 各画一条弧。弧 (v_i,v_j) 表示在第 i 年初购进的设备一直使用到第 j 年初（即第 $j-1$ 年底）。每条弧的权可按已知资料计算出来。例如，(v_1,v_4) 是第 1 年初购进一台新设备（支付购置费 11），一直使用到第 3 年底（支付维修费 5+6+8=19），故 (v_1,v_4) 上的权为 30。这样一来，制订一个最优的设备更新计划问题就等价于寻求从 v_1 到 v_6 的最短路线的问题。按求解最短路线的计算方法，$\{v_1,v_3,v_6\}$ 及 $\{v_1,v_4,v_6\}$ 均为最短路线，即有两个最优方案。一个方案是在第 1 年、第 3 年各购置一台新设备；另一个方案是在第 1 年、第 4 年各购置一台新设备。五年总的支付费用均为 53。

3）最大流量问题

[**案例研究**] BMZ 公司的最大流量问题

糟糕的一天！卡尔被叫到老板办公室，然后接到公司总裁亲自打来的紧急电话。幸运的是，卡尔能够向他们保证情况在控制中。

尽管卡尔的职务是 BMZ 公司的供应链经理，他常告诉朋友说，他实际上是公司的危机管理者，危机一个接着一个。需要用来保持生产线正常运营的供货还没到达，或者供货到达了但却因尺寸不合适而不能用，或者到达某个关键客户的货物被延迟。现在面临的危机是典型的，公司最重要的一个配送中心——洛杉矶配送中心，需要紧急增加供货。

卡尔被认为是一个新近崛起的年轻人，他 4 年前从美国高级商学院获得 MBA 学位，是整个公司最年轻的高层经理。他在商学院接受的管理科学的培训，对提高公司的管理水平是极其重要的。虽然危机仍发生了，但是过去几年频繁出现的状况已经减少了。

对于现在的危机，卡尔有一个处理计划。

简要介绍一下 BMZ 公司的背景。BMZ 公司是欧洲一家豪华汽车制造商。尽管该公司的汽车在发展中国家销售得很好，但向美国的出口对公司依然特别重要。BMZ 在提供优质服务上享有当之无愧的声誉。维持这个声誉的关键在于，公司给许多经销商和特约维修店提供充足的汽车更换零件。这些零件主要储存在公司的配送中心，然后在需要时及时运送。卡尔的一个重要任务是避免这些配送中心缺货。

BMZ 公司在美国有几个配送中心。但是，离洛杉矶配送中心最近的一个在 1000mi[①]外的西雅图。自从 BMZ 公司的汽车在加利福尼亚州流行起来，保持洛杉矶配送中心适

---

① 1mi=1.609 344km。

宜的供货量就变得特别重要。因此，BMZ 公司高层管理者非常关注那里供货短缺的问题。

大部分的汽车更换零件和新汽车都在位于斯图加特的主要工厂生产。正是这个工厂一直给洛杉矶配送中心提供零配件。其中有些零件是非常笨重的，并且某些零件需要的数量还很多，所以供应的总体积规模相当大——每个月超过 300 000ft^3[①]。而下个月需要更多的供货量来补充正在减少的库存。下个月，卡尔需要尽可能多地将汽车零配件从总厂运到洛杉矶配送中心。他已经认识到这是个最大流量问题（maximum flow problem）——最大化从工厂运到配送中心的更换零部件数量的问题。

工厂的产量远远多于可送往这个配送中心的数量。因此，配送网络的容量限制决定了运送量的大小。配送网络如图 6-8 所示，ST 和 LA 节点分别代表斯图加特的工厂和洛杉矶配送中心。从位于斯图加特的工厂始发，经过铁路运输到达欧洲 3 个港口中的一个：鹿特丹（节点 RO）、波尔多（节点 BO）、里斯本（节点 LI）。然后经过轮船运到美国的港口：纽约（节点 NY）或新奥尔良（节点 NO）。最后，通过卡车从港口运往洛杉矶配送中心。

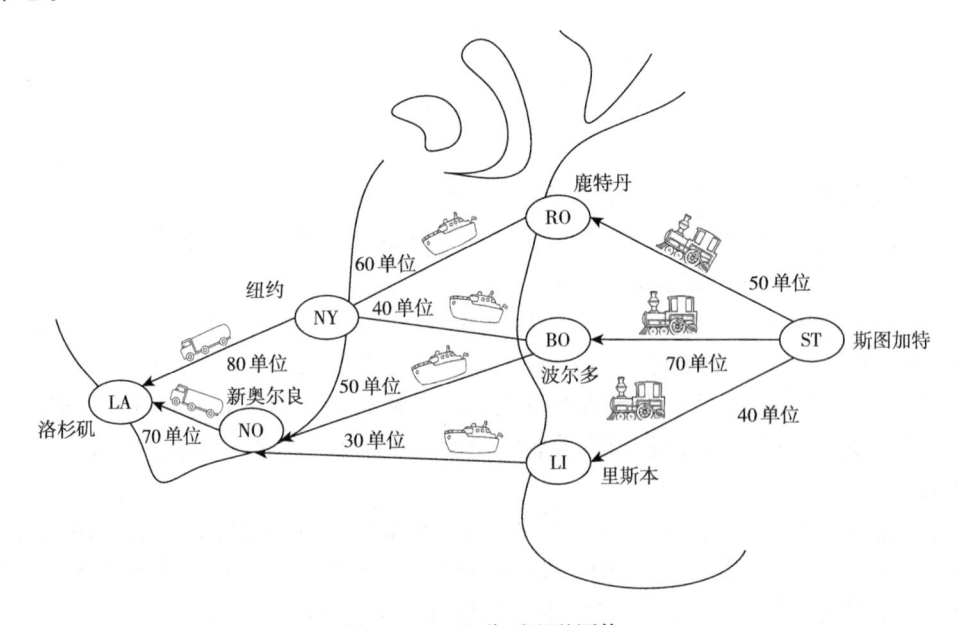

图 6-8　BMZ 公司配送网络

图 6-8 是 BMZ 公司配送网络，从德国斯图加特的主要工厂到洛杉矶配送中心，控制这些铁路、海运和卡车的独立公司同时为很多公司服务。由于对常客的事先承诺，这些公司不能在临时通知后就大幅度地增加配送空间给任何单个顾客。因此，BMZ 公司下个月在每条航道上有着既定的运送空间。可用的空间如图 6-9 所示，以 100 m^3 为一个单位（因为每 100 m^3 刚刚超过 3500 ft^3 一点，这是运送过程中最大的货物单位）。

---

① 1ft^3=2.831 685×10^{-2}m^3。

第6章 数字农业运筹优化

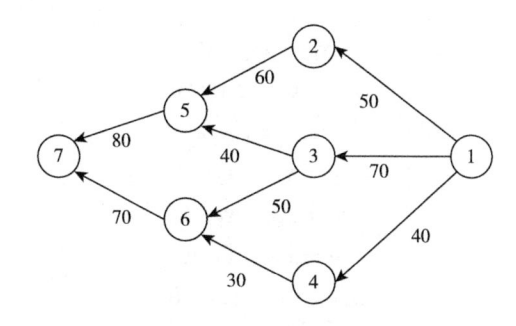

图6-9 BMZ公司的最大流量问题的网络图模型

图6-9是这个最大流量问题的网络模型。这个网络模型里的每个节点代表城市，而不是展示这个配送网络的地理布局。图6-9中的弧指的是运输航道，每条弧下面标示的数字指该条运输航道的可用运输空间。目标是决定每条航道的运输量，来最大化从斯图加特的工厂到洛杉矶配送中心的运输总量。

最大流量问题的解决方法和我们解决最短路径问题时差不多，都是通过建立整数线性规划模型并通过规划求解来实现。

代表每条分支流量的决策变量表示如下：

$$x_{ij} = 分支\ i\text{-}j\ 的流量且为整数$$

为了减小模型的规模和复杂性，我们要排除反方向上的分支流量（例如，从节点4到节点2的流量为0）。

在继续建模和确立目标函数之前，我们必须将网络模型稍稍改变来建立线性规划模型。我们要建立一条从节点7到节点1的分支 x_{71}。从网络终点回到网络起点的这条分支代表的是从节点7回到节点1的最大流量，然后再沿着网络回到节点7。因此，目标函数为从节点7回到节点1的最大流量：

$$\max z = x_{71}$$

约束条件即每个点的流入流出量要一样。因此在节点1我们有如下限制，这显示了从分支7-1进入的流量要与从分支1-2、1-3和1-4流出的流量相同：

$$x_{71} = x_{12} + x_{13} + x_{14}$$

这个约束条件也可以写成：

$$x_{71} - x_{12} - x_{13} - x_{14} = 0$$

类似的节点2的约束条件如下：

$$x_{12} - x_{25} = 0$$

我们还要为每个分支的运输能力设立约束，如下所示：

$$x_{12} \leq 50 \quad x_{13} \leq 70 \quad x_{14} \leq 40$$
$$x_{25} \leq 60 \quad x_{35} \leq 40 \quad x_{36} \leq 50$$
$$x_{46} \leq 30 \quad x_{57} \leq 80 \quad x_{67} \leq 70$$

完整的线性规划模型总结如下：

$$\max Z = x_{71}$$
$$\text{s.t.} \quad x_{71} - x_{12} - x_{13} - x_{14} = 0$$

$$x_{12} - x_{25} = 0$$
$$x_{13} - x_{35} - x_{36} = 0$$
$$x_{14} - x_{46} = 0$$
$$x_{25} + x_{35} - x_{57} = 0$$
$$x_{36} + x_{46} - x_{67} = 0$$
$$x_{57} + x_{67} - x_{71} = 0$$
$$x_{12} \leqslant 50 \quad x_{13} \leqslant 70$$
$$x_{14} \leqslant 40 \quad x_{25} \leqslant 60$$
$$x_{35} \leqslant 40 \quad x_{36} \leqslant 50$$
$$x_{46} \leqslant 30 \quad x_{57} \leqslant 80$$
$$x_{67} \leqslant 70 \quad x_{ij} \geqslant 0, \ x_{ij} \in Z$$

图 6-9 中有 7 个节点和 9 条弧，可以用 Excel 电子数据表解决 BMZ 公司案例的线性规划模型。当弧和节点的数量增长到上百或上千时，管理科学也有其他方法来求解这类大型问题，例如，单纯形法等。

6.2　传统农业运筹优化

农业资源的优化配置具有时空调控的属性，运筹优化是实现农业资源合理配置和布局的重要方法与手段。通过优化传统农业资源配置，可以充分、合理开发利用区域农业资源，扬长避短，发挥地区优势，为传统农业生产提供科学依据。以传统农业产业链为例，种植环节中的品种、面积和技术模式选择、培育环节中的生产资料投入、存储环节的存储模式选择、存储量确定及销售环节中的渠道和分销量确定等均为优化问题，可以使用运筹规划方法协助生产者决策。

6.2.1　基于水足迹的节水型城郊种植业结构优化研究——以乌鲁木齐市为例

1. 问题背景

水资源量严重短缺是制约我国粮食安全的重要因素。缓解粮食种植所需水量与水资源不足现状之间的矛盾，是保障我国粮食安全和缓解我国水资源短缺压力的"双重"关键因素。种植结构优化研究被认为是能更好解决水资源短缺与作物种植生产之间矛盾的方法。基于此，在水资源量最小目标下对农业种植结构进行优化成为主要的研究方向。

2. 研究步骤

如图 6-10 所示，本书采用 CROPWAT 8.0 软件计算了研究区玉米、水稻、高粱与小麦四种粮食作物多年的蓝水足迹、绿水足迹与灰水足迹。针对丰水期、平水期与枯水期设置差异性的优化目标，分别以蓝水足迹、绿水足迹与灰水足迹为限值条件，对玉米、水稻、小麦与高粱的种植量进行优化。

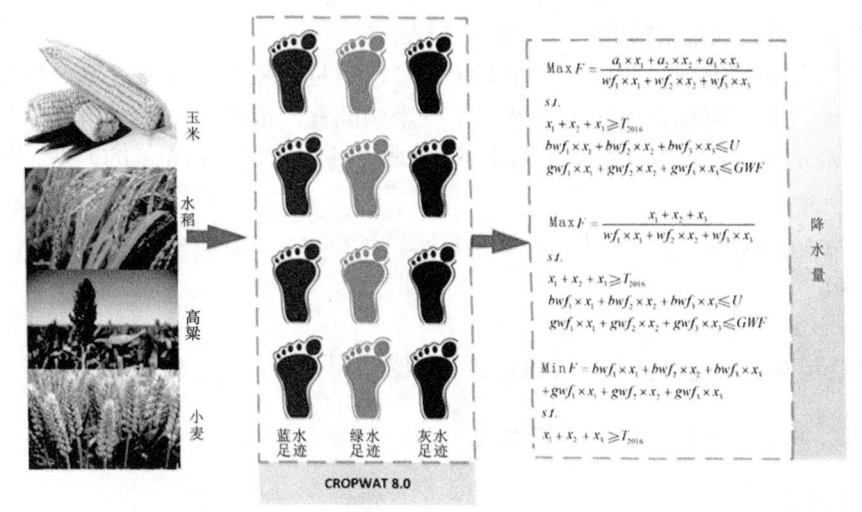

图 6-10 研究步骤

3. 优化模型

在丰水年情况下，需要充分考虑利用水资源获得粮食种植的最大效益，同时保证粮食产量，粮食产量应大于 2016 年基准年的粮食产量，优化模型的公式如下所示。

$$\text{Max } F = \frac{a_1 \times x_1 + a_2 \times x_2 + a_3 \times x_3}{wf_1 \times x_1 + wf_2 \times x_2 + wf_3 \times x_3}$$

s.t

$$x_1 + x_2 + x_3 \geqslant T_{2016}$$

$$\text{bwf}_1 \times x_1 + \text{bwf}_2 \times x_2 + \text{bwf}_3 \times x_3 \leqslant U$$

$$\text{gwf}_1 \times x_1 + \text{gwf}_2 \times x_2 + \text{gwf}_3 \times x_3 \leqslant \text{GWF}$$

式中，F 表示单位水足迹的粮食种植收益（单位：元/m³）；a_1、a_2、a_3 分别表示玉米、水稻、小麦种植的单位收益（单位：元/t）；x_1、x_2、x_3 分别为玉米、水稻、小麦的产量（单位：t）；wf_1、wf_2、wf_3 分别表示在丰水年气象条件下，玉米、水稻、小麦的多年平均生产水足迹（单位：m³/t）；T_{2016} 表示该区域 2016 年粮食的总产量；bwf_1、bwf_2、bwf_3 分别表示玉米、水稻、小麦多年平均单位蓝水足迹（单位：m³/t）；U 表示该区域总的粮食种植耗水量（单位：m³）；gwf_1、gwf_2、gwf_3 分别为玉米、水稻、小麦多年平均单位灰水足迹；GWF 表示丰水年最小的灰水足迹（单位：m³）。

在平水年的情况下，在有限的水资源情况下，保障粮食安全是首要的优化目标，应保障粮食总产量最大，且水足迹最小，优化模型的公式如下所示：

$$\text{Max } F = \frac{x_1 + x_2 + x_3}{\text{wf}_1 \times x_1 + \text{wf}_2 \times x_2 + \text{wf}_3 \times x_3}$$

s.t

$$x_1 + x_2 + x_3 \geqslant T_{2016}$$

$$\text{bwf}_1 \times x_1 + \text{bwf}_2 \times x_2 + \text{bwf}_3 \times x_3 \leqslant U$$

$$\text{gwf}_1 \times x_1 + \text{gwf}_2 \times x_2 + \text{gwf}_3 \times x_3 \leqslant \text{GWF}$$

式中，F 表示单位水足迹粮食产量（单位：t/m^3）。

在枯水年的情况下，水资源利用与水环境污染是保障水生态系统安全的主要控制因素，同时也是保障粮食生产可持续的主要影响因素。因此，在枯水年优化目标应为在保证蓝水足迹与灰水足迹最小的情况下，粮食产量不低于 2016 年的产量，优化模型的公式为

$$\text{Min } F = \text{bwf}_1 \times x_1 + \text{bwf}_2 \times x_2 + \text{bwf}_3 \times x_3 + \text{gwf}_1 \times x_1 + \text{gwf}_2 \times x_2 + \text{gwf}_3 \times x_3$$
s.t.
$$x_1 + x_2 + x_3 \geqslant T_{2016}$$

其中，F 表示蓝水足迹与灰水足迹的总量（单位：m^3）。

6.2.2 冷链物流配送中心的选址问题

1. 问题背景

随着经济发展和人民生活水平的日益提高，人们对生鲜产品的需求量和品质要求也越来越高，冷链物流配送越来越受到重视。目前物流行业向绿色物流转型已是大势所趋，随着城市规模的扩大，交通拥堵情况频繁发生，合理规划冷链物流配送路径，不仅可以降低冷链物流中的配送成本，保证生鲜产品的新鲜度，提高客户的满意度，还可以降低能耗成本和碳排放，促进物流企业的节能减排，实现绿色环保。

2. 问题描述与基本假设

本书考虑城市交通拥堵的冷链物流配送绿色车辆路径问题，可描述为：一个配送中心为多个客户点提供冷链物流配送，综合考虑物流配送成本，找出最优车辆调度和路径规划方案。其中客户点的位置、时间窗、需求量均已知，城市交通拥堵时段和交通拥堵的状况可从交通部门获得，配送成本主要包括车辆管理成本、运输成本、货损成本、制冷成本、客户需求时间窗的惩罚成本，以及在冷链物流运输和制冷过程中的碳排放成本。为便于分析和研究，本书做出如下假设：①考虑单一配送中心，货源充足，并且多辆同质冷藏车；②配送车辆从冷链物流配送中心出发，完成任务后即刻返回配送中心；③客户点的需求量均小于车辆容量，且有服务时间窗要求；④在交通拥堵时段，车辆以拥堵速度行驶，在非交通拥堵时段，车辆以正常速度行驶；⑤假设在配送过程中所用的冷藏车厢内部的温度恒定、适宜；⑥车辆管理费用包括发车费、人力成本、车辆使用成本；⑦每辆车最大载重量固定，而且每个客户点有且仅有一辆车为其服务。

3. 符号和变量定义

$N\{n \mid n = 0, 1, 2, \cdots, N\}$：冷链物流配送网络内所有节点集合，0 为配送中心，$N' = N \setminus \{0\}$ 为客户点集合。

$K\{k \mid k = 1, 2, \cdots, K\}$：配送车辆集合。

d_{ij}：车辆从节点 i 行驶到节点 j 的距离。

Q：车辆最大载重量。

q_i：客户点 i 的需求量。

st_i：客户点 i 的卸货服务时间。

$[\text{ET}_i, \text{LT}_i]$：客户点 i 服务时间窗。

σ_{ik}：车辆 k 提前到达客户点 i 的等待时间。

$H\{h \mid h = 1, 2, \cdots, H\}$：路段划分集合。

ϕ_h：车辆行驶路段 h 开始时间。

v_{ijkh}：车辆 k 在道路 (i,j) 中的路段 h 内的行驶速度。

t_{ijkh}：车辆 k 行驶在道路 (i,j) 中路段 h 消耗的时间。

d_{ijkh}：车辆 k 行驶在道路 (i,j) 中路段 h 的距离，$d_{ijkh} = v_{ijkh} \times t_{ijkh}$。

Rn_{ik}：车辆 k 到达客户点 i 的时间。

Ln_{ik}：车辆 k 离开客户点 i 的时间。

F_{ijkh}：车辆 k 行驶在道路 (i,j) 中的路段 h 内的油耗率（单位：L/km）。

cy_{ijkh}：车辆 k 行驶在道路 (i,j) 中的路段 h 内的碳排放率（单位：kg/km）。

p：运输生鲜产品的单价。

θ_1：配送产品时单位时间内的货损比例。

θ_2：装卸时单位时间内产生的货损比例。

θ_3：配送过程中单位时间内的制冷成本。

θ_4：装卸时单位时间内产生的制冷成本。

g_k：车辆 k 的固定发车费用。

μ：车辆使用的单位时间成本。

φ：车辆使用的人力单位成本。

gf：单位油耗费用（单位：元/L）。

cf：单位碳排放费用（单位：元/kg）。

x_{ijk}：0-1 变量，当车辆 k 在道路 (i,j) 行驶时为 1，否则为 0。

y_{jk}：0-1 变量，当车辆 k 为客户点 j 服务时为 1，否则为 0。

z_{ijkh}：0-1 变量，当车辆 k 行驶在道路 (i,j) 中的路段 h 时为 1，否则为 0。

η_k：0-1 变量，当车辆 k 使用时为 1，否则为 0。

4. 模型构建

$$\min Z = C_1 + C_2 + C_3 + C_4 + C_5 + C_6 \tag{6-10}$$

$$\text{s.t.} \sum_{k \in K} y_{ik} = 1, \quad \forall j \in N' \tag{6-11}$$

$$\sum_{k \in K} x_{ijk} = 1, \quad \forall (i, j) \in N \tag{6-12}$$

$$x_{ijk} \geqslant z_{ijkh}, \quad \forall (i, j) \in N, h \in H \tag{6-13}$$

$$x_{ijk} \leqslant \sum_{h \in H} z_{ijkh}, \quad \forall (i, j) \in N, k \in K \tag{6-14}$$

$$\sum_{j \in N} x_{0jk} \leqslant 1, \quad \forall k \in K \tag{6-15}$$

$$d_{ijkh} \leqslant d_{ij}z_{ijkh}, \quad \forall (i,j) \in N, k \in K, h \in H \quad (6\text{-}16)$$

$$\mathrm{Ln}_{ik} \leqslant \mathrm{LT}_i, \quad \forall i \in N' \quad (6\text{-}17)$$

$$\mathrm{Rn}_{ik} + \sigma_i \leqslant \mathrm{ET}_i, \quad \forall i \in N' \quad (6\text{-}18)$$

$$\sum_{j \in N'} q_j y_{jk} \leqslant Q, \quad \forall k \in K \quad (6\text{-}19)$$

目标函数（6-10）表示冷链物流运输包含碳排放在内总的综合成本。约束包括：式（6-11），每个客户点只能由一辆车服务且所有的客户点都得到服务；式（6-12），选择的道路只允许一辆车行驶；式（6-13），变量 x_{ijk} 和 z_{ijkh} 间限制关系；式（6-14），每辆车辆只能使用一次；式（6-15），变量 d_{ijkh} 和 d_{ij} 限制关系；式（6-16），只要道路被选择，就要行驶完整条道路；式（6-17），时间窗约束；式（6-18），汽车容量约束；式（6-19），变量取值约束。

6.3 数字农业相关运筹优化

数字农业是将遥感、地理信息系统、全球导航卫星系统、计算机技术、通信和网络技术、自动化技术等高新技术与地理学、农学、生态学、植物生理学、土壤学等基础学科有机地结合起来的新业态。在决策体系构建方面，可以通过云计算、大数据、智能分析等技术，进行协同办公，应用智能计算分析，从海量数据中归纳数字模型，将数据作为决策的基础，根据相关专家对形势的研判，对农业生产销售进行实时有效的指导，帮助政府部门、涉农企业、新型经营主体及个体农户做出正确的决策。在种养体系构建方面，通过物联网、人工智能、网络通信、视频传输等技术，将农业生产的基本要素与农作物栽培管理、畜禽饲养、施肥、植保、检疫及农民教育培训相结合，提升农业生产环节智能化程度，减少劳动力和生产投入（如农药、化肥、饲料等），改善生态环境，高效利用各类农业资源，获得良好的经济效益。在数字保障体系构建方面，通过大数据、智能分析、移动互联、分析预警等技术手段，建设用地等级、种质资源、投入品监管、安全生产、质量安全追溯、农业执法等管理系统，实现政府部门对农业的及时有效监管，确保数字农业体系的安全高效运行，维护市场秩序，保证产品质量，保障农民长远利益。

6.3.1 基于遗传算法的土壤墒情传感器优化布局策略

1. 问题背景

节水灌溉系统用于解决中国各地大面积旱地农场的水资源贫乏问题，其中大量土壤墒情数据（如空气湿度、温度、土壤湿度、温度、盐度、磷度等）需要通过分布于农场内的传感器收集。传感器是否被有效地布置，对灌溉系统的决策，以及系统的建设成本都有重要影响。本书基于遗传算法，研究了节水灌溉系统的传感器布局问题。

本书研究网络覆盖最差的状况下（通信半径等于传感半径）的传感器网络覆盖问题，用于优化传感器布局，节约成本，降低系统能量损耗，提高信号数据特征提取的准确性和完备性，提高传感器使用效率。不失一般性，本书使用传感器使用成本作为优化的目标函数。只需修改相关参数和目标函数就可以用于优化系统能量损耗和信号数据特征提取的准确性和完备性等情况。本书在已有遗传算法研究的基础上，引入加权圆集布局理论和人机交互技术，结合专家知识设定或修改相关初始参数，设置必要终止点及循环代数以引导搜索过程获得最优解。

2. 问题分析及数学模型

本书提出一种人机交互的基于专家知识的全局优化遗传算法（man-machine global optimization genetic algorithms with expert knowledge，MGOGA）来搜索最优的传感器布局方案。每个 A 类墒情传感器覆盖面积为 S_A，B 类墒情传感器覆盖面积为 S_B。本书假设农场土壤质地对传感器的传感范围影响可忽略，即每个工作中的传感器 A_i 或传感器 B_i 具有稳定的传感半径（R_i），同时忽略其他因素对传感器性能造成的影响，如距离等。

在总面积为 S 的土地上，至少需要 S/S_A 个 A 类传感器，由于将传感器范围模拟为半径固定的圆（简称传感圆），当布置了多于 S/S_A 个 A 类墒情传感器后必然存在重叠区域。本书提出的 MGOGA 则是要在满足覆盖精度 Δ 的条件下使所需使用的传感器总成本 $C=\sum(C_{Ai}+C_{Bi})$ 最小。令初始策略中所布置墒情传感器的总数为 n，优化后所需传感器总数为 m。边缘覆盖精度 Δ_e 定义为最靠近矩形土地边缘的传感圆边缘到土地植被所至土地边缘的最远距离；中间覆盖精度 Δ_c 定义为两传感器传感区域中心间距的最大值。则本书优化问题的数学模型如下所示。

$$\min C = \sum_{i=1}^{N} N_i \times C_i$$

s.t. $n \leqslant s$

$\Delta_k \leqslant \Delta \qquad (1,2,\cdots,M)$

$L_{ij}-(R_i+R_j) \leqslant \Delta(i,j=1,2,\cdots,N-M)$

$0 < \text{CompareArea} < D$

其中，Δk 表示边缘第 k 个传感器离其所在方向土地边缘的最大距离；M 表示分布于边缘的总的传感器的个数；L_{ij} 表示除了分布于边缘的传感器外，还表示中间第 i 个传感器到第 j 个传感器传感圆圆心的距离；R_i 表示第 i 个传感器对应的传感半径，R_j 表示第 j 个传感器对应的传感半径，R_i 和 R_j 的值分别为 R_1 或 R_2。适应度函数和数学模型不同，这种带有约束目标的优化问题，其适应度函数要采用加权函数或罚函数法，把约束函数和目标函数转换为适应度函数。

6.3.2 多植保无人机协同路径规划方法

1. 问题背景

植保无人机在实际作业过程中，若作业区域面积较大，则单次植保作业无法满足作业要求，需要中途多次返航至补给点进行药剂装填或电池更换等补给作业。这就要求对无人机的作业路线进行合理规划，从而达到提高作业效率的目的。随着中国城镇化率的进一步提高，转变农业发展方式，支撑现代农业发展，增强农业综合生产能力，发展高作业效率的农机装备是大势所趋。若仅采用 1 架植保无人机进行作业，则作业总时间较长，效率有限。针对这种情况，本书基于改进粒子群算法，提出了一种多植保无人机协同路径规划解决方案，采用多架无人机协同作业，提高劳动效率。

2. 多植保无人机作业

设作业区域为一矩形，以采用 4 架无人机进行作业为例。为适应植保无人机自动化作业，提高作业效率、减少成本，因而只设置 1 个补给点。将作业区域等面积划分为 4 块矩形，对应 4 架植保无人机分别进行作业，从左至右依次将无人机编为 UAV-1 ~ UAV-4 号，如图 6-11 所示。为便于各植保无人机进行返航补给，将补给点设置于作业区域宽边中点沿长边方向向外距离为 l 处。为避免无人机返航途中发生碰撞，处于两边作业的无人机返航时的飞行高度应大于处于中间作业的无人机植保施药作业时的飞行高度和返航时的飞行高度。返航时的飞行高度大于或等于植保作业高度，取两边作业的无人机与中间作业的无人机之间的返航高度差为 h。为确保植保无人机协同作业时的航行安全，无人机飞行时应满足安全空间间距的要求，取各无人机之间的最小水平安全空间间距为 D_s。

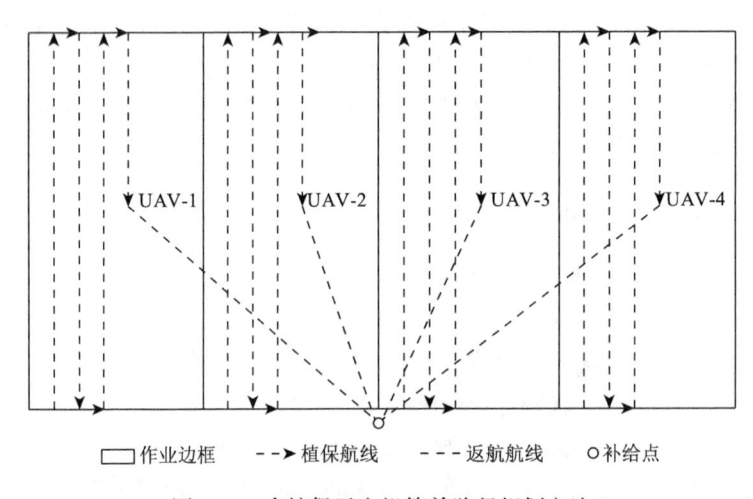

图 6-11 多植保无人机简单路径规划方法

3. 协同路径规划建模

在植保作业过程中，由于补给点需要为 M 架无人机进行补给，为减少电池更换次数，应尽量减少每架无人机的补给次数。作业区域面积固定导致植保作业时间一定，为提高效率，应尽量降低无人机返航补给的时间消耗，同时应尽量使整个植保作业时间最短。补给时间间隔为上一架次无人机结束补给至下一架次无人机开始补给之间的时长。为降低作业时间偏差给整个作业过程带来的影响，应使作业过程中的最小补给时间间隔尽量大。考虑到以上因素，构建包含以上各要素的目标函数，表示为

$$\min G = w_1 z_1 \sum_{i=1}^{M} C_i + w_2 z_2 \sum_{i=1}^{M} L_i + w_3 z_3 T + w_4 t_{\min}$$

其中，C_i 表示 i 号无人机的补给总次数；L_i 表示 i 号无人机的返航补给总时间，即 i 号无人机各架次返航往返飞行时间和补给时间之和（不包括刚开始作业时无人机飞行至作业

区域的时间,以及所对应作业区域全部作业完毕后的返航时间); T 表示总耗时,即从第一架无人机起航作业到最后一架无人机完成对应作业区域植保作业的时长; $t_{\min}$ 表示作业过程中的最小补给时间间隔; w_1、w_2、w_3、w_4 表示权重因子,分别用于表征补给总次数、返航补给总时间、总耗时和最小补给时间间隔 4 项因素的重要程度,取 w_1、w_2、w_3、w_4 之和为 1,其具体数值根据实际需要确定; z_1、z_2、z_3 为补给总次数、返航补给总时间和总耗时的比例缩放因子,目的是使补给总次数、返航补给总时间、总耗时和最小补给时间间隔数值保持在同一量级。

各架次无人机返航飞行时间为

$$f_{ij} = \frac{2|p_{ij}, p_0|}{v_{\max}} + t_i, \quad i=1,2,\cdots,M; j=1,2,\cdots$$

其中, f_{ij} 表示 i 号无人机进行第 j 次补给时的返航飞行时间; p_{ij} 表示 i 号无人机进行第 j 次补给时的返航点位置坐标,其具体数值与无人机每次植保作业距离存在对应关系,可通过计算求出; p_0 表示补给点位置坐标; $v_{\max}$ 表示非植保作业状态下的最大飞行速度; t_i 表示 i 号无人机每次返航过程中在返航初始和结束阶段的额外时间消耗。补给过程包括药剂装填和电池更换,单次补给需要的总时间为 t_r。多架无人机在协同作业时,补给点在同一时刻只能满足一架无人机的补给需求,因而同一时刻仅允许一架无人机处于补给状态。为确保补给时间间隔分布,开始作业时各植保无人机依次延时起航,延时时间为 t_d。处于两边作业的无人机距补给点相对较远,应先起航进行作业,位于中间作业的无人机后起航作业。初始起航点位于补给点附近。

设各架无人机补给时间中点时刻按时间先后顺序构成向量 $\alpha = [\alpha_1, \alpha_2, \cdots, \alpha_k]$。为确保各架无人机补给时间间隔分布,应满足

$$a_{i+1} - a_i \geq t_r + t_s \quad 1 \leq i \leq k-1$$

其中, t_s 表示安全间隔时间,目的是避免各无人机飞行时间误差导致补给时间发生冲突,并确保无人机飞行时满足最小空间间距。

6.4 数字农业运筹优化研究的现状、趋势与挑战

6.4.1 研究与应用现状

从发展现状来看,大数据、分析和机械正变得更具主动性和智能性,我们所知的农业世界正在发生深刻变革。技术创新正处在促进农业部门生产力的快速轨道上,为每年增加 8000 多万人口的全球人口提供支持。表层土壤继续以惊人的速度侵蚀,不可预测的天气状况经常给农民带来挑战,要求他们做出细致的实时反应。为了实时监测、应对上述挑战,满足人们对食品质量的期望和需求,必须加快数字化、用户友好型技术的创新和发展。数字技术和运筹优化被用于优化食品系统的关键环节,以提高生产力和盈利能力,同时减少对环境的负面影响。几乎所有生产阶段,从作物基因提炼到运输物流管理,都有可能在不久的将来进行数字化集成。这一数字农业革命将为农民提供新的手段和方法,以进一步优化资源管理,提高作物质量和数量,并在气候变化中保持生产力。

从奶牛场的挤奶机器人到全自动气候控制的温室，整合数字农业系统和运用运筹优化技术的机会比比皆是。例如，在实地作业中，地面和作物一级的大量传感器可以提供关于土壤健康、可用水量、作物肥力需求以及病虫害压力的实时信息，而卫星和无人机则从上空监测天气变化、田间状况和作物健康状况。这些不断涌入的数据需要运筹优化技术进行分析，并通过集成软件将其打包成可用的信息，实时传送到农民的手机上，为农民下一步做什么提供精确的指导。需要采取哪些具体行动来优化作物生长？虫害水平是否达到了会对作物产量或质量产生不利影响的临界值？智能农业机械配备实时运动和全球导航卫星系统（global navigation satellite system，GNSS）及其他传感器配合运筹优化模型与算法，将帮助农民应对新兴需求和机会——在正确的时间、正确的地点以毫米精度播种，只在需要的时间和区域施用养分和杀虫剂。专门的软件帮助跟踪如播种、浇水和养分施用等任务，并关联特定活动及其对作物发育和产量的影响之间的关系。在收获的季节，传感器网络将实时跟踪作物产量和质量水平，如水分或养分含量，并参照准确的田间位置。RFID 将使追踪到任何杂货店出售的一棵莴苣生长的农场和田地成为可能。

从研究历史来看，发达国家关于数字农业运筹优化的研究较早，尤其是美国、德国等发达国家在数字农业运筹优化研究方面处于领先地位，形成了较为科学的理论和技术体系。早在 20 世纪 80 年代，雨鸟、摩托罗拉等公司合作开发了智能中央计算机灌溉控制系统，将计算机应用于温室控制和管理。这算是运筹优化通过计算机设备在数字农业领域的初步应用。此时的优化研究及应用具有自动化及智能化程度低、功能较为单一的特点。20 世纪 90 年代开发的温室计算机控制与管理系统可以根据温室作物的特点和要求，对光照、温度、水、气、肥等诸多因子进行自动调控，还可以利用温差管理技术实现对花卉、果蔬等产品的开花和成熟期进行控制。新一代的温室与计算机控制与管理系统背后的优化模型已经非常复杂，系统的自动化和智能化、功能的全面化得到了明显的提升。德国农业生产领域大多数操作通过计算机完成，辅助决策系统为农民提供多种咨询服务，如小麦品种选择模型可以提供小麦品种的水肥条件、品种特性、产量品质、抗病虫害能力信息，帮助农民选择适宜的小麦品种。

国内数字农业起步较晚，但发展较快，主要在农业模型与专家系统和智能装备与自动控制两方面展开。农业模型包括农业生物模型、环境模型、技术模型和经济管理模型。我国的研究人员建立了数字化玉米生长模型、小麦生育期模拟模型、作物精准施肥模型等模型。目前关于农业生物模型的研究较多，尤其是农业植物模型，而关于动物模型的研究较少。经济管理模型相关研究较少，尤其是以经济效益为目标的生产、存储与销售研究少之又少。近年来，我国装备在数字化、智能监控设计与制造上取得了显著进展，总体水平接近国际先进水平。如研制的大型精准喷药设备、变量配肥施肥设备和基于卫星定位的农业机械导航系统等装备在新疆、黑龙江等地开展实际应用，并取得了较好的效果。除机械自动控制外，我国在温室自动控制技术方面也取得了重要进展，完成从引进吸收、简单应用阶段到自主创新、综合应用阶段的过渡。如中国农业科学院农业气象研究所和蔬菜花卉研究所联合研制了基于 Windows 操作系统的温室控制与管理系统；中国农业大学研制了"WJG-1"型分布式温室环境监控计算机管理系统；植物工厂环境调控技术也处于国际先进水平。

6.4.2 发展趋势

数字农业运筹优化与最优化方法、信息化技术、农业智能装备、农业服务模式等密切相关。伴随着各领域的迅速发展，数字农业运筹优化的发展有以下几个趋势。

（1）研究对象更加丰富。之前的相关研究对象集中在植物或者技术本身，以后的研究中动物、农牧装备、土地甚至农户本身都可以作为运筹优化的对象。

（2）研究内容更加细化。互联网、硬件与装备、3S 技术、物联网以及云计算等先进数字技术与农业和农业运营管理的有机结合，拓宽了数字农业运筹优化的广度和深度。

（3）优化功能更加全面。互联网实现了人与人的交流。物联网通过传感器和射频技术实现了人与物、物与物之间的交流。当人与人、物与物、人与物之间的交流变得通畅时，也就实现了农业管理者与农作物本身、农作物生长环境、农产品市场信息和农产品需求者之间的信息互通，运筹优化的优化环节就可以更加复杂多样。

（4）与数字技术更加融合。运筹优化模型与大数据、智能算法的融合可以为农业生产决策者了解市场状况、预测未来市场需求，进而从源头方面消弭农业周期性问题。在生产环节，卫星遥感、地面传感等物联网技术与优化模型结合应用，进一步使得数字孪生世界中的"农作物生长模型""气象监控模型"等更为准确和精细，进而实现资源的更为高效利用与生产风险更为有效的预知。

（5）市场化倾向更加凸显。传统农业下的运筹优化多以农产品本身的生长状态为优化目标。但是，农产品生产的最终目的是市场导向的。农业标准化、市场化的快速发展，加之物联网、区块链以及云计算技术的广泛应用，以农产品的销售收益最大化或生产成本最小化为优化目标是未来的发展趋势之一。

6.4.3 主要挑战

数字农业蓬勃发展，与之对应的，数字农业运筹优化的研究进展也进入了快车道。但是，作为新的研究方向或者领域，数字农业运筹优化也面临着诸多挑战。

（1）数据驱动的实时优化难题。数字农业下管理者或者信息中心可以通过物联网等技术获得大量的实时数据，如何对数据进行实时计算，使数据产出具有低延迟、高吞吐和复用性的特点是未来数字农业运筹优化的难题。

（2）多学科知识交叉的高要求。数字农业运筹优化以广义上的农产品或者经营农产品的主体为研究对象，因此需要多学科知识的交叉融合。例如，农产品物流系统建模与仿真方面的研究就需要对农产品的保质期或成熟度进行预测，实现管理科学、农业科学和食品科学的知识交叉。

（3）数字农业供应链的复杂性。传统农业下，农业生产与经营的各环节相对脱节。但是，在信息化、智能化特征下的数字农业将各环节紧密地整合起来。例如，一些科技企业已经实现了农业的全产业链的经营与管理，对数字农业运筹优化提出了更高的要求。

（4）标准化生产的困境。农业标准化是促进科技成果转化为生产力的有效途径，是提升农产品质量安全水平、增强农产品市场竞争能力的重要保证，是提高经济效益、增加农民收入和实现农业现代化的基本前提。数字农业运筹优化需要众多标准参数，但是中国的农业标准化进程任重道远。

【案例分析】

基于无人机与卡车联合运输下的冷链物流网络优化

1. 研究背景

近年来，无人机植保技术凭借其作业效率高、成本低等特点，发展极为迅速，国内植保无人机保有量及作业面积逐年大幅增长。但是，农机社会化组织服务能力弱，农机主管部门对植保飞防队缺乏有效调度手段，限制了无人机植保技术的进一步推广。鉴于病虫害防治的强时效性以及有限的无人机资源，建立高效的智能调度模式对于提高病虫害防治效率、降低作业成本具有重要意义。

为适应订单式、托管式、统防统治等农田作业模式，植保飞防队的作业调度需要解决多个作业订单的作业排序、作业时间安排、飞防队作业路径规划等问题。飞防队调度问题的关键在于无人机资源与订单信息的协同整合，生成最优的作业方案。在病虫害防治作业季，农户需预先向农机服务公司或合作社提交订单信息，通常包括作业时间窗、作业面积信息、作业价格、作业位置、农田病虫害侵染情况；调度中心通过管理端，对植保无人机位置信息、种类、作业效率等信息进行汇总；农机服务公司或合作社根据汇总的订单信息，参照历史调度经验和策略制订出调配方案，并组织飞防队按调配方案的转移路径和时间实施作业。飞防队作业调度问题属于多目标优化问题，在满足作业质量情况下，植保服务收益是各经营主体优先考虑的目标，同时更短时间完成所有订单，可以降低病虫害造成的作物产量和品质损失。因此，本案例的调度目标为在满足各项约束的情况下总收益最大、作业总时长最小。

2. 模型假设

结合农业生产需求以及复杂的农田环境，本案例研究基于以下假设：①在作业过程中，作业质量不随调度方案发生变化。②一个飞防队拥有一台植保无人机，若干工作人员，由车辆运载转移。③无人机作业效率恒定且作业过程中无故障。④飞防队每日可工作时长固定，开展防治作业和田间转移，其余时间为非作业时间。⑤一个飞防队可响应多个订单，一个订单也可由多个飞防队完成，多个飞防队协同作业时，到达目标农田的时间可不同，当全部作业完成后可同时离开。⑥单个飞防队的转移路径以初始合作社位置为起点，以最后完成的订单位置为终点。⑦飞防队在订单时间窗前到达目标农田，需等待至作业订单时间窗下限方能开始作业，作业结束时间不得超过订单时间窗上限。

1）目标函数

（1）作业总收益最大化。

$$\max F = \sum_{j=1}^{n}(C_s - C_\omega)A_j - c_d \sum_{i=1}^{m}\sum_{j=1}^{n} x_{ij} \max(T_{sj} - t_{aij}, 0)$$

$$- c_t \sum_{i=1}^{m} \sum_{g,h \in V_p} P_{i(g,h)} d_{gh}$$

其中，F表示所有农机作业的总收益，单位为元。

农机作业的总收益等于作业的总收入减去总成本。作业总成本包括无人机使用成本、飞防队等待时间成本以及飞防队转移成本。其中，无人机使用总成本等于单位面积的使用成本与总作业面积的乘积，等待时间总成本等于单位等待时间成本与所有飞防队各任务总等待时长的乘积，转移成本等于所有飞防队转移总路程与单位路程转移成本的乘积。其中等待时间成本及转移成本为调度相关成本，合理的调度方案可降低成本。

（2）作业总时长最小化。

$$\min T = \max t_{eij} - \min t_{sij} - T_r$$

其中，T 表示作业总时长，单位为 h。

作业总时长为最早一个订单的实际开始作业时间与最后一个订单的实际完成作业时间之间的时长，减去整个作业进程中总的非作业时间。

2）约束条件

通过对无人机飞防队调度过程的分析，确定主要约束条件为

$$\sum_{i=1}^{m} x_{ij} \geqslant 1 \quad (\forall o_j \in O) \tag{6-20}$$

$$t_{aih} = t_{eig} + \frac{d_{gh}}{v} \tag{6-21}$$

$$y_{eih} = t_{sih} + \frac{A_{wih}}{\omega} \tag{6-22}$$

$$t_{sij} < t_{eij} \leqslant T_{ej} \tag{6-23}$$

$$\sum_{i=1}^{m} \sum_{g \in V_p} p_{i(g,h)} = \sum_{i=1}^{m} \sum_{g \in V_p} p_{i(g,h)} \quad (\forall h \in V_f) \tag{6-24}$$

式（6-20）表示所有订单均有飞防队进行服务；式（6-21）和式（6-22）为订单作业时间的相关约束，式（6-21）表示飞防队 i 经作业点 g 到达点 h 的时间等于离开点 g 的时间加上路程转移时间，式（6-22）表示飞防队 i 在点 h 的实际完成作业时间等于飞防队 i 在点 h 的实际开始作业时间加上在点 h 作业的时间；式（6-23）表示订单的硬时间窗约束，订单的实际完成时间不得晚于订单时间窗要求；式（6-24）表示进入农田的飞防队和离开农田的飞防队数目相等。

3. 算法设计

飞防队作业调度算法应能为各农田订单分配合适的飞防队，同时为飞防队规划合理的转移路线，该调度方案需同时满足总收益最大、作业总时长最小两个优化目标，因此飞防队作业调度问题属于多目标优化问题。大多数情况下多目标优化问题不存在同时满足所有目标最优的解，各优化目标之间会相互冲突，只能协调各优化目标，最优解并不唯一，而是 Pareto（帕累托）解集，需由决策者进行均衡。针对此类复杂的优化问题，传统的方法如线性加权法、约束法等往往将多目标转化为单目标进行处理，但目标权重难以确定。目前用于求解多目标优化问题 Pareto 解集的算法有：遗传算法、禁忌搜索算法、粒子群算法、蚁群算法等。其中 Deb（德布）提出的带精英策略的非支配性排序的遗传算法（non-dominated sorting genetic algorithm-II，NSGA-II）因具有良好的分布性和较快的收敛速度，被广泛应用于各类优化问题分析。本案例考虑病虫害防治需求及算

法求解效率，设计了考虑病虫害程度的作业排序算法和基于NSGA-Ⅱ的作业路径规划算法，分两步对飞防队作业调度模型进行求解。

病虫害防治具有强时效性，本案例所设计的目标函数以及约束也与各订单的作业顺序紧密相关。在调度时，按照一定的优先级规则对订单进行排序，然后按次序进行调度作业，这样可获得较好的优化目标函数值，且更适应病虫害防治的实际需要。

（1）病虫害侵染状况。现有研究较少涉及病虫害防治的适时性损失，较难将病虫害的爆发风险或经济损失引入调度模型，但经验表明对病虫害严重的订单优先作业，可有效降低病虫害扩散风险及经济损失。因此，本案例将病虫害侵染状况作为订单作业排序的关键因素。农户在提交订单时，可按照常规观测方法，将作业订单的病虫害等级设置为重度、中度和轻度三个等级。

（2）时间窗。农户可根据以往病虫害暴发规律、当年气候情况、病虫害扩散趋势和速度等，设置订单作业时间窗。在订单优先级排序时，订单要求的计划开始作业时间越早，时间窗长度越短，订单的优先级越高。

（3）作业面积。农业病虫害具有扩散性，对连片面积较大的订单优先作业，可以获得良好的防治效果，也更能发挥无人机高效作业的优势。因此，农户订单作业面积越大，订单优先级越高。

第 7 章 数字农业网络经济

网络经济是指建立在互联网上的生产、分配、交换和消费的经济关系,具有高渗透性、边际效益递增性、自我膨胀性和外部经济性等特征。物联网是新一代互联网,把传统以计算机和手机为连接主体的互联网扩展到以万物为连接主体,因此,物联网环境下的网络经济会给这个世界带来更大的变革。随着传感器价格的降低和新型传感器系统的应用,农业物联网势必形成,进而会引爆农业领域的网络经济,因此,网络经济及相关理论是数字农业运营管理的重要支撑理论。除此之外,由于农业具有周期性、季节性、边际收益递减等特点,因此了解农业经济概况有助于我们更好地理解数字农业网络经济。

随着农业物联网基础设施的形成和农业经营主体参与意愿的提升,数字农业势必会得到长足发展,这将会导致农业在生产、分配、交换、消费环节中产生新的特点,具体表现在规模化、机械化、标准化、信息化、市场化方面。在此过程中农业物联网电商平台会出现,新型的农业融资关系、新型的农业生产服务关系、新型的农产品交易关系等也会随之而来,经过数字农业发展实践的检验与论证,最终会形成数字农业网络经济相关理论与方法。

本章前两节将讲解网络经济与农业经济相关概念。7.3 节和 7.4 节将分别介绍互联网和物联网环境下农业网络经济的发展与应用,重点介绍网络经济在农产品电商与农业金融两方面的模式与特点。

7.1 网络经济

网络经济,一种建立在计算机网络(特别是 Internet)基础之上,以现代信息技术为核心的新的经济形态。它不仅是指以计算机为核心的信息技术产业的兴起和快速发展,也包括以现代计算机技术为基础的整个高新技术产业的崛起和迅猛发展,更包括由于高新技术的推广和运用所引起的传统产业、传统经济部门的深刻的革命性变化和飞跃性发展。

因此,不能把网络经济理解为一种独立于传统经济之外、与传统经济完全对立的纯粹的"虚拟"经济,经济的虚拟性源于网络的虚拟性。它实际上是一种在传统经济基础上产生的、经过以计算机为核心的现代信息技术提升的高级经济发展形态。

7.1.1 网络经济的内涵

我国学者杨冰之认为,网络经济分为广义与狭义两种,狭义的网络经济就是基于互联网、以电子商务为主体的经济形式;广义的网络经济就是由信息技术,特别是网络技术所引发的技术、经济和社会变革而形成的新的经济形态,它是新经济的主力。

中国信息协会副会长乌家培认为,网络经济是信息经济的一个别称或特称。数字经济、比特经济、知识经济、智能经济、后工业经济、新经济等都是对信息社会经济的不同称谓。这些称谓都是从某一个特定方面来反映这一经济的特征。网络经济就是基于网络尤其是因特网所产生的经济活动的总和。网络化极大地加快了经济的市场化和全球化进程,它有利于发展中国家通过逐步开放和适度监管来利用世界上成熟的科技成果、有用的信息和知识资源,促进经济增长。

对于网络经济,可以从不同的层面去认识它。从经济形态这一最高层面看,网络经济就是有别于游牧经济、农业经济、工业经济的信息经济或知识经济。由于所说的网络是数字网络,所以它又是数字经济。这种经济形态中,信息网络尤其是智能化信息网络将成为极其重要的生产工具,是一种全新的生产力。

从产业发展的中观层面看,网络经济就是与电子商务紧密相连的网络产业,既包括网络贸易、网络银行、网络企业以及其他商务性网络活动,又包括网络基础设施、网络设备和产品以及各种网络服务的生产和提供等经济活动。这就是目前信息产业界人士所说的互联网经济,它可以细分为互联网的基础层、应用层、服务层、商务层。电子商务是互联网经济的一个重要内容。

从企业营销、居民消费或投资的微观层面看,网络经济则是一个网络大市场或大型的虚拟市场,其交易额几乎每一百天增加一倍。

网络经济的上述三个层面是相互联系的。随着网络市场的扩大和网络产业的发展,网络经济也将必然逐步表现为全新的经济形态。

7.1.2 网络经济的基本特征

网络经济是指建立在计算机网络基础上的生产、分配、交换和消费的经济关系。与传统经济相比,网络经济具有以下显著的特征:快捷性、高渗透性、边际效益递增性、自我膨胀性、外部经济性、可持续性和直接性。

1. 快捷性

消除时空差距是互联网使世界发生的根本性变化之一。首先,互联网突破了传统的国家、地区界限,被网络连为一体,使整个世界紧密联系起来,把地球变成一个"村落"。在网络上,不分种族、民族、国家、职业和社会地位,人们可以自由地交流、漫游,以此来沟通信息,人们对空间的依附性大大减小。其次,信息突破了时间的约束,使人们的信息传输、经济往来可以在更小的时间跨度上进行。网络经济可以 24 h 不间断运行,经济活动更少受到时间因素制约。再次,网络经济是一种速度型经济。现代信息网络可用光速传输信息,网络经济以接近于实时的速度收集、处理和应用信息,节奏大大加快了。如果说20世纪80年代是注重质量的年代，90年代是注重再设计的年代，那么，21世纪的前10年就是注重速度的时代。因此，网络经济的发展趋势应是对市场变化发展高度灵敏的"即时经济"或"实时运作经济"。最后，网络经济从本质上讲是一种全球化经济。信息网络把整个世界变成了"地球村"，使地理距离变得无关紧要，基于网络的经济活动对空间因素的制约降到最低限度，使整个经济的全球化进程大大加快，世界各国的相互依存性空前加强。

2. 高渗透性

迅速发展的信息技术、网络技术，具有极高的渗透性功能，使得信息服务业迅速地向第一、第二产业扩张，使三大产业之间的界限模糊，出现了第一、第二和第三产业相互融合的趋势。三大产业分类法也受到了挑战。为此，学术界提出了"第四产业"的概念，用以涵盖广义的信息产业；美国著名经济学家马克·波拉特在1977年出版的《信息经济：定义和测量》中，第一次采用四分法把产业部门分为农业、工业、服务业、信息业，并把信息业按其产品或服务是否在市场上直接出售，划分为第一信息部门和第二信息部门。第一信息部门包含现在市场中生产和销售信息机械或信息服务的全部产业，如计算机制造、电子通信、印刷、大众传播、广告宣传、会计、教育等。第二信息部门包括公共、官方机构的大部分和私人企业中的管理部门。除此之外，非信息部门的企业在内部生产并由内部消费的各种信息服务，也属于第二信息部门。从以上产业分类可以看出，作为网络经济的重要组成部分——信息产业已经广泛渗透到了传统产业中。对于如商业、银行业、传媒业、制造业等传统产业来说，迅速利用信息技术、网络技术实现产业内部的升级改造，以迎接网络经济带来的机遇和挑战，是一种必然选择。

不仅如此，信息技术的高渗透性还催生了一些新兴的"边缘产业"，如光学电子产业、医疗电子器械产业、航空电子产业、汽车电子产业等。以汽车电子产业为例，汽车电子装置在20世纪60年代出现，70年代中后期发展速度明显加快，80年代已经形成了统称汽车电子化的高技术产业。可以说，在网络信息技术的推动下，产业间的相互结合和发展新产业的速度大大提高。

3. 边际效益递增性

边际效益随着生产规模的扩大会显现出不同的增减趋势。在工业社会物质产品生产过程中，边际效益递减是普遍规律，因为传统的生产要素——土地、资本、劳动都具有边际成本递增和边际效益递减的特征。与此相反，网络经济却呈现出明显的边际效益递增性。具体表现在网络经济边际成本递减和网络经济具有累积增值性。

（1）网络经济边际成本递减。信息网络成本主要由三部分构成：一是网络建设成本，二是信息传递成本，三是信息的收集、处理和制作成本。由于信息网络可以长期使用，并且其建设费用与信息传递成本及入网人数无关，所以前两部分的边际成本为零，平均成本都有明显递减趋势。只有第三种成本与入网人数相关，即入网人数越多，所需收集、处理、制作的信息也就越多，这部分成本就会随之增大，但其平均成本和边际成本都呈下降趋势。因此，信息网络的平均成本随着入网人数的增加而明显递减，其边际成本则随之缓慢递减，但网络的收益却随入网人数的增加而同比例增加；网络规模越大，总收益和边际收益就越大。

（2）网络经济具有累积增值性。在网络经济中，对信息进行投资不仅可以获得一般的投资报酬，还可以获得信息累积的增值报酬。这是由于一方面信息网络能够发挥特殊功能，把零散而无序的大量资料、数据、信息按照使用者的要求进行加工、处理、分析、综合，从而形成有序的、高质量的信息资源，为经济决策提供科学依据。同时，信息使用具有传递效应。信息的使用会带来不断增加的报酬。举例来说，一条技术信息能以任意的规模在生产中加以运用。这就是说，在信息成本几乎没有增加的情况下，信息使用规模的不断扩大可以带来不断增加的收益。这种传递效应也使网络经济呈现边际收益递增的趋势。

4. 自我膨胀性

网络经济的自我膨胀性突出表现在以下四大定律上。

（1）摩尔定律（Moore's law）。这一定律是以英特尔公司创始人之一的戈登·摩尔命名的。1965 年，摩尔预测到单片硅芯片的运算处理能力，即每 18 个月就会翻一番。尽管这种趋势持续了超过半个世纪，但目前，受物理效应、功耗和经济效益等因素的影响，摩尔定律这样的线性预测已不适应当前集成电路工艺的发展。

（2）梅特卡夫法则（Metcalfe's law）。按照此法则，网络经济的价值等于网络节点数的平方，这说明网络产生和带来的效益将随着网络用户的增加而呈指数形式增长。互联网世界统计（Internet World Stats，IWS）数据显示，2011~2020 年，全球互联网用户数量持续高速增长，截至 2020 年 5 月 31 日，全球互联网用户数量达到 46.48 亿人，占世界人口的比重达到 59.6%。这种大爆炸性的持续增长必然会带来网络价值的飞涨。这正是凯文·凯利所说的"传真效应"，即"在网络经济中，东西越充足，价值就越大"。

（3）马太效应（Matthew effect）。在网络经济中，由于人们的心理反应和行为惯性，在一定条件下，优势或劣势一旦出现并达到一定程度，就会导致不断加剧而自行强化，出现"强者更强，弱者更弱"的垄断局面。马太效应反映了网络经济时代企业竞争中的一个重要因素——主流化。"非摩擦的基本规律其实很简单——你占领的市场份额越大，你获利就越多，也就是说，富者越富。"CompuServe 和 AOL（American Online）是美国的两家联机服务供应商，1995 年之前，CompuServe 占有较大的市场份额，在相互竞争中占有优势。而从 1995 年开始，AOL 采取主流化策略，向消费者赠送数百万份 PC 机桌面软件，"闪电般地占领了市场"，迅速赶超了 CompuServe 公司。

（4）吉尔德定律（Gilder's law）。吉尔德定律又称为胜利者浪费定律，由乔治·吉尔德提出，最为成功的商业运作模式是价格最低的资源将会被尽可能地消耗，以此来保存最昂贵的资源。吉尔德定律被描述为：在未来 25 年，主干网的宽带每 6 个月增长 1 倍，12 个月增长 2 倍。其增长速度是摩尔定律预测的 CPU 增长速度的 3 倍，并预言将来上网会免费。

网络经济的四大定律不仅展示了网络经济自我膨胀的规模与速度，而且揭示了其内在的规律。

5. 外部经济性

一般的市场交易是买卖双方根据各自独立的决策缔结的一种契约，这种契约只对缔约双方有约束力而并不涉及或影响其他市场主体的利益。但在某些情况下，契约履行产生的后果却往往会影响到缔约双方以外的第三方（个体或群体）。这些与契约无关的却又受到影响的经济主体，可统称为外部，它们所受到的影响就被称为外部效应。契约履行所产生的外部效应可好可坏，分别称为外部经济性和外部非经济性。通常情况下，工业经济带来的主要是外部非经济性，如工业"三废"（废水、废气、固体废弃物），而网络经济则主要表现为外部经济性。正如凯文·凯利提出的"级数比加法重要"的法则一样，网络形成的是自我增强的虚拟循环。增加了成员就增加了价值，反过来又吸引更多的成员，形成螺旋形优势。"一个电话系统的总价值属于各个电话公司及其资产的内部总价值之和，属于外部更大的电话网络本身"，网络成为"特别有效的外部价值资源"。

6. 可持续性

网络经济是一种特定信息网络经济或信息网络经济学，它与信息经济或信息经济学有着密切关系，这种关系是特殊与一般、局部与整体的关系，从这种意义上讲，网络经济是知识经济的一种具体形态，知识、信息同样是支撑网络经济的主要资源。正是知识与信息的特性使网络经济具有了可持续性。信息与知识具有可分享性，这一特点与实物显然不同。一般实物商品交易后，出售者就失去了实物，而信息、知识交易后，出售信息的人并没有失去信息，而是形成出售者和购买者共享信息与知识的局面。现在，特别是在录音、录像、复制、电子计算机、网络传统技术迅速发展的情况下，信息的再生能力很强，这就为信息资源的共享创造了更便利的条件。更为重要的是，在知识产品的生产过程中，作为主要资源的知识与信息具有零消耗的特点，正如托夫勒指出的："土地、劳动、原材料，或许还有资本，可以看作有限资源，而知识实际上是不可穷尽的""新信息技术把产品多样化的成本推向零，并且降低了曾经是至关重要的规模经济的重要性"。网络经济在很大程度上能有效杜绝传统工业生产对有形资源、能源的过度消耗，造成环境污染、生态恶化等危害，实现社会经济的可持续发展。

7. 直接性

由于网络的发展，经济组织结构趋向扁平化，处于网络端点的生产者与消费者可直接联系，这降低了传统的中间商层次存在的必要性，从而显著降低了交易成本，提高了经济效益。为解释网络经济带来的诸多传统经济理论不能解释的经济现象，姜奇平先生提出了"直接经济"理论。他认为，如果说物物交换是最原始的直接经济，那么，当今的新经济则是建立在网络上的更高层次的直接经济，从经济发展的历史来看，它是经济形态的一次回归，即农业经济（直接经济）——工业经济（迂回经济）——网络经济（直接经济）。直接经济理论主张网络经济应将工业经济中迂回曲折的各种路径重新拉直，缩短中间环节。信息网络化在发展过程中会不断突破传统流程模式，逐步完成对经济存量的重新分割和增量分配原则的初步构建，并对信息流、物流、资本流之间的关系进行历史性重构，压缩甚至取消不必要的中间环节。

7.2 农业经济

7.2.1 农业的概念与多功能性

农业作为国民经济的一个物质生产部门，在现代国民经济中被称为第一产业。农业作为一个产业概念，与工业、服务业等相对应，但在现代社会中，不少人也将农业看作一种职业，如"农民"一词就既包含职业的意思也包含身份的意思。从本质上讲，农业是自然界中物质和能量转化的过程。所谓农业，是指人们利用土地、水、气和太阳能等自然资源，依靠生物体的生长发育和转化，并通过投入人的劳动力去促进和控制生物体的生命活动过程，以获得人类生活和生产所需要的产品的社会物质生产部门。随着社会经济的发展和农业生产分工分业的深化，农业演化为现代产业系统，与相关的工商业之间的联系日益密切。从横向看，农业分工分业使得一种或一类农产品也会发育成为一个产业部门，如水果业、蔬菜业、养牛业、养鸡业等，且分工趋向精细化。从纵向看，农业又演化出产前部门（农业生产资料供应部门）、产中部门（动植物生产部门）、产后部门（包括农产品加工、储藏、运输、销售等部门）。

农业受自然环境和生物体生长规律的影响。因而，农业与工业等其他生产部门相比，具有自己的特点：土地是农业中最基本且不可替代的特殊生产资料；农业生产具有周期性和季节性特点；农业生产在空间上具有分散性和地域性；农业具有生产时间和劳动时间不一致的特点；农业生产具有自然和市场的双重风险。

农业的多功能性体现在两个方面：一方面，根据西蒙·库兹涅茨的经典分析，农业具有产品贡献、要素贡献、市场贡献和外汇贡献四个方面的产品产出功能；另一方面，农业还具有经济、社会、政治、文化和环境等其他方面的非产品产出功能，而这些功能所产生的有形结果和无形结果的价值无法通过市场交易和产品价格来体现。

7.2.2 农业生产要素

我国农业经济要实现现代化、数字化，离不开农业生产要素的信息化、数字化，因此了解农业各生产要素自身的特点，是理解农业网络经济不可忽略的步骤。农业要素主要包括自然资源、农业劳动力、农业资金以及农业科学技术。

1. 自然资源

农业生产是人类生产和发展最基本的活动形式，农业自然资源对农业生产起着农业母体性作用，是农业生产所依赖的物质基础。按照在农业生产过程中的作用和角色不同，农业自然资源可以分为两大类：一类是作为农业经营对象的生物资源，如森林资源、草地资源、农作物资源、动物资源、水产渔业和遗传资源等，它们都具有可更新的特征；另一类就是仅为农用生物提供生存载体或生长环境，其本身没有生命体征及物质生产能力的农业自然资源，如土地资源、水资源、气候资源等。

2. 农业劳动力

谈到农业劳动力，就要讲到农业劳动供给理论，其中最具影响力的是恰亚诺夫理论、刘易斯模型、拉尼斯-费模型、乔根森模型。这些理论中经常被探讨的问题是刘易斯拐点，因此本节重点介绍刘易斯模型。

发展中国家一般存在着二元经济结构：一元是能维持最低生活水平的以落后方式进行生产的，含有大量剩余劳动力的农业部门，这一部门生产率低、劳动力报酬低；另一元是以现代化方式进行生产的城市工业部门，它的劳动生产率和工资水平比农业部门的劳动生产率和工资水平高。传统农业部门的最大特点是剩余劳动力的存在，由于工农业之间的收入水平存在着明显的差距，农业剩余劳动力必然有一种向工业部门流动的趋势。城市现代工业部门吸收农业剩余劳动力的结果是扩大了生产，取得了更多的生产剩余，积累了更多的利润。在上述往复过程中，城市工业部门不断扩大生产，农业剩余劳动力不断向工业部门转移，农村人口不断进入城市，从而实现了工业化和城市化，这便是刘易斯模型。刘易斯拐点是指劳动力从过剩向短缺的转折点。

3. 农业资金

农业资金，即周转循环于农业生产经营活动中的以货币资金、实物资本和无形资本等形式存在的各种资产的总和。农业生产经营相对于其他行业而言，不仅受到一般经济规律的影响，而且在很大程度上受到自然环境条件和生物生长规律的约束。农业资金循环周转于农业生产经营过程中，因此其也相应地具有自己的特点。

由于农业生产受到农时季节和生物生命活动周期的影响，农业资金的运动也具有较强的季节性和周期性。我国农业生产单位具有规模小、数量多、分布广、项目繁杂的特点，农户和农业企业从事农业生产经营对资金的需求在空间上和内容上都比较分散，因此，农业相关部门提供公共服务、建设农业公共设施以及投放农业财政资金也相应地具有一定的分散性。由于农产品具有生活资料和生产资料的双重用途，因此，农业资金中的货币资金和实物资本在生产经营中的流通是不完全的。农业生产周期长、农产品供给弹性小、农作物易腐不耐储的特点决定了农业资金周转较慢。

4. 农业科学技术

农业科学技术是揭示农业生产领域发展规律的知识体系及其在生产中应用成果的总称，它是整个社会科学技术总体中的一个重要组成部分。农业科学技术是促进农业生产力发展的重要因素之一，在自身的作用过程中具有广泛的社会性、外部经济特性、多元的选择性、复杂的关联性等特点。农业科技进步具有促进农业生产力水平提高、生产要素质量的提高和知识扩展、资源配置的改善和结构优化农村深化改革和改善等作用。因此，我国农业要进入市场，就必须依靠农业技术进步提高产品质量，降低生产成本。提到农业技术，就离不开农业科学技术的创新与扩散。

农业创新的概念分为狭义和广义两个方面。狭义主要是指农业技术的研发，包括农业科技创新研发、开展区域性试验直到取得农业科技成果，以满足农业生产需要，实现农业技术与农业经济相互促进和转化。广义的农业技术创新是指由一系列国家科研机构、实验室、农业高等院校等公共机构以及农业生产企业组成的创新系统或网络，这些结构或机构的组织行为活动彼此联系、相互发生作用或产生一定的影响，其相互协调性与整合性决定着整个国家农业知识创新与扩散的能力。技术扩散是整个技术流动过程的关键环节，技术扩散关系到技术创新成果能否得以转化为现实生产力。

农业科学技术创新、扩散、推广至采纳，是一个紧密联系的系统工程。通过这一系统工程，可以提高农业科学技术进步对农业经济增长的贡献率，从而实现农业增产、农民增收，促进社会进步。农业科学技术创新具有公共产品特性，创新周期长、不确定性大，并且具有技术性的特点，因此，需要发挥政府在农业技术创新中的作用。农业科学技术扩散是指农业技术在较大区域中被全部或大多数农民采纳的过程，是采纳新技术的采用者占所有潜在使用者的比例随时间而变化的过程。农业科学技术扩散是实现农业技术扩散过程中的手段和途径。由于受到农耕文化、宗教传统、社会推动力、家庭禀赋等多重因素的影响，农户一般要经过认知、引导、决策和实施四个阶段，实现其对农业技术的采纳。

7.2.3 农业产业组织

在数字农业的推广过程中，根据不同农业产业组织现有的禀赋条件，从而制定的推广政策与方法都将有所差异。除此之外在大数据时代中，从个人隐私的保护到企业商业秘密的保护直至国家信息安全；从提供信息服务的权利义务到接受信息服务者的权利义务；从知识产权侵权到网络犯罪，信息关系已经渗透到社会各领域、各层面。因此，了解农业产业组织构成与相关初始禀赋，更加有利于数字农业的推广与发展。

1. 农户

农户历来是农业生产经营的基本单位，也是当前我国农村基本经营制度的核心主体。随着城乡经济的快速发展，当前的农户在经济活动、要素禀赋和消费特征上都较过去有了很大的变化，农户经济也正处于从传统农户经济向现代农户经济快速转变的过程之中。为此，农户经济理论也在不断地发展演变。目前基于农户生产和消费的双重性特点建立起来并不断完善的农户模型（agricultural household model，AHM）日益为学术界所广泛采纳。该模型是用于分析农户生产经营决策的最为重要的微观分析工具。在农户经济的现代化过程中，农户分化是一个必然现象，它从多个方面对农业发展产生了重要影响。为此，必须加快应对农户分化的改革步伐，以推进农业现代化的发展。

2. 价值链

农业价值链指的是在农产品生产过程中涉及的所有经济主体所建立起来的纵向合作的企业联盟和由此形成的互利共赢的伙伴关系。相对于工业价值链，农业价值链具有资产专用性高、风险性高、稳定性差、复杂性高等特征。

农业价值链管理是指建立在农业产业链基础上的企业内部和上下游企业之间为生产共同的最终农产品所经历的增加价值的经营过程，是链上主体企业（或组织）对农产品供应链上相关产业层次间的价值创造、价值协调、价值增值及价值分配。决定农业价值链网络绩效的关键要素有四个，分别为：网络结构、商业流程、网络管理和价值链资源。

3. 合作社

合作经济起源于 19 世纪的欧洲，是与资本主义经济相对立的。160 多年来，合作社有三个原则一直未变，即民主控制原则、资本报酬有限原则和按惠顾额分配盈余原则，当前，农民合作社在世界各国的现代农业发展中都发挥着重要作用。20 世纪 90 年代以来，北美地区出现了一种被称为"新一代合作社"的合作社发展模式，它的主要特征是：社员资格由开放向封闭发展，传统的民主控制、经济参与原则向"比例原则"发展，在经营战略上更加强调外部性延伸、从百花齐放向产业分化过渡、从传统合作向新型合作演变、从横向合作向纵向合作深化、从单一功能向多种功能拓展、从户间合作向社际联合迈进等发展趋势。农民专业合作社的基本原则是"民办、民管、民受益"。不同类型的农民专业合作社具有不同的服务功能与经营管理方式。

7.2.4 农业市场

1. 供给与需求

供给和需求是最基础也是最重要的经济学概念，对农产品供给与需求的内涵及其影响因素的深刻认知是农业经济学的基础。农产品供给是指在某一特定的时期内，在一定的价格水平上生产者（农户）愿意且能够出售的某种农产品的数量。其他条件保持不变，某种农产品的价格升高，生产者对该产品的供给量增加；价格下降，供给减少。这一规律被称为供给原理。影响农产品供给变动的因素有其他相关农产品价格、农产品生产要素的价格、农业资源及其开发利用的技术水平、农产品生产者数量、农产品商品化程度、农产品生产者对未来价格的预测、政府法令和宏观调控政策等。

农产品需求是指农产品消费者在某一特定的时期内，在各种可能的价格水平上愿意购买并能够购买的某种农产品的数量。一般而言，农产品的价格水平与消费者愿意且能够购买的数量之间存在着反方向关系，即价格上升，购买量减少；价格下降，购买量增加。影响农产品需求的因素有消费者的收入水平、其他相关农产品的价格、中间需求的变化、人口的数量与结构、消费者偏好与消费观念、消费者的文化习俗、消费者对农产品未来价格的预测、政府的消费政策等。

2. 弹性

农产品供给弹性是指某种农产品的市场供给量对其价格变动反应的敏感程度，即农产品供应量变动率对其价格变动的比率。影响农产品供给弹性的主要因素有：农产品生产周期的长短；农产品生产规模变化的难易程度；农产品价格变动的影响期长短；随着农产品产量的增加，其成本增加的程度。

农产品需求弹性是指某种农产品的市场需求量对其价格变化反应的敏感程度，即农产品需求量变动率对其价格变动率的比率。影响农产品需求弹性的因素有：消费者对农产品的需求程度，某种农产品的替代品数目及替代程度，某种农产品本身用途的广泛程度，消费者预算中农产品支出所占比重的大小，消费者的收入水平，以农产品为原料的工业或轻工业对某种农产品的依赖程度。

在蛛网理论中，如果农产品的供给弹性小于需求弹性，价格变动对供给的影响程度则小于对需求的影响程度，这种蛛网就是收敛型蛛网。如果农产品的供给弹性大于需求弹性，价格变动对供给的影响程度则大于对需求的影响程度，这种蛛网就是发散型蛛网。如果农产品的供给弹性等于需求弹性，价格变动对供给和需求的影响程度相等，这种蛛网就是封闭型蛛网。

3. 农产品价格

效用决定价格论指出：农产品价格的高低是由农产品的效用大小决定的。价值决定价格论认为：农产品的价值是决定其价格的主要因素。供求决定价格论指出：农产品的价格是由农产品的供求关系决定的。从供求决定价格论出发，其阐明了农产品价格形成的过程，并根据供给曲线和需求曲线的变化，分析了均衡价格的变动。在此基础上，通过将农产品的供给弹性与需求弹性进行比较，分析农产品价格的变动。

改革开放之前，改革开放到2003年、2004年以来三个历史时期，阐明了我国农产品价格制度的演变历程，表明随着时间的推移，在我国农产品价格形成中，市场发挥的作用越来越大，但市场也有出现失灵的情况，因此政府有必要对农产品价格进行宏观调控和管理。

在我国现有农产品价格体系中，主要包括市场价格、临时收储价格、最低收购价以及目标价格四种农产品价格。其中，目标价格是我国2014年开始进行试点的一种比较新的农产品价格类型。

4. 农产品市场

农产品市场与价格是整个农业政策的核心部分，政府往往运用各种市场与价格政策进行宏观调控来引导、干预农业生产。关于市场与价格方面的内容较为丰富，农产品市场包括现货市场和期货市场。现货市场包括批发市场和零售市场，关系着农产品价格形成、决定与波动。我们需要掌握农产品批发市场具有商品集散地和价格形成中心两大功能。农产品期货市场主要交易有套期保值、套利和投机，其中套利又分为跨期套利、跨商品套利、期现套利和跨市套利，期货市场的主要功能在于发现价格和转移风险。

我国农产品国际贸易先后经历了计划经济时期的"封闭式"贸易、开启改革后的"开放式"贸易、全面改革后的"市场化"贸易和入世后的逐步"自由化"贸易四个发展阶段。技术性贸易措施主要是指世界贸易组织《技术性贸易壁垒协定》（Agreement on Technical Barriers to Trade, TBT协定）和《实施卫生和植物卫生措施协定》（Agreement on the Application of Sanitary and Phytosanitary Measures, SPS协定）所管辖的各种形式的非关税壁垒措施，包括采取技术法规、标准与合格评定程序。标准和技术法规各自遵循一定的原则发挥作用。当今世界国际贸易趋势主要表现为方式多元化、对象高技术化、协调贸易化、市场垄断化和规则规范化。对于我国来说，农产品国际贸易逆差将继续存在，同时我国农产品对外贸易结构也将在竞争中得到优化。

7.2.5 国家与农业

当前，我国正处于经济转型的关键时期，在加入世界贸易组织的大背景下，农业面临着加速发展的历史机遇和日趋激烈的国际竞争。农业生产的弱质性特征及基础性地位，要求国家给予必要的政策支持。在市场经济条件下，农业支持与保护具有弥补、调剂、强化和引导四大功能，通过这些功能的有效发挥，可以降低农业生产过程中所面临的自然灾害风险、价格波动风险、供需变化风险以及国际竞争风险，从而全面提高农业产业的综合竞争力，维护农业的基础地位，保证国家粮食安全。

回顾农业生产的历史进程，可以将农业划分为：原始农业、传统农业和现代农业。要积极发展现代农业，就要不断推进农业现代化。农业现代化就是从传统农业向现代农业转变的过程，是现代集约农业和高度商品化农业相统一的发展历程。根据不同阶段的特征，可将农业现代化划分为经典农业现代化、后现代农业现代化和新农业现代化。由于各国的国情差异，农业现代化的目标和内容不一样。自1949年以来，我国就不断研究和推进农业现代化，但是，还面临如城乡二元经济结构依旧存在、农业发展资源约束条件日益突出、农业劳动生产率低、农业科技支撑不足、农业生态环境日益恶化、农业社会化服务体系不健全等制约因素。在进一步推进中国现代农业发展的过程中，应处理好各种关系，积极实行土地资本化战略、农民市民化战略、农业科技产业化战略、农业合作组织化战略等。

我国农业发展所面临的内外部生态环境问题，迫使我们不得不转变农业经济增长方式和发展模式，破解投入产出比下降、农业环境污染和生态破坏、农业自然资源日益减少等一系列困境。将可持续发展理念注入农业发展过程中，做到生态可持续性、社会可持续性、经济可持续性的有机结合。农业可持续发展模式包括生态农业、循环农业、低碳农业和绿色农业等多种实践模式。作为时代的产物，绿色农业是农业可持续发展的主导模式，完全符合农业可持续发展追求农业和环境协调发展的要求，是我国农业健康可持续发展的重要趋势和方向。农业可持续发展要因地制宜、分步实施，全面贯彻可持续发展的基本原则，采取综合措施协调推进。

随着科技的发展，大数据、物联网、人工智能等技术的发展，为我国农业现代化提供了更多的解决思路。

7.3 互联网环境下的农业网络经济

网络经济的本质在于联结性，它将市场经济的各个主体联系在一起，改变了经济运行方式，对传统理论提出了挑战。而联结的关键在于信息。因此数字农业的网络经济发展核心是农业大数据，即从各类型的海量数据中，快速获得有价值的信息，通过对数据处理分析和构建模型，从而指导生产，为涉农企业服务以及协助政府决策。

互联网环境下的农业即为通过互联网技术的应用改变传统的农业发展模式，从生产、经营、销售等各个环节克服传统农业种种弊端，彻底升级传统的农业产业链，改变农业产业的结构，提高资源利用效率和生产流通效率，实现农业的高投入、高产出的现代化农业。具体来看，相比于传统农业，它是建立在发达的市场经济基础之上的，农业生产的每个环节都离不开准确而有效的信息支持，此时作为生产要素的土地、劳动和资本，通过信息化的作用达到紧密协作、有机组合，进而减少生产经营中的不确定性，降低成本，提高效益。

根据信息经济学的观点，信息作为一种生产要素具备一种独特特征——边际效益递增，随着知识与技术要素投入的增加，产出越多，生产者的收益呈递增趋势。信息化的这种效用贯穿现代农业生产经营的全过程之中，并集中体现在农产品创新、市场开拓、农业技术更新换代以及农业科学管理决策等重要环节上。农业部门等各个环节零散的信息被上传到各类数据平台，汇总整理后的各类农业信息的规模和质量将不断提升，进而投入到农业生产和销售当中，给农业部门的发展带来显著优势。信息化使信息和知识作为新的资源要素，融入农业产业化的各个环节，引导、控制并改变土地、劳动力和资本等传统要素的集约程度和配置关系，促进农业产业结构调整。农业生产、加工、流通等领域的科技和知识含量将显著增加，从而极大地增强农业生产经营能力。

在互联网经济之前，农业生产、销售各环节的信息缺乏汇集和整理，难以指导农业生产，无法进行市场对接，农产品销售通过层级式结构达到消费者手中。小农经济导致农户和消费者之间产生的巨大鸿沟，割裂了生产和销售两个环节，市场难以发挥作用。然而互联网技术在农业产业发展中的应用，为市场在农业部门中发挥主导作用创造了机会和可能。它依托于新型的科技手段，实现了对产业结构的整合和优化，最终打造出了一套完整意义上的产业链，实现金融、生产、营销、销售等各个环节的综合发展。实现互联网在农业产业链中的渗透，能够在很大程度上节约成本，提升农业发展的效率和速度。具体来看，互联网应用于农业对农业生产、销售和融资有着巨大的影响，表现出农业生产信息化、销售平台和融资渠道多样化。

7.3.1 农业产业结构

在传统的产业经济学理论中，产业结构通常是一国或者地区的产业组成、各产业在经济系统中的比重以及产业间相互依存和作用的方式。产业结构调整升级理论主要包括产业结构的高级化、合理化两个方面。产业结构的高级化是指产业结构从低水平向高水平发展的过程，由劳动密集型的产业占主导地位逐渐向资金密集型、技术（知识）密集型产业演变，由初级产品的制造产业占主导地位逐级向制造中间产品、最终产品的产业演进。产业结构的合理化主要是指产业之间的协调能力和关联水平的加强，它是一个不断变化的动态过程。

农业产业结构即农业各产业部门和各部门内部的组成及其相互之间的比例关系，是农业产业结构与布局农业生产力合理组织（生产力要素合理配置）和开发利用方面的一个基本问题（即现在所说的农业生产资源合理配置问题）。农业结构调整包括农业内部结构调整和农业外部结构调整两个部分，农业外部结构调整是指农业与其他产业关联的结构调整。农业结构优化是一个动态的过程，通过不断地对农业部门内部进行结构调整，优化农业资源和生产要素配置，从而提高农业结构合理化和高度化。

农业产业具有市场空间大、产业落后、信息不对称情况严重、大规模分散的用户、交易环节较长、交易成本高、交易可持续性强等特征，因此，被互联网改造的潜力巨大。一方面，互联网技术能够汇集各类农业信息，指导农业生产；另一方面，由于互联网"共建、共享"的特性，通过信息的不断交换，能够促进农业产业链的融合。

1. 农业生产市场化

传统农业经济发展状态下，其模式以小农经济为主，容易受到自然灾害、地理环境等负性因素的影响，导致农业生产者及经营者收入利润下滑，其生产决策是不依赖于市场信息的，独立的。结果导致农业产品的供给和需求的不平衡。然而在现代农业生产中，市场有着十分重要的作用。农产品价格的变化成为农业生产决策的依据，各种农产品的直接需求和间接需求成为农民的关注重点。随着经济的发展和人民收入水平的提高，消费者的需求结构发生变化。市场经济条件下对消费结构引发的市场需求变化做出反应的只能是以农户为主体的农业生产经营者。他们必须直接面对市场进行生产经营决策，农业产业结构调整应该在市场引导下自发进行。传统小农模式无法汇集整个市场的信息，市场难以指导农业生产、促进产业结构升级，而互联网背景下的建立农业大数据平台，通过农业数据的有效收集，不断地增加数据库内的数据，能够通过数据的具体分析，来实现定需定产策略，还可以使人们更好地了解农业实践并利用由农业农村部提供的科学、技术和气象信息大数据，从而确保作物的产量和质量。

根据农业的产业环节的各类要素划分，农业大数据主要包括农业环境与资源、农业生产、农业市场和农业管理等领域。农业环境与资源数据主要包括土地资源数据、水资源数据、气象资源数据、生物资源数据和灾害数据；农业生产数据包括种植业生产数据和养殖业生产数据。这两类信息主要用于提高作物产量和质量，确保生产决策按预期完成。农业市场数据包括市场供求信息、价格行情、生产资料市场信息、价格及利润、流通市场和国际市场信息等；农业管理数据主要包括国民经济基本信息、国内生产信息、贸易信息、国际农产品动态信息和突发事件信息等。这两类数据主要用于合理制定农业生产决策，从而满足市场的多样化需求。

（1）农业技术数据平台。农业技术数据平台连接各类农业生产技术数据和服务，为农业信息技术企业充分利用各类数据提供支持，收集各类涉农主体开放共享的农业数据，帮助农业生产经营主体获得全方位、多样化、一站式的信息服务，以提高生产效率和管理水平，从而实现应用农业数据创新服务。其具备三个功能：一是数据互联功能，打破相关市场主体数据壁垒；二是数据共享功能，通过建立数据共享规则、明确数据公开和私有属性定义，实现数据最大限度的开放共享；三是数据服务功能，整合土壤、气象、市场等各类数据，支持相关企业挖掘、利用数据开发数据服务产品，为农业生产经营主体提供信息服务。

（2）农产品购销决策大数据分析平台。互联网环境下，建设农产品购销决策大数据分析平台，有助于准确预测农产品的供应和需求以及生产与销售之间的平衡关系。通过大数据的使用，能够让农业生产更加符合市场需求，确保其信息的准确，最大限度地减少农业生产上浪费的成本。农产品购销决策大数据分析平台与各大电商平台连接，通过大数据能够让农业更好地建立电商平台，进而拓宽农产品销售渠道，为其提供更加准确的数据，为农业经济管理提供相应帮助。

在生产产品过程中，通过大数据对农业发展的具体分析，来合理对农产品进行定价，确保农民经济收入的同时，还能规范整个行业的发展。通过大数据平台，能够让农业经济管理真正实现制度化发展。农业生产者更容易获取市场需求信息，因此会选择种植更具市场需求性与适应性的农产品，经济效益稳步提升的同时避免低效生产或商品短缺现象。此外，各类农业大数据平台作为整个互联网农业的基础，可以与产业链的其他环节相连接，比如对设定区域内某种农产品数量、质量等级进行数据挖掘分析，为更多需求企业提供供货渠道、产品数量、产品质量信息，使农产品与工厂原材料实现无缝对接，实现需求企业原材料的采购。

2. 农业产业链融合

产业融合是指在时间上先后产生、结构上处于不同层次的农业、工业、服务业、信息业、知识业在同一产业链中相互渗透、相互包含、融合发展的产业形态与经济增长方式，是用无形渗透有形、高端统御低端、先进提升落后、纵向带动横向，使低端产业成为高端产业的组成部分，实现产业升级的知识运营增长方式、发展模式与企业经营模式。而在互联网背景下的农业产业链融合，具体是指依托互联网等信息技术，重构农业产业链，提升农业经济运行效率，将互联网技术与资源同农业研发、生产、物流、销售等环节有机结合起来，促进互联网技术和资源不断向农业全产业链各个环节渗透，使得农业全产业链不断被打通，农业全产业链上的资金流、信息流和物流有机融合，从而生成高效运行的互联网现代农业生态圈。

农业产业链融合主要依托云计算、大数据和移动互联网等新一代的信息技术，将各种资源、技术和渠道有效运用到农业全产业链的各个环节，促进农业的生产、物流、销售等环节不断改造升级，通过农业与信息技术的深度融合，发展新型的互联网农业业态，实现农业全产业链的附加值全面提升。随着互联网经济的发展和社会分工的细化，农业产业链已经变成一个复杂的全产业链条。无论是农业的生产、流通环节，还是农业的消费环节，都需要引入互联网技术。具体来看，农业产业链融合从生产环节、流通环节到消费环节每个环节都有其对应的创新模式。

（1）生产环节融合创新。从生产角度来看，生产环节融合创新主要包括可视化服务，可视化服务是通过互联网建立一个智能化的生产服务平台。由于农业生产过程需要诸多服务主体，为了更好地服务农业生产，一般由政府牵头搭建一个开发、共享、交互的生产服务平台。该服务平台涉及互联网等各类主体，为农业生产提供全方位的服务，通过服务平台汇聚农业生产的各类技术，为农业生产者提供全面、及时、有效的农业生产知识。同时，农业服务平台具备信息双向沟通功能，为农业专家与生产者之间"最后一公里"的问题提供解决方案。

（2）流通环节融合创新。农业流通环节是农产品与消费者之间的桥梁，是连接生产与消费的纽带。我国农产品流通成本高、损耗大等现象造成了农产品"卖难"与"买难"并存的失衡。加快流通环节的融合成为农业发展的重中之重，互联网技术的发展尤其是电子结算为流通融合提供了新的渠道。电子结算是指借助互联网技术，以及利用移动终端、电子磅秤、网络设备等，实现农产品的非现金结算。该模式提高了农产品的交易效率，极大地缩短了农产品的交易时间。同时，农户与消费者通过电子结算可以及时了解市场信息，实时采集农产品的价格信息，有效破解农户与消费者之间信息不对称的问题，不仅保护农户权益，还为最终消费者提供绿色、健康、新鲜的农产品，能够实现农产品流通的双赢。

（3）消费环节融合创新。农产品的消费者主要包括两类主体：一类是消费团体，包括学校、机关、餐饮企业等；另一类是消费个体，主要是指单一的家庭消费。"互联网+农业"的消费融合创新也要从两个方面着手：一是针对消费团体的电子消费记录；二是针对消费个体的可查询消费记录。根据这两类消费者的消费信息，跟踪记录其消费规模和品种等，统计某一时间段的某种农产品生产规模、生产质量、销售价格趋势，并在此基础上分析下一年的生产规模、社会需求量及价格走势，对农产品投资进行决策规划。

农业产业链融合依托互联网技术、农业大数据平台，扩大农业组织规模，提高生产经营效率。在农业大数据平台和农业合作组织的支持下，农业组织之间的协作与融合越来越紧密，能够有效推进农业组织通过自身扩产、兼并重组、联合运营等形式不断扩大规模，从而发挥出规模效应。农业产业链融合主要体现为农业组织横向一体化与纵向一体化。从横向来看，农业组织可以与具有相似业务特征的组织进行联合，形成利益共同体，提升竞争优势；从纵向来看，农业组织可以根据产业链运行态势和自身发展需要，通过上下游联合，拓展自身业务的广度与深度，实现集群化发展。

7.3.2 农业电子商务

农产品具有很强的季节性、区域性特征，气候因素在很大程度上影响了农业的生产，加之我国的小户经营体制难以与大市场有效对接，农产品经常发生"卖难"现象和丰收悖论（高产低价）。在市场经济条件下，农民收入好坏主要由农产品市场所决定，农产品价格的高低取决于供给与需求的数量比较，由于小农户不了解市场，生产决策往往根据农作物价格决定，经常性导致供过于求和供大于求，而信息不对称的持续存在导致农产品市场无法自身平抑价格波动，表现出农产品价格长期性、周期性的波动。

农业电子商务平台的出现为解决此问题提供了新的手段，为农户生产决策和产品销售提供了新的渠道和方法。农业电子商务平台是指利用现代信息技术为从事涉农领域的生产经营主体提供在网上完成产品或服务的销售、购买和电子支付等业务交易的网站平台。农业电子商务平台具备两个优势：其一，打破传统销售方式的时空、地域限制，减少由于没有销售渠道带来的滞销问题，扩大农产品流通范围和效率；其二，汇集各类农产的销售和需求信息，向农户发布此类信息，之后农户根据这些信息制定出农业生产决策，这样可以有效缓解消费者的需求和农户的供给不一致。

1. 农业电子商务模式

农业电子商务平台需要具备信息的收集及网上发布功能，使得消费者和农产品经销商能够在网络平台获得实时完整的信息，并且通过互联网金融完成网络上的快捷支付。具体来看，针对不同的农产品销售问题，又存在一些差异化的商业模式，一般有农业信息中介平台、第三方电子商务和协同电子商务三种常见模式。

1) 农业信息中介平台

在传统的电商模式下，零散农产品销售并没有使农户与消费者实现信息对接，同时随着销售潜在范围的扩大，农户汇集处理相关信息所需的时间和精力也随之升级。对于消费者而言，不同的地区提供的产品、同一地区不同农户提供的产品存在差异，而比较和评价这些差异的困难也随着电商规模的扩大而增加。因此传统的电商并没有实现信息共享，无法发挥网络经济的优势。而农业信息中介平台作为一种新型电子商务平台，首先将信息商务化，汇总各类信息并加工处理至可以用于生产决策的状态，之后将信息电子化，通过各类电子手段向农户和消费者公布，因而其产品实际上是经过各种程度加工的信息。

农业信息中介平台一般由县、市单位组织筹建网站，并由相关农业职能部门提供包括电子商务服务在内的技术支持。然后将收集到的农户产品信息发布到组建的电子商务平台之上，同时负责收集消费者的信息并转给农户。当供求双方达成一致，还可以通过该电子商务平台进行金融支付及物流配送。农户和消费者在电子商务市场中直接交易存在困难的时候，信息中介就成为一种必需。该类方式的优势在于，农户无须懂得电子商务的知识，直接由政府及相关部门来指导和帮助其实现产品的销售。该类模式更适合于农户或小型农业企业。

2) 第三方电子商务

第三方电子商务平台，泛指独立于产品或服务的提供者和需求者，通过网络服务平台，按照特定的交易与服务规范，为买卖双方提供服务，服务内容可以包括但不限于供求信息发布与搜索、交易的确立、支付、物流等。农业第三方电子商务模式是由买卖双方之外的第三方搭建一个围绕农产品生产、销售的信息平台，交易双方能及时、有效地沟通信息，而且是一个高度自主、自立、自由和安全的市场环境。

这种模式强调的是商家和消费者对中介的完全信任，将几乎全部的产品交易部分转给中介。由于平台服务商已经构筑起全方位的电子商务服务，可以为电子商务提供一体化、系列化的交易前、交易中、交易后的全过程服务；通过第三方电子商务模式的实施，通过交易过程中形成的实际上的标准，能够解决农产品的标准化问题，从而打通农产品流通的瓶颈；第三方服务平台可以帮助交易各方建设配送体系；通过推广活动吸引买卖双方发布供求信息；通过制定相关条例，保证供求双方的交易安全和诚信；通过第三方平台，个体的、分散的农户或农业生产经营单位可以形成集中的生产经营规模。

根据我国国情和信息中介平台等商务模式的应用情况来看，农业第三方电子商务模式，对于信息化差、资金不足、生产规模小、信息技术不高的小型农业企业非常适合。通过第三方农业电子商务平台，农业生产经营的中小实体消除了原有的规模劣势、信息劣势，在生产经营中可以跟大企业一样有更多的机会参与市场竞争，降低成本、提高效率。第三方电子商务模式也易于被更多的农户或农业生产经营单位接受，农民通过第三方平台省去了大量烦琐的事务，可以把精力集中于电子商务的相关业务。

3) 协同电子商务

协同电子商务模式是在 B2B 的模式上依托现代管理技术发展而来的一种电子商务

平台，其突出反映企业上下游价值链中，供应商、客户、合作伙伴之间的合作关系与农业经营策略，其利用互联网技术、多媒体技术和现代管理技术，将种养大户、基地、合作社、企业的上下游、厂商和客户面对面集合起来，信息共享、协同工作，通过协同电子商务平台为企业及其合作伙伴提供集成商务活动，使"供、产、销"一条龙，打造高效价值链，在整个供应链甚至全球网络供应链上全面拓展，实现全球范围内对原材料的生产、开采、加工、产品设计、生产、分销、运输、配送、零售、市场及服务等商务模型和商务运作的一体化，构建一体化虚拟大市场。由于此类平台建设成本高，覆盖范围广，主要由大型农业企业采用，因此可以显著提高企业效率、降低经营成本。

进一步地，协同电商平台通过视讯传媒和远程培训等兼顾培养和提高农民文化素质水平，促进农民增收、引导农业结构调整、加快农村市场流通，由提供单项的技术指导服务向提供技术、信息、物资、教育培训、决策咨询等综合服务延伸，由产中服务向产前、产后全程服务延伸，做到产前引导农民调整，产中指导农民生产，产后帮助农民销售，参与并促进农业产业化经营，而且推动农资生产企业、经销流通企业及农产品生产和加工企业节能挖潜，提高工作效率，规范团队管理，开拓新市场、新客户。

表 7-1 汇总了三类常见农业电商模式的核心、针对问题和适用范围，这三类电商模式均是在传统电商模式的基础上发展出来的，均依托网络技术、信息技术、物流技术以及现代管理策略等，实现信息的采集、网上在线发布，并且使得供求双方在线上获得全面的咨询，从而消除信息的不对等性，实现网络经济。

表 7-1 三种常见农业电商模式的比较

农业电子商务模式	核心	针对问题	适用范围
农业信息中介平台	汇集处理信息	信息处理困难	农户、小型农业企业
第三方电子商务	产品交易转给中介进行	交易成本高	农户、小型农业企业
协同电子商务	覆盖全产业链、全功能	大宗交易	大型农业企业

2. 农业电商模式选择原则

农产品同其他商品一样具有商品属性，但是我国农业发展现状及农产品的生鲜特性决定了电子商务可以更好地解决农产品生产和交易中的一些问题。农产品电子商务模式是基于传统农产品商务模式互联网的映射，并产生于传统的生产和经营活动中，实际上它的出发点就是传统电商模式在特定环境的创新，不同的农业电子商务模式适应于不同类型、规模、种植作物的农户，农业经营主体在选择具体农产品电子商务模式时，无论出于何种考虑、从何处着手，一般都要遵循以下选择原则。

1）实用性原则

采用成熟的、经实践证明其实用性的农产品电子商务模式。农产品生长周期长、物流特殊、标准不统一等因素将影响模式的选择，只有为自身获得最大的经济效益、赢得竞争的时间和价格优势的模式才可谓实用的模式。

2）可控性原则

由于农业经营主体的电子商务模式一经确定，便需花费相当大的人力、物力、财力去建立和巩固，整个过程往往是复杂而缓慢的。所以，农业经营主体一般不会随意转换模式。同时由于影响模式的各个因素总是在不断变化，一些原来固有的模式难免会出现某些不合理的问题，这时，就需要农业经营主体具有一定的调整功能，以适应市场的新情况、新变化，保持模式的适应力和生命力。调整时应综合考虑各个因素的协调，使模式始终都在可控制的范围内保持基本的稳定状态。只有保持模式的相对稳定，才能进一步提高模式的效益。

3）协调性原则

农业经营主体在选择和应用模式时，不能只追求自身的效益最大化而忽略价值链上其他渠道成员的局部利益，应合理分配各个成员间的利益。

4）优势性原则

农业经营主体在选择模式时为了争取在竞争中处于优势地位，要注意发挥自己各个方面的优势，将模式的设计与自身的产品策略、价格策略、促销策略结合起来，增强营销组合的整体优势。

7.3.3 农业金融服务

虽然中国大部分农村地区都设立了真正的金融服务机构，但和农村地域广阔相比，还很零散。由于涉农贷款单笔金融小、风险高、盈利低，削弱了各类金融机构增加营业网点的积极性，使其更多地选择城市发展。由于农村信用体系不健全，传统银行在审核借款人时，主要考虑的是还款能力，而农户在贷款过程中抵押品不足，且缺乏互联网思维，销售农产品大都通过农贸市场或者经销商渠道，利润率较低，因而很难得到银行的贷款。

互联网金融的发展为解决农业融资贷款难的问题带来了转机。农业互联网金融不是简单地将互联网与金融对接，而是在去中间化的过程中，逐步建立完善的信息网络和多样化的融资模式。首先，信息不对称是广大农户或农业企业融资难、融资贵的关键制约因素，而互联网金融可以帮助农户建立有效的信息网络共享平台，与社交网络平台、电商平台的对接，聚集农户在政府部门的信息，帮助农户建立征信网络系统，解决各类金融机构的信息来源问题，降低融资的风险，提高金融效率。其次，P2P、农产品众筹平台等金融产品，突破了以往传统金融业在风险管理、支付方式等方面的限制，可以为广大农户提供更为方便快捷的金融服务，进而降低交易成本。

1. 互联网金融模式与传统金融模式对比分析

1）传统金融模式的困境

传统农村金融体系更多的是依赖政府的政策补贴来支持农村经济的发展，银行作为企业机构，需要实现盈利才能够维持正常的金融运作，而农村商业银行在运作过程中，国家要求其以国家利益为重，尽可能低利益地支持农村发展，这使得农村商业银行的责任很大，业务范围缩小。这恰恰违背了市场经济体制下企业利润最大化的目标，这种责任使金融机构很难正常运作。此外，农业本身的高风险，加上农民作为弱势群体，风险意识薄弱，导致农村金融机构低效益运作的同时要面临高风险。农村违约风险大和覆盖成本高等特点，导致农村商业银行运作举步维艰。

2）农业互联网金融特点简析

互联网金融是一个拥有互联网精神的新兴金融行业，拥有"开放、平等、分享、协作"的互联网精神，互联网金融的出现恰恰能够使金融业务惠及每一个人身上，为中小企业和农民提供更多的金融服务，有效地解决农户融资需求。其利用网络平台进行业务开展能有效地打破地域的限制，整合各方面的信息资源，服务范围更大、涉及客户群体更广，并利用以往的大数据建立新的信用体系，为那些有资金需求的农户提供信用保障。

3）农业互联网金融与传统农业金融的对比

农业互联网金融主要聚焦于传统金融业服务不到的或者是被忽视的小型农业企业与个体农户，利用信息技术革命带来的规模效应和较低的边际成本，使这部分用户在小额贷款等领域能够获得有效的金融服务，而传统金融模式的客户范围主要集中在信誉好、资产雄厚的大型农业企业。传统金融模式是过程驱动的，销售金融产品主要依赖于营业网点，通过客户经理直接营销，注重与客户面对面地直接沟通，在此过程中收集信息、建立风险管控、交付服务，整个销售过程受到地域和人力成本上升的限制。而互联网金融是数据驱动需求的，农户的各种非结构化的信息都可以成为营销的来源和风控的依据，互联网金融主要利用网络平台或者电商平台进行服务，让农户可以直接购买金融产品进行融资。传统金融机构具有资金、资本、风险管理、客户与网点方面的显著优势；互联网金融则具有成本低、效率高、覆盖广、规模效益显著等优势，如表 7-2 所示。

表 7-2 农业金融模式的比较

指标	传统金融模式	互联网金融模式
目标群体	大型农业企业	小型农业企业与个体农户
驱动因素	过程驱动	数据驱动
风险管理	以财务报表和抵押品为主	通过大数据建立风险评价模型
销售渠道	营业网点	网络平台
典型优势	资金雄厚、风险低	成本低、效率高、覆盖广

2. 常见的农业互联网金融模式

1）农业 P2P 借贷模式

P2P 借贷平台是互联网金融具有典型代表的一种商业模式，主要是通过互联网借贷平台将资金供求两端进行有效对接，对资金资源进行充分有效率的使用。通过 P2P 信贷公司搭建网络平台，借贷双方可以通过网络参与到这个中介平台中，资金需求者发布借款信息，资金供给者通过平台了解到借款者的需求，包括借款数目、借款目的、如何计算利息以及借款期限等各种信息，然后通过该平台提供的服务达成借贷协议。

在农村地区，P2P 平台的对象转移为农业农企或者农户，专业的 P2P 借贷平台根据与农户交易掌握的大量信用数据，在农户通过传统金融机构贷款申请困难的背景下，为农户提供了其他融资渠道。

2) 农产品众筹模式

众筹是互联网金融模式的典型代表，通过互联网平台，一些创业者可以将自己的创意或者可行性项目公布在平台上，进而争取获得大家的关注和资金支持。而出资人得到的回报通常是实物、服务或者其他非资金类的，杜绝了非法融资的嫌疑。其融资运作程序为：项目发起人为自身项目发布融资需求，其中包括金额数量和期限。如果大众认可发起人的创意或者项目，并且在规定的时间内共同满足了发起人的资金需求，则这个众筹项目成功。如果期限内没有获得大众的认可，未筹集到目标资金，则众筹项目失败，平台将已筹集到的金额数量返还大众。

农产品众筹融资的对象针对性强，一般是特定地区的生鲜农产品面向其主要消费者进行众筹，由于金额小，农产品价格相对偏低，其项目融资成功的可能性很大。此外还可以检验农产品质量和类型是否符合市场需求。符合消费者需求的农产品是获得市场的认可与取得成功的关键，而众筹平台恰恰可以让农户在大规模种植之前提前接触到市场需求，根据消费者的喜爱程度去检验这个农产品品种的可行性。这些众筹不仅解决了农户购买生产资料等资金问题，同时为农产品提供了稳定的销路和市场，不仅改变了传统农产品先生产后销售的特点，而且为农户提供了资金以扩大再生产。

3) 电商平台融资模式

电商平台融资模式是指一些互联网巨头企业，主要包括阿里巴巴、京东等电商企业利用自身庞大的平台和技术优势，并且掌握用户大数据的前提下，为平台上需要融资的会员企业或者消费者提供资金支持的互联网模式。电商平台凭借用户多年的交易数据，构建了独特的信用评估体系。这种模式有效地降低了企业的融资成本。由于互联网技术的普及，农村电子商务的大力发展，包括阿里巴巴在内的巨头企业已经发现潜在商机，利用强大的技术和资金优势为农户和农企提供了更多的支持。农户和农企不仅可以向平台申请信用贷款，而且可以利用电商平台进行农产品销售。同时电商平台与银行进行合作，为平台上有资金需求的农企提供资金支持，最终形成生产、销售以及融资的生态圈。

互联网电商巨头利用多年来的交易数据，如农户在电商平台的交易数据，这些数据将会成为互联网电商巨头涉入农村领域的有效利器。例如，阿里巴巴通过农民使用淘宝与天猫过程中生成的大数据了解客户的信用状况，进而建立起个人信用体系，成立专业的农村互联网金融电商平台。除互联网电商巨头涉入农村领域之外，越来越多的专业农资电商平台也逐渐显现。这些农资电商平台针对性地选择某种农作物品类作为出发点，包括种子、化肥、农机、农药等生产资料，都形成了独特的运作模式，如图 7-1 所示，一方面，建立了农村领域的数据库为农村商业银行提供审核农户信用状况的信息，并且为那些信用条件好但缺乏抵押品的农户提供贷款担保；另一方面，电商平台在扩展农产品销售渠道的同时，也为农村生产提供资金支持。

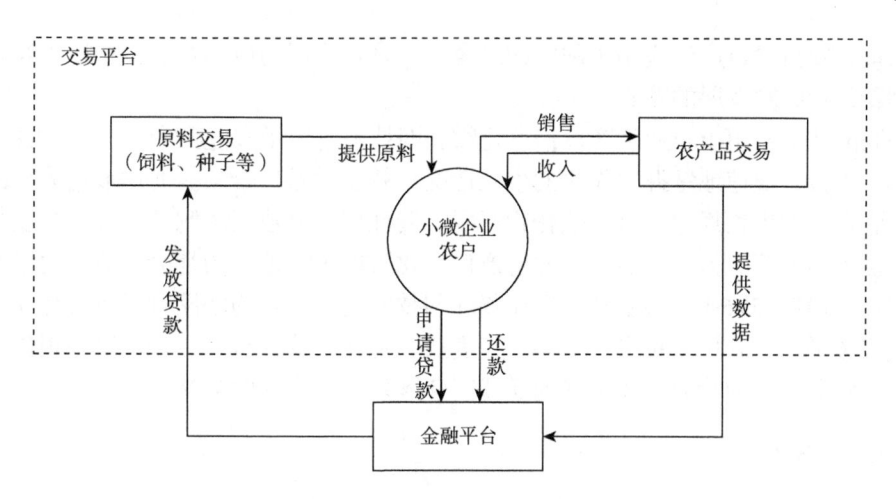

图 7-1 农业互联网金融模式

2015年中央一号文件中明确提到,"要主动适应农村实际、农业特点、农民需求""推动金融资源继续向'三农'倾斜",促进信贷总量增加、从根本上解决涉农贷款比例失衡的问题。可见农业金融体系一直存在漏洞,农户融资渠道狭窄,很难贷到资金。其实贷款难的主要原因是农资经销商信用较低,风险系数较高。互联网金融通过P2P借贷模式、农场众筹模式,将城市的闲散资金转移到农村地区,解决"三农"融资困难的问题,为"三农"的发展带来更多的资金支持。相较于传统金融的发展模式,互联网金融一方面能够改善农村金融基础条件,拓宽农村融资渠道,降低农村金融成本,提升农村金融机构绩效;另一方面可以缓解信息不对称,优化农村信贷配给,改善农村信用环境,健全风险分担机制。

农产品生产者与经营者可以利用农业与互联网相结合的发展模式,借助互联网的全面性、综合性、多样性、时效性特征及时获取市场动态,减少市场环境不确定性对农产品生产与经营产生的负面影响。农户只需连接互联网便可查询到有效信息,评估产品市场以及价格走向,了解国家在农业发展方面颁布的新政策,使农产品结构适时调整。同时,互联网的开放性让农民的思想逐渐转向现代化,在保障生态效益与产品质量的基础上,积极追求经济效益最大化,农户可利用互联网节约销售成本,通过网络平台加快产品流通速度。

7.4 物联网环境下的农业网络经济

互联网指的是网络与网络之间所串联成的庞大网络,而物联网是指通过各种信息采集技术,实时收集任何需要监控、连接、互动的物体或过程,实现物与物、物与人的泛在连接,实现对物品和过程的智能化感知、识别和管理。物联网是一个基于互联网、传统电信网等的信息承载体,它让所有能够被独立寻址的普通物理对象形成互联互通的网络。物联网的核心和基础仍然是互联网,然而其用户端延伸和扩展到了任何物品与物品之间进行信息交换和通信,也就是物物相联。物联网通过智能感知、识别技术与普适计算等通信感知技术，广泛应用于网络的融合中，是互联网的应用拓展。相比于互联网，应用创新是物联网发展的核心。

物联网技术应用于农业生产及信息化物联网技术应用于农业生产，一方面可以实时、大规模、直接、快速地掌握农作物的生长情况，并及时做出干预。通过数据的积累，逐渐掌握农作物的生长规律，打造依托物联网、云计算、大数据的智慧农业，是农业领域的一次巨大的变革。另一方面，农业生产信息化可以极大地节约社会资源，用于农副产品的流通、销售和农业金融服务。利用物联网技术建立符合物联网背景下智慧农业的新型农业服务平台，利用新技术渠道多、速度快、范围大等优点，更好地服务现代新型农业主体。农业主体的壮大又能很好地反哺服务体系，形成良性互补。

7.4.1 物联网大数据平台

传统农业的生产种植，更多的是个体的有限预测和决策，其销售过程中的信息闭塞也是制约农村农业经济发展的重要因素，因为市场供需关系的存在，农产品市场经常出现供过于求的情况，这就导致农产品价格"跳水"，农户经济遭受重大损失。而通过数据上云，物联网农业大数据将农产品生产过程的数据汇总分析，指导农业生产决策，可以大大缓解供求不平衡的局面。当数据采集量具有一定规模，大数据平台则可聚合各种信息，如消费者需求报告、农作物生产历史报告等，向农户提供市场分析协助，帮助其降低生产风险，提前规划生产销售，促进农业经济发展。

物联网大数据广泛应用于农业物联网中的大数据预测、远程控制、查询及预警等领域，并且使用传感器采集农业生产与发展中的大数据，为农业物联网的发展提供了数据参考。大数据技术作为智能社会的支撑技术，将推动农业信息化的发展，在农业物联网的应用中起着举足轻重的作用。

1. 农业数据综合管理平台

在互联网技术对传统农业的影响下，传感器、物联网、大数据、云计算技术在农业中均有发展和应用，其颠覆了传统手工劳作方式，打破了粗放式的生产模式，逐步向智慧化、数据化、自动化、精准化转变。物联网和大数据技术已经应用到农业播种、种植生产、灌溉收割、运输以及农产品加工和经销等环节。

1）农业大数据

大数据的数据分析挖掘，以及数据可视化，都可结合农业自身特点进行农业全产业化覆盖。农业大数据可划分为结构化和非结构化两类，其中包括土地信息数据，如土地位置、面积、高度等；环境信息数据，如气象数据、土壤湿度数据等；作物信息数据，如作物生长数据、病虫害数据等。

农业物联网通过高集成式、分布式和价格低廉的传感器节点来采集各种环境数据。其将采集的风向、土壤湿度、酸碱度、温度等数据通过无线传输模块实时发送至云平台或本地主机进行数据的清洗集成转换以及存储显示，并进行分析梳理以及决策优化。农户不仅可以完成足不出户的设备管理与操作，更能从农业大数据平台得到最优的操作建议反馈和完成灾难预测应对联动，使得农业生产过程更具智能化、精确化和实时化。

2）农业大数据技术的优势

农业大数据技术，首先带来的是自动化生产。通过各类传感器采集农业数据，如基本的实时环境数据和作物生产过程中各种指数数据，再将这些数据通过无线通信技术传输至本地主机或者云端数据中心。通过可视化操作系统，农户可以在本地客户端或移动客户端上实时查看生产情况。这些数据经过大数据技术的清洗、集成、转换等一系列操作，清除了传感器网络的数据冗余，通过可视化方式呈现在农户眼前。通过对作物生长的历史记录和实时数据进行分析，提高农户对种植面积、生产能力、产量以及天气情况和土壤温湿度的联合监测能力。更进一步地，通过数据处理挖掘，农业大数据系统可根据生产的实际状况和天气预测，实现农业生产的智能决策和自然灾害预警。农业大数据技术使农业生产过程更具科学性、计划性，对自然灾害的应对更具联动性，大大提高农业生产效率，降低自然灾害风险。

3）大数据农业资源综合管理平台

大数据农业资源综合管理平台是提供数据采集、数据分析、数据服务及可视化展示的大数据平台。平台依托农业物联网终端，获取大棚中农业生产基础数据（单品种植面积、定植时间），将抓取的互联网数据、录入数据汇集，再通过数据建模、综合分析，利用可视化展示技术，为农业部门各个主体决策提供全面、真实、准确的农业数据支撑，为农业指挥调度提供预警、决策等服务。

大数据农业资源综合管理平台建设的基础是各类农业物联网终端，这与互联网环境下的农业数据平台不同。通过设施农业物联网终端，进而获取农户的种植信息，统计运算形成每种作物种植面积及产量的时间、空间分布，通过对大数据农业资源综合管理平台的应用，指导农户调整种植计划，避免市场风险，优化种植结构，避免阶段性、结构性的供给过剩，形成合理的供给结构和供给节奏。

2. 物联网大数据对数字农业运营的管理方式

1）监控自然趋势

农业中的一个重要风险因素是那些人类无法控制的。大数据和物联网监控技术可以跟踪和预测各类风险事件。将过去和现在的数据输入系统，进行实时建模，通过有效的算法提取见解，科学有效地预测事件进而提高未来的产量。这可以为农民和供应链利益相关方节省大量资金，同时有助于促进分销模式和供应。

2）农产品供应跟踪

传统的农产品销售依赖于收购和分销体系，体系各个环节都无法准确预知农作物的产量和收获时间，外加消费者需求的变化，可能会导致严重的供需不平衡问题。而物联网大数据可以通过跟踪农产品销售路径，为农户和农业产业链其他主体提供农产品销售信息，从而指导农业生产和销售决策，缓解供需不平衡问题。

3）风险评估

传统风险评估需要进行农产品评估信息取样，该方法勘察识别的效率低，有效性不稳定，并且估值模型参数选择缺乏社会均衡的考量，而数据驱动的风险评估考虑了整个农业产业链，将各个决策或事件纳入风险模型当中，从而合理估计农产品价值。

4）提高农产品质量安全

设施农业物联网终端的应用可实时获取作物的种植环境等情况，为农产品品质溯源提供数据依据，让生产过程可视化、透明化、实时化，为农产品提供有力数据信用背书。利用大数据、移动互联网等技术，建立农产品质量安全监测信息管理平台，构建高速传输和泛在互联的全国农产品质量安全监测信息采集网络，对种植业、畜牧业、渔业相关数据进行可视化分析，实现监测方案在线编制、监测任务快速下达、检测结果快速上报、监测结果快速分析，为农产品质量安全监测与管理提供决策信息集成、技术支持、安全消费指导等服务。

5）农业生产水平标准化

目前我国农产品标准化程度不高是我国农业发展中遇到的最大问题，而物联网可以从生产环节彻底改造农业，使农业自动化、精准化、可追溯，减少人力，降低成本，并最终实现农产品生产的标准化。通过物联网、大数据等信息技术，在农业生产环境、生产过程以及农产品的流通、销售等环节中的广泛应用，推进我国农产品的标准化生产和全程控制。利用传感器感知技术、信息融合传输技术和互联网技术，构建农业生态环境监测网络，实现对农业生态环境的标准化控制和管理；在大田种植、设施农业、果园生产、畜禽水产养殖中，广泛应用物联网、云计算等信息技术，实现生产过程的全程控制以及智能化、科学化管理，提高农业生产的标准化水平。

大数据和农业物联网将极大地改变传统农业生产方式。随着各种观测技术、传感器技术，无线通信技术的发展，农业现代化进程加快，现代农业生产更趋于智慧化、产业化。随着技术进步，物联网技术和大数据技术在农业的应用更具普适性。应用传感器对动植物本体进行数据感知采集，应用观测技术对农业生产环境选取、生产设施建设进行评估，应用无线通信技术，提高农业物联网系统在不同地域的适用性，不仅保证了传感器网络的完善布置，也有助于数据的采集、汇总和分析。从农业生产到市场再到农产品管理，大数据技术为完善农业智能化监测体系，加强农业生产管理，提高数据实时监测和分析能力提供了有力支撑。利用农业大数据技术，使农业生产加工、存储运输、销售等环节形成产业链，在每一个环节都有大数据提供的智能决策，提高了智慧化农业的协调能力与控制能力。这种产业化链条的产生，不但增加农民的收入，增强农业企业的竞争力，而且还能保证农业标准化生产制度的推进和食品产品安全追溯制度的实行。

7.4.2 可追溯物联网电商

农产品食品安全问题一直是大众关注的焦点，由于生鲜产品的质量直接影响人体的健康安全，所以生鲜产品不同于其他类商品，它的商品体验性极强。随着农药残留、滥用催熟剂、违规使用防腐剂等各种食品安全事件的频发，人们对生鲜产品尤其是来自网络的生鲜产品更加不信任。而通过大数据技术，可实现农产品可追溯，保证食品安全。利用农业大数据平台，实现农产品各个阶段的可追踪性。将大数据和区块链技术相结合，从生产环境到施肥灌溉再到经销运输，每一个环节都可以实现记录，并且由区块链技术保证了信息的真实性。同时，通过大数据平台对全国的销售信息和物流运输信息的挖掘整合，可对农产品销售情况进行监测和预警，为农产品生产销售提供更加精确的信息服务，提高农产品利用率和流通性，降低农产品过剩和食源性疾病危害的可能性。

1. 可追溯物联网电商平台机制

1）第三方平台运转机制

第三方平台将溯源系统和电商结合，建立"农产品信任系统"和"电子商务云平台"，前端是以物联网为支撑并整合现有评价机制的信任体系，弥补流通环节信任缺陷，后端是可承接互联网用户的优质农产品电子商务。

2）安全信用机制

构建农产品生产企业质量安全信用评价指标体系，该体系包括两层评价因素，即第一层为包括企业资质、质量检测、产品追溯、消费者反馈 4 个因素的主因素层，第二层包括 14 个因子。该指标体系的建立为消费者和商家选择可信赖的产品提供了依据，为国家监督企业提供了帮助。应建立健全农产品安全信用体系的标准制定、征集机制、管理机制、评价和分类管理机制、运行机制、披露机制和救济机制等，建成一个比较完整的食品安全信用体系。

3）信息风险机制

建立有效的信息机制和风险机制，可以有效地对企业不法行为进行追溯，并对其进行惩罚和整治。信息机制包括信任记录和选择性信息披露，风险机制包括可感知风险和累积性惩罚。信息风险机制可以通过可感知风险与累积性惩罚来将那些准备从事不法生产的企业风险最大化，逐步地公布从事不法生产企业的非法信息和不信任记录，不断提高其继续从事不法行为的风险，最终达到控制其非法行为的目的。

4）认证标识机制

"晕轮效应"和"信息不对称"的存在使得消费者对农产品行业的所有品牌的质量信任程度普遍下降。目前，农产品品牌建设经验不足，大部分品牌只停留在标示层次，真正拥有知名度和价值的品牌很少。建立品牌首先要建立品牌信任，其中品牌信任包含品牌品质信任、品牌善意信任和品牌能力信任。并通过认证标识进一步提升农产品品牌能力信任和善意信任。

2. 可追溯系统在生鲜电商中的应用

1）流通环节

电商物流特征之一就是信息化，所以可追溯系统在生鲜电商物流领域的应用具有很多优势。使用可追溯系统的生鲜产品，在配送中心的收货环节，可直接用 PDA（personal digital assistant，个人数字助理）扫描订单产品，当信息相符时，便可直接入库。在终端也可以查询库存情况和货品存放的具体位置。利用 RFID + EPC[①]网络，货品数据在终端设备实时获取，因此直接在电脑中进行刷新，就可以确定账物是否相符，并可对账物不符情况进行深入分析，可显著减少盘点作业的频率和劳动量。在配送时，对已装好的车辆进行封签和换签，利用 GNSS+GIS 网络追踪配送车辆，可进行生鲜产品的运输追踪及

---

① EPC 为演进型分组核心（evolved packet core）。

道路导航以解决路上交通难题。

2）消费环节

在消费环节，可追溯系统在社会的不同层面发挥着不同的作用。应用可追溯系统的主要目的是，提高生鲜电商商品的可靠性和安全性。从政府管理机构层面来说，可追溯系统能够促进政府相应的立法和有关法律规范的实施，实现在电子商务这种新的市场形态下对消费者权益的保护。从消费者层面来说，消费者在收到来自电商的生鲜产品时，利用智能手机，直接扫描产品包装上的二维码标签，生鲜产品产于何时何地、经过哪些物流环节就能一目了然，快速有效地追溯了产品质量安全信息和源头信息，从而可以放心消费，提高用户体验。而对于问题产品，由于可追溯系统能够全程记录，使流通各环节责任明确，追责简单可操作，消费者可及时将信息反馈给商家，以保护自己的合法权益。

建设农产品电商平台的可追溯体系，是动员和组织相关主体，共同改善市场对农产品不信任状况，为农业现代化奠定新基础的重大举措。实现各环节信息可查询、来源可追溯、去向可跟踪、责任可追究，推进实现种子、农药、化肥等重要生产资料信息可追溯，为生产者、消费者、监管者提供农产品质量安全信息服务，促进农产品消费安全。农产品电商平台可追溯体系的应用，实现了提升平台品牌、消费者放心消费，通过追溯标识实现和平台的互动等功能，同时满足市场消费者对农产品质量安全的消费需求，以及消费者方便查询和政府监管的需要，达到了社会效益和经济效益双丰收。农产品电商平台应用可追溯体系是农业电商发展方式转变的大趋势，通过追溯产品达到产品的优质优价，促进农业电商平台的发展。

7.4.3 物联网金融模式

互联网金融在业务技术和经营方式上进行创新。例如，P2P、余额宝、阿里小贷等都基于互联网技术，在交易技术、渠道、方式和服务主体等方面进行了应用创新。互联网金融实现了信息流和资金流的二流合一，是虚拟世界和虚拟经济的融合，却没有改变金融机构的现行信用体系存在的根本问题——缺乏对实体企业的有效掌控。而物联网是一种建立在互联网上的泛化网络，通过传感器连接到互联网设备，再通过数据的收集进行分析和应用。物联网金融能在支付体系、信用体系、服务体系等，带来现有金融体系的升华。不同于虚拟世界的互联网，物联网的产生和发展是建立在实体世界已有的智能化、网络化基础之上的。物联网让虚拟经济从时间、空间两个维度上全面感知实体经济行为、准确预测实体经济的走向，让虚拟经济的服务和控制融合在实体经济的每一个环节中，推动金融模式的新革命——物联网金融。

物联网金融是指面向所有物联网的金融服务与创新，涉及各类物联网应用，它使金融服务由单纯面向"人"而延伸到整个社会物理世界，实现商业网络、服务网络的金融网络融合及金融服务自动化、智能化，可以创造出很多商业模式，推动金融产业发生重大变革。物联网金融实现资金流、信息流、实体流的三流合一，全面降低虚拟经济的风险，将深刻而深远地变革银行、证券、保险、租赁、投资等众多金融领域的原有模式。如果说互联网金融是平面的，物联网金融则是立体的；如果说互联网金融是普适性的，物联网金融则是差异化的。

1. 基于"物联网+区块链"的生鲜抵押贷款

生鲜农产品缺乏固定性、耐久性，保值增值性差，而其移动性较强，往往无法控制动产的去向、价值，存在太多的不确定性，造成无法可视、可信、可控，监管难度大，贷款的风险较大，难以为抵押物进行融资贷款。而基于"物联网+区块链"的融资模式，结合物联网、区块链和供应链系统，能实现交易过程中的信息共享。物联网系统对农产品进行智能化识别，全天候实时定位、跟踪、监控和管理，使农户和农业企业的资源可计量、可估价。同时区块链技术和供应链系统衔接客户的上下游，实现资金流、信息流、商流和物流的四流融合，使整个交易信息透明，不可篡改，提高了信息的可靠性，从而改变传统农业生鲜抵押贷款的困境。

首先，生鲜农产品监测阶段，利用 RFID、二维码、条形码等技术对生鲜农产品进行数字化标识，再通过 AI 摄像头、数字化台秤、耳标等终端、传感器来进行数据采集，其中用智能项圈、耳标来采集生鲜农产品的位置、活动量、体温等数据，使用这些数据来分析和监控生鲜农产品状态等。之后通过互联网打通合作平台与银行端的信息同步通道，使客户能从合作平台发起授信申请和融资申请。同时，银行端通过自主研发的动产质押融资业务系统，整合了银行内部的网贷平台系统、信贷风控类系统、押品管理类系统、影像系统、核算平台、区块链等各专业系统的功能模块输出至网银端，完成客户自助借还款、质押物出入库的全流程操作。其次，再与生鲜电商平台连接，依据农产品销售大数据，实时估计生鲜价值。

基于"物联网+区块链"的生鲜抵押贷款具备以下优点。

1）融合货物流、信息流、资金流，实现业务的全线上化

利用了物联网多维度、24 h 无间隙实时信息采集监控的特点，采集的监控数据作为银行提供融资业务真实可信的客观依据，与传统的主观信用体系相比更加客观可信。物联网监控数据作为业务开展过程中保留下来的一笔数据资产，通过大数据平台实时分析、核对，及时发现质押物的异常出入库行为，产生有效预警信息，为业务开展保驾护航。

2）区块链应用提升数据安全性

区块链技术的应用加强了物联网数据的真实性、可靠性，并通过物联网动产质押融资业务系统，将货物所有的流通、交易、运输、管理信息都刻在链上，打造了信息闭环，减少了信息不对称，解决了各方信任问题，提升了风控效能。

3）物联网智能预警、贷后管理

物联网监控数据作为生鲜抵押贷款开展保留下来的一笔数据资产，通过大数据平台实时分析、核对，及时发现质押物的异常行为，产生有效预警信息，为业务开展保驾护航。同时，进一步深化物联网应用场景，基于移动端实时查询区块链上的信息，从生鲜农产品状态、农产品市场行情和农产品估值展示质押物实时情况，减轻了盘库的工作量。

2. 农业设备融资租赁

传统的融资租赁业务中，往往根据承租方各个时期的财务报表等量化指标以及行业

所处周期、人的经验等定性指标，借助模型进行综合分析和判断。虽然这样的模式在一定程度上考虑了承租方本身的特点，然而面对农业诸多复杂敏感情况，如自然因素、信息不充分等因素，承租方的信息数据较难准确及时地获取。同时融资租赁业务中，违约情况一旦发生，传统的做法一般是借助法律对承租方进行追偿或者收回租赁物，再次变卖之后来弥补损失。然而，由于农业设备租赁的小规模、分散以及自身的特殊性，对农业机械的承租方追偿时间较长、费时费力，而租赁物的回收也更为不便。

物联网通过一定的物体网络化，感知分散的租赁物数据，并通过各种数据的交换和无缝连接，降低信息不充分等因素导致的信用风险，实现对农业设备的实时动态监控、连续跟踪管理和精准的风险控制决策，获取租赁物的工作量方面相关的数据信息，实现对承租方租金偿付能力的科学分析，以及承租方风险承受能力的实时分析，有效的风险预警措施能够保障交易活动的持续开展，降低客户道德风险带来的信用违约损失。此外，对租赁物进行远程监控，在租赁物被盗用或者使用不当等突发状况下，有效保证对租赁物的安全控制以及安全回收，降低业务损失。

物联网环境下农业设备融资租赁的常规系统的构建如下。

农业设备融资租赁系统前端为数据信息感知系统。根据监测的需求和实际情况，将位移传感器、速度传感器、偏转传感器、红外传感器等监测器件选择性地进行布置，同时整合内置天线，用于发送所采集到的数据，以及接收终端发送的指令，通过响应终端指令，实现对前端的远程控制。中端为通信传输通道。借助移动、电信或者联通公司的通信基站，对监测数据进行远距离传输，终端为反馈系统，包括LED显示和数据分析处理。终端平台在接收中端传输的数据信息后，借助计算机等高科技设备以安全存储和智能分析为目标，对其进行处理。

农资抵押贷款方面存在以下问题。

1）成本

物联网的引入令农业机械融资租赁业务提高业务效率的同时，也增加了相关成本，如数据的传输以及布设传感器所带来的成本增加。标的物的使用面向的是乡镇，这是资金分散、人均收入相对较低的地方。消费者对成本的承受能力较低，对其敏感度较高。而出租方也不可能独自承担该成本，不会将资金投放到成本相对偏高的领域。

2）传输安全性

借助移动网络等传输平台在提升便捷的同时也增加了数据传输的扩散性，使得其风险性也在一定程度上有所增加。此外，由于在终端通常要做到自适应性，以适应农机设备灵活、分散的特点，所以，一般借助无线网络进行数据交互，这种传递方式的私密性相比之下进一步降低。这些客观因素都直接影响到物联网技术在农业设备租赁中的安全、稳定。

3）风险

物联网引入农业机械融资租赁业务虽然可以进行风险管理，但也不能忽视一些随之而来的隐患，例如：客户有可能恶意篡改传感器数据，使得数据传输失真甚至失灵；传感器使用环境适用性方面的不足也会导致其检测的数据出现误差；对于检测到的数据，由于涉及承租方的信息，因此该类数据若被非法运用或盗用，则使得出租方与承租方都面临较大的风险。这方面的风险可以通过规范应用流程与制度以及改进技术进行控制。

【案例分析】

"猪联网"——"互联网+"养猪服务平台

针对我国养猪业存在的问题和弊端,某企业通过人工智能、移动互联网、物联网、云计算、大数据等技术手段与传统养猪业深度融合,创建了生猪产业大数据平台——"猪联网"。"猪联网"包含"猪服务"、"猪交易"和"猪金融"三个核心内容,不仅能够为养猪户、企业提供猪场智能化服务,也实现了与农信商城和农信金融的无缝对接,从而实现服务整个生猪产业链的目标,开创了"互联网+"时代的智慧养猪新模式。自上线以来,截至2019年底,"猪联网"平台年服务用户数高达230万人,年服务生猪数量超过5800万头,占全国生猪存栏量的10%,已成为我国服务养猪户最多、覆盖猪头数规模最大的"互联网+"养猪服务平台。

(1)猪服务。猪服务是融合物联网、智能设备、大数据、人工智能等新技术、新产品开发的猪场智能养殖管理平台,可为猪场提供生猪智能养殖管理、财务分析、生产管理、行情监测、猪病诊断、养猪知识学习等一系列服务,是养猪的平台化、智能化、远程化、情景化、数据化、互动化探索。具体包括利用物联网、云计算、大数据等技术实现猪场自动化设备与生猪生产环境互联互通的生猪智能管理系统;帮助企业优化工作流程、提升工作效率的猪场智能管理系统;面向全国的养殖户、经销商、兽医、技术员等提供猪病远程诊断服务的猪病通;为用户提供全国生猪价格、玉米和豆粕等大宗原料价格等信息的行情宝;以及为涉猪人群提供学习交流机会的养猪学堂。

(2)猪交易。猪交易是面向生猪产业链中生产资料生产企业、农资经销商、猪场、猪贸易商、屠宰场等各个生产经营主体的电商交易平台,包括农信商城和国家级生猪交易市场两部分。养殖户可从农信商城购买饲料、兽药、疫苗等投入品。国家级生猪交易市场可帮助用户买卖猪。

(3)猪金融。猪金融业务发展战略目标是基于农信云平台,为管理和交易中的生产资料生产企业、养殖户、经销商、贸易商、屠宰场,提供既不同于商业银行也不同于传统资本市场的第三种农村金融服务,建立行业内第一个可持续的农村普惠金融服务体系。"农信金融"通过SaaS(software as a service,软件即服务)软件获取的生产经营数据和农信商城获取的交易数据,以及公司近2万名业务人员对养殖户深度服务获取的基础信息,利用大数据技术建立农信资信模型,形成较强的信贷风险控制力,联合银行、保险、基金、担保公司、第三方支付机构等众多金融机构,为农业客户提供综合性金融解决方案。公司金融服务体系涵盖了征信、支付、理财、借贷、保险、融资租赁等产品。

第8章　数字农业质量管理

数字农业质量管理是在数字农业背景下对农产品全生命周期进行的质量管理。本章主要分为六部分，分别介绍质量管理、全生命周期质量管理、传统农业农产品全生命周期质量管理、数字农业农产品全生命周期质量管理、数字农业农产品全生命周期追溯体系与系统以及案例分析。

8.1　质量管理

8.1.1　质量及其特性

世界经济正向全球一体化的方向发展，国际市场的竞争日趋激烈。在市场竞争的五大要素即品种、质量、价格、服务和交货期中，决定竞争胜负的要素是质量。21世纪是质量的世纪，任何一个组织必须视质量为生命，以持续的质量改进作为永恒的目标。

1. 质量的概念

人类社会的安全与质量有着密切的关系。人们的日常安全和健康依赖于所制造出来的产品的质量。工业部门生产各种产品的能力又在很大程度上依赖于自动化加工系统的质量和可靠性，而这些自动化加工系统的质量和可靠性又在很大程度上取决于电力、通信、交通、计算机等系统的质量和可靠性。美国的质量管理专家约瑟夫·朱兰（Joseph M. Juran）在很早以前就说过："人们在质量大堤的保护下生活。"这一思想源于荷兰的海防大堤。荷兰有大约三分之一的国土低于海平面，这块土地赋予人们很大的恩惠，但也很危险，要利用好这块土地，就需要建造和维护巨大的海防大堤。朱兰的这句名言说明了质量就像海防大堤一样，可以给人们带来利益和幸福，一旦质量这个"海防大堤"出现问题，它同样也会给社会带来危害甚至灾难。既然质量对于人类社会这么重要，那么到底什么是质量呢？

人们对质量概念的认识是一个不断变化的过程。最早，质量的概念仅仅是"不出错"。质量概念的进一步发展是在第二次世界大战期间，首先是从军需产品开始的。军需产品一旦"出错"，就可能导致相当严重的后果。在这种情况下，质量概念发展为符合性。符合性就是对规范或要求的符合程度。美国的质量管理专家菲利浦·克劳士比（Philip Crosby）是质量管理研究的代表人物之一，他认为质量并不意味着好、卓越、优秀等，谈论质量只有相对于特定的规范或要求才是有意义的，合乎规范即意味着具有了质量，而不合格自然就是缺乏质量。这种"合格即质量"的认识对于质量管理的具体做法显然是很实用的，但其局限性也是显而易见的。仅仅强调规范、强调合格，难免会忽略顾客的需要，忽略企业存在的真正目的和使命，从而犯下本末倒置的错误。这种观点显然是站在生产厂家的角度来看质量的。

随着生产力的发展，后来又形成了另外一种与克劳士比的观点相对应的观点，这就是著名质量管理专家朱兰从顾客的角度出发，提出了著名的适用性观点。朱兰指出，适用性就是产品使用过程中满足顾客要求的程度，适用性概念普遍适用于一切产品或服务，对顾客来说质量就是适用性，而不仅仅是符合规范，最终用户很少知道"规范"是什么，质量对于最终用户而言就意味着产品在交货时或使用中的适用性。以上是分别从生产厂家和顾客的角度给出的两种质量概念。

正是在这些概念的基础上，才形成了目前得到国际标准化组织（International Organization for Standardization，ISO）共识的 ISO 9000 标准中的质量概念。2015 版 ISO 9000 标准将质量定义改为"产品和服务的质量不仅包括其预期的功能和特性，而且还涉及顾客对其价值和利益的感知"。

2. 质量特性

质量特性是指"产品、过程或体系与要求有关的固有特性"。

质量概念的关键是"满足要求"。这些"要求"必须是可以度量的标准，作为评价、检验和考核的依据。由于顾客的需求是多种多样的，因此反映质量的特性也应该是多种多样的。另外，不同类别的产品，质量特性的具体表现形式也不尽相同。产品的特性主要包含产品的性能、产品的寿命、产品的可信性、产品的安全性和产品的经济性。下面具体分析产品的这几方面的特性。

（1）性能。性能通常指产品在功能上满足顾客要求的能力，包括使用性能和外观性能。

（2）寿命。寿命是指产品能够正常使用的年限，包括使用寿命和储存寿命两种。使用寿命指产品在规定的使用条件下完成规定功能的工作总时间。一般地，不同的产品对使用寿命有不同的要求。储存寿命指在规定的储存条件下，产品从开始储存到规定的失效的时间。

（3）可信性。可信性是用于表述可用性及其影响因素（可靠性、维修性和保障性）的集合术语。产品在规定的条件下，在规定的时间内，完成规定的功能的能力称为可靠性。对机电产品、压力容器、飞机和那些发生质量事故会造成巨大损失或危及人身、社会安全的产品，可靠性是使用过程中主要的质量指标。维修性是指产品在规定的条件、时间、程序和方法等方面进行的维修、保持或恢复到规定状态的能力。保障性是指按规定的要求和时间，提供维修所必需的资源的能力。显然，产品具备上述"三性"时，必然是一个可信的产品。

（4）安全性。安全性指产品在制造、流通和使用过程中保证人身安全与环境免遭危害的程度。目前，世界各国对产品安全性都给予了最大的关注。

（5）经济性。经济性指产品寿命周期的总费用，包括生产、销售过程的费用和使用过程的费用。经济性是保证组织在竞争中得以生存的关键特性之一，是用户日益关心的一个质量指标。

3. 质量特性的分类

质量特性可分为真正质量特性和代用质量特性。真正质量特性是指直接反映用户需求的质量特性。一般地，真正质量特性表现为产品的整体质量特性，但不能完全体现在产品制造规范上，而且在大多数情况下，很难直接定量表示。因此，就需要根据真正质量特性（用户需求）相应确定一些数据和参数来间接反映它，这些数据和参数就称为代用质量特性。对于产品质量特性，无论是真正还是代用，都应当尽量定量化，并尽量体现产品使用时的客观要求。把反映产品质量主要特性的技术经济参数明确规定下来，作为衡量产品质量的尺度，这就形成了产品的技术标准。

产品技术标准，标志着产品质量特性应达到的要求，符合技术标准的产品就是合格品，不符合技术标准的产品就是不合格品。

另外，根据对顾客满意的影响程度不同，还可以将质量特性分为关键质量特性、重要质量特性和次要质量特性三类。关键质量特性是指若超过规定的特性值要求，会直接影响产品安全性或导致产品整机功能丧失的质量特性。重要质量特性是指若超过规定的特性值要求，将造成产品部分功能丧失的质量特性。次要质量特性是指若超过规定的特性值要求，暂不影响产品功能，但可能会引起产品功能逐渐丧失的质量特性。

8.1.2 质量管理概念

质量管理是指在质量方面指挥和控制组织的协调的活动。从定义中可知，组织的质量管理是指挥和控制组织与质量有关的相互协调的活动。它是以质量管理体系为载体，通过建立质量方针和质量目标，为实施规定的质量目标进行质量策划，实施质量控制和质量保证，开展质量改进等活动来实现的。组织在整个生产和经营过程中，需要对质量、计划、劳动、人事、设备、财务和环境等各个方面进行有序的管理。由于组织的基本任务是向市场提供符合顾客和其他相关方要求的产品，围绕着产品质量形成的全过程质量管理是组织各项管理的主线。所以质量管理是组织各项管理的重要内容，深入开展质量管理能推动组织其他的专业管理。

质量管理涉及组织的各个方面，是否有效地实施质量管理关系到组织的兴衰。组织的最高管理者在正式发布本组织的质量方针，确立组织质量目标的基础上，应认真贯彻有关质量管理原则，运用管理的系统方法来建立质量管理体系，并配备必要的人力和物力资源，开展各种相关的质量活动。另外，组织应采取激励措施激发全体员工积极参与，提高他们充分发挥才干的热情，造就人人做出应有贡献的工作环境，确保质量策划、质量控制、质量保证、质量改进活动的顺利进行。

质量管理的中心任务是建立、实施和保持一个有效的质量管理体系并持续改进其有效性。也就是，质量管理需要以有效的质量管理体系作为基础，并且需要不断地改进质量管理体系。

质量管理体系包括组织识别其目标以及确定实现预期结果所需过程和资源的活动。质量管理体系能够使最高管理者通过考虑其决策的长期和短期后果而充分利用资源，并且质量管理体系给出了在提供产品和服务方面处理预期和非预期后果所采取措施的识别方法。

因此，管理体系是指建立方针和目标并实现这些方针和目标的相互关联或相互作用的一组要素。组织建立管理体系应首先致力于建立相应的方针和目标，然后设计出为实现该方针和目标所需的一组相互关联和相互作用的基本单元。当然，这些相互关联和相互作用的要素应由一定的组织结构来承担。这就需要在组织内明确组织结构和职责，管理者提供必要的资源，规定开展各项活动的方法和途径。一个组织可以有若干个管理体系，如质量管理体系、环境管理体系和职业健康安全管理体系等。质量管理体系是组织若干个管理体系中的一个组成部分。它致力于建立质量方针和目标，并为实现质量方针和目标确定相关的组织机构、过程、活动和资源。质量管理体系由管理职责、资源管理、产品实现和测量、分析与改进四个过程组成。

8.1.3 质量管理发展史

质量管理是随着生产的发展和科学技术的进步而逐渐形成和发展起来的，它发展到今天大致经历了三个阶段。

1. 质量检验阶段

第二次世界大战之前，人们对质量管理的理解还只限于质量的检验。也就是说，通过严格的检验来控制和保证出厂或转入下一道工序的产品的质量。检验工作是这一阶段执行质量职能的主要内容。在由谁来检验把关方面，也有一个逐步发展的过程。在20世纪以前，生产方式主要是小作坊形式，那时的工人既是操作者，又是检验者，制造和检验的职能都集中在操作者身上，因此被称为"操作者质量管理"。20世纪初，科学管理的奠基人弗雷德里克·温斯洛·泰勒（Frederick Winslow Taylor）提出了在生产中应该将计划与执行、生产与检验分开的主张。于是，在一些工厂中建立了"工长制"，将质量检验的职能从操作者身上分离出来，由工长行使对产品质量的检验。这个变化强化了质量检验的职能，称为"工长质量管理"。随着科学技术和生产力的发展，企业的生产规模不断扩大，管理分工的概念就被提了出来。在管理分工概念的影响下，一些工厂便设立了专门的检验部门并配备专职的检验人员来对产品质量进行检验。质量检验的职能从工长身上转移给了质量检验员，称为"检验员质量管理"。

专门的质量检验部门和专职的质量检验员，使用专门的检验工具，业务比较专精，对保证产品质量起到了把关的作用。然而，质量检验部门也存在着许多不足，主要表现在：其一，对产品质量的检验只有检验部门负责，没有其他管理部门和全体员工的参与，尤其是直接操作者不参与质量检验和管理，就容易与检验人员产生矛盾，不利于产品质量的提高；其二，主要采取全数检验，不仅检验工作量大、检验周期长，而且检验费用高；其三，由于是事后检验，没有在制造过程中起到预防和控制作用，即使检验出废品，也已是既成事实，质量问题造成的损失已难以挽回；其四，全数检验在技术上有时变得不可能，如破坏性检验，判断质量与保留产品之间发生了矛盾。这种质量管理方式逐渐不能适应经济发展的要求，需要改进和发展。

2. 统计质量控制阶段

质量检验阶段存在的不足，促使人们进一步研究如何控制质量。1926年美国贝尔电话研究室研究员沃特·阿曼德·休哈特（Walter A. Shewhart）提出了"事先控制，预防废品"的观念，并且应用概率论和数理统计理论，发明了具有可操作性的质量控制图，用于解决事后把关的不足。随后，美国人道奇（H. F. Dodge）和罗米格（H. G. Romig）提出了抽样检验法，并设计了可以运用的抽样检验表，解决了全数检验和破坏性检验所带来的麻烦。但是，由于当时经济危机的影响，这些方法没有得到足够的重视和应用。

第二次世界大战爆发后，由于战争对高可靠性军需品的大量需求，质量检验的弱点严重影响军需品的供应。为此，美国政府和国防部组织了一批统计专家和技术人员，研究军需品的质量和可靠性问题，促使数理统计在质量管理中的应用，先后制定了三个战时质量控制标准。这些标准的提出和应用，标志着质量管理进入了统计质量控制阶段。

3. 全面质量管理阶段

全面质量管理阶段是从20世纪60年代开始的。促使统计质量控制向全面质量管理过渡的原因主要有以下几个方面。第一，科学技术的进步，出现了许多高、精、尖的产品，这些产品对安全性、可靠性等方面的要求越来越高，统计质量控制的方法已不能满足这些高质量产品的要求。第二，随着生活水平的提高，人们对产品的品种和质量有了更高的要求，而且保护消费者利益的运动也向企业提出了"质量责任"问题，这就要求质量管理进一步发展。第三，系统理论和行为科学理论等管理理论的出现和发展，对企业组织管理提出了变革要求，并促进了质量管理的发展。第四，激烈的市场竞争要求企业深入研究市场需求情况，制定合适的质量标准，不断研制新产品，同时还要做出质量、成本、交货期、用户服务等方面的经营决策。而这些均需要科学管理作指导，现代管理科学也就得到了迅速的发展。正是在这样的历史背景和社会经济条件下，美国的费根堡姆（A. V. Feigenbaum）和朱兰提出了"全面质量管理"的概念。1961年，费根堡姆出版了《全面质量管理》一书，其主要见解是：质量管理仅仅靠数理统计方法是不够的，还需要一整套的组织管理工作。质量管理必须综合考虑质量、价格、交货期和服务，而不能只考虑狭义的产品质量。产品质量有一个产生、形成和实现的过程，因此质量管理必须对质量形成的全过程进行综合管理，而不应只对制造过程进行管理。质量涉及企业的各个部门和全体人员，因此企业的全体人员都应具有质量意识和承担质量责任。

随着全面质量管理的发展，20世纪80年代国际标准化组织发布了第一个质量管理的国际标准 ISO 9000 标准。20 世纪 90 年代国际上又掀起了六西格玛管理（6σ management）的高潮。前者将质量管理形成标准，后者追求卓越的质量管理。

8.1.4 质量管理的基本原则

一个组织的基本任务是提供满足顾客和其他相关方的需要与期望的产品，并使他们满意，这是组织存在和发展的前提。随着世界范围产品竞争的日趋激烈，竞争的焦点最终将归结为产品质量的竞争,所以对企业和有关组织而言,实施质量管理显得越来越重要。管理原则主要包括以顾客为关注焦点、领导作用、全员参与、过程方法、管理的系统方法、持续改进、基于事实的决策方法和与供方互利的关系八个方面。这些管理原则是组织成功地实施质量管理,达到预期效果的指南。这些原则适用于所有类型的产品和组织,成为质量管理体系建立的基本原则。

1. 质量管理原则的作用

质量管理原则的作用主要分为以下三点。

第一,质量管理原则是 ISO 9000 族标准的理论基础。

第二,质量管理原则是组织的领导者进行质量管理的基本原则。

第三,质量管理原则可以指导审核员、咨询师、质量工作者学习、理解和掌握 ISO 9000 族标准。

2. 质量管理原则的主要内容

1)以顾客为关注焦点

质量管理的主要关注焦点是满足顾客要求并且努力超越顾客期望。"组织依存于顾客。因此,组织应当理解顾客当前和未来的需求,满足顾客要求并争取超越顾客期望。"

顾客是组织存在的基础,如果组织失去了顾客,就无法生存下去,所以组织应把满足顾客的需求和期望放在第一位,并将其转化成组织的质量要求,采取措施使其实现。同时还应测量顾客的满意度,处理好与顾客的关系,加强与顾客的沟通,通过采取改进措施,以使顾客和其他相关方满意。同时,由于顾客的需求和期望是不断变化的,也是因人因地而异的,因此需要进行市场调查,分析市场变化,以此来满足顾客当前和未来的需求并争取超越顾客的期望,以创造竞争优势。

2)领导作用

各级组织领导建立统一的宗旨和方向,并且创造全员积极参与的环境,以实现组织的质量目标。

最高管理者应建立体现组织总的质量宗旨和方向的质量方针与质量目标,应关注组织经营的国内外环境,制定组织的发展战略,规划组织的蓝图。质量方针应随着环境的变化而变化,并与组织的宗旨相一致。最高管理者还应将质量方针、目标落实到组织的各职能部门和相关层次,让全体员工理解和执行。

为了实施质量方针和目标,组织的最高管理者应身体力行,建立、实施和保持一个有效的质量管理体系,确保提供充分的资源,识别影响质量的所有过程,并管理这些过程,使顾客和相关方满意。

为了使建立的质量管理体系保持其持续的适宜性、充分性和有效性,最高管理者应亲自主持对质量管理体系的评审,并确定持续改进和实现质量方针、目标的各项措施。

3)全员参与

在整个组织内各级人员的胜任、被授权和积极参与是提高组织创造和提供价值能力的必要条件。"各级人员都是组织之本,只有他们充分参与,才能使他们的才干为组织带来收益"。

全体员工是每个组织的根本，人是生产力中最活跃的因素。组织的成功不仅取决于正确的领导，还有赖于全体人员的积极参与。所以应赋予各部门、各岗位人员应有的职责和权限，为全体员工创造一个良好的工作环境，激励他们的创造性和积极性，通过教育和培训，提高他们的才干和能力，发挥员工的革新和创新精神。共享知识和经验，积极寻求增长知识和经验的机遇，为员工的成长和发展创造良好的条件。只有这样才会给组织带来最大的收益。

4）过程方法

只有将活动作为相互关联、功能连贯的过程组成的体系来理解和管理，才能更加有效和高效地得到一致的、可预知的结果。

任何使用资源将输入转化为输出的活动即被认为是过程。组织为了有效地运作，必须识别并管理许多相互关联的过程，系统地识别并管理组织应有的过程，特别是这些过程之间的相互作用，称之为"过程方法"。在建立质量管理体系或制定质量方针和目标时，应识别和确定所需要的过程，确定可预测的结果，识别并测量过程的输入和输出，识别过程与组织职能之间的接口和联系，明确规定管理过程的职责和权限，识别过程的内部和外部顾客，在设计过程时还应考虑过程的步骤、活动、流程、控制措施、投入资源、培训、方法、信息、材料和其他资源等。只有这样才能充分利用资源、缩短周期，以较低的成本实现预期的结果。

5）管理的系统方法

把相互关联的过程作为系统加以识别、理解和管理，将有助于组织提高实现目标的有效性和效率。

一个组织的体系是由大量错综复杂、互相关联的过程组成的网络构成的。最高管理者要成功地领导和运作一个组织，须用系统和透明的方式进行管理，也就是对过程网络实施系统管理，帮助组织提高实现目标的有效性和效率。

管理的系统方法包括确定顾客的需求和期望，建立组织的质量方针和目标，确定过程及过程的相互关系和作用，明确职责和资源需求，确立过程有效性的测量方法并用以测量现行过程的有效性，防止不合格，寻找改进机会，确立改进方向，实施改进，监控改进效果，评价结果，评审改进措施和确定后续措施等。这种建立和实施质量管理体系的方法，既可用于建立新体系，也可用于改进现行的体系。这种方法不仅可提高过程能力及产品质量，还可为持续改进打好基础，最终使顾客满意和组织获得成功。

6）持续改进

成功的组织持续关注改进。"持续改进总体业绩应当是组织的一个永恒目标。"

组织所处的环境是在不断变化的，科学技术在进步，生产力在发展。人们对物质和精神的需求在不断提高，市场竞争日趋激烈，顾客的要求越来越高。因此组织应不断调整自己的经营战略和策略，制定适应形势变化的策略和目标，提高组织的管理水平，只有这样才能适应激烈的竞争和生存环境。持续改进是组织自身生存和发展的需要。

持续改进是一种管理的理念，是组织的价值观和行为准则，是一种持续满足顾客要求、增加效益、追求持续提高过程有效性和效率的活动。

持续改进应包括：了解现状，建立目标，寻找、实施和评价解决办法，测量、验证和分析结果,把它纳入文件等活动。其实质也是一种 PDCA[①]循环,从策划、计划开始,执行和检查效果,直至采取纠正和预防措施,将它纳入改进成果加以巩固。

7)基于事实的决策方法

基于数据和信息的分析与评价的决定,更有可能产生期望的结果。

成功的结果取决于活动实施之前的精心策划和正确决策。决策应采用准确的数据和信息,分析或依据信息做出判断是一种良好的决策方法。在对数据和信息进行科学分析时,可借助其他辅助手段。统计技术是最重要的工具之一。

应用基于事实的决策方法,首先应对信息和数据的来源进行识别,确保充分获得数据和信息的渠道,并能将得到的数据正确方便地传递给使用者,做到信息共享,利用信息和数据进行决策并采取措施。其次用数据说话,以事实为依据进行决策。以事实为依据能够减少决策的失误,提高决策的正确率。

8)与供方互利的关系

为了持续成功,应该加强组织与供方的互利关系。互利的关系可增强双方创造价值的能力。

供方提供的产品将对组织向顾客提供满意的产品产生重要的影响。因此应把供方、协作方、合作方都看作组织经营战略同盟中的合作伙伴,形成共同的竞争优势,可以优化成本和资源,有利于组织和供方共同得到利益。

组织在形成经营和质量目标时,应及早让供方参与,帮助供方提高技术和管理水平,形成休戚相关的利益共同体。

因此,需要组织识别、评价和选择供方,处理好与供方或合作伙伴的关系,与供方共享技术和资源,加强与供方的联系和沟通,采取联合改进活动,并对其改进成果进行肯定和鼓励,这都有助于增强供需双方创造价值的能力和对变化的市场做出灵活与迅速反应的能力,从而达到优化成本和资源的目的。

8.2 全生命周期质量管理

8.2.1 全生命周期的概述

1. 全生命周期的由来与发展

生命周期有广义和狭义之分。狭义指生物体从出生、成长、成熟、衰退到死亡的全部过程。广义是狭义的延伸和发展,泛指自然界和人类社会各种客观事物的阶段性变化及其规律。对于某个产品而言,就是从自然中来再回到自然中去的全过程,也就是既包括制造产品所需要的原材料的采集、加工等生产过程,也包括产品储存、运输等流通过程,还包括产品的使用过程以及产品报废或处置等废弃回到自然的过程,这个过程构成了一个完整的产品生命周期。这个过程也可称为产品的全生命周期。

[①] PDCA 是英语单词 plan(计划)、do(执行)、check(检查)和 act(处理)的第一个字母。PDCA 循环就是按照这样的顺序进行质量管理,并且循环不止地进行下去的科学程序。

关于全生命周期的分析起源于 20 世纪 70 年代的能源危机，如今已经被广泛应用于各方面的研究。综观全生命周期的分析研究历程，其发展可以分为以下阶段。

20 世纪 70 年代初期，该研究主要集中在包装废弃物问题上，如美国中西部研究所对可口可乐公司的饮料包装瓶进行评价研究，该研究从原材料采掘到废弃物最终处置，进行了全过程的跟踪与定量研究，揭开了生命周期评价的序幕。

20 世纪 70 年代中期，研究的焦点集中在能源问题和固体废弃物方面。欧洲、美国一些研究和咨询机构依据相关的思想，探索了有关废物管理的方法，研究污染物排放、资源消耗等潜在影响，推动了生命周期评价（life cycle assessment，LCA）向前发展。

20 世纪 80 年代，"尿布事件"在美国某州引起了人们的关注。"尿布事件"就是禁止和重新使用一次性尿布引发的事件。由于一次性尿布的大量使用，产生了大量的固体垃圾，填埋处理这些垃圾需要大量的土地，环境压力很大，于是美国国会颁布法律禁止使用一次性尿布而改用多次性尿布，然而多次性尿布的洗涤，增加了水资源和洗涤剂消耗量，不仅加剧了该州水资源供需矛盾，而且加大了水资源污染，该州运用生命周期的思想对使用还是禁止一次性尿布进行了重新评估，评估结果表明，使用一次性尿布更加合理，一次性尿布得以恢复使用。"尿布事件"是生命周期评价比较典型的例子之一，影响较大。

由于环境问题的日益严重，不仅影响经济的发展，而且威胁人类的生存，人们的环境意识普遍高涨，生命周期评价获得了前所未有的发展的机遇。

1990 年 8 月，国际环境毒理学与化学学会在有关生命周期评价的国际研讨会上，首次提出了"生命周期评价"的概念，并成立了生命周期评价顾问组，负责生命周期评价方法论和应用方面的研究。从 1990 年开始，国际环境毒理学与化学学会已在不同国家和地区举办了二十多期有关生命周期评价的研讨班，发表了一些具有重要指导意义的文献，对生命周期评价方法论的发展和完善以及应用的规范化做出了巨大的贡献。

国际标准化组织 1993 年 6 月成立了负责环境管理的技术委员会，负责制定生命周期评价标准。继 1997 年发布了第一个生命周期评价国际标准 ISO 14040《生命周期评价原则与框架》后，先后发布了 ISO 14041《生命周期评价目的与范围的确定，生命周期清单分析》、ISO 14042《生命周期评价生命周期影响评价》和 ISO/TR 14049《生命周期评价 ISO 14041 应用示例》。

2. 产品生命周期

20 世纪 50 年代，乔尔·迪安（Joel Dean）在他的关于有效定价政策的讨论中采用了"产品生命周期"（product life cycle，PLC）的概念。他阐述了市场开拓期、市场扩展期和成熟期等阶段，这是对产品从进入市场到被淘汰退出市场的全部运动过程的理论分析。1965 年，西奥多·莱维特（Theodore Levitt）在发表于《哈佛商业评论》上的《利用产品生命周期》一文中对这一概念给予了高度的肯定。产品生命周期是一个多义的理论概念。

1966 年，美国经济学家雷蒙德·弗农（Raymond Vernon）在《产品生命周期中的国际投资与国际贸易》中提出了产品生命周期理论。从产品生产的技术变化出发，分析了产品的生命周期以及对贸易格局的影响。他认为，制成品和生物一样具有生命周期，新产品引入阶段是指在市场上推出新产品，产品销售呈缓慢增长状态的阶段。成长阶段是指产品在市场上迅速为顾客所接受、销售额迅速上升的阶段。成熟阶段是指大多数购买者已经接受该项产品，市场销售额缓慢增长或下降的阶段。衰退阶段是指销售额急剧下降、利润渐趋于零的阶段。

1) 产品生命周期各阶段的特点与营销策略

A. 引入期的特点与营销策略

产品在引入期呈现如下市场特点：①消费者对该产品不了解，大部分顾客不愿放弃或改变以往的消费行为，因此产品的销售量小，而单位产品成本相应较高；②尚未建立理想的营销渠道和高效率的分配模式；③价格决策难以确立，高价可能限制了购买，低价可能难以收回成本；④广告费用和其他营销费用开支较大；⑤产品技术、性能还不够完善；⑥利润较少，甚至出现经营亏损，企业承担的市场风险最大。但这个阶段市场竞争者较少，企业若建立有效的营销系统，便可以将新产品快速推进引入阶段，进入市场发展阶段。根据上述特点，引入期一般有四种可供选择的策略，如图 8-1 所示。

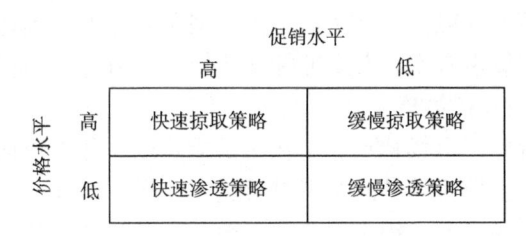

	促销水平 高	促销水平 低
价格水平 高	快速掠取策略	缓慢掠取策略
价格水平 低	快速渗透策略	缓慢渗透策略

图 8-1　引入期产品营销策略

根据产品在引入期的市场特点，可采用如下策略。①快速掠取策略，即以高价格和高促销推出新产品。实行高价格是为了在每一单位销售额中获取最大的利润，高促销水平是为了引起目标市场的注意，加快市场渗透。成功地实施这一策略，可以赚取较大的利润，尽快收回新产品开发的投资。实施该策略的市场条件是：市场上有较大的需求潜力；目标顾客具有求新心理，急于购买新产品，并愿意为此付出高价；企业面临潜在竞争者的威胁，需要及早树立品牌。②缓慢掠取策略，即以高价格、低促销水平将新产品推入市场。高价格和低促销水平结合可以使企业获得更多利润。实施该策略的市场条件是：市场规模相对较小，竞争威胁不大；市场上大多数用户对该产品没有过多疑虑；适当的高价能为市场所接受。③快速渗透策略，即以低价格和高促销水平推出新产品。目的在于先发制人，以最快的速度打入市场，该策略可以给企业带来最快的市场渗透率和最高的市场占有率。实施这一策略的条件是：产品市场容量很大；潜在消费者对产品不了解，且对价格十分敏感；潜在竞争比较激烈；产品的单位制造成本可随生产规模和销售量的扩大迅速下降。④缓慢渗透策略，即以低价格和低促销水平推出新产品。低价是为了促使市场迅速地接受新产品，低促销水平则可实现更多的净利。企业坚信该市场需求价格弹性较高，而促销弹性较小。实施这一策略的基本条件是：市场容量较大；潜在顾客乐于了解或已经了解此项新产品且对价格十分敏感；有相当的潜在竞争者准备加入竞争行列。

B. 成长期的特点与营销策略

产品在成长期呈现如下市场特点：①消费者对新产品已经熟悉，销售量增长很快；②大批竞争者加入，市场竞争加剧；③产品已定型，技术工艺比较成熟；④建立了比较理想的营销渠道；⑤市场价格趋于下降；⑥为了适应竞争和市场扩张的需要，企业的促销费用水平基本稳定或略有提高，但占销售额的比率下降；⑦由于促销费用分摊到更多销量上，单位生产成本迅速下降，企业利润迅速上升。

根据产品在成长期的市场特点，可采用如下策略。①根据用户需求和其他市场信息，不断提高产品质量，努力发展产品的新款式、新型号，增加产品的新用途。②加强促销环节，树立强有力的产品形象。促销策略的重心应从建立产品知名度转移到树立产品形象上；主要目标是建立品牌偏好，争取新的顾客。③重新评价渠道、选择决策，巩固原有渠道，增加新的销售渠道，开拓新的市场。④选择适当的时机调整价格，以争取更多顾客。

企业采用上述部分或全部市场扩张策略，会加强产品的竞争能力，但也会相应地加大营销成本。因此，在成长阶段面临着"高市场占有率"或"高利润率"的选择。一般来说，实施市场扩张策略会减少眼前利润，但加强了企业的市场地位和竞争能力，有利于维持和扩大企业的市场占有率。从长期利润观点看，高市场占有率更有利于企业发展。

C. 成熟期的特点与营销策略

产品在成熟期呈现如下市场特点。①在成长成熟期，各销售渠道基本呈饱和状态，增长率缓慢上升，还有少数后续的购买者继续进入市场。②在稳定成熟期，由于市场饱和，消费平稳，产品销售稳定，销售增长率一般只与购买者人数成正比，如无新购买者则增长率停滞或下降。③在衰退成熟期，销售水平显著下降，原有用户的兴趣已开始转向其他产品和替代品；全行业产品出现过剩，竞争加剧，一些缺乏竞争能力的企业将渐渐被取代，新加入的竞争者较少；竞争者之间各有自己特定的目标顾客，市场份额变动不大，突破比较困难。

根据产品在成熟期的市场特点，可采用如下策略。

第一，市场改良策略。也称市场多元化策略，即开发新市场，寻求新用户。这时公司可以使用以下三种策略：①努力使顾客更频繁地使用该产品。例如，有些洗发水的包装上标明适合每天使用。②努力使用户在每次使用时增加该产品的使用量。例如，洗发水厂商可以给用户暗示，每次使用时清洗两次比一次更有效。③努力发现该产品的各种新用途。

第二，产品改良策略。也称"产品再推出"，是指改进产品品质或服务后再投放市场。包括：①质量改进，即在产品的功能特性上进行改良，例如彩电厂家在画面的清晰度、立体声效果以及电磁辐射程度等方面所做的改善。②特点的改进，指注重产品的新特点，如尺寸、重量、材料、附件等，扩大产品的多功能性、安全性或便利性，如移动通信服务商为手机用户提供上网定制资讯的服务。产品的新特点通常能被迅速采用、迅速丢弃，因此只要花很少的费用就可供选择。但是由于特点改进很容易模仿，有时会得不偿失。③样式改进，即在产品的美学方面进行改良，如服装业经常推出新的流行款式。假如产品主要是以性能进行归类，企业应当设法取得高水平的产品性能优势，以保持持续的领先地位。

第三，营销组合改良，即通过改变定价、销售渠道及促销方式来延长产品成熟期。

D. 衰退期的特点与营销策略

产品在衰退期呈现的市场特点主要包括：①产品销售量由缓慢下降变为迅速下降，消费者的兴趣已完全转移；②价格已下降到最低水平；③多数企业无利可图，被迫退出市场；④留在市场上的企业逐渐减少产品附带服务，削减促销预算，以维持最低水平的经营。

根据产品在衰退期的市场特点，可采用如下策略。①集中策略，即把资源集中使用在最有利的细分市场、最有效的销售渠道和最容易销售的品种、款式上。简言之，缩短战线，以最有利的市场赢得尽可能多的利润。②维持策略，即保持原有的细分市场和营销组合策略，把销售维持在一个低水平上。待到适当时机，便停止该产品的经营，退出市场。③榨取策略，即大幅度降低销售费用，如广告费用削减为零、大幅度精简推销人员等，虽然销售量有可能迅速下降，但是可以增加眼前利润。

2）农产品市场生命周期各个阶段的特点及营销策略

A. 农产品市场引入期的特点及营销策略

引入期是农产品进入市场的最初阶段，其主要特点是：①生产批量小，制造成本高；②营销费用高；③销售数量少；④产品的价格偏高。

根据引入期产品的特点，企业要积极收集市场对新投入的农产品的反应，疏通销售渠道，千方百计打开销路。可以采取以下策略：①利用现有产品提携支持；②利用特殊手段诱使试用；③利用特殊手段诱导消费；④使中间商经销；⑤利用其他促销手段；⑥采取高品质、高价格策略。

B. 农产品市场成长期的特点及营销策略

成长期是农产品市场生命周期的第二个阶段，具有明显的特征：产品销势强劲，经营成果令人瞩目。农产品已被广大消费者采用，销售势头良好，销售额大幅度上扬。成长期单个农产品的进销差价虽不及引入期的单个农产品，但是销售额大幅度上扬，且单个农产品的经营利润仍保持在一定的额度上，因而市场上该类农产品的绝对利润大大超过引入期的绝对利润，厂家和商家在经营处于这一时期的产品时，一般都可以获得丰厚的利润。农产品质量日趋稳定，企业已经形成规模化生产，农产品经过引入期的不断改进和完善，其质量开始逐渐提高，在进入成长期后，农产品已基本定型。由于农产品已被大多数消费者所接受，因此市场需求量明显提高，为充分满足广大消费者的需要，各家企业开始投入批量生产，其中部分企业已经形成规模化生产能力，并取得良好的规模效益。市场竞争日趋激烈，产销的垄断性基本消除。处于成长期农产品的生产和经营应不再是独家占有，并开始形成多家企业竞争的格局。由于丰厚利润的吸引，"多头竞争"的局面愈演愈烈，引入期的那种产销方面的垄断被竞争所代替。

农产品处于成长期要求企业稳定产品质量，扩大生产能力，组织好销售工作。其具体策略如下。①改良农产品品质。根据用户需求与建议不断改进农产品性能，提高农产品质量；增加品种，力求创造出新的特色。②扩展销售农产品市场。如扩大推销范围；采取多种包装推广新用途；增加经销店和销售渠道；在适当时间降低价格，以吸引对价格敏感的潜在顾客。③提高商标地位。采用注册商标，取得商标专用权；改变广告宣传重点，由介绍农产品转向树立农产品形象；争取创立名牌农产品和争取新老顾客。④巩固销售渠道的地位，加强与销售渠道的联系。

C. 农产品市场成熟期的特点及营销策略

成熟期是农产品市场生命周期的一个"鼎盛"时期，它的前半期销售额逐渐上扬而达到最高峰，在稳定一个相对短暂的时期后，销售额开始缓慢回落，这时便进入了一个转折时期，即成熟期的后半期。由于成熟期既是农产品市场生命周期中的"极盛"和"巅峰"时期，同时又是一个由"盛"到"衰"的转折时期，因此，成熟期的农产品特点集中体现在以下几个方面。①农产品结构基本定型，技术成熟的厂家在研制、生产出新的农产品后，将其投入市场，经过引入期、成长期的试销和成批销售，厂家从反馈中得到有关农产品的信息，并对农产品结构进行了多次调整，进而使农产品结构定型的同时，在较长时间的试制和批量生产过程中，厂家已经积累了许多宝贵的经验，其技术日趋完善与成熟。正因为如此，成熟期的产品在性能及质量方面再度改进的余地已经不大。②农产品销售额在逐渐达到顶峰后开始缓慢回落。成熟期农产品对广大消费者来说已属半新半旧产品，相当一部分人已经购买和使用过这类农产品。他们在使用这类农产品时，已对农产品的质量有所了解，并大胆地进行重复购买，从而大幅度提高了购买量，致使销售额在成熟期的前半期达到顶峰。但是在成熟期的后半期，市场上已经开始出现同类型的农产品，从而使成熟期相同类型的半新半旧农产品的购买量减少下来，因此，成熟期是由"盛"转"衰"的转折时期。③农产品价格差距不大，竞争处于"白热化"状态。成熟期的农产品生产厂家众多，其技术水平和生产成本趋于平衡，因此，农产品销售价格差距不大，从而导致市场竞争处于"白热化"状态。④企业经营状况不尽如人意，利润开始下降，激烈的市场竞争使企业的宣传费用增加，加之库存农产品的积压，资金周转速度缓慢，所付出的银行利息开始增加，企业的利润开始下降，其经营前景不容乐观。

成熟期的长短直接影响农产品获得经济效益的大小，企业要千方百计努力延长农产品成熟期的时间。可采取的策略如下。①农产品改革，也称农产品再推出。此种策略有性能改良，如增加适应性、方便性；有形态改良，如提高农产品的外形美。以产品自身的改变来满足消费者的不同需要。②市场改革，此种策略不是要改变农产品本身，而是寻找尚未采用本产品的新市场或市场中的新部分，增加农产品新的用途，创造新的消费方式等，以使农产品的销售得以扩大。③市场组合改革。这是指通过改变产品的定价、销售渠道和促销方式等因素来增加产品的销售量，延长市场在成熟期的生命力。

D. 农产品市场衰退期的特点及营销策略

农产品进入衰退期会呈现以下特点。①农产品陈旧，而且日趋"老化"。当某种农产品进入衰退期时，有一些较早开发出来的新产品已经跨过短暂的引入期，进入了成长期，这些较新的产品不仅吸引了广大消费者的注意力，而且事实上已经占据了同类产品市场的大部分份额。就此而言，处于衰退期的产品早已无旺盛的"生命"可言。②农产品的销售量急剧下降。由于大部分消费者已经对衰退期的农产品不感兴趣，这一时期购买者的急剧减少导致农产品销售量开始严重下滑。③利润明显下降，部分企业出现了亏损。由于农产品销路受阻，企业库存出现严重积压，资金周转速度明显下降。这些因素导致企业成本大幅度上升，利润明显下降，部分企业开始出现亏损。④大幅度削价处理库存产品。为了尽量减少损失，企业开始大幅度削价处理产品，从而造成亏损。

面对处于衰退期的农产品，厂商需要认真研究分析，决定采取什么策略，在什么时间退出市场，可采取的策略如下。①继续经营策略。企业继续使用过去的营销策略直到该产品完全退出市场。在目标市场价格、分销渠道、促销活动等方面保持原状。②集中策略。企业把能力资源集中在最有力的子市场和渠道上，放弃那些没有盈利机会的市场，缩短经营路线，从中获取利润。③放弃策略。当企业现有农产品并无潜在市场机会或新一代产品已经上市并且前途被看好时，应该当机立断放弃老产品，把企业的生产条件、经营渠道、广告宣传等转移到新产品上，为新产品进入市场成长期准备条件。

8.2.2 全生命周期质量管理的主要内容

全生命周期质量管理是指在全生命周期各个不同的阶段进行的全面质量管理。全生命周期质量管理的主要内容包括设计试制过程中的质量管理、生产制造过程中的质量管理和产品使用过程中的质量管理。

1. 设计试制过程中的质量管理

设计试制过程是指产品正式投产前的全部开发研制过程，包括调查研究、制订方案、产品设计、工艺设计、试制、试验、鉴定以及标准化工作等内容。

设计试制过程是产品质量最早的孕育过程。搞好开发、研究、设计、试制试验，是提高产品质量的前提。产品设计质量"先天"地决定着产品质量，在整个产品质量产生、形成过程中居于首位。设计质量是以后制造质量必须遵循的标准和依据，而制造质量则要完全符合设计质量的要求；设计质量又是最后使用质量必须达到的目标，而使用质量则是设计质量、制造质量完善程度的综合反映。如果开发设计过程的质量管理薄弱，设计不周铸成错误，这种"先天不足"，必然带来"后患无穷"，不仅严重影响产品质量，还会影响投产后的一系列工作，造成恶性循环。因此，设计试制过程中的质量管理，是全面质量管理的起点，是企业质量体系中带动其他各个环节的首要一环。

（1）设计试制过程质量管理的任务。设计试制过程中质量管理的任务主要包括以下两个方面。①根据对使用要求的实际调查和科学研究成果等信息，保证和促进设计质量，使研制的新产品或改进的老产品具有更好的使用效果，有更好的适用性。②在实现质量目标、满足使用要求的前提下，还要考虑现有生产技术条件和发展可能，研究加工的工艺性，要求设计质量易于得到加工过程的保证，并获得较高的生产效率和良好的经济效益。由上述可见，设计试制过程的质量主要体现在所设计的产品满足用户要求的程度，以及与企业加工制作水平相适应状况两个方面。

（2）设计试制过程质量管理工作的具体内容。为了保证设计质量，设计试制过程的质量管理一般要着重做好八项工作：①根据市场调查与科技发展的信息资料制定质量目标；②保证先行开发研究工作的质量；③根据方案论证，验证试验资料，鉴定方案论证的质量；④审查产品设计质量（包括性能审查、一般审查、计算审查、可检验性审查、可维修性审查、互换性审查、设计更改审查等）；⑤审查工艺设计质量；⑥检查产品试制、鉴定质量；⑦监督产品试验质量；⑧保证产品最后定型质量；等等。

企业应组织质量管理部门专职或兼职人员参与上述方面的质量保证活动，落实各环节的质量管理职能，以保证最终的设计质量。在保证产品设计质量的前提下，还应尽量节约设计质量费用，提高经济效益。为此，要从产品质量水平的变化同所发生的费用、成本的变化等方面进行经济分析，选择质量与质量保证费用的"最佳点"。

2. 生产制造过程中的质量管理

产品正式投产后，能不能保证达到设计质量标准，在很大程度上取决于制造部门技术能力以及生产制造过程的质量管理水平。生产制造过程中的质量管理，重点要抓好以下四项工作。

（1）加强工艺管理。严格工艺纪律，全面掌握生产制造过程的质量保证能力，使生产制造过程经常处于稳定的控制状态，并不断进行技术革新，改进工艺。为了保证工艺加工质量，还必须认真搞好文明生产，合理配置工位器具，保证工艺过程有一个良好的工作环境。

（2）组织好技术检验工作。为了保证产品质量，必须根据技术标准，对原材料、半成品、产成品以及工艺过程质量进行检验，严格把关，保证做到不合格的原材料不投产，不合格的制品不转序，不合格的半成品不使用，不合格的零件不装配，不合格的产成品不出厂也不计算产值、产量。质量检验的目的不仅要挑出废品，还要收集和积累大量反映质量状况的数据资料，为改进质量、加强质量管理提供信息。

（3）掌握好质量动态。为了充分发挥生产制造过程质量管理的预防作用，就必须系统地掌握企业、车间、班组在一定时期内质量的现状及发展动态。掌握质量动态的有效工具是对质量状况进行综合统计与分析。

这种综合统计与分析，一般是按规定的某些质量指标来进行的。这种指标有两类：①产品质量指标，如产品等级率、寿命等；②工作质量指标，如废品率、返修率等。

为了有效地做好质量状况的综合统计与分析，要建立和健全质量的原始记录。合格品的转序、缴库，不合格品的返修、报废，都要有记录、有凭证，并由质量检验人员签证。根据原始记录定期进行汇总统计，有关部门对质量变动原因做出分析，使企业各级领导和员工及时掌握质量动态。

（4）加强不合格品管理。产品质量是否合格，一般是根据技术标准来判断的，符合标准的为合格品，否则为不合格品。在不合格品中，又可以分为两类：一类属于不可修复的；另一类属于可以修复的。不可修复的不合格品就是废品，可修复的不合格品中包括返修品、回用品、代用品（即只能降级使用或做另外用途的产品）等，它也会造成工时、设备等浪费。从质量管理的观点看，不仅要降低明显的废品数量，更要降低整个不合格品的数量。

3. 产品使用过程中的质量管理

产品的使用过程是考验产品实际质量的过程，它既是企业质量管理的归宿点，又是企业质量管理的出发点。产品的质量特性是根据客户使用要求而设计的，产品实际质量的好坏，主要看客户的评价。因此，企业的质量管理工作必须从生产过程延伸到使用过程。产品使用过程中的质量管理，主要应抓好以下三个方面的工作。

（1）积极开展技术服务工作。对客户的技术服务工作，通常可采用以下几种形式：①编制产品使用说明书；②采取多种形式传授安装、使用和维修技术，帮助培训技术骨干，解决使用技术上的疑难问题；③提供易损件制造图样，按客户要求，供应客户修理所需的备品、配件；④设立维修网点，有的要做到服务上门；⑤对复杂的产品，应协助客户安装、试用或负责技术指导。

（2）进行使用效果与使用要求的调查。为了充分了解产品质量在使用过程中的实际效果，企业必须经常进行客户访问或定期召开客户座谈会。加强工商衔接、产销挂钩。通过各种渠道，对出厂产品使用情况进行调查，了解本企业产品存在的缺陷和问题，及时反馈信息，并和其他企业、其他国家的同类产品进行比较，为进一步改进质量提供依据。

（3）认真处理出厂产品的质量问题。对客户反映的质量问题、意见和要求，要及时处理。即使是属于使用不当的问题也要热情帮助客户掌握使用技术。属于制造的问题，不论外购件或自制件，统一由客户服务部门负责包修、包换和包退。由于质量不好，保修期内造成事故的，企业还要赔偿经济损失。

8.3 传统农业农产品全生命周期质量管理

本节内容主要介绍传统农业农产品全生命周期分析、传统农业农产品质量管理和传统农业农产品全生命周期质量管理存在的问题。

8.3.1 传统农业农产品全生命周期分析

农产品生命周期，是指农产品从生产到餐桌的全过程，这个过程构成了一个农产品完整的生命周期。依据这一定义，农产品生命周期可分为生产、经营、运输与销售四个时期（图8-2），其中，经营、运输与销售期都涉及包装与储存内容。

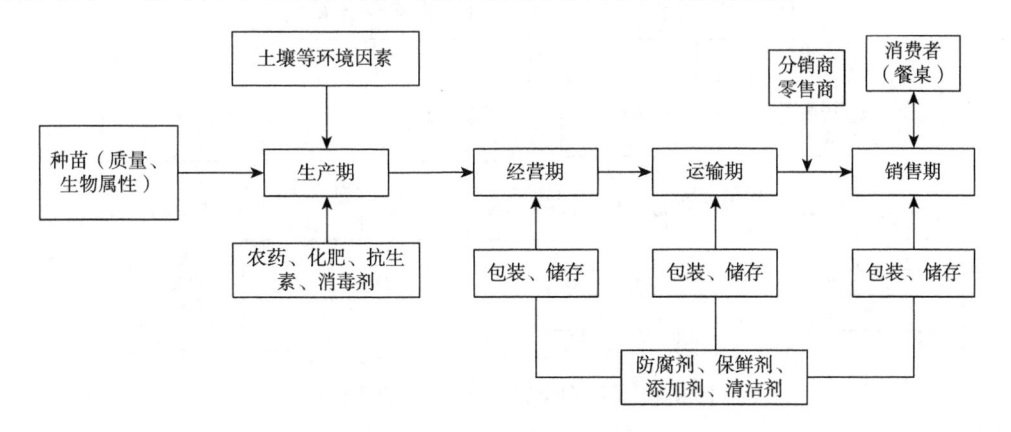

图 8-2 农产品的全生命周期

其中，在生产方面，传统农业主要以人工的方式耕种养殖。在作物生长期间，主要以人工的方式，进行施肥、除草、杀虫等环节。在经营环节，大部分农民会选择通过中间商的方式，把农产品销售给商家。商家根据市场的需求对农产品进行分拣分级、冷藏、加工、包装和储存。在此过程中，商家会根据农产品的性质特点对农产品进行保鲜保质，防止在储存和运输过程中出现损坏，从而影响农产品的销售。在运输期间，商家会通过汽车、轮船、飞机等交通工具，把农产品运输到销售点。在销售阶段，通过零售商把农产品销售给消费者。以上就是传统农业的农产品生命周期的全过程。

8.3.2 传统农业农产品质量管理

相比其他产品，农产品具有如下特点：一是农产品生产具有季节性，生产周期较长；二是农产品生产具有地域性、分散性，生产组织困难；三是农产品生产易受病害的影响，农产品的产量和品质易发生变化；四是农产品为生活必需品，消费弹性较小，产量随价格波动大；五是农产品的鲜活性使其易腐烂变质，从而可能造成农产品市场分割、农产品生产者较分散，容易造成短期行为，不利于形成有序的市场竞争和市场行为主体。

农产品的自身特点使得农产品在生产环节、运输环节、加工和销售环节都容易产生质量风险。就农产品的生产加工而言，其质量隐患存在于三个环节：一是农产品原材料的生产过程，比如蔬菜种植、生猪养殖等；二是农产品原材料的采集流通过程，比如鲜奶采集、生猪屠宰等；三是农产品的加工过程，比如粉丝生产、月饼生产等。

大多数企业管理部门对农产品质量安全的定义为："农产品种植、养殖、加工、包装、储藏、运输、销售等活动符合国家强制标准和要求；整个生产过程与终端产品，经严格检验，各项技术指标与卫生指标符合国家或有关行业标准。"传统农业的农产品质量安全主要涉及的主体包括：众多个体农产品生产者、产地与销地批发市场的批发商、零售农贸市场的零售商和消费者。传统农业的农产品质量管理，主要通过农产品供应链中涉及主体的自我监督和相应的政府部门的监督的方式进行管控。传统农业的农产品质量管理过程如图 8-3 所示。

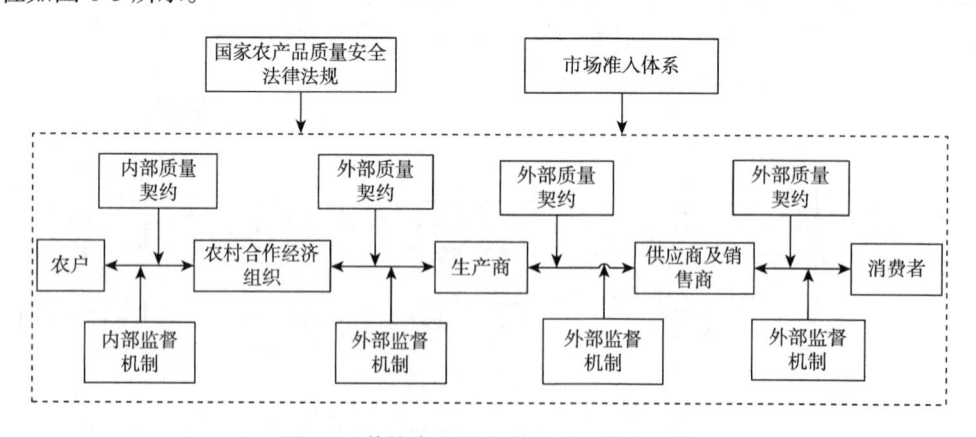

图 8-3 传统农业的农产品质量管理过程

农户在种植养殖阶段，采用的是自我监督管理的方式进行农产品的质量安全管理。例如，农民通过自我约束，不使用违反规定的农药，严格按照农产品种植养殖操作规范进行农产品生产管理。在后续农产品流通中，主要依靠政府机构等部门的外部质量监督控制农产品的质量安全。在农产品的流通中，农户通过中间商或者农村合作经济组织把农产品销售给商家。在农户和农村合作社之间通过内部质量契约和内部监督机制，保障农产品的质量。之后，农产品流通到生产商，在中间商或农村合作经济组织和生产商之间通过外部质量契约和外部质量监督机制控制农产品的质量安全。在生产商和销售商之间、销售商和消费者之间都是通过外部质量契约和外部监督机制控制农产品的质量安全。在以上过程中的外部监督机构是指农产品的质量安全监督部门，外部监督机制是指通过政府部门的抽检等方式进行农产品质量安全的管控，内部监督机制是指通过内部的自我监督进行农产品质量安全的管控。

总的来看，传统农业的农产品质量安全管理模式有以下几个特点：①传统农业的农产品质量安全管理模式强调农产品供应链中各个主体间反向的、可追溯的相互监督制约，即消费者—终端零售商（如超市）—中间批发商或流通企业—初级农产品生产者（如合作社、农户等）。②除去农户自我监督外，还存在与农村合作社之间的内部质量契约和内部监督机制。③该模式强调法律法规对农产品销售、运输、加工等环节的质量安全监督。④该模式强调通过多元治理机制的共同作用保障农产品质量安全，这些治理机制包括重复博弈机制、信誉机制、激励机制、自我约束机制等。⑤该模式除了强调政府在农产品供应链中的各环节的质量监督外，还强调相关部门的沟通协调，每一个环节的政府监督部门必须密切合作，严格把关每一个流程才能保证农产品的质量安全。

8.3.3 传统农业农产品全生命周期质量管理存在的问题

传统农业的农产品全生命周期质量管理对于每个环节的主体自我监督和政府部门的密切合作监督要求较高。此外，在种植养殖环节、农产品的分拣加工环节、农产品的流通环节等由于技术的不成熟也容易出现农产品的质量安全问题。下面分别从农产品的种植养殖环节、分拣加工环节、流通环节和质量安全监督过程容易出现的质量安全问题进行介绍。

1. 农产品种植养殖环节存在的问题

在农产品的种植养殖环节，一方面，农产品面临产品标准化程度低的问题；另一方面，农产品面临化学药品残留污染、化学添加剂污染、重金属污染和微生物污染的问题。

农产品非标准化问题是制约农产品电商发展的一大难题。农产品作为非标准化产品，需要一个自然生长的过程，受土壤有机质、温度、湿度、日照时间长短、降雨量等诸多自然环境的影响，也受到农户种植养殖技术、经验等管理因素的影响，难以保证农产品持续、稳定、标准化的供应。再加上缺乏先进的设施设备，农产品缺少统一的分拣环节，导致农产品线上销售的时候，会出现同批次产品个体质量差异大、品质不一的问题。消费者通过电商平台选购农产品，不能看到产品实物，只能参考产品图片、视频、客户评价等指标，由于农产品非标准化问题，消费者收到的实物往往与网络图片和评价相差较大，影响产品的好评和重复购买率。标准化程度低的问题既是农产品的天然属性，也是制约农产品电商发展的重要因素。如何借助现代化信息手段，最大限度提高农产品标准化程度，是研究关注的热点问题。

在种植养殖过程中，化学药品残留污染、化学添加剂污染、重金属污染和微生物污染也是传统农业农产品质量管理面临的难题。下面分别介绍农产品在化学药品残留污染、化学添加剂污染、重金属污染和微生物污染方面存在的问题。

1）化学药品残留污染

在农产品生产过程中，为确保农产品的产量和质量，部分化学药品被用于防治病虫草害。近年来，农业化学药品使用数量有所增长，如果化学药品使用不当，未过安全间隔期或者休药期就收获或屠宰上市，将造成农产品化学药品残留超标，甚至个别高毒、禁用化学品被违规应用于农产品生产过程中，直接威胁农产品质量安全，若食用将直接影响消费者的身体健康。如滴滴涕、甲胺磷、三唑磷、孔雀石绿、抗生素等化学药品的违规使用，直接威胁蔬菜、水果、茶叶、畜禽产品、水产品质量安全。在病虫害的防治过程中，有些农药直接或间接地降落到土壤中，尤其是稳定性强、残留期长的有机氯农药会对农田土壤生态造成很大影响，进入土壤中的农药可直接或间接被农作物吸收，从而在农产品中造成农药残留，影响农产品质量。农药同样可能存在过度施用问题，我国农药年均用量高，但利用率低，农药因为漂移、流失等，对土壤、水源、空气及农副产品产生污染，致使田间天敌死亡，既造成了环境污染，又破坏了生态平衡。

2）化学添加剂污染

在农产品生产过程中，为了提高蔬果的产量和品相，部分植物调节剂会用于蔬果生长的各个阶段。如豆芽生产过程中使用添加剂 6-苄基腺嘌呤、4-氯苯氧乙酸钠、赤霉素等添加剂而发生的"毒豆芽"事件，这给信息不对称的消费者造成极大的消费恐慌。畜产品"瘦肉精""三聚氰胺""速生鸡"等事件，都曾给行业带来毁灭性的打击，目前消费者信心正在逐渐恢复，但在畜产品生产过程中违法使用"瘦肉精""三聚氰胺"等添加剂的问题仍然是畜产品质量安全的一个风险隐患，严重危害农产品质量安全。

3）重金属污染

在农产品生产和加工过程中，因为土壤污染、加工器材污染等导致的铅、汞、镉、铬等重金属污染物随着食物链进入人体，在人体体内长期积蓄从而对人的身体产生慢性伤害。另外，工业"三废"的排放或用污水灌溉农田，从水、土、气等多个方面对土壤侵袭和污染，使土壤中某些重金属元素含量偏高，造成部分农产品有害成分超标。随着"三废"的排放，许多有害的化学物质如汞、铅、铬、镉等金属毒物和砷、氟化物等非金属毒物，直接威胁产地环境。由于重金属的污染，我国部分河流、湖泊和近海区存在高营养化问题。

4）微生物污染

微生物会危害农产品的质量安全。其中，畜产品生产过程中的疫病影响畜产品质量安全，如结核病、布鲁氏菌病、奶牛乳房炎等直接影响奶产品质量；蛋禽携带沙门氏菌将直接污染蛋产品；植物病虫害如果蝇直接影响柑橘产品质量，果蝇对樱桃的危害难以消除，草莓也一直深受灰霉病等病害的影响。还有粮食、干果类产品因储藏不当发霉导致黄曲霉毒素污染。此外在农产品包装、装卸、储藏、运输等流通过程中，部分个人或企业使用简陋包装和储运设备，对病原微生物控制不当，致使微生物大量繁殖，造成鲜活农产品变质，引起食物中毒等。

2. 农产品分拣加工环节存在的问题

农产品在分拣加工环节主要存在农产品标识不够规范的问题。农产品标识不规范，难以体现农产品的地域特性。我国农产品产地分布广、种类多，不同产地的农产品在外形、口感、大小、营养价值等方面差别很大。就算是同一产地，受不同生长区域、不同年份的影响，其外形、口感、大小、营养价值同样有差别。主要原因如下：一是由于缺少产品溯源体系，农产品地理属性难以体现其真实性。以农家跑山鸡为例，如何才能证明跑山鸡的生长环境，统计跑山鸡行走步数，既是对产品品质的监控，也是为了保障消费者的权益。二是没有规范的产品包装，缺少产品的营养成分、保质期、生产厂家等信息的标识，容易误导消费者，出现问题后消费者维权困难。农产品标识不规范，难以监控农产品品质，难以树立消费者购买信心，是制约农产品优质优价市场形成的重要因素。

3. 农产品流通环节存在的问题

农产品流通环节对于农产品的生产和消费都有重要的影响。农产品在流通环节主要存在以下几方面的问题。

第一，许多地区由于缺少冷藏、冰冻设备和技术，使农产品的保鲜成为影响农产品质量的重大问题。许多生鲜农产品在运输及储藏过程中变质损耗，给农产品的质量安全带来较大威胁。

第二，缺少必要的检验程序和监督手段。目前，我国多数农产品仍以未加工或初加工的形式在农贸市场、街头巷尾直接销售。这种流通方式如果缺少了必要的检验程序和监督手段，农产品安全事故的发生将难以避免。

第三，农产品包装不规范。由于存在大量小规模经营的农户和企业，食品分级和包装技术水平低，溯源管理困难，包装中使用不合格包装物、过量使用保鲜剂的现象比较普遍。此外，食品包装、储藏和运输过程中的卫生标准和检验检疫规程也不够完善，引发的有机物污染、致病微生物污染、重金属污染的现象比较普遍。

第四，缺乏有效的管理手段和机制。由于检测农药残留量等会影响农产品的进场流量，因此有些小批发市场在检测上就比较放松，甚至没有安全检测。缺乏有效的管理手段和机制，批发市场无法阻止存在问题的农产品的进入，即部分传统批发市场和农贸市场的市场安全准入管理制度尚不健全，使得农产品安全成为问题。

第五，农产品质量安全信息不对称。从目前的农产品供应链运作现状来看，信息不对称的问题主要表现在信息的传递过程是单向的，没有形成闭环回路，信息主导权主要集中在供应链的中间环节，导致"低买高卖"的流通困境。从其形成机理而言，在生产者和经营者之间，农户作为生产者不能敏锐地把握市场动态和供需状况，其生产的农产品即使质优价廉也无人问津或是被一味压价，严重损伤了农户的积极性。经营者与消费者之间的信息不对称主要表现在消费者因为缺乏质量追溯的渠道，无法得知经营者所提供的农产品的质量状况，导致部分经营者为了追求自身利益而弄虚作假、以次充好，并以较高的价格卖给消费者。由此可见，农产品供应链质量安全信息不对称会催生"柠檬市场"，使市场秩序陷入混乱。

第六，传统农业的农产品供应链存在各环节之间合作不紧密的问题。传统的农产品供应链以批发市场为核心。产地批发市场作为连接生产者和分销渠道的重要纽带,将农户的农产品通过批发市场进行整合,实现了跨区域的农产品交易,较分散经营模式有很大的改进,但是彼此之间的关系较为松散,甚至是一种利益驱动的暂时结盟,这种松散的关系降低了供应链的协同性。庞大的供应链群体联系起来,形成稳定的合作伙伴关系的难度较大。也正是这些原因,导致传统农业的农产品供应链主体之间缺乏合理的利益分配与风险共担机制,再加上缺乏固化主体间关系的法律制度,合作关系不紧密就成为影响传统农业的农产品供应链质量安全的重要因素。

4. 农产品质量安全监督过程存在的问题

传统农业的农产品质量管理的特点,容易产生一些质量监督的问题。传统农业的农产品监督管理主要存在以下问题。

第一,基层监管能力弱。目前农产品质量安全监管工作主要由县级农业部门进行管理,在管理范围上还没有延伸到乡镇村中,并且在管理中存在缺机构、缺人员、缺经费、缺手段的问题。

第二,投入品监管有难度。农药使用不规范导致部分农产品有农药残留,不仅无法保障农产品的安全健康,也会对当地的土地环境造成污染。农药经营者素质不一,给农药监管带来一定难度。农药限用中限制农药的使用却不限制农药的销售,导致管理难度较大、监管困难,发现问题也很难处罚。农药回收没有后续处理措施,导致县监管部门在实际执法工作中,收缴的大量高毒/高残留、假冒伪劣、过期等农药没有实际销毁的途径,这就造成了销毁困难的现象。

第三,只重视产后农产品安全性检测,普遍忽视了产前、产中的质量检测。传统农业的农产品质量检测主要是注重产后的检测。而农产品更容易在生产种植过程中和流通中被污染。另外,农产品经过多次集散,缺乏购销凭证,难以对它们溯源,一旦出现质量问题很难找到出事源头。

8.4 数字农业农产品全生命周期质量管理

本节的主要内容分为三部分,分别是数字农业农产品全生命周期分析、数字农业农产品质量管理和数字农业农产品全生命周期质量管理的路径与意义。

8.4.1 数字农业农产品全生命周期分析

数字农业农产品全生命周期质量管理以电商为支撑平台,利用物联网、区块链、5G、大数据、云计算等现代科技对农产品全生命周期进行质量管理。下面具体分析数字农业背景下的农产品全生命周期。

数字农业背景下的农产品全生命周期需要借助全生命周期农产品电商运营体系。它由数据采集、信息系统、终端体验三大部分构成,其中信息系统包括智能农业监控系统、标准化生产管理系统、农产品全程溯源系统和大数据分析系统。全生命周期农产品电商运营体系实现了农产品在生产环节、分拣加工环节、物流运输环节、销售环节的质量管理数据采集自动化、管理过程数据化和电商交易精准化的功能。

1. 农产品全生命周期数据采集自动化

数据采集自动化可以破解农产品供应链基础信息缺失的问题,为农产品电商发展提供数据支撑。搭建基于物联网的农产品生产管理体系,运用 RFID 技术、传感器技术、视频检测技术、GIS 技术等,保证农产品从种植养殖地到消费者手中全过程可监测,实现农产品供应链各环节无缝对接。下面具体介绍在农产品全生命周期各个环节采集的信息。在种植养殖过程,借助物联网设施设备和无线传感技术,自动采集农作物种植养殖数据,根据收集的数据制订科学的种植养殖方案。在分拣过程,自动采集农产品大小、外形、鲜度等数据,以及包装信息、加工工艺信息等。在质检过程,采集农产品营养成分指标、产地指标、保质期等信息。在仓储过程,采集运输车辆线路、出入库、储存时间等信息。在批发销售过程,采集购买区域、购买数量、购买频次、购买周期等数据。

通过无线传感器、网络射频技术、通用分组无线服务技术等将采集到的数据传输到整个供应链管理系统共享使用,从而实现农产品全生命周期数据采集的自动化。

2. 农产品全生命周期管理过程数据化

农产品全生命周期质量管理过程的数据化和可视化,能大幅度提升农产品供应链管理效率,为电商发展营造良好的产业环境。农产品全生命周期质量管理借助现代化信息技术将传统割裂的上下游关系,转变为相互依存、信息共享的互利共赢的关系。下面分别介绍农产品全生命周期管理过程数据化的系统。

第一,基于搭建的智能农业监控系统,可以实现种植养殖环节可视化。利用物联网感知技术,通过农作物生长环境数据采集和视频监控,设定安全预警指标,达到种植养殖环节的自动化监测、精准化管理。

第二,基于搭建的标准化生产系统,可以实现生产加工标准化。对农产品分拣、二次加工、检测、包装等环节进行规范化管理。

第三,基于搭建的智能仓储物流系统,可以实现仓储物流透明化。保证产地准出和流通全过程信息实时采集,仓储管理可以自动采集温度、湿度、重量变化等指标,解决田间到餐桌的全程溯源。

第四,基于搭建的大数据分析系统,可以实现数据分析精准化。通过融合农产品地域性、多样性、季节性、周期性等特征,结合农产品自然资源与环境数据、种植养殖生产数据、农业市场数据、农业管理数据等领域的数据,构建专业的农产品数据资源中心,服务于企业、政府、高校和社会公众。

3. 农产品电商交易精准化

电商交易精准化可以有效降低农产品综合成本,提高农产品在线销售的竞争力。全生命周期质量管理服务于农产品电子商务交易,可以实现农产品种植养殖过程标准化,最大限度实现农产品标准化,解决农产品在线销售过程中面临的困难。农产品电子商务平台既是农产品在线销售的渠道,也是消费者获取农产品信息的渠道,同时为农产品科学管理和精准营销提供数据参考。全生命周期质量管理视角下,农产品电商交易环节主要发挥如下职能。

一是涉农企业可以借助电商交易历史数据，预测未来一段时间不同种类农产品的销量、售价等指标，帮助企业制定各类农产品种植养殖规模，降低农产品损耗，防止农产品滞销。

二是通过分析不同消费市场对农产品的消费偏向，为农业基地改进种植养殖技术提供科学依据，为优化农产品分拣加工提供科学建议。

三是通过电商数据分析，对消费者进行用户画像，为农产品制定精准营销策略，降低农产品营销成本。通过精准预测一段时间内各个区域的销售数量，降低农产品储存和运输成本。

四是借助农产品电商供应链管理体系，消费者可以通过农产品电子商务交易平台了解到产品的溯源数据，如原产地、种植养殖环境、营养成分、储存时间、保质期等基础数据，减少消费者对农产品品质方面的疑虑。

数字农业农产品全生命周期质量管理可以破解农产品在种植养殖、分拣加工、物流运输和销售流通等环节面临的问题，从供应链的角度持续提高农产品标准化、提升农产品品质，降低农产品综合成本，提升农产品供应链竞争力。

8.4.2 数字农业农产品质量管理

数字农业农产品质量管理离不开物联网技术的应用。下面具体分析在物联网背景下农产品全生命周期质量管理的过程。

1. 农产品生产环节的质量管理

农产品生产环节是农产品供应链的源头。中国的农产品种植普遍采用松散化、粗放型的传统模式。随着农业现代化、数字化的不断发展，农户等生产企业逐步树立起农产品精细型、集约化养殖的经营意识，品牌意识也不断增强。特别是在食品安全问题日益受到重视的背景下，消费者更加注重所购买食品的安全性，政府监管部门也大大加强了对食品行业的监管力度。因此，作为农产品供应链的源头，种植基地的安全追溯对整个质量安全供应链追溯体系的建立起到至关重要的作用。基于物联网的农产品生产环节追溯流程，如图8-4所示。

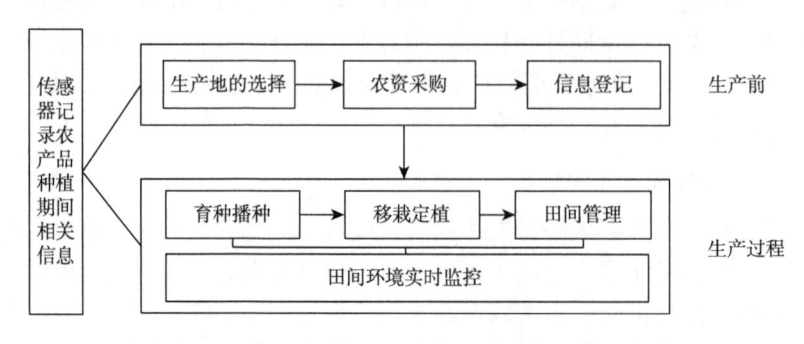

图8-4 基于物联网的农产品生产环节追溯流程

要实现对某一种植基地的生产环节的追溯，需要追溯的内容包括：农户等生产企业基本信息、种植过程中农产品质量安全信息（包括农药、疾病预防、治疗等信息），具体如表 8-1 所示。

表 8-1　基于物联网的农产品生产环节质量安全追溯信息

序号	追溯内容	追溯数据
1	农户等生产企业基本信息	名称、组织机构代码、法人代表、电话、地址等
2	种植过程中农产品质量安全信息	pH 值、温度、湿度 农药、细菌含量 激素、抗生素等含量 虫害预防时间、方法 具体症状 治疗方法及效果

2. 农产品加工环节的质量管理

根据消费者饮食习惯的不同，农产品可以被加工成多种不同类型的成品。研究农产品供应链的可追溯性管理，必须依据具体的供应链流程，加工环节作为食品供应链中最为复杂和对食品安全影响最为关键的环节之一，相关的加工厂必须严格监控生产线的每个环节，重点监测加工过程中的各关键控制点的限值，杜绝由于操作疏漏引发安全隐患。

基于物联网的农产品加工环节追溯流程如图 8-5 所示。在加工前，传感装置通过感应器识别农产品原料是否接收成功。接收成功后对原料进行冷藏等处理，然后进入加工步骤。在加工步骤中，首先对农产品原料进行分选，然后进行清洗、消毒，之后进行分级处理。处理完成后，送入加工车间进行加工。加工完成后进行速冻。最后进行称重、包装、装箱、监测和冷藏。

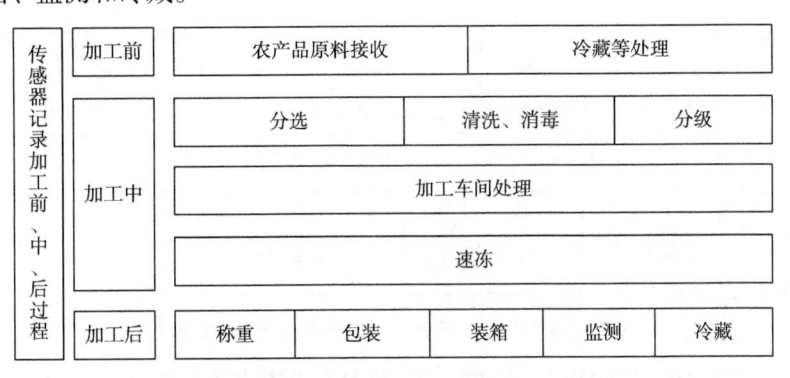

图 8-5　基于物联网的农产品加工环节追溯流程

在农产品加工环节所涉及的信息包括农产品加工厂基本信息和加工过程中农产品质量安全信息。农产品加工厂基本信息包括名称、组织机构代码、法人代表、联系电话和地址等。加工过程中农产品质量安全信息包括加工批次、数量、出库时间、产品流向、包装单位、保质期和储藏环境等。

3. 农产品配送环节的质量管理

农产品加工厂将加工完成的产成品通过多种分销渠道销售出去，取得销售利润。通常食品行业的分销渠道非常复杂，尤其是在当今"多批次，小批量"的市场需求环境下，食品行业的销售渠道呈现多元化的发展态势。随着经济全球化的盛行，中国每天都有大量的农产品销往世界各地。因此，完整的分销渠道应包含出口通关、批发、零售等多层分销环节。但是，中国食品行业的信息化应用水平总体不高，并考虑到农产品质量安全追溯系统的实用性，简化农产品供应链分销渠道为配送中心、零售终端两个环节。配送中心作为连接加工厂和零售终端的重要分销环节，通常是进行规模化采购、进货和仓储作业，并根据客户订单将货物准时送达至目的地的物流场所。基于物联网的农产品配送仓储环节追溯流程和基于物联网的农产品配送运输环节追溯流程分别如图 8-6 和图 8-7 所示。

图 8-6 基于物联网的农产品配送仓储环节追溯流程

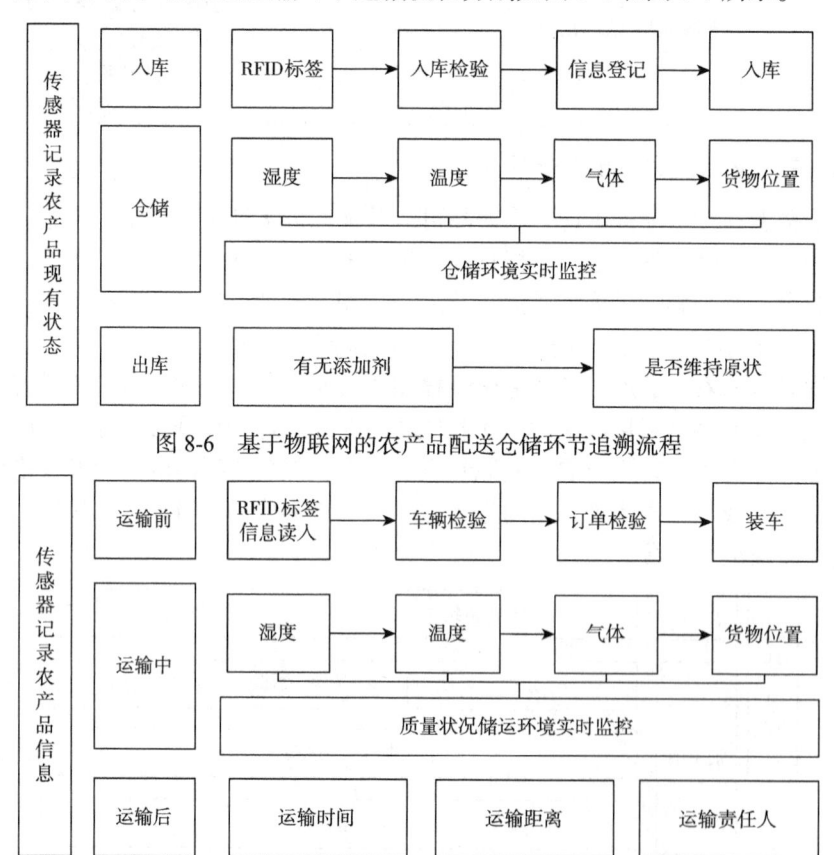

图 8-7 基于物联网的农产品配送运输环节追溯流程

通常，农产品加工厂距离配送中心、配送中心距离零售终端较远，在途物流时间较长，而农产品因其易腐性和时鲜性的特性，运输过程中的操作不当或外界环境的突然变化都可能导致农产品的腐烂、变质，造成农产品的损耗。因此，产品入库前，配送中心工作人员首先要对农产品进行严格的验收操作。

同时，农产品本身对仓储条件的要求较高，储存期间，仓管人员要定期对产品进行盘点，并记录盘点结果。产品出库前，工作人员要严格按照客户订单要求进行分拣操作，安排产品出库。配送中心按照客户订单安排产品出库时，通过扫描标识当前配送批次的电子标签和标识零售批次的电子标签建立二者之间的对应关系，同时记录当前零售批次农产品的具体流向等配送环节追溯信息，当某一配送批次的农产品全部被销往各个零售终端时，标识该配送批次的电子标签可以被重复利用。配送环节中涉及的追溯信息如图 8-8 所示。

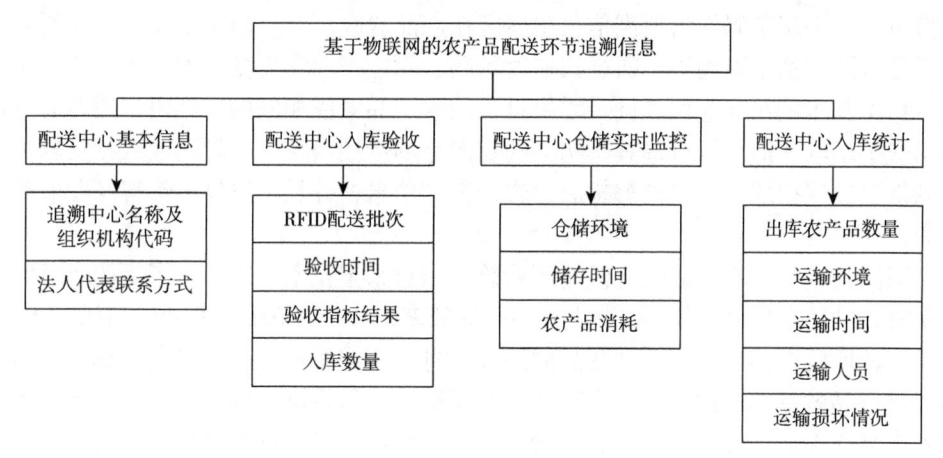

```
                基于物联网的农产品配送环节追溯信息
    ┌──────────────┬──────────────┬──────────────┐
配送中心基本信息   配送中心入库验收   配送中心仓储实时监控   配送中心入库统计
    │                │                │                │
追溯中心名称及      RFID配送批次       仓储环境         出库农产品数量
组织机构代码        验收时间          储存时间          运输环境
法人代表联系方式    验收指标结果      农产品消耗        运输时间
                   入库数量                           运输人员
                                                     运输损坏情况
```

图 8-8　基于物联网的农产品配送环节追溯信息

4. 农产品零售环节的质量管理

零售环节是农产品供应链的末端环节，也是食品安全追溯的重要环节。农产品在供应链上下游企业间传递的过程中，下游企业经过严格的质量检测后才决定是否接收该批次产品，而零售商面向的是最终消费者，消费者不具备对所购买农产品质量安全与否的检测能力。为保证消费者的合法权益，零售商必须严格执行进货验收程序。

配送中心收到客户订单后，按照订单要求将一定数量的农产品配送到客户指定地点。配送中心的客户通常是各大超市、农贸市场和便利店。大多数农贸市场和便利店仍然采用传统的经营模式，各档口业主自负盈亏，缺乏一套行之有效的管理体系。为适应当前的经济发展形势，很多农贸市场都试图通过升级改造的方式向超市化管理模式转型。目前，已经在很多地区成功实现了"农改超""农加超""惠民超市"等形式的农贸市场产业升级。随着经济的不断发展，超市化零售模式将逐渐取代现在的农贸市场零售模式。基于物联网技术的农产品零售终端的流程，如图 8-9 所示。

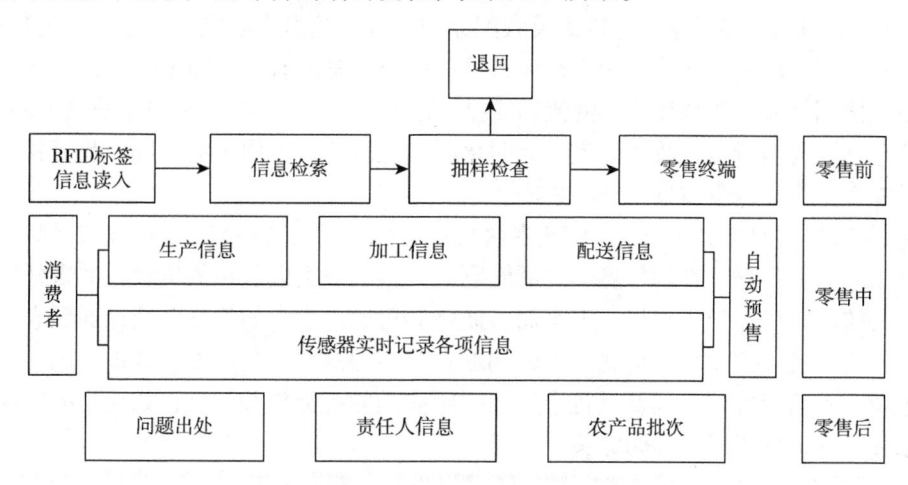

```
                              退回
                               ↑
RFID标签    →  信息检索  →  抽样检查  →  零售终端    零售前
信息读入
         ┌─ 生产信息    加工信息    配送信息 ─┐  自动
消费者 ──┤                                    ├─ 预售    零售中
         └──── 传感器实时记录各项信息 ────────┘
            问题出处    责任人信息    农产品批次        零售后
```

图 8-9　基于物联网的农产品零售环节追溯信息

在农产品零售环节，可采用 RFID 技术与条码技术相结合的信息采集方式，在农产品零售包装上采用条码作为追溯信息载体。在产品验收环节，超市工作人员需要在农产品的零售包装上粘贴追溯码，通过扫描追溯码，对应当前零售批次的电子标签，实现条码与 RFID 技术的结合应用。同一零售批次的农产品对应相同的追溯码，消费者可以通过扫描或手动输入追溯码查询其所购买的农产品的追溯信息，或者用嵌入相关软件的手机对内部追溯码拍照，经自动解析后，查询追溯信息，并且可以投诉销售问题农产品的零售商。

物联网技术作为农产品供应链追溯系统的信息采集技术，既克服了问题产品难以追溯的困难，同时也大大提高了企业内部的作业效率。供应链下游企业通过扫描电子标签，可以查询其所购买的原材料或产成品的追溯信息，上游企业通过扫描电子标签，可以实时跟踪其产品的具体流向，真正实现"下行跟踪、上行追溯"的管理方式。当消费者购买的农产品存在质量安全问题时，消费者通过追溯码可以快速准确地回溯与问题产品相关联的所有产品的流向，相关企业可以迅速精确地召回所有问题产品，避免危害的进一步扩大。

5. 农产品全生命周期各个环节之间的协调管理

产品全生命周期各个环节之间的协调管理主要涉及的主体包括生产种植基地、加工厂、配送企业、零售商四个网络中心以及基于物联网的农产品质量安全信息中心。其中，基于物联网的农产品质量安全信息中心采集各个环节中的信息，并和政府相关监管部门信息共享，进行协调管理。协调管理的具体过程如下。

（1）生产、加工、配送、零售四个农产品供应链环节中，利用 RFID 标签或 EPC（electronic product code，电子产品代码）标签及温度传感器通过无线网络向节点内数据库传递信息，同时利用视频监控手段对供应链环节中涉及的步骤过程进行实时监控。

（2）在监控过程中，通过实时的数据记录，可以对农产品质量进行预警，分析比较农产品现实数据，得到此批次的农产品是否存在风险以及风险等级，如在零售过程中，可发现变质农产品的存在并及时处理，告知消费者。

（3）加工厂、配送企业、零售商及农产品质量安全信息中心之间通过网络进行连接。一方面，农产品质量安全信息中心作为数据库中心，是所有信息的聚合点，可作为信息控制中心协调供应链各个环节间的流程安排；另一方面，农产品质量安全信息中心收集、整合信息，可向消费者、政府等提供透明化的信息服务，以便于消费者和政府相关监管部门对农产品供应链中质量安全的掌控。

（4）当问题农产品出现时，消费者可通过手机、互联网终端，连接到农产品质量安全信息中心，并扫描、查询信息，追溯问题农产品的源头以及相关负责人的责任等。同时，相关监管部门，如工商局、卫生局、质监局可通过各自的信息系统连通到农产品质量安全信息系统，搜索相关信息，了解问题农产品的批次、生产种植基地、加工厂商、配送企业、零售商等信息以及其各个过程中所涉及的各类相关信息，如化学品的添加时间、添加量等，便于寻找问题源头。

8.4.3 数字农业农产品全生命周期质量管理的路径与意义

1. 数字农业农产品全生命周期质量管理的发展路径

数字农业农产品全生命周期质量管理对于提高农产品的品质和促进农业现代化的发展具有重要意义。数字农业农产品全生命周期质量管理的发展路径主要包括以下几个方面。

1）打造基于物联网的农产品电商交易平台

中国互联网发展已经进入到了下半场，中国的物联网正在逐渐成熟。国内已经出现了基于物联网的农产品电商销售平台，如京东农场、盒马鲜生、叮咚买菜等。近些年来，国家也不断出台新政策以推动物联网的发展。基于物联网的农产品电商交易平台应深化农产品供应链信息化管理，制定统一的物联网管理标准，无缝连接生产销售的各环节。平台应采取多种销售模式，使得农业基地、农户、农业商贸企业、农超等涉农企业均可以入驻该平台，进行公平竞争。农产品交易平台既可以让个人客户在线购买农产品，也可以通过建立农产品大宗撮合交易中心，让供应商或企业客户进行大宗物品采购，还可以通过发布农产品价格指数，规范农产品市场交易行为。此外，基于物联网的农产品电商交易平台可以鼓励涉农企业、农户自主创业，建立自己的网络销售渠道。涉农企业、农户可以充分借助新媒体、自媒体资源，通过挖掘农耕文化、饮食文化，呈现原汁原味的农产品个性化特点，制造产品卖点，培育忠诚的客户群体。

2）优化基于物联网的农产品全供应链的软件、硬件设施

基于全生命周期电商供应链管理系统需要成熟的物联网技术和完善的硬件设备作为支撑。供应链各个主体改善硬件条件不能一蹴而就，不同地区可接受的成本不一样，不同农产品供应链对硬件的要求也不同。面对农产品全生命周期供应链管理需要投入的成本，应该分如下步骤逐渐完成。

一是对农产品进行分类管理，依据易腐性、附加值大小、消费者可接受的价格水平、供应链企业可承担的成本费用等指标，对农产品供应链管理硬件改善进行优先级排序。

二是根据"单个产品，各个击破"的原则，按照优先级顺序对单个农产品供应链进行优化升级，从种植养殖环节开始，到分类、分拣、检测包装、仓储物流运输、批发零售等环节，逐渐完成供应链的优化升级。

三是政府和企业可以联合高校和科研院所的力量，对农产品全生命周期管理的运营理念、工作方法、软硬件升级等方面进行不断创新。对照分析农产品一段时间内的供应链数据，对农产品损耗生产费用、仓储物流费用、批发零售成本及企业受益变化进行分析，根据研究结果不断调整。

3）制定农产品标准化管理体系

发挥"互联网+标准化"的核心价值，成立行业标准制定委员会，联合政府、行业协会、企业、高校和科研院所共同推动农产品标准化管理体系建设。以危害分析及关键控制点（hazard analysis and critical control point，HACCP）、良好操作规范（good manufacturing practices，GMP）、卫生标准操作程序（sanitation standard operating procedure，SSOP）和良好农业规范（good agricultural practice，GAP）为基本原理，构建层次清晰的标准体系，

完善农产品全链条的操作技术标准。建设农产品标准化的管理体系需要做好以下四点。

一是完善基础通用标准，包括农产品电商领域专业术语、标识符号、分类、编码等。

二是制定产品标准，包括各类产品的细分品种、等级、质量、规格、包装、存储、工艺、运输等。

三是优化方法标准，包括农产品种植养殖、分拣加工、规范检测、产品包装、恒温储存、冷链运输、批发零售等环节的标准化操作流程和作业规范。

四是信息化标准，根据全生命周期管理要求，制定农产品产业链上各节点数据采集、数据编码、数据交换和信息管理等信息标准，以及制定行业企业间互通互联的标准。

4）完善农产品溯源管理机制

农产品电子商务交易必须解决信用问题，建立"一物一码+全产业链追溯"的管理体系，做到来源可查询、去向可追踪。"一物一码"要求农业企业结合物联网、云计算和地理信息技术，通过感知设备防伪标签和二维码等技术，给每一个农产品一个数字化"身份证"。"全产业链追溯"实现对农产品原料、种植养殖、分拣加工、仓储物流、终端销售以及召回等全流程进行信息化管控，保障从农田到餐桌全程跟踪，信息清晰，追溯快捷。农产品溯源体系，不但可以解决消费者对农产品购买的信任问题，还可以约束农业企业、农户和供应链其他参与主体的经营和管理行为，共同做好产品防伪信息、产品信息、企业信息和质量追溯信息。农产品溯源管理的优势包括四个方面：一是借助新兴的防伪技术，形成无法复制的专业防伪溯源技术；二是为消费者提供方便快捷的产品溯源查询系统；三是对农产品的质量安全、物流运输和批发销售等环节进行数字化管理，供应链各个企业愈加正规化；四是结合电子商务渠道营销，可以提高供应链各个企业品牌知名度。

5）加强物联网电商专业人才队伍建设

农产品电商是互联网产业和传统产业的有机融合，需要一批懂得互联网技术的综合性人才，具体需要的人才类别如下。

一是需要涉农科技人才，其需要对农产品种类特征等方面充分了解，还应具备运用农业生产相关设备、物流技术、各类电商平台的综合能力。

二是需要电商销售人才，其应掌握电子商务平台运营和操作技能，能够结合平台销售数据、农产品供需周期变化，为农产品电商制定个性化的营销策略。

三是需要生产服务人才，包括对农产品种植养殖环节进行科学管理，制定标准化分拣包装工艺，为农业产业链精细化、信息化运作提供解决方案。

2. 数字农业农产品全生命周期质量管理的意义

实施数字农业农产品质量管理的意义主要体现在社会、经济和市场三个方面。

在社会方面，数字农业的农产品质量管理有利于构筑质量保护大厦，提高质量的社会意义。"人们在质量大堤的保护下生活"是质量的社会意义最精辟的表述，这一著名论断是由质量管理专家朱兰提出的。质量对现代社会生存发展起着非常关键的作用。在涌现了大量的优质农产品极大改善了人们生活方式的同时，假冒伪劣农产品也充斥市场，给人们生活安全带来了危害，农产品的质量和安全性已经成为必须认真对待的一个主要问题。

在经济方面，数字农业的农产品质量管理有利于提高经济效益。提高质量的经济意义是针对农户"内部经济"而言的。高质量的农产品可以提高农户农产品的销售量和销售价格。质量经营还可以降低成本，在生产过程中就可以将质量差的农产品剔除或分级管理。

在市场方面，数字农业的农产品质量管理有利于提高竞争优势。"质量=利润"不仅指农户内部的经济效益，更说明质量对国际竞争力的决定性。质量的市场意义最突出的表现是市场竞争已经决定性地从价格竞争转向质量竞争。质量已经成为决定消费者购买农产品的首要因素。只有提高农产品的质量，才能使我国农产品在国际市场上占据优势，减缓外国优质农产品对我国农业的冲击。

8.5 数字农业农产品全生命周期追溯体系与系统

本节内容包括数字农业农产品全生命周期追溯体系概述和数字农业农产品全生命周期追溯体系的构建两部分。

8.5.1 数字农业农产品全生命周期追溯体系概述

1. 可追溯性与可追溯体系的概念

1）可追溯性的概念

追溯一词的意思是"逆流而上，向江河发源处走，比喻探索事物的由来"。国际食品法典委员会与国际标准化组织对可追溯性的定义为：通过登记的标识码，对实体的历史和使用或位置予以追踪的能力。标识码标记的信息和被追溯对象有相互对应关系。中国物品编码中心将可追溯性引申为跟踪和追溯。跟踪是指追踪一个指定单元或产品，获得其路径及信息的能力，跟踪的方向是从供应链的上游至下游。追溯是指反向追踪一个指定单元或产品，获得其路径及信息的能力。追溯的方向是从供应链的下游至上游。根据追溯的范围不同，将追溯分为内部追溯和全程追溯。内部追溯即在供应链中某环节进行追溯。全程追溯即对供应链中各个环节进行追溯。

2）可追溯体系的概念

可追溯体系是对追踪对象实施追溯能力的载体，通过对可追溯体系的运用来实现追溯对象的可追溯性能力。可追溯体系对追溯对象的追溯效果直接体现了这个可追溯体系的好坏优差。

可追溯体系是对产品源头到终端、终端到源头的双流向可跟踪和追溯，对产品的生产、加工、流通、销售各环节进行翔实的数据采集和记录，建立整条供应链数据信息库，并运用现代的信息科学技术实现各环节间内外部的无缝隙流向追踪管理，做到内部追溯和外部追溯相结合，实现覆盖生鲜农产品供应链全程的溯源体系。

2. 可追溯体系的分类

根据可追溯体系的追溯范围、追溯对象、构建意愿的不同可以将追溯体系划分为以下三大类别。

1）供应链成员内部可追溯体系和供应链全程可追溯体系

根据可追溯系统的追溯范围，可将追溯体系分为供应链成员内部可追溯体系和供应链全程可追溯体系。供应链成员内部可追溯体系面对的追溯对象是成员主体内部的各个业务环节，它的追溯区域选择在主体内部的每一道工序或环节。供应链成员内部可追溯体系是成员主体内部控制产品质量安全水平的一个重要方式。

供应链全程可追溯体系面对的追溯对象是供应链全程间的各节点，主要针对产品供应链的各节点主体的流程进行追溯，它的追溯区域为供应链中的每个节点主体。供应链全程可追溯体系是控制供应链质量安全的重要方式。

2）果蔬类、禽畜及肉类农产品、水产品和乳制品可追溯体系

以生鲜农产品为例，根据生鲜农产品的种类，可将其划分为果蔬类可追溯体系、禽畜及肉类农产品可追溯体系、水产品可追溯体系和乳制品可追溯体系。该大类生鲜农产品在本质特征和外在特性上存在一定的差别。因此，其可追溯体系也有所不同。国际上对生鲜农产品的可追溯工作开始于禽畜及肉类农产品，许多国家相应形成较为完善的可追溯制度，可追溯技术体系趋于完备。果蔬类、水产品、乳制品这三类农产品的可追溯体系的研究成果也得以应用和推广。

3）自愿性可追溯体系和政府强制性可追溯体系

根据供应链主体实施可追溯性体系的意愿可将其分为自愿性可追溯体系和政府强制性可追溯体系。自愿性可追溯体系是指供应链主体从长远利益和发展的角度出发，自发开展产品可追溯工作。建立的可追溯体系，一般由行业协会或供应链的核心主体牵头，由供应链中的所有成员共同开发和应用。政府强制性可追溯体系是指政府强制要求供应链主体生产、出售具有可追溯性的产品，迫使供应链主体被动建立产品可追溯体系。

3. 国内外农产品全生命周期可追溯体系发展现状

1）国外发展状况介绍

纵观全球，随着对农产品质量安全重视程度的提高，世界主要农业发达国家、国际组织和研究机构都积极推动农产品溯源工作的进行，建设和完善农产品可追溯制度和农产品质量可追溯体系。其中，尤以欧盟、美国和日本最为突出。下面具体介绍欧盟、美国和日本的农产品可追溯体系。

A. 欧盟发展状况

欧盟对于农产品的质量监管一直走在世界前列，它有着完善的法律体系，以其作为开展农产品质量安全追溯工作的支撑，使各成员国不敢越雷池一步。在过去的十几年间，欧盟出台了多部涉及农产品追溯的法案。这些法案既是各成员国必须履行的最低标准，也是各成员国在构建自身可追溯法律体系时可以遵照的标准。

在对农产品质量标准与规范的推行上，以水产品、鸡肉为例，欧盟在农产品可追溯体系中从内部追溯、供应链追溯、追溯信息的电子交换三个层面进行标准及规范指导，对追溯流程、追溯单元、追溯标识及追溯信息的获取交换格式进行了更详细的阐释。

在农产品可追溯体系建设实施上，其主要推行了涵盖 30 个子项目的"Promoting European Traceability Excellence & Research"（推进欧洲可追溯性的优化与研究）计划。

该计划中每个子计划都从一个侧面进一步完善和优化欧盟现有的可追溯工作。在体系建设方面，建立食品来源追溯体系及建立水产品追溯体系。在开发追溯工具方面，开发基于地理信息的全球追溯系统。此外，欧盟各成员国也在积极实施农产品可追溯系统，在禽畜类农产品的可追溯上积累了丰富的经验，并对实践推广中所发现的新问题及时进行反馈以推动体系的完善。家畜跟踪系统可以实现追溯标识、农场记录等多方面追溯。目前类似的农产品可追溯系统已经广泛应用于欧盟的农业产业领域。

B. 美国发展状况

美国作为可追溯体系的积极实践者，以《生物反恐法案》和《食品安全现代化法案》为核心建立其农产品（食品）可追溯法律框架。在标准规范上，美国针对生鲜农产品出台了《北美生鲜产品最佳追溯规范》和《生鲜农产品追溯实施手册》。2004年，美国农业部出台了《国家动物标识系统（National Animal Identification System，NAIS）程序标准和技术参考》和《NAIS用户手册》。2013年，美国发布了《动物疾病追溯通用标准》。这些规范及指导手册的发布与实施为生鲜农产品的追溯起到了引导作用。

在可追溯体系的建设与实施上，美国自2009年起强制实施NAIS，NAIS面向猪、牛、羊、鸡、马等动物及水产品，追溯其质量安全信息，建立动物标识及追溯数据库，但因过程繁杂，该系统于2010年被终止使用。2011年，美国推出动物疾病追溯规划，此规划致力于运用低技术含量的标识来实现监管，减少负担。一个值得关注的现象是，美国企业对农产品可追溯系统的建设意愿多为自发性的，它们对于在自身企业内部进行农产品质量信息的追溯通常有着很高的积极性。

C. 日本发展状况

日本在农产品质量安全管理方面进行了多年探索，出台了众多的法律、法规支持其农产品可追溯制度的建设，如《农林产品标准化与品质标签规范化法案》《农产品检疫法》《肥料控制法》等。在标准和规范上，2006年推出的《食品追溯体系要求》作为食品追溯体系验证标准。同时，明确《生产情报公开列表》作为从业者向消费者发布生鲜信息的标准，现已有牛肉、猪肉、果蔬等三类标准。此外，日本借鉴欧盟良好的农业规范制定了本国的农业规范，该规范应用于果蔬类农产品的管理。在可追溯体系的建设实施方面，日本现有三个典型的农产品可追溯系统：牛只个体识别信息系统、家禽追溯系统及京都府全农京都米追溯系统。

2）国内发展状况介绍

近年来，我国对农产品质量安全工作日益重视。2006年，颁布实施《畜禽标识和养殖档案管理办法》，对我国畜禽标识和养殖档案管理起到了指导作用，此后陆续出台了《农产品包装和标识管理办法》《农产品产地安全管理办法》等相关法规。为使生鲜农产品质量可追溯体系建设试点工作顺利展开，国家陆续出台了具有指导性的相关指南和规范。

2004年农业部推动建立种植业、农垦、动物标识及疾病、水产品四个专业追溯体系的试点。2010年商务部、财政部牵头发起肉类蔬菜流通追溯体系建设，该追溯体系共分为中央、省、市三级追溯平台，目标是实现全国的追溯网络覆盖。

与此同时，全国各地也展开了农产品质量可追溯体系建设的实践。例如，上海超市农产品查询系统、天津无公害蔬菜安全追溯系统和新疆吐鲁番哈密瓜追溯信息系统等。

8.5.2 数字农业农产品全生命周期追溯体系的构建

数字农业农产品全生命周期追溯体系的构建是以物联网技术为支撑，构建农产品全生命周期追溯体系，保障农产品的质量安全。

物联网的连通性远比当前的互联网更为广泛。在物联网时代，实物和数字组件不仅相互连接，而且可以相互通信，无须人的干预。物联网的这种特性正在重新塑造运输、制造、医疗保健、农业等各个领域的商业流程。物联网技术在农业领域的发展方兴未艾。

本书提出的基于物联网农业的基本框架，如图8-10所示。在基于物联网农业的基本框架中，位于农业区域的各种传感器，通过通信网络收集和发送数据到Internet。在数据处理服务器的规则和技术工具的支持下，用户可以从移动终端、便携式终端和固定终端访问数据与发送命令。执行器根据用户命令来执行警告和控制相应的功能。物联网技术在农产品全生命周期中的应用受到农产品类型的影响。

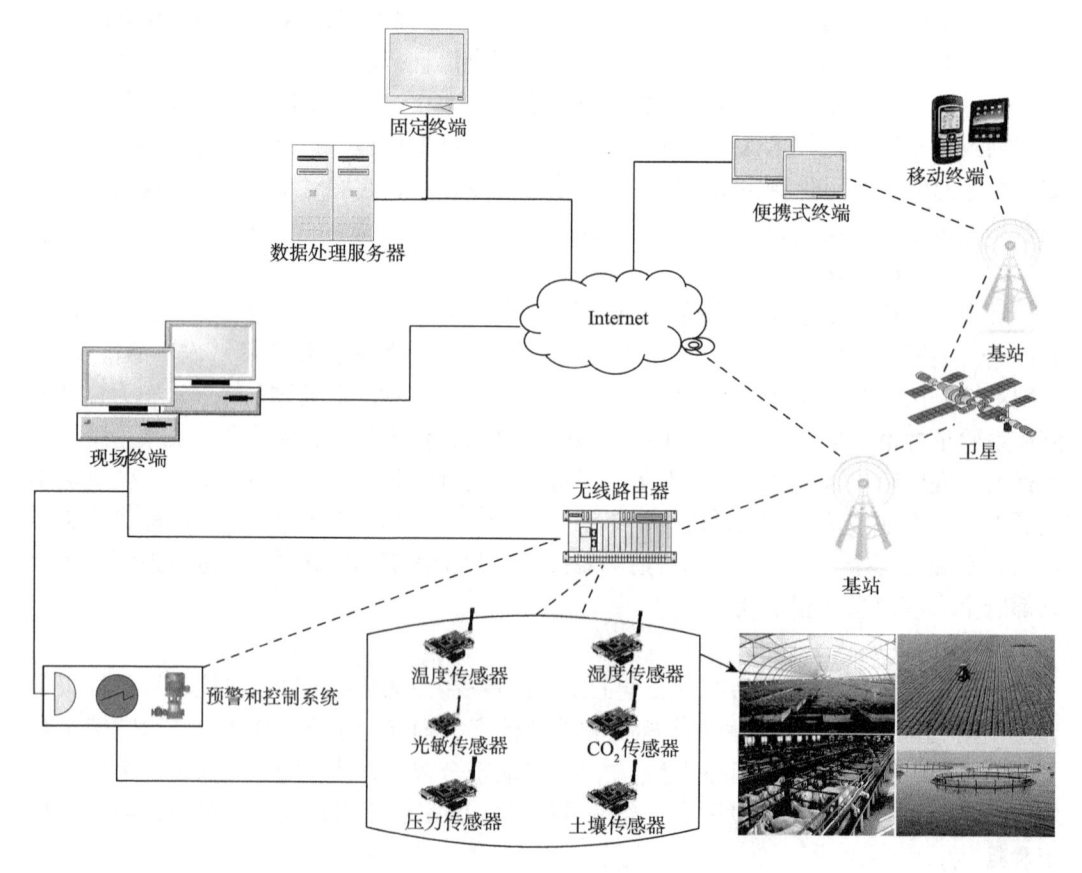

图8-10 基于物联网农业的基本框架

农产品的类型可划分为受控环境种植、露天种植、畜牧养殖及水产养殖和鱼菜共生四种农业种类，物联网技术在其中的具体应用如表8-2所示。

表 8-2　物联网技术在农业生长周期中的应用

分类	物联网技术应用示例
受控环境种植	·温室环境监测 ·温室自动化控制 ·温室植株生长监测 ·温室害虫管理
露天种植	·种植地环境监测 ·作物生长监测 ·作物病害监测 ·精准灌溉 ·农机定位和导航
畜牧养殖	·畜牧场环境监测 ·牲畜健康监测 ·牲畜定位和行为识别 ·牲畜鉴定
水产养殖和鱼菜共生	·水质监测和控制 ·鱼类监测 ·精准喂料 ·鱼菜共生

（1）受控环境种植。温室是受控环境种植的主要形式。由于空间有限且封闭，物联网设备和通信系统可以很好地安装在温室中，因此不仅可以使用传感器（温度传感器、湿度传感器、压力传感器等）来收集环境信息，还可以使用执行器（加热器、抽水机、风扇等）调节内部环境。通过调节环境，农民可以控制温室植物的生长，从而实现预期的收获。然而，在受控环境种植中应用物联网技术的单位成本很高，对于以市场为导向的农民来说，使基于物联网的温室有吸引力且利润丰厚是一项具有挑战性的任务。

（2）露天种植。在露天种植中构建物联网系统需要更多的传感器来监控野外环境和生长的农作物。为确保效率，可以在露天农业中使用移动传感器和无人机来收集数据。借助来自物联网网络的充足数据，可以为大型农场进行疾病检测和精确灌溉。此外，配备有全球导航卫星系统的农机在耕作、施肥、收割等方面效率更高。显然，传感器和执行器有助于农民做出生产决策。然而，由于投资巨大并且部分农民不懂技术，目前在露天农业中实施物联网系统仍较为困难。巨大的能源消耗是另一个需要关心的问题。可以考虑两种减少能源消耗的措施：一种是通过优化网络设计并应用移动传感器来最小化使用的传感器；另一种是使用低功耗甚至清洁能源的传感器。

（3）畜牧养殖。对于改善牲畜管理，物联网技术在空间受限的农场和广阔的牧场上都表现出明显的优势。基于物联网的农场的一项基本功能是通过收集和控制温度、湿度等，使牲畜在预期的环境中生长。随着可穿戴式传感器和三轴加速度计等新型物联网设备的进一步应用，如何把这些新型的物联网设备应用在畜牧业医疗保健监测和行为识别领域是未来研究中的重要方向。物联网系统同样有助于牧场管理，如监视草场生长环境和安置牲畜。物联网技术在畜牧养殖中的其他应用包括牲畜鉴别和饲养细节记录。

（4）水产养殖和鱼菜共生。配备了特定物联网传感器的养鱼场已经意识到监控水质的便利和优势，包括水温、水位、溶解氧、盐度和 pH 值等。在可控制的养鱼场中，执行器可以采取相应的措施，如产氧和注水，以保持水质处于最佳状态。借助水下摄像机和超声波探测器，农民可以更轻松地定位鱼群并进行精确投喂。鱼菜共生结合了水产养殖和水培技术，是物联网系统的另一个潜在应用领域。因为其中的水生生物和水培植物都需要传感器，因此，与单独的水产养殖和温室相比，它通常需要更多的传感器、执行器以及处理规则。

1. 基于物联网的农产品全生命周期框架

基于物联网的农产品生长周期框架如图8-11所示。在基于物联网的农产品生长周期框架中，各种传感器、执行器、无人机和路由器都通过WiFi或蓝牙等不同种类的协议作为无线传感器网络（wireless sensor network，WSN）连接。从无线传感器网络收集的数据通过云、Internet、GPRS和GNSS网络传输到本地或远程数据处理服务器。管理者和用户可以监视生长状态，并通过固定终端、便携式终端和移动终端在任何地方发送控制命令。

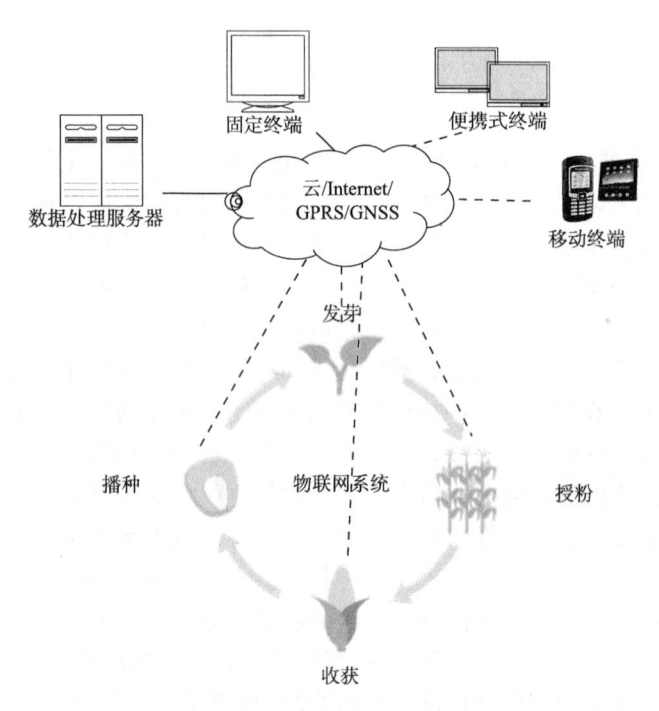

图8-11 基于物联网的农产品生长周期框架

为了以最少的能源消耗提供充足和安全的农产品，我们不仅需要监测农产品的生长周期，还要监测其整个生命周期。实际上，农产品的许多质量和安全问题并不是来自生长周期，而是来自外部环节，包括原料供应，农产品加工、运输、存储和分配。在农产品整个生命周期中构建物联网系统可以帮助农民认识到农业原料的质量，并生产出值得市场信赖的农产品，从而进一步吸引农民对物联网技术的兴趣。但是，采用更多的传感器通常意味着更多的能源消耗，因此在整个农产品供应链中应用物联网系统时应考虑绿色规范，即构建基于物联网的绿色农产品全生命周期框架，如图8-12所示。

图 8-12 基于物联网的绿色农产品全生命周期框架

从图 8-12 可以看出，物联网技术除了在农产品生长过程中发挥作用之外，还可以在农产品生命周期的其他阶段中发挥十分重要的作用，下面具体介绍物联网技术在原料供应、加工包装、分配和储存以及消费环节的应用。

（1）原料供应。物联网技术在原料供应中的应用可以提高原料管理的效率和有效性。具备了库存控制策略，为原料库配备有物联网技术的农民可以实时监控各种原料的水平和状态，并自动进行精确订购。当种子、肥料等原料到达时，通过读取 RFID 智能标签并评估成分追踪系统，很容易检测其数量和质量。同时，物联网系统还有助于原料供应商培育种子和生产肥料。

（2）加工包装。农产品分类营销是提高农民收益的有效策略。传统分类是手动的，效率低下。近红外光谱分析和气味传感器等无损检测技术已应用于自动分类，尤其是在新鲜水果上。此外，对易腐性农产品的加工环境进行监测和控制是十分必要的。一个具体应用是对需要不同加工环境的多种新鲜农产品进行工艺调度优化。在这个环节中，另一个与物联网相关的工作技术是利用来自原料供应和生长环节中的数据制定智能标签，并将标签贴在包装好的生鲜产品上。

（3）分配和储存。储存环境直接影响农产品的质量变化。在实践中，越来越多的基于物联网的仓库被建造出来，用来减少新鲜农产品的损失。通过车载传感器网络和全球导航卫星系统，管理人员可以监视运输中农产品的状态以及冷藏卡车的位置。当冷藏卡车的环境对质量有害时，警告消息将被发送。同时，下游零售商或消费者可以实时跟踪农产品，这有助于他们制订收货计划。自动分拣是物联网系统的另一个重要功能，特别是用于实现在线农产品订单方面。

（4）消费。零售货架上带有 RFID 标签或二维码的农产品使消费者易于识别品种和产地，从而避免了消费者购买假冒伪劣商品。此外，消费者可以访问追踪系统来获取整个生命周期中的详细信息，如施肥和农药记录。超市中的物联网设备还有助于消费者快速检测添加剂和农药残留。即使发现某些农产品存在安全问题，也可以借助生命周期物联网系统实现精确回溯。

2. 物联网环境下的智能温室系统

如前所述，物联网时代的农业与以往有很大的不同，农业物联网中各个主体的职能已经发生了转变，创新的生鲜农产品电商模式亟待应用。基于上述原因，本书制定了基于物联网的智能温室的系统框架，如图 8-13 所示。考虑到物联网设备的规模效应和所需的投资，本节重点关注具有一定规模的温室的框架结构。

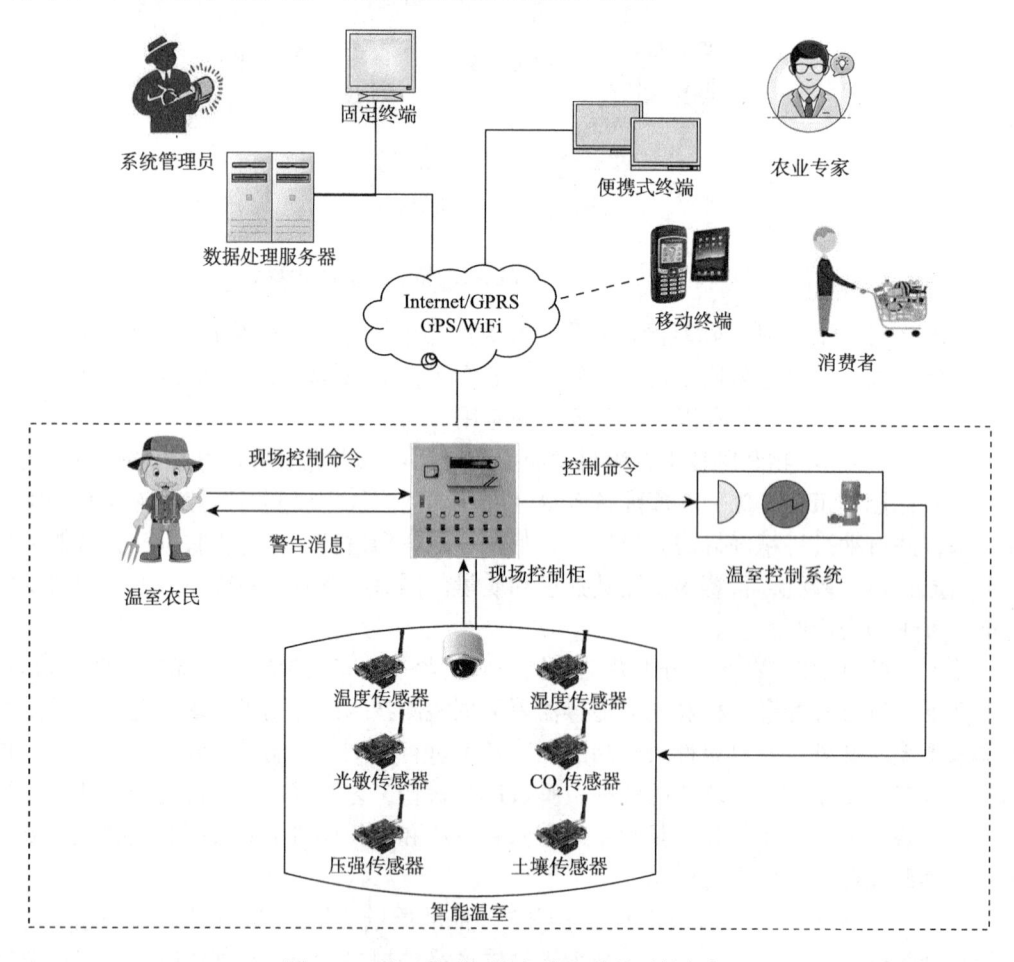

图 8-13 基于物联网的智能温室的系统框架

1）基于物联网的智能温室的相关主体

基于物联网的智能温室涉及四种相关主体，它们在系统中的角色不同于传统的商业模式，如表 8-3 所示。

表 8-3　物联网商业模式与传统商业模式下温室相关主体的差异

相关温室主体	传统商业模式	物联网商业模式
温室农民	难以实时监测 定期进入温室 低效率、高劳工投资	易于实时监测 偶尔进入温室 高效率、低劳工投资
农业专家	实地检查病虫害 难以预测病虫害 以治疗为导向	远程监测病虫害 可能预测病虫害 以预测为导向
系统管理员	通常是全职的、任务有限 维护局域网 与专家和消费者的互动很少	通常是兼职的、承担广泛任务 维护广泛的网络 与专家频繁互动
消费者	难以了解农产品的生长过程 难以避免食品安全问题 难以回溯劣质农产品	易于了解农产品的生长过程 易于避免食品安全问题 易于回溯劣质农产品

（1）温室农民。众所周知，物联网设备极大地提高了在温室中农民的效率。在传统条件下，温室农民必须定期进入温室检查室内环境并手动操作相应的调节装置。这些工作非常耗时，农民不得不雇用足够的工人，从而导致高昂的成本。在物联网监测和控制设备的支持下，农民只需坐在监视室中，偶尔去检查传达警告消息的特定温室，从而减少了大量的劳动成本。

（2）农业专家。温室的生产水平高度依赖于农业专家的知识和经验。考虑到运营成本的限制，大多数温室（即便是大型农场）都不会聘请涵盖各领域的专家。传统温室采用的普遍做法是，在发生严重疾病和虫害时，邀请专家前往温室。因此，灾难损失通常是不可避免的，因为专家建议的治疗措施通常具有滞后性。但是，配备物联网系统的温室可以有效减少这些病虫害。农业专家可以随时检查由物联网传感器收集的生长环境和历史记录，辨识出将来可能出现的病虫害，并告知农民及时采取预防措施以避免损失。

（3）系统管理员。系统管理员的职能主要包括以下三个方面。首先，他们需要维护存储温室历史数据和预设警告规则的数据处理服务器。一些大型温室可能拥有自己的服务器并雇用了全职的系统管理员，但是大多数温室倾向于在互联网公司中租用服务器。其次，系统管理员的第二项职能便是帮助农民控制温室中的设备。警告和控制规则已在服务器中预先设置，并且在温室环境符合这些规则时将自动激活。最后，想要购买物联网温室生产的蔬果的消费者可能还需要系统管理员的帮助。消费者需要获得系统管理员的授权才能检查配备物联网的温室中蔬果的生长状况。如果无法正常访问，系统管理员可以帮助消费者解决问题。

（4）消费者。物联网系统极大地改变了消费者的购买流程和购买行为。消费者通过物联网系统直接与温室相连，因此消费者可以了解到温室中农作物的生长状态。这将大大减少传统商业模式中经常发生的食品安全问题。当发生食品安全问题时，消费者也可以及时收到通知。创新的生鲜产品销售模式也可以向消费者推行，如预售模式和预订模式。

2）基于物联网的智能温室的功能子系统

基于物联网的智能温室框架由多个功能子系统组成，即温室无线传感子系统、温室预警控制子系统、数据处理子系统和用户访问子系统。这些子系统具有物联网设备提供的不同功能，并通过网络通信子系统连接。详细的功能介绍如下。

（1）温室无线传感子系统。无线传感子系统位于框架的最底层，基本功能是感知生长环境和生长状态。环境传感器通常用于收集温室内外的温度、湿度、光照强度、CO_2 浓度和压强等。目前，新型传感器已经可以感知蔬果的生长状况，如生长速率传感器、茎秆直径传感器和气味传感器。利用这些传感器，无线传感器子系统可以将蔬果的生长环境和生长状态发送到现场控制柜和数据处理服务器。

（2）温室预警控制子系统。温室有两种控制模式，即现场控制和远程控制。现场控制是由温室农民通过现场控制柜来进行的。当农民接收到异常警告时，他们通常会去特定的温室检查情况，并通过内部控制柜来进行必要的操作。远程控制通常是自动的，用于灌溉和通风等常规操作。当温室环境达到数据处理服务器中预设的控制规则时，相应命令将被自动发送到控制设备。

（3）数据处理子系统。当处理服务器接收到来自无线传感子系统的数据后，将执行服务器中预设的统计和分析功能。分析结果将会发送给温室农民、农业专家和根据这些分析结果发挥作用的消费者。如果满足常规控制规则，则将基于反馈信息激活控制设备。也就是说，分析结果的准确性和精密度对其他相关部分有很大的影响。可见，数据处理子系统是建设基于物联网的智能温室的关键。

（4）用户访问子系统。如上所述，温室农民、农业专家、系统管理员和消费者都是组成框架的用户。在固定终端、便携式终端或移动终端的支持下，温室农民可以对可视化的生长环境进行监控，并对特定的异常情况进行相应的控制操作。农业专家可以查阅历史生长记录，并及时为农民提供预防措施，以最大限度地减少病虫害。终端消费者可以访问到生鲜产品的完整生长过程，从而有效避免食品安全问题。

（5）网络通信子系统。以上所有用户和子系统都通过网络通信子系统相连接。子系统中涉及各种网络，如 Internet、移动通信网络（mobile communication network，MCN）、全球导航卫星系统和无线局域网（wireless local area network，WLAN）。对于每种网络，都应用了相应的协议，例如互联网中的域名服务器（domain name server，DNS）协议，移动通信网络中的 GPRS 和无线局域网中的 WiFi 协议。

3. 物联网环境下的智能温室创新电子商务模式

物联网技术不仅可以重塑智能温室的种植和管理模式，还可以带来创新的商业模式。本书提出了一种基于物联网的智能温室电子商务模式，如图 8-14 所示。如前所述，我们为拥有一定规模温室的农民提供了商业模式，这些温室可以位于一个或多个目标城市附近。为了减少运输成本和避免损失，在该商业模式中不允许跨区域的供应和运输，即特定城市周边的温室只满足该城市的需求。跨区域温室之间的运作要受到资源总量的制约。该商业模型的运作目标是使温室的利润最大化，即尽可能降低成本并增加收入。

在我们的商业模式中，一项操作规则是，如果消费者在 18∶00 之前下订单，那么消费者就会在第二天早上收到昨天下单的新鲜蔬果。具体配送过程如下：首先在 18∶00 至 24∶00 之间进行蔬果的拣选和包装操作，然后在 24∶00 之后进行配送。物流车辆在夜间行驶，配送订单，最终在第二天早上完成配送。这种配送方式可以有效地避免白天城市交通问题。

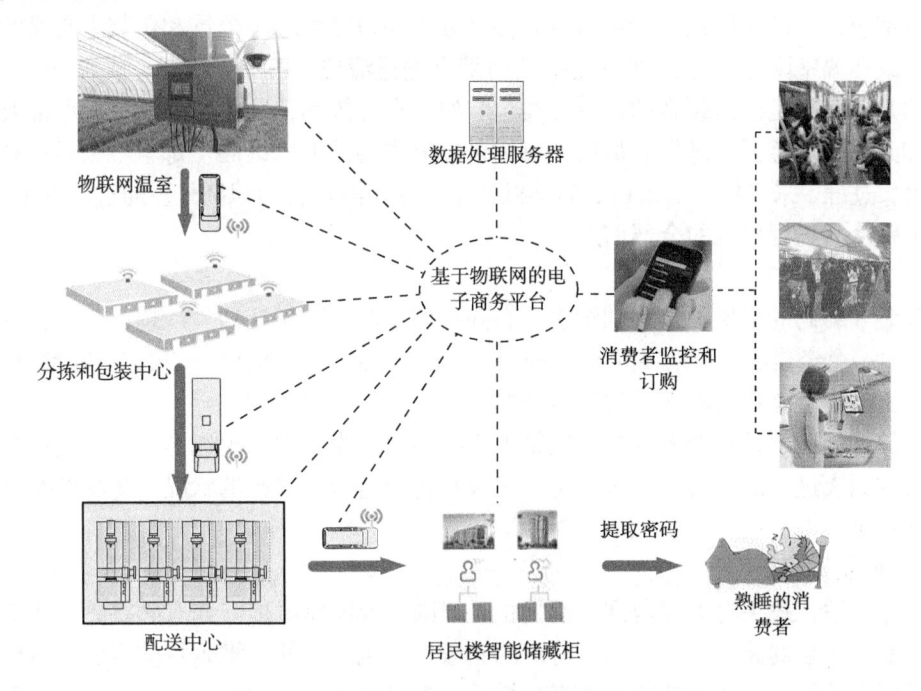

图 8-14　基于物联网的智能温室电子商务模式

基于物联网的商业模式中关键节点的具体分析如下。

1）基于物联网的电子商务平台

近二十年来，互联网公司如雨后春笋般涌现，造就了 Facebook、谷歌、亚马逊、阿里巴巴等知名互联网巨头。这些巨头的成功主要取决于通过互联网连接的众多人。在即将到来的物联网时代，开辟创新的商业模式是大势所趋。在我们的框架中，基于物联网的电子商务平台是连接整个电子商务流程的基础。受资金限制，温室公司没有必要构建自己的物联网电商平台。显然，当前的互联网巨头通过发展与物联网相关的业务，有很大的潜力发展成为物联网巨头。

2）消费者监控和订购

通过物联网电商平台，消费者可以轻松监控温室蔬果的生长状况并订购自己想要的生鲜产品。下单后，消费者还可以随时通过手机和便携式终端查看分拣、包装和送货环节。这一流程可以确保消费者的蔬果质量，并通过减少批发商和零售商等中间渠道来降低其购买费用。

3）基于物联网的温室

在基于物联网的电子商务模式中，温室是围绕目标城市建造的，即温室不接受目标城市以外的订单。因此，建议设置固定的分拣时间线，如 18∶00。在分拣时间线以前，目标城市的消费者可以随时下订单。在分拣时间线之后，农民从物联网电商平台收集消费者的订单，并开始采摘各种蔬果。制订采摘计划是一个困难，温室农民必须考虑如消费者需求、劳动力资源和采摘时间等约束条件，以最大限度地降低采摘成本。

4）分拣和包装中心

温室农民分批采摘蔬果，然后将其移至分拣和包装中心（分拣和包装中心通常选在温室内或在温室附近）。在这些中心，要对蔬果进行清洗、切割、预冷等预处理操作。更重要的是，蔬果是根据顾客的订单分类包装的。在分拣和包装中心的所有操作都要在摄像机和必要的传感器下进行。最后，每个包装上都会贴上二维码。每个二维码记录了温室、生长过程、采摘机、加工机、驱动机、储藏柜和消费者的识别号。通过这些识别号，可以追踪从农场到餐桌的全部信息。

5）配送中心

包装和编码的蔬果被转移到配送中心并在那里制订配送计划。从理论上讲，制订配送计划是一个经典的车辆路径问题（vehicle routing problems，VRPs）。很多研究都对VRPs做出了贡献，但是我们的配送问题与经典的VRPs有着很大的差异。一个区别是蔬果被运送到储藏柜而不是消费者手中。这是因为我们商业模式中的配送是在大多数消费者已经休息的深夜进行的。另一个区别是，蔬果在整个运送过程中的状况由物联网系统进行监测和记录。

6）智能储藏柜

如上所述，蔬果将被运送到终端消费者周围的智能储藏柜。如有必要，这些蔬果可以被冷藏。一旦驾驶员将蔬果放入特定的储藏柜，包装上的二维码将被识别。然后，根据二维码中的信息，相关的传感器将被激活。提取密码会自动生成并发送到消费者的手机。第二天早上，消费者或他们的家人可以去这些智能储藏柜里输入密码取走他们的蔬果。取货后，橱柜会将回执消息和相应的视频剪辑反馈到物联网电商平台。

【案例分析】

2018年4月，京东成立智慧农业共同体，京东农场概念首次亮相，之后在全国开始推广。

截至2020年，京东农场已经在全国范围内完成了17家高标准合作示范农场的建设，京品源旗舰店也在京东商城主站上线，京东农场携手合作伙伴，本着合作共赢的理念，在2019年期间重点扶持了以"呼伦贝尔呼垦源茶花油""五常大米""蒙清小香米""辛集皇冠梨""陕西黄陵桥山红苹果"等为代表的一批高品质农产品品牌，取得了丰硕成果。同时，京东农场项目利用京东集团在人工智能、大数据、物联网、区块链等方面的技术能力、营销渠道能力和品牌建设能力，正在积极推动以数字化、智能化、绿色化、生态化为代表的农业可持续发展之路。

京东农场对农作物耕、种、管、收全过程实施管控和数据管理，以确保高品质农作物生产全链条信息公开。针对高品质农产品，还将直接利用京东物流、冷链仓储等缩短流通环节，实现直接从田间到餐桌的"京造"模式。京东农场实行信任树立、标准建立、技术输出、品牌赋能和销售驱动的"五位一体"的运营模式。具体而言，京东农场通过深入农业生产种植和加工仓储环节的全程可视化溯源体系，把所有种植关键环节完全呈现给消费者，帮助消费者树立信任、放心消费。通过制定农场生产和管理标准，从农场环境、种子育苗、化肥农药使用、加工仓储包装等全流程进行规范和标准，以保证农产品的安全和品质。依靠物联网、区块链、人工智能等技术和设备，实现精准施肥施药以及科学种植管理，降低农场生产成本，提升农场工作效率。通过京东在营销、金融、大数据以及京东农场自身品牌等方面的能力，扶持农场进行品牌包装、推广和营销提升。

京东农场通过"五位一体"的业务模式，解决了当前农产品市场缺信任、缺标准、缺技术、缺品牌、缺销路的问题。随着京东农场在各区域不断落地，在带动当地农民增收致富、助力乡村振兴的同时，也为行业提供了切实可行的智能农业解决方案，进而推动着中国智能农业标准与体系的建立。

京东农场提供产供销一体化解决方案，具体包括优地、优种、优管、优储、优运、优销和优购的一体化的农产品全生命周期质量管理，如图8-15所示。

优地	优种	优管	优储	优运	优销	优购
环境生态水土检测	品种优选种植标准	物联网、遥感专业农化服务	采收、分级、仓储标准化	京东物流	品牌背书、精准营销	一站式运营品牌保证
《京东农场准入标准》	《京东农场生产管理标准》	京东农场谷语数字管控系统	千里眼系统、智能农仓系统	县、乡、村三级双向物流体系	精准营销	京品源旗舰店

图8-15 京东农场农产品全生命周期质量管理

"优地"是指按照《京东农场准入标准》选择种植的优质土地。京东农场致力于农业的生态可持续发展，提倡遵循自然，注重生态平衡，优选生态环境好的地区种植高品质的农产品。

"优种"是指按照京东农场的生产管理标准保证农产品优质种植的种植过程。京东农场的生产管理标准是由西北农林科技大学、中国农业大学、黑龙江八一农垦大学等国内知名农业院校以及京东农业研究院专家共同合作建设的。

京东农场生产管理的标准主要包括物联网标准、产地环境质量标准、生产技术标准、产品标准、可追溯标准、包装储运标准和抽样检验标准等。其中，物联网标准具体包括物联网体系架构标准、大田物联网基础设备技术参数要求标准、大田物联网辅助供电设备参数指定规范、设施大棚种植环境物联网自动监控系统设计规范等；产地环境质量标准主要包括农产品生产产地的环境质量标准；生产技术标准主要包括农药的使用准则、肥料的使用准则、种植生产管理操作规范；产品标准包括果蔬生鲜产品标准、米面粮油生产标准、其他农产品质量标准；可追溯标准包括溯源管理体系标准和溯源数据标准；包装储运标准包括加工准则、采购处理与储运准则、包装通用标识与销售准则；抽样检验标准包括产品抽样准则和产品检验规则。

该标准体系的建立突破了以往的电商单纯采购模式，规范了产品供应商，直接把控源头，有助于企业生产管理水平提升、管理人员素质提升和产品品质提升。协助企业优选品种、全方位品控、产品品质和品牌形象的提升以及市场的推广，为消费者买到优价优质的美味、放心产品提供了标准保障。通过高标准管控下高品质产品的生产和可视化手段，重塑消费者信任，重构消费者对农产品筛选的标准。京东农场基于物联网的可追溯体系如图 8-16 所示。

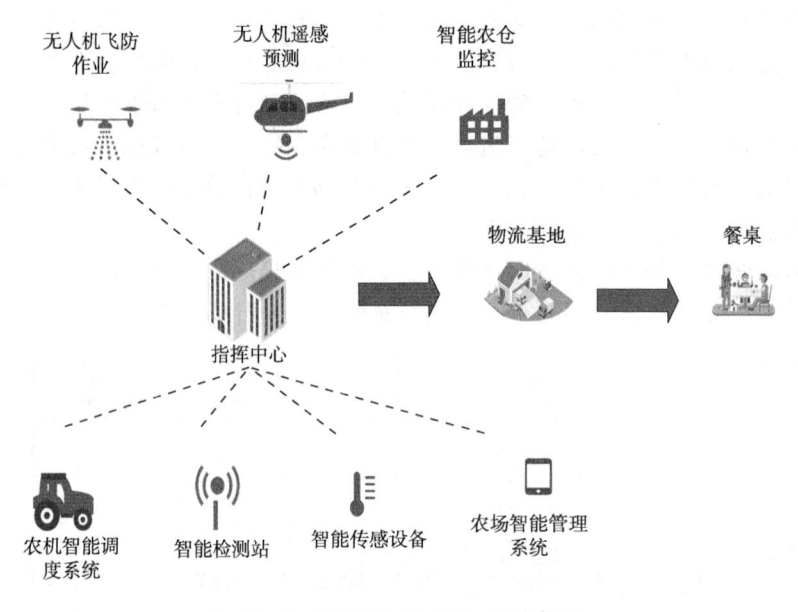

图 8-16　京东农场物联网可追溯体系

"优管"主要依靠京东农场谷语数字管控系统实现。该系统是京东基于物联网、人工智能、区块链等技术，自主研发的关于农业数字化、智能化的管控系统。该系统通过配合物联网设备，实现对农业四情（墒情、苗情、病虫情及灾情）、种植管理、加工仓储等全程信息的数据采集。该系统还可以利用卫星遥感、无人机遥感技术进行农业资源调查、土地利用现状分析、农业病虫害监测，通过获取农作物影像数据，了解农作物生长情况，还可以预报预测农作物病虫害并及时地利用无人机植保飞机喷洒农药控制病虫害。

"优储"从采收、检测、仓库管理到包装物的设计、功能、标签标识、储藏等环节入手，以保障产品的品质和质量安全。包装包括包装物和包装过程两部分。包装物的设计要求包括安全、环保、实用。包装物的功能要求包括保护产品和方便搬运。包装过程主要包括包装场所卫生、物联网监控和规格符合"京品源"最小存货单位（stock keeping unit，SKU）三个部分。标签标识要求包括使用"京品源"商标。储藏部分主要是利用京东智能农仓进行管理。在此过程中，实现农产品农药残留检测、非法添加物检测、实时监控和智能巡检。

"优运"是指京东农场合作基地的农产品通过京东自营仓储物流配送体系进行快速配送，同时针对偏远地区物流配送问题，京东通过"云仓"的合作方式，实现产地、销地打通，助力农产品上行。"优运"主要指的是通过产地分拣模式和产地"云仓"模式两种模式对农产品进行揽收、分拣、配送的过程。

"优销"主要包括农产品的品牌背书、管家式营销服务、物流广告精准投放、京东商城以及生态资源精准推广等产品营销活动。

"优购"是指京品源旗舰店及京东生态平台为广大消费者提供优购服务。京品源旗舰店开创农产品定制和限量消费新模式，依托京东全渠道，向目标客户推广京东农场基地产品，使客户享受京东优质电商服务。京东农场农产品的销售主要通过线上和线下两种渠道进行销售。线上渠道包括为大客户提供服务的京东企业购平台、为普通消费者提供服务的京品源平台和为中小企业提供服务的京东新通路平台。线下服务包括星级餐厅、高端生鲜超市、大型企业食堂和京东便利店等。

京东农场通过对农产品全生命周期的质量管理，保障了农产品的品质，有助于形成优质优价的农产品市场，有效地减少了中间环节的成本，实现了从农场直接到餐桌，为农户和消费者带来了更多的生产利润和消费者剩余，助力乡村振兴！

参考文献

晁乐刚. 2001. 农业经营与管理. 北京：中国高等教育出版社.
董海林. 2019. 甘肃省农产品供应链质量安全问题及控制研究. 物流科技，42（2）：157-159.
方天堃，陈仙林. 2005. 农业经济管理. 北京：中国农业大学出版社.
蒋永穆，王瑞. 2020. 农业经营主体的结构性分化——一个基于要素配置方式的分析框架. 求索，（1）：32-140.
阚平，姜兆亮，刘玉浩，等. 2020. 多植保无人机协同路径规划. 航空学报，41（4）：260-270.
孔祥智，等. 2014. 农业经济学. 北京：中国人民大学出版社.
旷宗仁，李红艳，左停. 2008. 农业知识与信息系统（AKIS）个案分析——来自海南阜龙乡天堂村与新村的调查. 中国农业大学学报（社会科学版），25（4）：127-136.
雷利霞. 2018. 物联网下水肥一体化技术发展现状与对策. 山东工业技术，（13）：223.
李道亮. 2018. 农业4.0：即将来临的智能农业时代. 北京：机械工业出版社.
李洪深. 2019. "互联网+"背景下的休闲农业产业链升级策略. 中国农业会计，（12）：42-44.
李啸虎，杨德刚. 2017. 基于水足迹的节水型城郊种植业结构优化研究——以乌鲁木齐市为例. 水土保持研究，24（1）：298-304.
梁樑，杨锋，苟清龙. 2017. 数据、模型与决策：管理科学的数学基础. 北京：机械工业出版社：223-239.
林毅夫. 2008. 制度、技术与中国农业发展. 3版. 上海：格致出版社.
刘如意，李金保，李旭东. 2020. 区块链在农产品流通中的应用模式与实施. 中国流通经济，34（3）：43-54.
柳春岩，潘峰. 2013. 智能物流条件下鲜活农产品物流配送体系研究. 中国市场，（14）：13-14，35.
楼栋，孔祥智. 2013. 新型农业经营主体的多维发展形式和现实观照. 改革，（2）：65-77.
农业农村部信息中心课题组. 2020. 数字农业的发展趋势与推进路径. 中国农业文摘-农业工程，32（5）：3-4.
潘超玲，李燕琼. 2011. 基于供应链视角的农产品质量管理研究. 商业经济，（13）：22-23.
阮俊虎，刘天军，冯晓春，等. 2020. 数字农业运营管理：关键问题、理论方法与示范工程. 管理世界，36（8）：222-233.
史舟，梁宗正，杨媛媛，等. 2015. 农业遥感研究现状与展望. 农业机械学报，46（2）：247-260.
孙梦. 2020. 智慧农业促进农业产业链发展作用研究. 物流工程与管理，42（8）：174-176.
田振坤，傅莺莺，刘素红，等. 2013. 基于无人机低空遥感的农作物快速分类方法. 农业工程学报，29（7）：109-116，295.
佟光霁，尚杰. 2000. 农业知识化与我国农业发展. 农业经济问题，（3）：46-48.
汪开英，赵晓洋，何勇. 2017. 畜禽行为及生理信息的无损监测技术研究进展. 农业工程学报，33（20）：197-209.

汪旭晖，张其林. 2014. 基于线上线下融合的农产品流通模式研究——农产品O2O框架及趋势. 北京工商大学学报（社会科学版），（3）：18-25.

汪旭晖，赵博，王新. 2020. 数字农业模式创新研究——基于网易味央猪的案例. 农业经济问题，（8）：115-130.

王春雷，陈翠妮. 2020. 京东农场区块链技术应用及其对社区支持农业的启示. 北方经济，（7）：43-46.

王众托. 2009. 知识管理. 北京：科学出版社.

温孚江. 2015. 大数据农业. 北京：中国农业出版社.

夏永祥，彭巨水. 2009. 基于供应链视角的农产品质量管理. 学术月刊，41（8）：84-89.

肖卫东，杜志雄. 2019. 农村一二三产业融合：内涵要解、发展现状与未来思路. 西北农林科技大学学报（社会科学版），19（6）：120-129.

《运筹学》教材编写组. 2013. 运筹学. 4版. 北京：清华大学出版社：1-44.

张公绪，孙静. 2003. 新编质量管理学. 2版. 北京：高等教育出版社.

张吉国，胡继连，张新明. 2002. 我国农产品质量管理的标准化问题研究. 农业现代化研究，（3）：178-182.

张小栓，张梦杰，王磊，等. 2019. 畜牧养殖穿戴式信息监测技术研究现状与发展分析. 农业机械学报，50（11）：1-14.

赵春江. 2019. 智慧农业发展现状及战略目标研究. 农业工程技术，39（6）：14-17.

郑纪业，阮怀军，封文杰，等. 2017. 农业物联网体系结构与应用领域研究进展. 中国农业科学，50（4）：657-668.

周红芳. 2020. 5G背景下我国农村物流业发展趋势. 农村经济与科技，31（22）：90-91.

宗锦耀. 2017. 农村一二三产业融合发展：理论与实践. 北京：中国农业出版社.

Boyaci M. 2006. A comparison of conventional and ecological agricultural knowledge systems in Turkey: raisin case. Journal of Sustainable Agriculture, 28 (2): 5-23.

Lin N, Wang X P, Zhang Y H, et al. 2020. Fertigation management for sustainable precision agriculture based on Internet of Things. Journal of Cleaner Production, 227: 124119.